LA MAIN CACHÉE

DU MÊME AUTEUR

Le Siècle des révolutions, 1660-1789, Paris, Perrin, 2019 (prix du livre d'Histoire 2020 du Château de Versailles).

La Guerre de Sept Ans, 1756-1763, Paris, Perrin, ministère de la Défense, 2015 (prix Guizot 2015 de l'Académie française et prix Chateaubriand 2015).

Cultural Transfers: France and Britain in the Long Eighteenth Century, avec Ann Thomson, Simon Burrows et Sophie Audidière, Oxford, Voltaire Foundation, 2010.

Le Débat sur l'abolition de l'esclavage. Grande-Bretagne, 1787-1840, avec Michel Rapoport, Neuilly, Atlande, 2009.

Les Pitt. L'Angleterre face à la France, 1708-1806, Paris, Perrin, 2006.

Un nouveau patriotisme français, 1750-1770. La France face à la puissance anglaise à l'époque de la guerre de Sept Ans, Oxford, Voltaire Foundation, 1998.

*Gabriel-François Coyer, Jacob-Nicolas Moreau, Écrits sur le patriotisme, l'esprit public et la propagande au milieu du XVIII*e *siècle*, La Rochelle, Rumeur des Âges, 1997.

Edmond Dziembowski

LA MAIN CACHÉE

Une autre histoire de la Révolution française

PERRIN

92, avenue de France
75013 Paris
Tél. : 01 44 16 08 00

ISBN : 978-2-262-09593-2
Dépôt légal : février 2023

Mise en pages : FACOMPO, Rouen

Pour Annie.

INTRODUCTION

Une leçon en enfer

Nous sommes devant une scène de cauchemar. Se distinguant avec peine des ténèbres et des exhalaisons de vapeurs sulfureuses, diables, squelettes et revenants encouragent par leur hideuse sarabande les deux personnages qui captent notre attention. Assis sur un fauteuil ressemblant à un trône grossier, coiffé d'un bonnet phrygien et chaussé d'immenses sabots, un vieillard décharné et édenté s'entretient avec un enfant. Et quel enfant ! Ce faciès repoussant, qui tient plus du singe que de l'homme et d'où émanent une cruauté et une perversité sans bornes, fait frémir. Assurément, l'avenir qu'annonce ce conciliabule démoniaque verra le chaos, la désolation et la mort régner sur la planète. Quelque chose d'abominable se prépare dans les flammes de l'enfer.

Le vieil homme que nous donne à voir cette esquisse[1] est tout de suite identifiable. Le caricaturiste anglais James Gillray a su rendre avec le talent qui le caractérise les traits du plus célèbre philosophe des Lumières. L'interlocuteur monstrueux de ce dernier s'avère, quant à lui, plus énigmatique. Le titre qu'a choisi Gillray pour son œuvre lève néanmoins le voile : *Voltaire instruisant l'enfant Jacobinisme*.

Comme s'il entendait démontrer la supériorité de l'image sur l'écrit, Gillray s'est employé à résumer en quelques coups de crayon et de pinceau une thèse qui a demandé à son principal auteur cinq gros volumes pour la porter jusqu'à son point final. L'artiste a en effet puisé son inspiration dans les *Mémoires pour servir à l'histoire du jacobinisme* d'Augustin Barruel, qui firent grand bruit à leur sortie en 1797. L'auteur s'y efforçait de démontrer la véracité d'une croyance qui n'avait cessé de se renforcer au gré du processus révolutionnaire : le séisme de 1789 et les événements qui en ont résulté auraient été le produit d'un complot préparé de longue date.

Comme toutes les époques troublées, les années de la Révolution française ont vu fleurir un nombre incalculable de plans ourdis dans l'ombre. Ces complots reposent parfois sur des preuves matérielles irréfutables. Songeons simplement à l'activité du comte d'Antraigues, infatigable agitateur royaliste, ou à la conjuration des Égaux de Gracchus Babeuf. Ces complots avérés ne constituent pourtant que la partie visible d'un immense iceberg.

Ce que le regard découvre sous l'océan s'avère saisissant. Dès les premiers mois de 1789, la hantise du complot s'est emparée de la France. Le phénomène atteint bientôt une telle ampleur qu'il devient une composante indissociable de la dynamique révolutionnaire. Sans le bruit d'un prétendu « complot aristocratique », nul doute, comme l'a magistralement montré Georges Lefebvre dans son étude sur la Grande Peur, que la physionomie de l'été 1789, tant à Paris qu'en province, aurait été tout autre[2]. Cette phobie conspirationniste connaît son paroxysme au cours de l'an II, année de fer et de feu dont le caractère inouï favorise les grilles de lecture faisant la part belle aux intrigues secrètes. La ténébreuse affaire de la « conspiration de l'étranger », étudiée en son temps par Albert Mathiez[3], en constitue un des avatars les plus saillants.

Écrire une histoire exhaustive de cette obsession complotiste est à double titre irréalisable[4]. Tout d'abord en raison de la masse documentaire. Outre le fait que les sources sont touffues au point d'en devenir impénétrables, ce corpus se présente aussi comme un puits sans fond : l'on ne compte guère de jours, à partir de 1789, qui ne voient courir le bruit d'un plan visant à subvertir le pays. Irréalisable, le projet l'est également par la nature même du phénomène complotiste, consubstantiel au processus révolutionnaire. Retracer son histoire reviendrait à écrire une nouvelle, mais, à coup sûr, fort indigeste histoire de la Révolution française.

L'on aura compris que ce livre n'entend pas embrasser le phénomène dans sa globalité. Son ambition, de prime abord, peut paraître modeste. Il s'agit de retracer l'histoire d'une croyance : celle des origines occultes de Quatre-vingt-neuf.

Cette croyance a produit une histoire parallèle, une histoire alternative en violent contraste avec celle que les manuels nous ont enseignée. Derrière cette croyance, c'est aussi tout un pan de l'outillage mental de l'ère révolutionnaire qui se dévoile.

Née pendant les premiers mois de la Révolution, la croyance ne cesse de courir dans les écrits du temps, qui se livrent à une réécriture échevelée de l'histoire immédiate. Loin d'avoir été produite par une succession de faits tangibles, unis les uns aux autres par des liens de causalité visibles à l'œil nu, la Révolution aurait été préparée dans le plus grand secret. Dès ses premiers mois, quatre pistes explicatives ont fait jour. Aux côtés des philosophes des Lumières, les protestants et les francs-maçons sont eux aussi accusés d'avoir été la principale force motrice de « l'année sans pareille ». *Last but not least*, l'Angleterre, cette Angleterre qui, depuis la paix de 1783 et le traité de commerce de 1786, semble pourtant avoir enterré son inimitié avec sa vieille rivale, se trouve, elle aussi, sous les feux des projecteurs conspirationnistes.

Ces pistes ne sont pas les seules. L'action souterraine des jansénistes[5] et de la maison d'Autriche[6] fut, elle aussi, parfois suspectée. Mais, dans les tentatives d'élucidation de l'énigme révolutionnaire, la subversion philosophique, calviniste, maçonnique, ou plutôt philosophico-calvino-maçonnique car ces trois complots se trouvent souvent associés, tient une place privilégiée aux côtés des intrigues de l'Angleterre. À l'instar de l'abbé Barruel, déjà mentionné, ou de Louis Portiez de l'Oise, auteur d'une *Influence du gouvernement anglais sur la Révolution française*, des écrivains de tous bords se sont efforcés de faire la lumière sur ce qu'ils regardaient comme les vraies causes de la Révolution.

Quatre pistes, du reste, fort personnalisées. Ce ne sont pas tant les philosophes, les protestants, les francs-maçons et les Britanniques qui sont sur la sellette. La faute à qui ? La faute à Voltaire, pardi ; la faute au duc d'Orléans ; la faute à Necker ; la faute à Pitt : voilà les instigateurs du cataclysme. Tout se passe comme si les contemporains, abasourdis par l'ampleur d'un événement dont l'ébranlement a été le fruit d'un prodigieux élan collectif, se refusaient à admettre ce rôle de la multitude. 1789 n'a pu naître que dans le cerveau pervers et déréglé d'un écrivain forcené, d'un prince du sang dégénéré, d'un banquier genevois dévoré d'ambition, ou d'un politicien insulaire gonflé de haine pour la France.

À ce stade de l'exposé, surgissent des questions. Ces dénonciateurs des sources occultes de la Révolution étaient-ils sincères ?

Et même s'ils ne l'étaient pas, n'avaient-ils pas au fond quelque part raison ? Si ce livre n'a pas pour objet de juger de la véracité de ces croyances, de nombreux historiens s'y étant employés de longue date, la question sera néanmoins posée en temps voulu.

Un dernier point doit être abordé avant de nous plonger dans cette histoire parallèle. Revenons un instant à l'esquisse réalisée par Gillray, qui, génie artistique oblige, est un petit chef-d'œuvre de propagande picturale. Contrairement à un Barruel ou un Portiez de l'Oise, Gillray ne cherche pas à démontrer quoi que ce soit. Il se contente d'imposer visuellement son interprétation des faits. Que celle-ci prenne l'allure d'une œuvre qui, stylistiquement, se rattache à l'esthétique « gothique » de la fin du XVIIIe siècle, ne tient pas au hasard. Ce trait particulier du complotisme, le lecteur s'en apercevra à la lecture de ces pages, se trouve très présent dans nos sources. Ouvrons ces récits qui s'acharnent à démontrer l'origine souterraine de la tourmente révolutionnaire et, presque aussitôt, se déploie une scénographie qui semble être directement sortie des délires narcotiques d'un mangeur d'opium. Et ce constat est loin d'être anecdotique. Tout comme l'objet-guillotine qu'a magistralement analysé Daniel Arasse[7], ces histoires alternatives de la Révolution française dévoilent de larges pans de l'imaginaire d'une époque singulière qui a vu le train de la raison sortir de ses rails. C'est cet imaginaire que je me propose de scruter avec les yeux des contemporains qui, il y a plus de deux siècles, sombrèrent dans l'obsession de la main tapie sous la toile de l'événement.

PREMIÈRE PARTIE

LE ROMAN VÉRIDIQUE DE LA RÉVOLUTION

« À coup sûr, il y a ici bien plus d'échos que de voix. Les échos sont partout ; et les voix, où sont-elles ? »

Dominique Joseph Garat,
De la conspiration d'Orléans

La Révolution est entrée dans sa septième année. Son moment paroxystique, ces mois qui ont vu la France en lutte armée contre presque toute l'Europe et en proie à deux soulèvements simultanés, ces mois de dictature de salut public et, pour parler comme Robespierre, de sa « force coactive » qu'est la Terreur, ont cédé la place à une atmosphère un peu plus sereine. Élaborée et votée par la Convention thermidorienne, la Constitution républicaine de l'an III mettant en place le régime du Directoire pourrait même laisser croire que le navire national a enfin franchi le cap des tempêtes.

Le recul des années aidant, l'heure serait au bilan. Un bilan assorti de questions. Comment interpréter l'étrange maelström événementiel qui a balayé comme un fétu de paille un « Ancien Régime » si proche dans le temps mais qui, au regard de l'accélération prodigieuse de l'Histoire, appartient à un autre siècle ? Comment comprendre ces « journées » qui, de juillet 1789 à juin 1793 en passant par le mois d'août 1792, furent autant de jalons dans la radicalisation politique amorcée après l'ouverture des États généraux ? L'apaisement politique aidant, les Français pourront-ils considérer d'un œil tranquille et impartial les moments intenses qu'ils ont vécus ?

Galart de Montjoie a relevé le défi. Journaliste et écrivain prolixe du camp royaliste, il est l'auteur en 1796 d'une histoire de la Révolution dont le protagoniste central est le cousin de Louis XVI, Louis Philippe Joseph d'Orléans, plus connu sous le nom de Philippe Égalité. C'est un historien soucieux de respecter scrupuleusement les règles attachées à sa discipline qui s'affiche aux premières pages de son livre. Le lecteur est averti :

son *Histoire de la conjuration de Louis-Philippe-Joseph d'Orléans*, méthodologiquement parlant, sera irréprochable :

> Je crois aussi devoir faire remarquer, avant d'entrer en matière, qu'il ne faut pas exiger d'un historien plus qu'il ne peut et ne doit dire. On entend par exemple des personnes qui, lorsqu'on leur parle d'un des événements qui ont influé sur le sort d'une nation entière, vous répondent en secouant la tête d'un air mystérieux : « il y a dans cet événement un dessous de carte qu'on ne saura jamais ». Si ensuite un écrivain entreprend de donner l'histoire de ce même événement, ces personnes, aveuglées par la même prévention, se persuadent qu'il n'a pas tout dit, soit parce qu'il n'a pas voulu tout dire, soit parce qu'il a manqué de renseignements.
>
> [...] Comment veut-on que l'auteur sache ce qu'il est décidé qu'on ne saura jamais ? Il est évident qu'il n'est possible de révéler que ce qu'il est possible de savoir. S'il pouvait se faire que dans la conspiration dont le duc d'Orléans a été le principal artisan, il y eut quelque mystère qui sera à jamais impénétrable, n'y aurait-il pas une sorte de folie à exiger que je le dévoilasse ? Ne faudrait-il pas que je fusse doué d'une puissance surnaturelle pour pénétrer ce qui est impénétrable ? Tout homme raisonnable conviendra donc qu'à moins de composer un roman au lieu d'une histoire, je ne dois aucun égard à une prévention aussi injuste[1].

Voilà des propos qui méritent des applaudissements nourris. En quelques formules bien senties, Montjoie inflige une sévère correction aux dénicheurs de complots qui l'ont précédé. Faute d'avoir fait preuve de rigueur et d'honnêteté intellectuelle, tous ont lamentablement failli. Car c'est folie, pour reprendre ses mots, que de chercher à dévoiler « quelque mystère qui sera à jamais impénétrable ». C'est folie que de se croire en mesure, alors que les preuves sont aux abonnés absents, de faire la lumière sur « un dessous de carte qu'on ne saura jamais ». Extrapoler à partir de bruits de couloirs et de révélations de troisième main, ou, pis encore, fonder sa démonstration sur des écrits tronqués et sortis de leur contexte, ces pratiques indignes d'un historien ne seront jamais celles de l'auteur de l'*Histoire de la conjuration de Louis-Philippe-Joseph d'Orléans*. C'est un vrai livre d'histoire que Montjoie soumet à son public, et non une vulgaire fiction.

Le moins que l'on puisse dire est que les trois tomes qui composent cette histoire ne répondent pas à la déclaration d'intentions initiale. Montjoie appelait à redoubler de vigilance devant les faits. Or, le même homme, dès qu'il entreprend de nous relater les péripéties de la « conjuration » du premier prince du sang, tombe immédiatement dans le piège des preuves sans fondement, des rumeurs prises pour argent comptant et des extrapolations aventureuses. Malgré l'ambition qu'il affichait au début de son livre, il n'a pas écrit une histoire, mais ce qu'il vouait aux gémonies : un roman.

Montjoie n'est sûrement pas un cas isolé. Pendant plus d'une décennie, l'espace public aura été le théâtre d'interprétations plus sensationnelles les unes que les autres, chacune prétendant apporter l'éclairage définitif et irréfutable sur les événements qui ont bouleversé la France et l'Europe. Il faudra attendre l'épisode napoléonien pour que, par étapes, le flot de dénonciations des menées occultes contre l'ordre en place, qu'il soit monarchique, révolutionnaire ou impérial, commence à se tarir.

C'est dans une bien étrange histoire de France que nous font pénétrer ces écrits. Dans cet univers parallèle à celui qu'on nous a enseigné, les faits avérés, ces faits qui ont été confirmés ultérieurement par la recherche historique, côtoient les fantasmagories les plus délirantes. Comment séparer les quelques bons grains de l'ivraie conspirationniste ? Et, du reste, le jeu en vaut-il la chandelle ? Au lecteur un tant soit peu cartésien qui se demandera quel bénéfice tirer de ce tissu d'élucubrations, je répondrai par cet aphorisme attribué à Edgar Faure, qui avait l'art de la formule et l'œil affûté : « Une idée fausse est un fait vrai[2]. »

Car, pour bizarres qu'ils apparaissent, ces « faits vrais » méritent la plus grande attention. D'abord parce qu'ils livrent un précieux éclairage, je l'ai déjà dit, sur l'imaginaire politique des temps révolutionnaires. Mais aussi parce que leur résonance jusqu'à nos jours est saisissante.

En 1829, un écrivain aujourd'hui oublié, franc-maçon de son état, Nicolas Des Étangs, s'employait à réfuter les thèses du plus célèbre des écrivains complotistes, l'abbé Barruel. « Réfuter le calomniateur, écrivait-il, [...] c'est rendre un grand service à l'époque actuelle [...] qui peut tomber dans des erreurs plus malheureuses encore que celles que la philosophie a combattues jusqu'à présent [...] Oui, c'est un service à rendre à nos contemporains que de remettre au grand jour les mensonges anciens et les mensonges modernes, pour que le lecteur, ami de la vérité, juge quelle route il doit suivre dans ce dédale inextricable de folies, où le siècle, s'il n'y prend garde, pourrait bien être enfermé à son tour[3]. »

Chapitre premier

Philosophisme tentaculaire

Entrons sans plus tarder dans cet univers historique parallèle. Pour ce faire, empruntons un sentier qui, à première vue, n'offre rien de dépaysant puisqu'il s'agit du rationalisme philosophique incarné par l'abbé Raynal.

Qui se souvient aujourd'hui de ce nom et de l'œuvre qui lui est attachée ? Interrogeons nos contemporains. Quelques-uns se rappelleront peut-être que l'abbé philosophe s'était élevé contre l'esclavage. C'est tout. Après avoir été un des plus célèbres écrivains des dernières années de l'Ancien Régime, Guillaume Thomas Raynal a sombré dans le marécage des célébrités éphémères. Et, avec lui, les dix tomes de l'ouvrage dont il a dirigé la rédaction : l'*Histoire philosophique et politique des établissements et du commerce des Européens dans les deux Indes*.

Ce livre, en son temps, a pourtant été lu avec passion. L'*Histoire des deux Indes* se présente comme un condensé hautement radicalisé de la pensée du siècle des Lumières. C'est un brûlot qui exprime sans fard et avec virulence son anticléricalisme, son anticolonialisme et son antidespotisme. Cerise sur le gâteau de la renommée, le livre a été honoré du prix littéraire le plus prestigieux de la France des Lumières : sa condamnation en mai 1781 par le Parlement de Paris, label de qualité s'il en est auprès du public friand d'écrits subversifs.

Une décennie plus tard, la notoriété de Raynal n'a pas faibli. À l'aune des événements révolutionnaires, l'écrivain a même pris des allures de prophète, tant les volumes de l'*Histoire des deux Indes* paraissent avoir servi de bréviaire à l'œuvre régénératrice. L'abbé qui aurait vu l'avenir est l'objet d'une adulation sans bornes. Mais chacun sait que le chemin est très court du Capitole à la roche Tarpéienne...

Nous sommes à Paris, le 31 mai 1791. Les travaux de l'Assemblée constituante touchent presque à leur fin. En l'espace de deux années, la France est devenue méconnaissable. L'Ancien Régime est mort ; la monarchie absolue a été enterrée ; les privilèges ont été abolis ; le clergé a été réorganisé de fond en comble ; le papier-monnaie des assignats circule massivement. Cette France au nouveau visage s'apprête à tourner la page d'une révolution que d'aucuns croient terminée. Bientôt, une Assemblée législative aux prérogatives définies par une constitution écrite prendra la place, à la salle du Manège, des vieux briscards de « l'année sans pareille ». Pour l'heure, ces derniers sont toujours fidèles au poste. Et, en cette matinée de printemps, plusieurs centaines d'oreilles, soudain, se dressent. Le président de l'Assemblée constituante, Jean-Xavier Bureaux de Pusy[1], vient en effet d'annoncer qu'il a reçu une lettre de l'abbé Raynal dont il va faire la lecture. L'idole des patriotes entend très certainement transmettre ses chaleureuses félicitations pour l'œuvre accomplie.

Un scandale au Manège

Dès les premiers mots prononcés, la stupeur a gagné les rangs de la gauche tandis que, dans le camp opposé, les grimaces initiales ont cédé la place à de l'étonnement, puis à une satisfaction ostensible. Est-ce l'adversaire acharné du cléricalisme, est-ce l'homme qui clouait au pilori les tyrans couronnés, est-ce le laudateur enthousiaste de la révolution d'Amérique qui s'exprime par la bouche du secrétaire de l'Assemblée ? À entendre ce torrent déclamatoire qui vomit une hostilité sans limites pour l'œuvre des Constituants, cela ne peut être.

Laissons la parole à l'Assemblée. Un scandale y a éclaté :

> M. le Président : Un homme également connu par son éloquence et sa philosophie, M. l'abbé Raynal, m'a fait l'honneur de passer chez moi ce matin ; il m'a remis, en me priant de la présenter à l'Assemblée nationale, une adresse de lui ; elle est écrite avec toute la liberté qu'on lui connaît. En félicitant l'Assemblée de ses

travaux, il ne l'adule point sur les fautes qu'il croit qu'elle a commises. L'Assemblée veut-elle en entendre la lecture ? (*Oui ! Oui !*)

M. Ricard de Séalt, *secrétaire*, lit cette adresse ainsi conçue :

Messieurs,

[...] J'ose depuis longtemps parler aux rois de leurs devoirs, souffrez qu'aujourd'hui je parle au peuple de ses erreurs, et à ses représentants des dangers qui nous menacent.

Je suis, je vous l'avoue, profondément attristé des crimes qui couvrent de deuil cet empire. Serait-il donc vrai qu'il fallût me rappeler avec effroi que je suis un de ceux qui, en éprouvant une indignation généreuse contre le pouvoir arbitraire, ont peut-être donné des armes à la licence ? [...] Mais non, jamais les conceptions hardies de la philosophie n'ont été présentées par nous comme la mesure rigoureuse des actes de la législation.

Vous ne pouvez nous attribuer sans erreur ce qui n'a pu résulter que d'une fausse interprétation de nos principes. Eh ! cependant prêt à descendre dans la nuit du tombeau, prêt à quitter cette famille immense dont j'ai ardemment désiré le bonheur, que vois-je autour de moi ? Des troubles religieux, des dissensions civiles, la consternation des uns, la tyrannie et l'audace des autres, un gouvernement esclave de la tyrannie populaire, le sanctuaire des lois environné d'hommes effrénés qui veulent alternativement ou les dicter, ou les braver ; des soldats sans discipline, des chefs sans autorité, des ministres sans moyens, un roi, le premier ami de son peuple, plongé dans l'amertume, outragé, menacé, dépouillé de toute autorité, et la puissance publique n'existant plus que dans les clubs, où des hommes ignorants et grossiers osent proposer sur toutes les questions politiques. (*La partie gauche éclate en murmures.*)

M. Le Deist de Botidoux[2] : Si l'on est d'avis d'entendre ces insolences-là, je m'en vais... (*Bruit prolongé*)... Celui qui a provoqué la lecture d'un pareil écrit est indigne.

M. le Président : En vous annonçant la lettre de M. l'abbé Raynal, j'ai prévenu qu'elle était écrite avec liberté, et qu'elle ne flattait pas l'Assemblée. J'ai demandé si on voulait en entendre la lecture [...]

Plusieurs membres : La lecture ! La lecture ! [...]

M. Ricard de Séalt, *secrétaire*, continuant la lecture :

... Telle est, Messieurs, n'en doutez pas, telle est la véritable situation de la France ; un autre que moi n'oserait peut-être vous le dire...

Un membre : Bah ! M. Malouet et les siens[3] nous le disent tous les jours.

M. Bouteville-Dumetz[4] : Laissez dire, M. Malouet !

M. Ricard de Séalt, *secrétaire*, lisant :

... mais je l'ose, parce que je le dois, parce que je touche à ma quatre-vingtième année...

M. Le Deist de Botidoux : On s'en aperçoit !

M. Ricard de Séalt, *secrétaire*, lisant :

... parce qu'on ne saurait m'accuser de regretter l'Ancien Régime ; parce qu'en gémissant sur l'état de désolation où est l'Église de France (*rires ironiques*), on ne m'accusera pas d'être un prêtre fanatique ; parce qu'en regardant comme le seul moyen de salut le rétablissement de l'autorité légitime, on ne m'accusera pas d'en être le partisan et d'en attendre les faveurs ; parce qu'en attaquant devant vous les citoyens qui ont incendié le royaume, qui en ont perverti l'esprit public par leurs écrits, on ne m'accusera pas de méconnaître le prix de la liberté de la presse [...][5].

Les origines intellectuelles de 1789, ou l'impossible débat

Le ciel est tombé sur la tête des patriotes avec un fracas épouvantable. Il n'a fallu que quelques phrases pour que le héros tutélaire de la Révolution se transforme en un pur aristocrate. S'exprimant, ainsi que l'a remarqué un député, à la manière de Pierre Victor Malouet, qui a pris part à la rédaction de ce texte[6], Raynal est de son propre chef descendu de son piédestal. Quelques mois plus tôt, la publication des *Réflexions sur la Révolution de France* du Britannique Edmund Burke avait déjà placé la France révolutionnaire devant un mystère. Avec Raynal, les patriotes sont face à une nouvelle énigme. Tout laissait croire en effet qu'étant donné leur réputation d'amis de la liberté, Burke et Raynal allaient applaudir des deux mains à l'annonce des événements de 1789. En rejoignant de manière inattendue le camp adverse, investis de l'autorité intellectuelle et morale propre à leur œuvre littéraire ou politique, ils en viennent à semer le doute chez les moins ardents des révolutionnaires. Ce faisant, leur conduite risque d'accroître les divisions au sein des patriotes.

La menace est palpable. Comment y faire face ? Répondre ? C'est ce que fit le Britannique Thomas Paine après avoir lu les *Réflexions*. Le livre de Burke l'a laissé pantois. Jamais il n'aurait imaginé que ce ténor du parti Whig, qui, jadis, a soutenu la cause de l'Amérique révoltée, jetterait l'anathème sur la France régénérée. Paine, dont le célèbre *Sens commun* a contribué à l'indépendance des États-Unis, a promptement repris la plume. Parus en février 1791, ses *Droits de l'homme*, en faisant l'apologie des temps révolutionnaires, s'emploient aussi à rétablir la place éminente de la philosophie dans l'histoire du siècle. Sans elle, assure Paine, il n'y aurait eu ni 1776 ni 1789 :

> [...] tous ces écrits, ainsi que plusieurs autres, produisirent leur effet ; et dans les différentes manières dont ils traitèrent le sujet des gouvernements, Montesquieu, par son jugement et sa connaissance des lois, Voltaire, par son esprit, Rousseau et Raynal par leur élévation, et Quesnay et Turgot par leurs maximes morales et leurs systèmes d'économie, les lecteurs de toutes les classes trouvèrent quelque chose de conforme à leur goût ; et au moment où la querelle commença entre l'Angleterre et ses ci-devant colonies de l'Amérique, l'esprit des recherches politiques se répandit dans la nation[7].

C'est sur un terreau fertilisé par plusieurs générations de philosophes que s'est épanoui l'esprit révolutionnaire. Avec l'émancipation de l'Amérique, les idées se mirent à jouer un rôle central dans le bouleversement en cours. Les épisodes révolutionnaires d'outre-Atlantique, observe non sans raison Paine, « étaient eux-mêmes des principes, tels que la déclaration de l'indépendance de l'Amérique et le traité d'alliance entre la France et l'Amérique, qui reconnaissait les droits naturels de l'homme et qui justifiait la résistance à l'oppression[8] ».

Nul complot à l'horizon : si les idées du siècle ont contribué à façonner la France nouvelle, c'est, nous dit Paine, par une lente imprégnation collective de la philosophie des Lumières françaises et des « principes » importés des États-Unis.

Le 31 mai 1791, la conduite de celui dont Paine saluait quelques mois plus tôt l'« élévation » vient troubler cette lecture des origines intellectuelles de 1789. Si la réaction du côté gauche de l'Assemblée a été si prompte et si vive, comme en témoignent les appels réitérés à l'ordre de la part du président de séance, c'est que beaucoup de députés ont compris que les paroles de Raynal s'attaquaient à quelque chose de profond. Car, outre la charge sans indulgence contre l'œuvre des Constituants, coupables d'avoir détruit là où il aurait fallu simplement amender, le réquisitoire met à mal cette vérité d'Évangile qui a progressivement sanctuarisé la totalité du bouleversement politique : la Révolution est la digne fille des Lumières.

C'est totalement faux, tonne notre abbé. Reprenons ses paroles. 1789, application fidèle des idées des philosophes ? Que nenni : c'est juste le produit d'une « fausse interprétation de nos principes ». Il y a plus grave, et c'est, semble-t-il, la raison qui aurait poussé le vieillard à sortir de sa retraite[9] : il ne veut pas qu'on l'accuse d'être « un de ceux qui, en éprouvant une indignation généreuse contre le pouvoir arbitraire, ont peut-être donné des armes à la licence ». Tout est dit : il n'existe aucun rapport entre le philosophe qui spéculait dans la tiédeur doucereuse de son cabinet et le chaos produit par une horde d'« hommes effrénés » exerçant la plus impitoyable des dictatures sur « le sanctuaire des lois ». La Révolution, fille des Lumières ? Fille adultérine, si l'on s'obstine à trouver un lien de parenté. Mais une fille horriblement dégénérée.

Si Paine a voulu répondre à Burke, la gauche de l'Assemblée, confrontée aux imprécations de l'abbé, a, pour sa part, décidé de faire profil bas. Une fois la lecture de l'adresse achevée, Robespierre prend la parole. Plutôt que de revenir point par point sur les arguments du patron de l'*Histoire des deux Indes*, l'Arrageois restera muet sur le fond du discours qui a été lu. On répond aux imbéciles par le silence.

Opposant la « tranquillité si expressive » dont a fait preuve l'Assemblée lors de la lecture de l'adresse scandaleuse, qui reproduit « les absurdités mêmes que l'on trouve dans la bouche des ennemis les plus déclarés de la Révolution », rappelant au détour d'une phrase le « grand âge » de l'auteur, ce qui, pour l'orateur, constitue une « excuse suffisante », mettant en garde les députés contre la finalité éminemment politique de l'adresse qui leur a été présentée alors que les travaux sur la Constitution sont sur le point de s'achever, constatant enfin que « l'Assemblée s'est honorée en entendant la lecture » de tant d'idioties sans trop perdre son sang-froid, Robespierre conclut en réclamant qu'on laisse maintenant de côté les enfantillages d'un octogénaire pour revenir à des choses plus sérieuses : « je demande qu'on passe à l'ordre du jour[10] ».

L'homme qui prit part à la rédaction de l'adresse de Raynal, Pierre-Victor Malouet, était présent sur les bancs de la salle du Manège lorsque Robespierre fit ce discours improvisé. Bien qu'adversaire résolu de l'Incorruptible, il ne cache pas son admiration devant la performance oratoire : « c'est la première, c'est la seule fois que je l'aie vu adroit et même éloquent[11] ». La harangue de Robespierre produisit l'effet escompté. Alors que, quelques minutes plus tôt, tout indiquait que la Constituante allait se livrer à un examen de conscience philosophico-politique, « l'Assemblée, sur la parole de Robespierre, se jugea supérieure aux réprimandes de l'abbé Raynal » et s'empressa de fermer le ban. En agissant de la sorte, elle s'est épargné un débat existentiel qui aurait pu abîmer la somptueuse dorure philosophique revêtant son œuvre. Comme l'observe Malouet, « ce n'était pas l'inviolabilité de ses membres, mais celles de ses principes dont elle était jalouse[12] ».

Des origines intellectuelles aux menées souterraines

À dire vrai, le débat n'a pas été tout à fait évité[13]. Élu en 1789 député de la noblesse marseillaise aux États généraux, le ci-devant comte de Sinéty de Puylon a manifestement été frustré de ne pas avoir pu exprimer son opinion. Dès la clôture de la séance du 31 mai, il couche sur le papier ses impressions. Ces « Réflexions importantes » mettent en lumière les motifs profonds qui ont poussé l'Assemblée à poser l'étouffoir sur l'affaire Raynal. À leur lecture, un constat s'impose : évoquer les rapports de la philosophie avec la Révolution peut pousser le raisonnement vers des rivages exotiques.

Curieux document que ces « Réflexions importantes ». De prime abord, on croit lire un écrit patriote on ne peut plus ordinaire. Tout en condamnant les accusations portées par Raynal à l'encontre des Constituants, Sinéty s'emploie également à avertir l'Assemblée et, plus largement, les Français, du danger que porte en elle l'initiative de l'abbé.

Mais, soudain, le propos prend un tour imprévu. Sans crier gare, le député marseillais entraîne ses lecteurs dans l'univers parallèle des théories du complot.

Au début de l'année 1789, le patron de l'*Histoire des deux Indes*, qui séjournait alors à Marseille, aurait été l'âme d'un vaste plan de subversion du royaume. Raynal, Sinéty est sûr de ce qu'il avance, n'est pas du tout l'homme que l'on croit :

> [...] si, dans ces moments, on avait pu connaître la vie politique de Thomas Raynal dans Marseille, les systèmes et les dogmes qu'il y professait depuis plusieurs années, ses liaisons intimes avec un ministre que tout le monde sait avoir toujours ambitionné la première place dans la Révolution, et avec tous les amis et les adorateurs qu'il avait dans cette ville, si l'on avait pu pénétrer dans les motifs des intelligences secrètes de Raynal avec Mirabeau, au mois de mars 1789, lorsqu'il vint dans cette ville allumer les premiers flambeaux de la Révolution [...] si l'on pouvait s'assurer enfin, comme on l'a toujours soupçonné, qu'il correspondait sur tous les mouvements préparatoires de la Révolution avec le ministre et sa famille, rappelant ainsi tous les rôles que Thomas Raynal avait joués dans ces premières époques, on ne pourrait se défendre dans ce moment de lui soupçonner des motifs aussi dangereux aujourd'hui en politique, que sa conduite, avant et pendant les élections de 1789, a été active[14].

Pour la première fois dans ce livre mais certainement pas la dernière, nous venons de traverser le miroir. Nous avons quitté le cadre familier d'une assemblée politique, qui, si elle montre souvent de la passion, n'en discourt pas moins à l'aide d'arguments qui se veulent rationnels. En apparence, la thèse de notre député n'a rien d'étrange. En relation étroite avec Jacques Necker – tout le monde aura reconnu le ministre qui a « toujours ambitionné la première place dans la Révolution » – et après avoir noué des « intelligences secrètes » avec Mirabeau, qui, en effet, était alors hyperactif en Provence, Raynal aurait contribué à la radicalisation politique de Marseille, ville où il vécut entre 1786 et 1791. Mais, dira-t-on, où sont les preuves ? Nulle part. L'on aura remarqué que le raisonnement repose entièrement sur une suite de « si » conduisant infailliblement à la dénonciation, formulée comme il se doit au conditionnel, des menées subversives de Raynal. Et celles-ci seraient encore plus dangereuses en 1791 qu'elles ne l'étaient en 1789.

Quel serait alors le motif qui a poussé le vieillard à envoyer son adresse à l'Assemblée ? Mettre en garde les députés contre la radicalité de leurs mesures ? Plaisanterie, s'exclame notre Marseillais. Le vrai dessein de Raynal était, en semant le doute, de diviser les patriotes pour porter un coup fatal à la Constitution. L'homme a beau approcher de ses quatre-vingts ans, il n'en demeure pas moins ce qu'il a toujours été : un dangereux anarchiste. Son plan, en effet, consiste ni plus ni moins à « préparer ainsi une nouvelle révolution, objet des espérances et des intrigues criminelles des ennemis de la patrie[15] ».

Dans ces lignes, court en filigrane la thèse selon laquelle 1789 n'est pas uniquement le produit d'événements discernables à l'œil nu. La Révolution possède aussi ses sources cachées. Sinéty s'apprête à les dévoiler :

> Sans doute, Thomas Raynal, associé aux mystères politiques d'un ministre si puissamment soutenu par l'opinion publique [*Necker*], si présomptueux dans ses espérances, et de tous ses agents et ses sectateurs, avait voulu avec eux changer l'empire français par une révolution mémorable ; ils avaient tous le même projet ; ils tendaient tous au même but, et l'intérêt, l'ambition, la vanité du ministre, du philosophe et de tous leurs coopérateurs avaient arrêté un plan plus utile sans doute à leurs vues particulières qu'au bonheur des Français ; ils avaient voulu une révolution, ils en avaient préparé, combiné tous les mouvements, en profitant avec adresse des insurrections préliminaires et anticipées [...][16].

Tout, oui, *tout* aurait été prévu, jusqu'au moindre détail. Telle une armée d'automates marchant au pas cadencé, les agents des conspirateurs étaient prêts à accomplir aveuglément leurs plus noirs desseins. Quels desseins ? L'auteur paraît hésiter entre deux voies explicatives. La première est tristement banale. C'est celle qu'ont dénoncée de tout temps les dénicheurs de complots : « Ils voulaient une révolution, mais telle que leur génie l'avait conçue pour leur propre gloire ou pour leurs intérêts[17]. » La soif du pouvoir et de l'argent n'est cependant pas la seule motivation ayant animé les chefs de la conspiration raynalienne. Derrière ce dessein tristement prosaïque se cacherait un projet bien plus pernicieux : « Ils voulaient établir la secte des philosophes, qui les avaient servis, sur les ruines de la religion. » La révolution préparée par Raynal et ses complices aurait abouti à la tyrannie d'un groupe avide de puissance et de richesse et à une espèce de dictature antichrétienne exercée par les membres de la « secte ». Mais, heureusement pour la France, se félicite Sinéty, « leurs projets n'ont pas réussi ; les représentants de la nation les ont déjoués ; la Révolution s'est faite, mais elle a été pour les Français et non pour ceux qui voulaient profiter de l'exaltation préparée du peuple[18] ».

En ce printemps 1791, la Constitution civile du clergé est en train de diviser dangereusement le pays. Plusieurs grandes puissances européennes, et au premier chef la Prusse et la maison d'Autriche, ne cachent plus leur inquiétude devant le cours d'une révolution qui tarde à prendre fin. Cet horizon chargé impose à tous ceux qui approuvent l'ordre nouveau qu'ils consolident l'œuvre accomplie. Tel a été le dessein de Sinéty[19]. Dénoncer la prétendue conspiration raynalienne et affirmer qu'elle a été déjouée grâce à la vigilance des bâtisseurs de la France nouvelle revient à décerner des lauriers de civisme à la Constituante, fondatrice, gardienne et conservatrice de l'ordre politique.

L'encyclopédisme vu de la Montagne

L'on croit généralement que la croyance au complot philosophique est une attitude spécifique aux milieux cléricaux et royalistes. Les positions du député de la Constituante qu'on vient de découvrir montrent néanmoins que la tentation de voir les ténors de la philosophie agir en coulisses a aussi touché des individus qui ne désapprouvaient pas le nouvel ordre des choses. Pour achever de nous en convaincre, portons-nous au 7 mai 1794, soit le 18 floréal de l'an II de la République. En ce jour, le dossier des origines intellectuelles de la Révolution française est présenté avec solennité devant la Convention nationale par celui qui, trois ans auparavant, s'employa à éviter un tel débat.

Lorsque Maximilien Robespierre s'apprête à prendre la parole, beaucoup d'eau a coulé sous les ponts de la Révolution. Si, trois ans plus tôt, des Français pouvaient encore croire que les passions politiques s'apaiseraient tôt ou tard, la tentative de fuite de Louis XVI qui suivit de quelques semaines l'affaire Raynal rendit définitivement caduque cette espérance. Inhérent à la Révolution, le processus de radicalisation s'est emballé. Les débuts chaotiques de la Législative, la guerre avec l'Autriche et la Prusse, le 10 août, la proclamation de la République, le procès et la mort du roi, le soulèvement vendéen, la proscription des Brissotins, l'insurrection fédéraliste, le pays envahi de toutes parts, la loi des suspects, la déchristianisation, l'élimination des factions hébertiste et dantoniste, ce raz-de-marée événementiel littéralement démentiel, Robespierre en a été le témoin et surtout l'acteur, et très souvent en tenant le premier rôle. Membre du Comité de salut public depuis près d'un an, l'homme a vieilli depuis l'époque à la fois si proche et si lointaine de la Constituante. Harassé par la tâche, en proie à des accidents de santé, Robespierre, qui a toujours manifesté une répulsion instinctive envers ceux qu'il nomme les « fripons », ne pouvait sortir indemne de la vague conspirationniste qui n'a cessé de grossir à mesure que le processus révolutionnaire s'emballait. L'univers chargé de suspicion qui l'environnait a très certainement renforcé chez cet inconditionnel de Rousseau la propension à faire sienne la conduite d'un homme qui souffrit toute sa vie durant – les *Confessions* sont assez éloquentes en la matière – d'un délire de persécution particulièrement marqué.

La philosophie des Lumières se trouve au cœur du discours que Robespierre prononce, au nom du Comité de salut public, sur « Les rapports des idées religieuses et morales avec les principes républicains, et sur les fêtes nationales ». Réagissant à la vague déchristianisatrice de l'hiver 1793-1794 et estimant qu'avec les premières victoires militaires du printemps 1794 et la soumission des départements insurgés la France est en train de sortir de la crise qui a manqué de tout emporter sur son passage, Robespierre veut « affermir les principes sur lesquels doivent reposer la stabilité et la félicité de la République[20] ». Par quel moyen ? Par l'instauration d'une religion au sens strict du terme, une religion dont l'intention première est de resserrer des liens distendus par des mois de querelle intense et de guerre civile. Tout en pansant les plaies de la République, le culte déiste de l'Être suprême contribuera à faire des Français des citoyens zélés et vertueux.

Les arguments plaidant pour la mise en place de cette religion civile s'appuient sur un examen rétrospectif sans complaisance du siècle de la raison. Une personne, certes, est à l'abri des critiques. Car Robespierre, on le conçoit, ne tarit pas d'éloges sur son maître à penser, « un homme, par l'élévation de son âme et par la grandeur de son caractère », qui « se montra digne du ministère de précepteur du genre humain[21] ».

S'il est un être qui a vu l'avenir, c'est bien Jean-Jacques : « Ah ! s'il avait été témoin de cette révolution, dont il fut le précurseur, et qui l'a porté au Panthéon, qui peut douter que son âme généreuse eût embrassé avec transport la cause de la justice et de l'égalité[22] ! » Quel contraste avec ses contemporains qui, pour certains, ont vécu assez longtemps pour contempler les temps nouveaux. Car l'Incorruptible est formel : « Les hommes de lettres, en général, se sont déshonorés dans cette Révolution[23]. » Pour quelles raisons ? Laissons-lui la parole :

> Hommes petits et vains, rougissez, s'il est possible. Les prodiges qui ont immortalisé cette époque de l'histoire humaine ont été opérés sans vous et malgré vous ; le bon sens sans intrigue et le génie sans instruction ont porté la France à ce degré d'élévation qui épouvante votre bassesse et qui écrase votre nullité. Tel artisan s'est montré habile dans la connaissance des droits de l'homme, quand tel faiseur de livres, presque républicain en 1788, défendait stupidement la cause des rois en 1793. Tel laboureur répandait la lumière de la philosophie dans les campagnes, quand l'académicien Condorcet, jadis grand géomètre, dit-on, au jugement des littérateurs, et grand littérateur, au dire des géomètres, depuis conspirateur timide, méprisé de tous les partis, travaillait sans cesse à l'obscurcir par le perfide fatras de ses rhapsodies mercenaires[24].

Le « bon sens » du peuple a montré sa supériorité sur les sophismes de la république aristocratique des lettres et des sciences. Les littérateurs et les savants, au fond, ne sont que de misérables parasites introduits dans un corps social qui est resté, fort heureusement, majoritairement sain. Ils sont surtout les ennemis de la France nouvelle, puisque, à en croire Robespierre, presque tous ont versé dans l'opposition tantôt sourde, tantôt déclarée, aux principes révolutionnaires. Le choix de Condorcet comme figure emblématique de cette aristocratie des lettres amollie et décadente se justifie pour au moins deux raisons. Son affiliation politique d'abord : proche des Brissotins, ce « conspirateur timide » a choisi le mauvais camp. Mais surtout, cet « académicien », membre prestigieux de cette élite intellectuelle de l'Ancien Régime qui, n'en déplaise à Robespierre, n'a pas été forcément hostile à la Révolution, incarne un courant de pensée qu'abomine notre orateur : le courant matérialiste.

Le rapport que lit Robespierre ayant pour finalité d'instaurer la religion des temps nouveaux, il importe de poser de solides barrières aux progrès de l'athéisme, dont la dangerosité pour la République s'est révélée au grand jour pendant la vague déchristianisatrice de l'hiver. Cet athéisme, Robespierre le voit professé par des hommes qui, d'ordinaire, se trouvent pourtant fort dissemblables politiquement et idéologiquement. Qu'un Condorcet, qu'un Guadet, qu'un Hébert, qu'un Vergniaud, qu'un Gensonné ou qu'un Danton se soient retrouvés au-delà de leurs différences pour « caress[er] les opinions sinistres » que, lui, Robespierre, combat de toutes ses forces, s'avère énigmatique. « D'où vient, s'interroge-t-il, ce singulier accord de principe entre tant d'hommes qui paraissaient être si divisés[25] ? » La réponse se trouve sous l'écume des faits visibles, dans cette matière obscure inaccessible au commun des mortels : « Il s'agit de considérer seulement l'athéisme comme national, et lié à un système de conspiration contre la République[26]. »

Conspiration. Le mot, qui, dans le volcan en constante éruption qu'est devenue la Convention, revient inlassablement sur la bouche des orateurs, prend ici un tour tout à fait particulier. Il ne s'agit pas en effet d'une énième conspiration ourdie par les ennemis intérieurs ou extérieurs de la République, même si ceux-ci seraient associés à cette action subversive. La conspiration dénoncée ici plonge ses racines dans l'Ancien Régime.

> Dès longtemps, les observateurs éclairés pouvaient apercevoir quelques symptômes de la Révolution actuelle. Tous les événements importants y tendaient ; les causes mêmes des particuliers susceptibles de quelque éclat s'attachaient à une intrigue politique. Les hommes de lettres renommés, en vertu de leur influence sur l'opinion, commençaient à en obtenir quelqu'une dans les affaires. Les plus ambitieux avaient formé dès lors une espèce de coalition qui augmentait leur importance ; ils semblaient s'être partagés en deux sectes, dont l'une défendait bêtement le clergé et le despotisme. La plus puissante et la plus illustre était celle qui fut connue

> sous le nom d'encyclopédistes. Elle renfermait quelques hommes estimables et un plus grand nombre de charlatans ambitieux. Plusieurs de ses chefs étaient devenus des personnages considérables dans l'État : quiconque ignorerait son influence et sa politique n'aurait pas une idée complète de la préface de notre Révolution[27].

Les masques sont tombés. Le déluge qui a failli emporter la France pendant l'an II trouve sa source dans les menées à la fois publiques et souterraines de la secte des encyclopédistes, une secte qui, par un patient travail de noyautage de l'espace public, parvint sous l'Ancien Régime à s'emparer des postes de commande pour mettre sur les rails son projet de subversion. La position de Robespierre se trouve remarquablement proche de celles des défenseurs du trône et de l'autel, qui, on le verra bientôt, n'ont cessé de mettre en garde l'opinion contre les progrès du « philosophisme ».

Est-ce pour venger la mémoire de Rousseau, qui aurait été victime, comme le prétendent ses *Confessions*, de la méchanceté de ceux qu'il croyait être ses amis, les Diderot, les Grimm et autres d'Alembert ? Toujours est-il que les tortionnaires du pauvre Genevois reviennent inlassablement dans les harangues de l'Arrageois. Écoutons-le s'exprimer aux Jacobins, en avril 1792 : « Qui ne sait avec quel acharnement ils ont persécuté la vertu et le génie de la liberté dans la personne de ce Jean-Jacques dont j'aperçois ici l'image sacrée de ce vrai philosophe[28] ». Comme plus d'un lecteur des pages de Rousseau, Robespierre s'est pris au jeu de l'identification. Ayant adopté la posture du solitaire d'Ermenonville, il n'avait pas d'autre choix que de procéder à un tri implacable dans le legs intellectuel du siècle des Lumières. Les encyclopédistes, des « philosophes » ? Vous plaisantez ? Il n'y a eu qu'un seul philosophe et Robespierre est son prophète.

Avec le temps, l'action corrosive des encyclopédistes contre la religion a pris de plus en plus nettement la forme d'une conspiration : « Cette secte, dénonce l'orateur, propagea avec beaucoup de zèle l'opinion du matérialisme [...] J'ai dit que ses coryphées étaient ambitieux : les agitations qui annonçaient un grand changement dans l'ordre politique des choses avaient pu étendre leurs vues ; on a remarqué que plusieurs d'entre eux avaient des liaisons intimes avec la maison d'Orléans, et la Constitution anglaise était, suivant eux, le chef-d'œuvre de la politique, le *maximum* du bonheur social[29]. »

Laissons pour l'heure les duettistes de la littérature complotiste que sont Philippe Égalité et l'Angleterre. Peu importe au fond que les encyclopédistes aient été à leur service. Ce qui compte, pour Robespierre, c'est de dévoiler l'œuvre de destruction civique et morale qui a été menée avec une détermination sans faille par les membres de la secte. Le matérialisme, en effet, porte en lui « cette espèce de philosophie pratique qui, réduisant l'égoïsme en système, regarde la société humaine comme une guerre de ruse, le succès comme la règle du juste et de l'injuste, la probité comme une affaire de goût ou de bienséance, le monde comme le patrimoine des fripons adroits[30] ». Les Brissotins, les Hébertistes, les Dantonistes, qui, tous, vouaient publiquement et avec force blasphèmes Dieu et les saints du paradis aux gémonies, étaient tous porteurs du plus monstrueux des programmes politiques : « Qu'est-ce que les conjurés avaient mis à la place de ce qu'ils détruisaient ? Rien, si ce n'est le chaos, le vide et la violence[31]. »

On aura remarqué combien le propos fait écho à celui de Sinéty, qui, en 1791, dévoilait les prétendues menées de l'abbé Raynal et de ses séides pour rendre le pays ingouvernable. À son tour, Robespierre met ses collègues face à une crise qui a failli balayer la République. Comme au temps des prétendues intrigues marseillaises de Raynal, la France, une fois encore, l'a échappé belle.

Convergences patriotes et aristocrates

Demeurons encore un instant dans le camp révolutionnaire et revenons au printemps 1791, époque plutôt fertile pour le sujet qui nous occupe. Le 4 avril 1791, deux jours après la mort de Mirabeau, l'Assemblée nationale constituante vote le décret faisant de l'église Sainte-Geneviève le réceptacle des cendres des grands hommes ayant mérité de la patrie. L'édifice, dont la construction n'est pas encore achevée, et qui, de ce fait, n'a pas été consacré, change de fonction et d'appellation. Le bâtiment conçu par Soufflot sera voué exclusivement au « culte civique ». Le Panthéon a vu le jour[32].

Le 30 mai 1791[33], au nom du Comité de constitution, Pierre-François Gossin[34] présente un rapport demandant la translation des restes de Voltaire au Panthéon[35]. Le paisible échange de vues qui s'ensuit contraste avec la tempête qui éclatera le lendemain lors de la lecture de l'adresse de l'abbé Raynal. L'œuvre des Constituants sera d'autant plus chatoyante qu'elle aura eu pour parrain le plus célèbre des philosophes, à qui Gossin décerne le titre passablement pompeux de « libérateur de la pensée[36] ».

Le député Regnaud[37] renchérit. Voltaire est bien plus que cela. C'est, ni plus, ni moins, un prophète : « Son regard perçant a lu dans l'avenir et a perçu l'aurore de la liberté, de la régénération française, dont il jetait les semences avec tant de soin que de courage[38]. » Et, du reste, doit-on en rester à Voltaire ? Bien sûr que non : il y a de la place au Panthéon ! Prugnon[39], de Nancy, demande que Montesquieu ait droit au même honneur[40]. Chabroud[41] prend ensuite la parole. Pris par la « chaleur » de l'atmosphère et encouragé par les applaudissements nourris de ses collègues et du public, il propose, lui aussi, un nouveau panthéonisable. C'est cette fois l'abbé Mably, « qui a rendu de grands services à la Révolution française[42] ».

Voltaire, Montesquieu, Mably. Manque à l'appel celui qui, dès son vivant, était l'objet d'une adulation qui confinait au fanatisme[43]. En réalité, le débat sur les honneurs à rendre à Rousseau a précédé la création du Panthéon. Dès l'hiver 1790, la question a été soulevée par Eymar du Binosc[44], qui a demandé l'érection d'une statue en l'honneur de l'écrivain. Député de la noblesse de Forcalquier et rousseaumane de la tête aux orteils, Eymar est formel. L'influence de son idole sur le cours de l'Histoire a été incalculable : « Si [...], dans ce moment, J.-J. Rousseau paraissait au milieu de vous [...] vous verriez, dans J.-J. Rousseau, non seulement l'écrivain immortel, mais le précurseur de cette grande révolution [...]. Le *Contrat social* a été, pour vous, la charte dans laquelle vous avez retrouvé les droits oubliés, les droits méconnus, les droits usurpés sur la nation, et surtout le droit imprescriptible de la souveraineté[45]. »

À la lecture de ces harangues ne laissant aucune place à la nuance, l'on comprend mieux le scandale que produiront les propos iconoclastes de Raynal. Les patriotes n'ont eu de cesse d'ennoblir la Révolution en l'enveloppant du plus splendide des vernis, celui de la pensée. Et ce ne sont pas leurs adversaires qui les contrediraient sur ce chapitre. Bien qu'hostile au « philosophisme », leur diagnostic est identique : point de 1789 sans les hommes de lettres du XVIIIe siècle.

La prose royaliste offre parfois des surprises. Si celle-ci est riche en analyses manichéennes et en extrapolations grotesques, elle compte également des plumes terriblement adroites. C'est le cas de l'abbé Thomas Marie Royou. Ancien collaborateur de *L'Année littéraire**, cet homme au nom prédestiné est un combattant déterminé de ceux qu'il nomme, par un mot-valise bien troussé, les « philosophistes ». Avec la Révolution, Royou est devenu en toute logique le défenseur résolu et éloquent du trône et de l'autel[46].

Est-ce à dire que Royou soit prêt à foncer, bille en tête, sur ceux qui furent dans l'ancien monde ses adversaires idéologiques ? Souvent regardé comme un royaliste aux positions réactionnaires, l'homme est complexe. Livrant ses « réflexions sur le fanatisme appliquées à la Révolution » dans son quotidien *L'Ami du roi* en date du 1er septembre 1790, Royou s'évertue à distinguer l'œuvre des philosophes du « fanatisme national », qu'il voit en action à l'Assemblée, dans les clubs et au sein du peuple. S'il convoque à son tour les grandes figures de la république des lettres, ce n'est pas pour leur faire cautionner « cette inflexible opiniâtreté qui [...] précipite [*le fanatique*] dans les plus grands excès[47] ». C'est, au contraire, à la manière d'un Raynal, pour clamer haut et fort que cette révolution n'est pas la fille du siècle qui l'a précédée. Et Royou de faire venir à la barre des témoins le citoyen de Genève, cet « oracle des modernes législateurs » qui regardait « comme *insensés ceux qui essayeraient d'émouvoir ces masses énormes de la monarchie française*. Qu'eût-il dit de ceux qui les ont renversées toutes à la fois, sous prétexte que, dans ce gouvernement, il n'y avait que des abus[48] ? ».

La philosophie, ou, pour être plus précis, celle de Jean-Jacques, philosophe plutôt hors normes comme chacun sait, n'est donc pas la source du fanatisme présent. Et, assure notre journaliste,

---

* Fondée en 1754 par Élie Catherine Fréron, *L'Année littéraire* a été l'une des gazettes les plus lues sous l'Ancien Régime. Déjà affirmées lorsque la feuille était dirigée par Fréron, ses positions antiphilosophiques se sont encore renforcées après la mort de celui-ci, en 1776. Beau-frère de Fréron, l'abbé Royou prit alors une place de plus en plus importante au sein de l'équipe éditoriale.

si les Français avaient été attentifs à ses « leçons », l'apocalypse aurait pu être évitée : « [...] sourds à la voix de la raison, aux leçons de la philosophie, aux maximes de la politique, nous avons couru après un fantôme de liberté, et nous sommes tombés sous un despotisme populaire [...] et, au lieu d'un chef-d'œuvre de sagesse que l'Europe attendait, nous avons offert à ses mépris de vaines subtilités, dignes du dixième siècle[49] ».

La Révolution serait donc en contradiction flagrante avec l'esprit de progrès qui a guidé les pas de la philosophie. Et le résultat est là, devant nos yeux. Nous voici retournés à la sauvagerie de l'an mil ! Révolution des Lumières ? Oh que non, s'exclame Royou : cette révolution gothique, barbare et fanatique n'a été qu'une pitoyable et effroyable révolution-régression. L'an mil...

Cette manière originale d'appréhender les liens entre Lumières et Révolution n'en reste pas moins exceptionnelle chez les défenseurs du ci-devant monde. D'ordinaire, la prose royaliste ne se prive pas de tirer à boulets rouges sur ceux qu'elle regarde comme les instituteurs démoniaques des patriotes. Le 5 février 1791, c'est un tout autre Royou qui revient sur la catastrophe de 1789. Cette fois, l'hydre philosophiste est ostensiblement placée en ligne de mire : « La philosophie avait jeté depuis longtemps les fondements de la révolution en rétrécissant les esprits par l'égoïsme ; en corrompant les cœurs par l'impiété et la débauche ; en réduisant toute la morale à l'intérêt personnel. Les démagogues ont trouvé une race d'hommes abâtardis, dégénérés, plus accoutumés à calculer qu'à sentir, plus attachés à la vie qu'à l'honneur ; ils l'ont livrée à la fureur du peuple, qui, avec les mêmes vices, avait une plus grande énergie et l'avantage du nombre[50]. »

Ne nous fions pas aux apparences. Le Royou de 1791 et celui de 1790 sont bien une seule et même personne. Les positions restent inchangées, le journaliste ne cessant de déplorer l'épouvantable régression intellectuelle et morale de son pays. La seule différence, mais elle est de taille, est qu'en 1791 l'abbé accuse nommément la philosophie d'avoir, par un opiniâtre travail de sape, préparé psychologiquement le pandémonium en créant une « race d'hommes abâtardis » et « dégénérés ». Et ce sont ces êtres vils qui furent les exécutants du plan de subversion généralisée mis en œuvre à l'ouverture des États généraux, si ce n'est d'ailleurs avant cette date. Car l'existence de ce plan ne fait aucun doute :

à l'aube du siècle des Lumières, des mains criminelles ont préparé avec application le terreau pestilentiel qui allait faire surgir, le jour venu, la plante empoisonnée de la révolution antimonarchique et antichrétienne.

Antiphilosophisme et neckrophobie

Jacob-Nicolas Moreau est un de ces Français qui, en 1789, ont senti le sol se dérober sous leurs pieds. Jusqu'à ce moment fatal, tout paraissait sourire à cet ancien avocat au Parlement de Paris entré au service de la propagande gouvernementale pendant la guerre de Sept Ans. Avec ténacité, l'homme a gravi les marches qui l'ont mené jusqu'à la charge d'historiographe de France qu'il occupe lorsque éclate la Révolution. En 1796-1797, ayant perdu la vue, il dicte les derniers chapitres de ses *Souvenirs*. C'est avec douleur qu'il se remémore les années où tout s'est mis à aller de mal en pis.

Pour Moreau, outre la philosophie dont il a été sans relâche le farouche adversaire, « l'auteur de tous les malheurs de la France, et même ceux de l'Europe entière » n'est autre que Jacques Necker, « cet étranger, [...] ce banquier protestant et républicain[51] ». Le mémorialiste n'a aucun doute sur la collusion du Genevois avec les philosophes : « Les philosophes et les gens de lettres : voilà mes troupes », fait-il dire à l'ex-directeur général des Finances de Louis XVI, « l'ignorance, l'étourderie, les fautes et les inconséquences de mes successeurs : voilà mes armes[52] ». Entre son renvoi du ministère en 1781 et son rappel en 1788, Necker n'aurait cessé d'actionner les rouages de la machine gouvernementale, la plupart de ses successeurs étant, sans qu'ils s'en aperçoivent, noyautés par ses sbires tandis que d'autres auraient été des victimes consentantes, tel le ministre Brienne, « qui, sous-main, s'était livré à M. Necker[53] ».

Surtout, souligne le mémorialiste, l'art consommé de la propagande de Necker lui assura la maîtrise de l'espace public. La philosophie aurait joué un rôle déterminant dans la vague de neckromanie qui submergea la France dans les mois précédant la réunion des États généraux : « Toute la force de ce trop fameux ministre de nos finances était dans les trompettes qu'il avait prises à ses gages ; j'entends par là cette foule de gens de lettres par les écrits desquels il disposa de l'opinion publique : il les appelait *ses vrais amis* ; de plus, comme il connaissait le prix de l'argent, il les payait fort bien ». À la tête de cette armée majoritairement composée d'écrivaillons, une plume prestigieuse : l'académicien Suard, qui « le servait à merveille » en composant dans les gazettes des articles à sa gloire[54].

Appartenant à la dernière génération des philosophes, Jean-Baptiste Suard est une figure en vue dans la république des lettres. Incriminer l'écrivain revient, on le remarque, à frapper d'anathème toute la « secte ». Un pacte aurait été conclu entre le philosophisme impie et le protestant Necker, dont le projet était « de démonarchiser la France et d'en bannir la religion catholique[55] ». Avec quels moyens ?

> [...] ce fut de disséminer partout des matériaux dont il [*Necker*] pourrait ensuite composer un édifice absolument nouveau, et dont lui seul serait le maître. Aussi arriva-t-il au ministère fermement résolu de faire, en France, une révolution à laquelle tout était déjà disposé par la folie, par les intrigues et par la détestable doctrine de ses prédécesseurs [...] Necker voulut la démocratie, et toutes les productions des écrivains qu'il avait à ses gages eurent pour objet d'enflammer le petit peuple même. On vint à bout de le soulever contre la noblesse et contre le clergé[56].

S'il y eut indéniablement une vague neckromane dans les années antérieures à la Révolution, celle-ci ne submergea certainement pas la France, qui comptait en son sein des neckrophobes tout aussi déterminés. Rappelons-nous le député Sinéty, qui, dans ses réflexions sur l'origine de 1789, associait Necker et l'abbé Raynal dans un projet de subversion généralisée. Auteur en 1790 d'un ouvrage arborant dans son titre son complotisme rageur et tapageur, Antoine François Claude Ferrand ne porte pas, lui non plus, le ministre dans son cœur. Son livre, *Les Conspirateurs démasqués*, s'emploie à démontrer que 1789 aurait été le résultat de l'action concertée de trois hommes : le duc d'Orléans, le marquis de La Fayette et Jacques Necker. À ce dernier, Ferrand réserve un portrait-charge particulièrement féroce : « cet homme n'était qu'un parvenu, qu'un enfant gâté par les flatteurs, par les parasites, par les courtisans que son immense fortune et son crédit avaient attirés autour de lui. Ses talents pour l'administration étaient nuls [...] il ne savait que préparer la ruine de l'État par l'abus des emprunts ; conspirateur sans génie, conjuré sans courage, il ne profitait pas des succès, il succombait sous les revers[57] ».

Entre autres manœuvres de l'ombre, cet individu qui, malgré sa médiocrité, ambitionnait pour lui seul le pouvoir, aurait tout mis en œuvre pour aggraver la disette à Paris et précipiter de la sorte la révolution qu'il préparait avec ses deux complices. La pénurie alimentaire du printemps 1789 ? Regardant avec dédain des faits pourtant plus qu'avérés, Ferrand n'y croit pas une seconde : « Vous vous rappelez cette disette si singulière, si bizarre qui a eu lieu en 1789. Tous les soirs on répandait que le lendemain il n'y aurait pas de pain ; cette crainte rassemblait tous les matins une foule nombreuse autour des boutiques des boulangers ; à midi tout le monde avait eu le pain dont il avait besoin [...]. La disette par conséquent n'était pas réelle[58]. »

À mesure qu'il progresse, le propos gagne en délire. C'est pour provoquer puis aggraver la pénurie que, révèle Ferrand, le ministre de Louis XVI aurait, au printemps 1789, rassemblé à Montmartre entre 12 000 et 15 000 ouvriers étrangers, « Génois, Piémontais ou Allemands », pour n'y rien faire d'autre que consommer en masse le pain des pauvres Parisiens ! Ceux que l'auteur appelle les « brigands de Montmartre » auraient ensuite provoqué le désordre conduisant au 14 juillet. Ferrand est d'autant plus catégorique qu'il affirme avoir été témoin de ces premiers actes de subversion : « vous les avez vus la nuit du dimanche [*12 juillet*] au lundi [*13 juillet*], courant les rues avec des flambeaux, des piques, des épées et quelques fusils. Je les ai vus moi-même et je les ai vus de très près ; je les entendis crier [*en quelle langue ? italienne ? allemande ?*] qu'il fallait massacrer la noblesse et anéantir cette abominable race[59] ».

Tout s'éclaire. La Révolution n'a nullement été stimulée par les accidents météorologiques de l'été 1788 qui portèrent préjudice à la récolte. Loin d'être l'expression d'un menu peuple au ventre vide, les événements qui ont conduit à la prise de la Bastille ont été orchestrés avec brio par un seul homme : « Quel était donc le chef qui avait rassemblé cette horde de bandits ? Celui qui, dirigeant l'administration [...], qui, disposant du trésor royal, pouvait seul en prodiguer les fonds pour payer 15 000 brigands à vingt sous par jour ; celui dont la disgrâce fut le signal qui les fit agir ; celui dont ils portaient le buste, en criant [*même remarque : en quelle langue, Monsieur Ferrand ?*] : “Vive M. Necker ! vive le ministre de la nation[60] !” »

La galerie des neckrophobes possède en Gabriel Sénac de Meilhan un représentant au moins aussi virulent qu'Antoine Ferrand. L'homme est surtout connu aujourd'hui pour avoir été l'auteur en 1797 de *L'Émigré*, joli roman épistolaire en partie autobiographique. Hostile à la France nouvelle, Sénac de Meilhan a en effet choisi l'exil. En 1790, c'est de Londres qu'il fait paraître un livre qui, comme l'annonce à nouveau un titre on peut plus explicite, entend dévoiler la véritable origine du cataclysme révolutionnaire : *Des principes et des causes de la révolution en France*.

Ces « causes » seraient doubles. Il y aurait d'abord la philosophie, ou, pour être plus précis, l'encyclopédisme. Dans sa recherche des origines de 1789, Sénac préfigure l'abbé Barruel. Comme ce dernier, il braque les regards sur le midi du siècle qui vit le lancement du projet éditorial de Diderot et d'Alembert. En fédérant plus d'une centaine de collaborateurs, ce travail d'équipe sans précédent aurait modifié la nature profonde du mouvement philosophique. Une « secte » redoutablement organisée aurait vu le jour. Et, aussitôt, avec Voltaire pour chef d'orchestre, elle aurait mis sur pied une action concertée en vue de se rendre maîtresse de l'espace public : « Les gens de lettres, les gens d'esprit formèrent véritablement un corps, sous le nom d'*encyclopédistes*, et plusieurs mirent la témérité à la place du talent [...]. Les livres contre la religion se multiplièrent, et la croyance et l'exercice des pratiques religieuses furent relégués en quelque sorte dans les plus basses classes de la société[61]. »

Ces « basses classes », elles-mêmes, ne sont pas sorties indemnes de la campagne de propagande philosophique. Lentement, insidieusement, la diffusion de l'irréligion s'est opérée du sommet vers la base. Et une fois que le peuple a été atteint, les effets de l'encyclopédisme se sont avérés d'une effroyable toxicité pour l'ensemble du corps politique et social : « La science ne semble pas devoir être dangereuse pour le petit nombre des personnes en état de s'élever aux premiers principes de la morale ; mais la manie d'écrire enfante des écrivains pour toutes les classes, et le peuple s'égare, guidé par des lumières trompeuses[62]. »

Il existerait deux sortes de lumières. Sont bonnes celles qui sont réservées à une petite élite. Cet ancien protégé du duc de Choiseul n'a jamais caché son admiration pour l'œuvre de Voltaire. Tant que ces idées ne circulaient qu'entre gens de bonne compagnie, elles ne pouvaient être néfastes. L'on savait se tenir dans ce beau monde. L'accès à l'arbre de la connaissance aurait dû être verrouillé à double tour pour empêcher le vulgaire d'y avoir accès. Car il va de soi que « les plus basses classes de la société » manquent de discernement pour faire la part entre le savoir de bon aloi et les idées extravagantes, surtout si la diffusion de ces « lumières trompeuses » se trouve amplifiée par les agissements d'un charlatan.

Et Sénac de Meilhan d'aborder sa seconde « cause » : le rôle central de Jacques Necker dans l'ébranlement du processus révolutionnaire. Cette « cause » constitue le thème central de son ouvrage, qui se donne à lire, tout comme chez Ferrand, tel un réquisitoire impitoyable contre le banquier-ministre :

> [...] un homme sans caractère, sans principes, mais dans lequel un silence étudié et un extérieur méditatif faisaient supposer un esprit profond et une âme forte ; d'autant plus habile dans l'intrigue qu'il était moins répandu et savait ourdir en secret ses trames ; inspirant l'enthousiasme par des écrits où règne un jargon mystique et sentimental, et où brillent, parfois, des éclairs d'éloquence. Il alluma des flammes pour environner sa personne d'éclat, et ses flammes s'étant changées en feux durables et violents, il en dirigea l'impétuosité vers le trône, qu'ils consumèrent. Plus fatal à la France que Cromwell à l'Angleterre, il n'eut pas cette ambition qui subjugue par l'audace, qui éblouit par de vastes entreprises. Il renversa l'État sans avoir de plan fixe, en suivant au jour le jour les élans de sa vanité[63].

Ce serait donc ce « républicain timide[64] », ce Cromwell au petit pied et au profil tristement fadasse qui aurait été la cause des maux qui ont fondu sur la France ? Oui, soutient notre auteur. Car Necker avait beau être dépourvu des talents nécessaires à la bonne marche du département qu'il a dirigé à trois reprises[65], l'homme était passé maître dans l'art de la prestidigitation politique. Le *Compte rendu au Roi* de 1781, dans lequel – et Sénac a ici pleinement raison – Necker, maquillant les chiffres, rendait excédentaire un budget en réalité déficitaire, fut une étape décisive de sa conquête de l'opinion[66]. Le public s'arracha l'ouvrage et fit de son auteur, promu magicien des deniers publics, un héros national. Mais c'est surtout après sa première disgrâce que s'est manifesté dans toute son étendue son savoir-faire manipulateur : « il devint chef de secte », nous dit Sénac[67]. Dès lors, en parfaite logique, tout s'enchaîne. Le lamentable fiasco de l'Assemblée des notables de 1787 qui devait sanctionner la réforme du contrôleur général des Finances Calonne fut l'œuvre des « partisans de Necker » et de leur propagande maligne auprès du public[68]. Et qui, pensez-vous, a été responsable de l'échec du ministère Brienne et du vent de révolte qui a secoué la France au printemps 1788 ? Celui qui, en août de la même année, est rappelé au ministère, ce Necker « qu'on pouvait soupçonner d'être l'auteur secret de la plupart des troubles[69] ». Et son rôle en 1789 ? Contrairement à Ferrand, Sénac se montre peu loquace sur ce chapitre. C'est par une formule lapidaire que s'achève le récit des forfaits du Genevois : « Le désordre des finances en [*la Révolution*] fut l'occasion, l'Assemblée des notables, le principe, et Necker la cause immédiate[70]. »

Les convictions religieuses de la « cause immédiate » n'arrangent pas son cas. « Necker était banquier, genevois, protestant[71] », souligne Sénac de Meilhan, précisant que « Necker devint chef de cette secte en France, comme Luther et Calvin le furent en religion[72] ». Jacob-Nicolas Moreau abonde : Necker était non seulement un « étranger », mais aussi un « banquier protestant et républicain[73] ». Ferrand, pour sa part, accuse l'un des complices du Genevois, le marquis de La Fayette, d'avoir été son intermédiaire auprès des calvinistes[74]. À la lecture de ces messages parfaitement convergents, les yeux ont été dessillés : le complot neckro-philosophique a bénéficié de l'aide active d'une communauté, qui, depuis plus d'un siècle, brûlait de se venger du crime perpétré contre elle par l'ancêtre du roi régnant.

De 1685 à 1789

L'Angleterre des temps modernes a été atteinte d'un mal pour ainsi dire incurable : celui de la phobie antipapiste. Cette crainte des menées sourdes des émissaires de l'évêque de Rome a conduit à plus d'une reprise le pays au bord de l'abîme. La révolution de 1640 en porte les traces au fer rouge. Approchons-nous des événements qui nous intéressent. En juin 1780, après un siècle d'*Enlightenment* qui, normalement, aurait dû apaiser les esprits, Londres a été le théâtre d'émeutes d'une rare sauvagerie. Leur déclencheur ? La frénésie anticatholique[75].

Examinée à l'aune d'une intolérance insulaire qui confine souvent à la folie furieuse, la France semble faire preuve de plus de retenue. Certes, l'Infâme, pour parler comme Voltaire, a, au cours du siècle, plus d'une fois sorti ses serres pour déchirer les protestants. Les pauvres François Rochette et Jean Calas en savent quelque chose. Lorsque approche la Révolution, le calvinisme semble néanmoins en passe d'être accepté par la partie éclairée des sujets de Louis XVI. La campagne voltairienne en faveur de Calas et de Sirven y a contribué, de même que les plaidoyers d'Antoine Court et de son fils Court de Gébelin, porte-parole de la cause réformée auprès des élites du royaume[76]. Alors qu'elle avait été approuvée et même applaudie presque unanimement en 1685, la révocation de l'édit de Nantes, un siècle plus tard, est vue par beaucoup comme une faute impardonnable, entachant à jamais le règne d'un roi qui, au fond, n'était pas aussi grand que d'aucuns le prétendaient. La tolérance se banalise chez les Français acquis aux Lumières : lorsqu'en novembre 1787 Louis XVI accorde l'état civil aux protestants, ce début de détricotage de l'édit de Fontainebleau passe pratiquement inaperçu, du moins dans la France laïque. Il est vrai que les conséquences politiques de la crise financière braquent alors tous les regards vers l'étrange scénographie versaillaise.

Presque tous les regards. Il faut en effet se méfier des apparences. Consultons les cahiers de doléances du clergé et c'est une autre France qui s'offre à notre vue. Confrontés au spectre d'une restauration de l'hérésie, les ecclésiastiques réclament à cor et à cri l'abrogation de l'édit de 1787. À mesure que s'affirme le processus révolutionnaire, les premières craintes se trouvent largement confirmées. Le 26 août 1789, la Déclaration des droits de l'homme et du citoyen fait des protestants des Français comme les autres, ce que confirme le décret de décembre 1789 autorisant les réformés à accéder à tous les emplois. Que l'Assemblée compte en son sein une quinzaine de protestants, et, parmi eux, au moins trois députés de premier plan en la personne de Barnave, Rabaut Saint-Étienne et Jeanbon Saint-André, n'est pas pour rassurer. Et si, derrière tout ceci, se cachait la main des rejetons de Calvin ?

Relisons les mots de Moreau : Necker est non seulement « protestant » mais aussi « républicain ». Dès le XVIe siècle, la Réforme, et surtout dans sa mouture calviniste, a été considérée par ses adversaires comme l'ennemie des rois. La pensée des monarchomaques, mais aussi les exemples des républiques de Genève, des Provinces-Unies, ainsi que de l'Angleterre, que les contemporains regardent ordinairement comme une « république », apportent une eau précieuse au moulin conspirationniste. Rédacteur d'un *Ami du Roi* concurrent de celui de l'abbé Royou*, Galart de Montjoie est sûr de son fait : « La conduite que les calvinistes ont tenue dans tous les temps est celle que tiennent aujourd'hui les novateurs ; les principes qu'ils ont toujours professés sont ceux que professent aujourd'hui les factieux : la part, en un mot, que cette secte audacieuse a eue à la révolution n'est pas douteuse[77]. »

Très bien, mais où sont les preuves ? L'on sera bien en peine d'en trouver dans ces pages qui, s'appuyant sur l'histoire tumultueuse de la Réforme en France, s'emploient à présenter les protestants comme de perpétuels destructeurs de l'ordre établi : « L'histoire des désordres qu'ils n'avaient cessé de commettre en France, leurs assemblées secrètes, leurs serments d'association, leurs ligues avec l'étranger, [...] tant de conjurations ouvertes, de guerres opiniâtres, tant [...] d'attentats contre les rois ; tous ces sacrilèges effrayèrent Louis XIV, et comprenant que tant que le calvinisme respirerait en France, ses sujets ne goûteraient aucun repos, il révoqua l'édit de Nantes[78]. »

---

* L'histoire de *L'Ami du Roi* est très confuse. Le journal est lancé en juin 1790. Pendant quelques semaines, Montjoie et Royou y travaillent côte à côte. Mais, en septembre, Royou, qui a rompu avec Montjoie, crée son propre *Ami du Roi*. Les deux journaux, qui portent le même titre, paraissent jusqu'en 1792. Il y eut même, pendant un temps, un troisième *Ami du Roi*, celui de l'éditeur Crapart !

Au spectacle de tant de violences, de tueries et de profanations, Louis XIV doit être vu comme un bienfaiteur de l'humanité. La révocation de l'édit de Nantes, nous dit Montjoie, a été un acte de salut public. Mais si le Grand Roi a très bien agi, ses ennemis, hélas, ne se sont pas longtemps avoués vaincus. Ils ont, tout au long du XVIIIe siècle, patiemment tissé leur toile : « Dans tous les temps, ils ont eu auprès de la cour des agents secrets pour veiller aux intérêts de leurs parties et épier les occasions qui pourraient leur procurer quelque avantage[79]. » Nul doute qu'ils aient pris une part active aux événements de 1789.

Reste à présenter les preuves. Mais c'est là que le bât blesse. Le pauvre Montjoie n'en a aucune à offrir. Mais qu'importe : faute de pièces à conviction, rien ne vaut un peu d'amalgame :

> La conduite qu'ont tenue les calvinistes depuis l'origine de leur secte n'est-elle pas la même que celle que tiennent aujourd'hui ceux qu'on appelle révolutionnaires ? Les principes qu'ils ont enseignés dans toutes les circonstances ne sont-ils pas adoptés, outrés même en partie par ceux qui règnent despotiquement sur la majorité de l'Assemblée nationale ? Cette double identité laisse apercevoir toute l'influence que le calvinisme a eue sur la révolution de 1789. Je ne dis pas que cette secte a seule et immédiatement opéré la destruction de notre monarchie, mais je dis que cette destruction est une suite nécessaire de la doctrine calviniste ; je dis que les calvinistes l'ont toujours eue en vue, qu'ils l'ont préparée, et que des hommes dont la tête [...] est imprégnée d'idées républicaines, ne pouvaient manquer de l'opérer[80].

Il ne pouvait en aller autrement. Le protestantisme français a avidement saisi l'occasion que lui offrait la crise politique pour se venger. Se venger d'abord des persécutions qu'il a endurées pendant plus de deux siècles. Se venger ensuite et surtout de l'attentat monstrueux que le tyran Louis a perpétré le 18 octobre 1685 en signant l'arrêt de mort spirituelle de quelque 730 000 âmes[81].

Poursuivons notre exploration de la rhétorique conspirationniste de Galart de Montjoie. Notre auteur, qui n'a toujours que quelques vieux os à offrir comme pitance à ses lecteurs, leur brosse, faute de mieux, une petite saynète. Nous le découvrons, vers le 14 juillet, en train de s'entretenir avec un calviniste de ses amis. Cette connaissance lui paraissait être un brave Français aimant son roi et son pays. Mais en considérant la figure rayonnante du bonhomme et en entendant ses paroles, Montjoie vécut une épiphanie. « La voilà enfin qui se consomme cette révolution tant désirée. C'en est fait, le trône est renversé, et jamais, non jamais, on ne le relèvera », se serait exclamé ce protestant. Et Montjoie de commenter : « Je ne puis rendre tous les sentiments voluptueux qui se peignaient sur le visage de cet homme lorsqu'il prononça ces dernières paroles. [...] J'avoue que cette image, qui me sera toujours présente, m'inspira l'idée de rechercher plus particulièrement la conduite que les calvinistes avaient tenue en France et la doctrine qu'ils professaient[82]. »

Devenue avec les années un lieu commun des théories du complot, l'association Necker-encyclopédistes-protestants resurgit en 1797 avec tambours et trompettes dans un des livres les plus bizarres qu'ait produit une époque qui n'a pas été avare en productions sortant des sillons de la raison : *Les Véritables Auteurs de la révolution de France de 1789*.

Pour le Troyen François Nicolas Sourdat, auteur présumé de cet ouvrage au style et au contenu ébouriffant, il faut en finir avec l'opprobre jeté sur les responsables de la Saint-Barthélemy et de la révocation de l'édit de Nantes : ces « actes de vigueur » de la part de Charles IX et Louis XIV ont été des « actes dictés par une sage prévoyance[83] ». Il est dommage, du reste, que la besogne ait été inachevée. On en voit aujourd'hui le résultat : la Révolution « n'est autre que la conjuration ancienne toujours subsistante et profondément ourdie par les calvinistes ou huguenots contre la religion et la monarchie[84] ».

Si la force motrice de la « conjuration » est le protestantisme, les descendants de Calvin n'ont pas agi seuls. Au début du XVIIIe siècle se forma ce que Sourdat appelle une « triple alliance ou pacte de famille ». Cette alliance réunit les philosophes, les jansénistes et les calvinistes : « Le *philosophisme* pouvait livrer la cour et les ministres, les femmes et les intrigants, tous les économistes, les adeptes et les encyclopédistes. Le *jansénisme* s'était fait ouvrir les cabinets des magistrats et dominait dans les tribunaux. Le *calvinisme* s'était chargé des pétitions, de fournir l'argent, les arsenaux et des hommes tous dressés pour tous les rôles nécessaires dans une révolution[85]. » Et qui était, dans les dernières années de l'Ancien Régime, le maître d'œuvre de ce sinistre « pacte de famille » ? Le Genevois, bien entendu :

> Dans l'intervalle de ses deux ministères, M. Necker avait assisté (s'il ne l'avait convoquée) à une assemblée tenue à Nîmes et qui scella l'union de la triple alliance. Il ne s'y était pas rendu seul : *La Fayette, Dumouriez, Clavière, l'abbé Raynal* et autres chefs d'émeutes, encyclopédistes, philosophes, etc., francs-maçons, calvinistes. Là fut repris le plan tant de fois conçu et avorté [...] de mettre la France en république. Là fut placé le grand arsenal de toutes les machines nécessaires à ce grand œuvre [...]. La conjuration, enfin, y reçut sa dernière perfection ; elle fut annoncée presque aussitôt par l'allégorie ingénieuse, qui ne fut entendue que de peu de personnes, de la bête du Gévaudan, dont les gravures, d'abord fort multipliées dans le royaume, furent promptement retirées par le parti afin de ne pas laisser au peuple le temps d'en pénétrer le sens[86].

Par quel chemin le monstre du Gévaudan qui faisait frissonner les chaumières au temps du ministère Choiseul, par quelles voies cet avatar moderne du loup-garou a-t-il pu se hisser sur l'étendard d'une conjuration comprenant des militaires (La Fayette et Dumouriez), un boursicoteur genevois (Étienne Clavière) et l'inévitable abbé Raynal qui, à ce stade de l'exposé, n'est plus à présenter ? Et que dire du rigide, de l'amidonné, du compassé Jacques Necker dans le rôle grandiloquent du porte-bannière de la bête[87] ? En associant la plus grande énigme politique de l'Histoire à un monstre légendaire, ces lignes rendent compte de la noirceur dans laquelle languissent les nostalgiques du temps d'avant 1789. Elles expriment éloquemment l'effroyable spirale descendante d'une France confrontée à une Révolution qui, obstinément, désespérément et, très certainement, diaboliquement, refuse de prendre fin.

Chapitre 2

Illuminations ténébreuses

Le Girondin Vergniaud en fit la remarque le premier : la Révolution montra dès ses débuts un insatiable appétit pour sa progéniture[1]. Une des premières victimes de ce Saturne des temps modernes fut Jean-Joseph Mounier. Pendant une année entière, de la journée des Tuiles de Grenoble qui, le 7 juin 1788, lança la révolution du Dauphiné, au serment du Jeu de paume du 20 juin 1789 dont il fut l'inspirateur, cet avocat fut aux avant-postes. Au début de l'été 1789, Mounier commença pourtant à émettre des réserves devant la tournure prise par les événements. N'acceptant ni le principe du monocaméralisme voté par l'Assemblée constituante, ni la limitation, excessive à ses yeux, des pouvoirs du roi dans la Constitution en cours de rédaction, ni, encore moins, les journées des 5 et 6 octobre 1789 qui, par un déchaînement de violence abominable, eurent pour effet de déplacer le cœur de la Révolution de Versailles à Paris, et constatant que lui et ses amis monarchiens se trouvaient marginalisés sur l'échiquier politique, Mounier disparut de la vie publique. Il bouda l'Assemblée, rentra à Grenoble, puis, en mai 1790, quitta la France pour entamer un exil qui le porta jusqu'au duché de Saxe-Weimar, où il se vit confier par le duc Charles-Auguste, l'ami de Goethe, la tâche d'instruire les futures élites selon un programme fondé sur les idées des Lumières[2].

Après le coup d'État du 18 brumaire an VIII (9 novembre 1799), Mounier envisage de rentrer en France. Comme beaucoup de révolutionnaires modérés, il a accueilli avec soulagement le régime du Consulat, qu'il interprète comme un retour aux principes des premiers mois de 1789. Mounier n'a jamais renié ses positions politiques. Il a cru en une révolution paisible se nourrissant de l'esprit du siècle. Reportant ses espoirs sur la personne de Bonaparte, avatar français du « despotisme éclairé », il y croit toujours.

Il est aisé d'imaginer son déplaisir devant les écrits accusant les philosophes et la franc-maçonnerie d'avoir préparé la Révolution. Quand paraît en 1797 la bible de la littérature conspirationniste, les *Mémoires pour servir à l'histoire du jacobinisme* de l'abbé Barruel, la coupe est pleine. En 1801, il publie sa réponse : *De l'influence attribuée aux Philosophes, aux Francs-maçons et aux Illuminés sur la Révolution de France*. Le ton, d'entrée de jeu, se fait alarmiste :

> On a surtout tâché depuis quelque temps d'attribuer la révolution de France et tous les crimes qu'elle a fait naître, aux philosophes modernes, aux francs-maçons et aux illuminés. Plusieurs écrits ont été publiés sur ce sujet en France, en Allemagne et en Angleterre. Ils ont été lus avec empressement ; ils ont fait une impression d'autant plus vive qu'on a réuni pour la produire tout ce qui pouvait dispenser de la peine de réfléchir, tout ce qui pouvait flatter l'amour de l'extraordinaire et beaucoup de préjugés et d'intérêt. On a substitué à des causes très compliquées, des causes simples et à la portée des esprits les plus paresseux et les plus superficiels. Chacun s'est cru capable de prononcer sur des questions qui exigent de longues et nombreuses recherches. Toutes les explications sont devenues faciles. Avec les mots philosophes, francs-maçons et illuminés, on accuse, on condamne, on rend compte de tous les événements[3].

Il y a péril en la demeure de l'esprit. Barruel, ses devanciers et ses disciples réveillent des préjugés qu'on croyait à jamais enfouis après un siècle de progrès de la pensée, et c'est ce qui chagrine Mounier. Avec raison. Car les épais volumes des *Mémoires pour servir à l'histoire du jacobinisme* n'ont rien d'un épiphénomène. Ils se présentent comme le stade le plus abouti d'un processus de diabolisation des Lumières et de la maçonnerie qui est allé *crescendo* depuis 1789. S'agit-il du stade ultime ? Rien ne le laisse supposer.

Les vraies-fausses confidences de Condorcet

Les personnes mises sur le banc des accusés par Augustin Barruel ont parfois pris part, à leur corps défendant, à la diabolisation des Lumières. En 1795 paraissait à titre posthume un écrit qui, en raison de la notoriété de son auteur, ne pouvait passer inaperçu. Éminent mathématicien, membre de l'Académie des sciences et de l'Académie française, Nicolas Caritat, marquis de Condorcet, n'a pas attendu la Révolution pour prendre part à la politique. Proche de Turgot, il a assisté le contrôleur général des Finances dans ses projets de réforme. Condorcet est une des figures les plus en vue des « Hautes Lumières », cette France éclairée des années 1770-1780, qui, en se hissant jusqu'au sommet de l'État, nourrissait l'espoir de transformer le royaume en profondeur.

Voici venu 1789. En un instant, le réformateur a cédé la place au révolutionnaire. N'ayant pas été élu aux États généraux, c'est d'abord en spectateur qu'il assiste au grand théâtre de la France en convulsion. La tentative de fuite de Louis XVI fait de lui un républicain. Élu à l'Assemblée législative, puis à la Convention, Condorcet se trouve des atomes crochus avec le groupe des Brissotins. Il est l'auteur d'un important rapport sur l'instruction publique et d'un projet de constitution. Après la journée du 2 juin 1793, qui a vu la Convention, cernée par les sans-culottes, décréter l'arrestation des Brissotins, Condorcet vit pendant près d'une année à l'abri du monde qui l'entoure, reclus dans une maison du quartier Saint-Sulpice. Le 25 mars 1794, pour des raisons qui restent troubles, il quitte son refuge. Deux jours plus tard, il est arrêté à Clamart. Le 29 mars, il est retrouvé mort dans sa cellule.

En parfaite conformité avec un siècle où l'on troquait avec aisance l'habit du poète pour celui du physicien, et *vice versa*, Condorcet le savant a aussi été un écrivain. Avant la Révolution, il a notamment été l'auteur d'une des premières biographies consacrées au prince des Lumières. Cette *Vie de Voltaire*, observait-il, est « l'histoire des progrès que les arts ont dus à son génie, du pouvoir qu'il a exercé sur les opinions de son siècle, enfin de cette longue guerre contre les préjugés, déclarée dès sa jeunesse, et soutenue jusqu'à ses derniers moments[4] ». Publiée en 1789, la *Vie de Voltaire* se donne à lire comme le brouillon de l'ouvrage qui a occupé Condorcet pendant ses mois passés dans la clandestinité et qui sortit en 1795 sous le titre d'*Esquisse d'un tableau historique des progrès de l'esprit humain.*

En arborant le mot « progrès », ce titre annonce d'entrée de jeu la thèse centrale. Il ne s'agira pas d'une de ces histoires cycliques encore en vogue quelques décennies plus tôt ; il ne s'agira pas non plus d'une énième resucée des *Vies parallèles* faisant se télescoper les siècles et les personnages au mépris de la chronologie et de la vraisemblance. L'histoire que nous présente Condorcet est le produit d'une révolution intellectuelle, la « doctrine nouvelle [...] de la perfectibilité indéfinie de l'espèce humaine[5] ».

L'Histoire a cessé d'être l'éternel et déprimant recommencement des faits du passé. L'humanité a accéléré sa marche vers un avenir qui ne pourra être que meilleur. En le considérant avec confiance, l'historien des temps nouveaux donne un sens profond à sa discipline et à sa mission : « Ce tableau [...] doit présenter l'ordre des changements, exposer l'influence qu'exerce chaque instant sur celui qui le remplace, et montrer ainsi, dans les modifications qu'a reçues l'espèce humaine, en se renouvelant sans cesse au milieu de l'immensité des siècles, la marche qu'elle a suivie, les pas qu'elle a faits vers la vérité ou le bonheur[6]. »

Comme il se doit, Condorcet ne peut éluder la question qui, à l'heure où il écrit, a déjà fait couler des quantités d'encre : quels sont les rapports entre la philosophie des Lumières et la Révolution française ? Sa réponse est catégorique : avant d'avoir été politique, la Révolution a été intellectuelle. Et c'est à ce stade du raisonnement que fait jour une lecture des faits suggérant que l'ouragan qui a frappé la France ne se réduit pas à une suite d'événements observables au grand jour :

> En Angleterre, Collins et Bolingbroke, en France, Bayle, Fontenelle, Voltaire, Montesquieu et les écoles formées par ces hommes célèbres combattirent en faveur de la vérité ; employant tour à tour toutes les armes que l'érudition, la philosophie, l'esprit, le talent d'écrire peuvent fournir à la raison ; prenant tous les tons, employant toutes les formes, depuis la plaisanterie jusqu'au pathétique, depuis la compilation la plus savante et la plus vaste jusqu'au

> roman ou au pamphlet du jour ; couvrant la vérité d'un voile qui ménageait les yeux trop faibles, et laissait le plaisir de la deviner ; caressant les préjugés avec adresse pour leur porter des coups plus certains ; [...] consolant quelquefois les ennemis de la raison en paraissant ne vouloir dans la religion qu'une demi-tolérance, dans la politique qu'une semi-liberté ; ménageant le despotisme quand ils combattaient les absurdités religieuses, et le culte quand ils s'élevaient contre la tyrannie ; attaquant ces deux fléaux dans leur principe quand même ils paraissaient n'en vouloir qu'à des abus révoltants ou ridicules, et frappant ces arbres funestes dans leurs racines quand ils semblaient se borner à en élaguer quelques branches égarées [...]. La révolution [...] devait [...] commencer par la France. La maladresse de son gouvernement a précipité cette révolution ; la philosophie en a dirigé les principes ; la force populaire a détruit les obstacles qui en pouvaient arrêter les mouvements[7].

La Révolution française est le produit de l'action combinée de l'esprit et de l'action. Oui, combinée. Condorcet sait peser ses mots. Il n'a pas écrit « la philosophie en a *inspiré* les principes » mais « la philosophie en a *dirigé* les principes ». Nous ne sommes pas dans l'univers, cotonneux et éthéré, des idées qui, tout en influençant tel individu, laissent de marbre son voisin, mais dans celui, guerrier et inquiétant, de la conquête et de la direction des esprits.

Dès l'aube du siècle des Lumières, assure Condorcet, une machine de guerre contre le trône et l'autel se serait mise en action. Des pionniers de la « crise de la conscience européenne » des années 1680 jusqu'aux esprits forts des années 1780 se serait transmis un seul et unique flambeau. Est-ce parce qu'il appartient à la dernière génération des Lumières, une génération qui a vu se banaliser les concepts les plus hardis de la philosophie politique et se radicaliser les positions hostiles à « l'Infâme », comme le montre éloquemment le brûlot anticlérical de l'*Histoire des deux Indes*, ouvrage au contenu impensable cinquante ans plus tôt ? Toujours est-il que Condorcet ne semble pas imaginer une seconde que les pionniers anglais de l'*Enlightenment* qu'il cite, tels lord Bolingbroke (né en 1678) et Anthony Collins (né en 1676), ou les enfants du Grand Siècle comme Montesquieu (né en 1689) et Voltaire (né en 1694) ne raisonnaient pas comme lui. Il est curieux que cet écrivain, qui, dans d'autres pages de son *Esquisse*, montre une remarquable prudence en soulignant les progrès graduels de l'humanité, fasse fi, dans les lignes qu'on a lues, de toute précaution. Pour Condorcet, pas de doute : le siècle des Lumières est un bloc. Et ce bloc est indissociable de cet autre bloc qu'est la Révolution française.

Chez le lecteur prédisposé aux interprétations alternatives, cet extrait possède tous les ingrédients propres à nourrir ses fantasmes. Non seulement l'œuvre de destruction de la religion et du pouvoir en place a été préparée de longue date, mais ses protagonistes ont fait preuve d'une remarquable détermination et d'une rare constance. En insistant sur un projet de conquête de l'espace public qui aurait été défini dès le début du siècle et qu'aurait poursuivi sans jamais dévier du plan initial une armée philosophique déterminée à tout abattre sur son passage, l'impression finale qu'il laisse peut s'avérer troublante. Augustin Barruel en fera bon usage.

Augustin Barruel : un itinéraire intellectuel

Augustin Barruel est âgé de 56 ans à la parution de ses *Mémoires*. Né à Villeneuve-de-Berg, dans le Vivarais, dans une famille noble qui serait d'origine écossaise[8], Barruel est entré en 1756 dans la Compagnie de Jésus. Ce professeur de grammaire au collège de Toulouse quitte la France en 1764 après le bannissement de l'ordre par Louis XV. Commence alors une carrière ecclésiastique en Europe centrale, d'abord en Pologne, puis en Bohême, enfin à Vienne. Après la suppression définitive de l'ordre en juillet 1773 par le pape Clément XIV, Barruel, qui est alors revenu en France et qui est maintenant prêtre séculier, devient le précepteur des enfants du prince François-Xavier de Saxe, oncle de Louis XVI. Le monde des lettres commence aussi à l'attirer. Bientôt, il s'insère dans la mouvance antiphilosophique dont le quartier général est *L'Année littéraire*, la gazette de l'ennemi de Voltaire, Élie Catherine Fréron. C'est dans cette feuille que Barruel fait ses premières armes. Remarquons qu'il y côtoie l'abbé Royou, qui, quelques années plus tard, se fera, lui aussi, le chantre du complotisme.

Les années passent. Le journaliste s'est fait romancier. Un romancier, précisons-le, porteur d'un message. Au même titre que le *Nouveau mémoire pour servir à l'histoire des Cacouacs* (1757) de Jacob-Nicolas Moreau, des *Confidences philosophiques* (1771) de Jacob Vernes, ou du *Comte de Valmont ou les Égarements de la raison* (1774-1776) de l'abbé Gérard, *Les Helviennes, ou Lettres provinciales philosophiques*, dont la parution en cinq volumes s'échelonne entre 1781 et 1788, sont une œuvre qui, derrière la façade plaisante d'un récit de divertissement, vise à endiguer l'influence sans cesse grandissante des Lumières. Le ton, qui montre une « heureuse alliance de la drôlerie et de l'analyse[9] », selon un des biographes de l'auteur, n'annonce en aucune manière l'écrivain alarmiste des *Mémoires*. Si Barruel est devenu antiphilosophe, il vit son antiphilosophisme avec une sérénité on ne peut plus philosophique.

Quand survient la Révolution, l'abbé est depuis plus d'une année en charge d'une gazette qui a du poids dans la sphère catholique, le *Journal ecclésiastique*. A-t-il durci ses positions au contact des événements ? Rien ne l'indique. Hostile aux idées antichrétiennes des philosophes, Barruel n'en reste pas moins critique envers l'Ancien Régime, allant jusqu'à incriminer les déficiences morales du clergé dans la crise qui a conduit à la Révolution[10].

Ses écrits contemporains à l'ébranlement révolutionnaire, comme le révèle le titre d'un livre qu'il fait paraître en 1789, *Le Patriote véridique ou Discours sur les vraies causes de la révolution actuelle*, et qui reprend plusieurs articles parus dans le *Journal ecclésiastique*, le montrent cependant intrigué par l'origine du bouleversement politique. Le titre et la démarche qui préside à l'élaboration de ce petit ouvrage méritent qu'on s'y arrête. Envisager de dévoiler au public les *vraies* causes marque en effet un pas vers une élucidation alternative à la vulgate égrenant le chapelet désormais bien connu des causes de « l'année sans pareille ».

Écartant les explications centrées sur les causes purement politiques, qui auraient mené de la crise financière à la réunion des États généraux, Barruel met l'accent sur les causes morales. On le découvre, tel un prêtre au prône dominical, en train de sermonner sans ménagement ses ouailles, fustigeant la « dépravation des mœurs publiques[11] » qui se serait accentuée au cours du siècle.

Derrière cette perte des repères moraux, se devine l'effet corrosif d'une mauvaise littérature. Sont clairement mis sur la sellette les écrivains libertins et ceux que Barruel nomme les sophistes : « Depuis un demi-siècle, une légion d'impies s'est élevée ; nous avons accueilli les adeptes et couronné les maîtres ; nous avons dévoré leur production, souri à leurs blasphèmes, adopté leurs principes et leur école est devenue pour nous celle de la sagesse. Elle était cependant celle de tous les vices, de toutes les passions ; celle de la licence et de la volupté ; celle de l'égoïsme, du sordide intérêt, de la fausse amitié et de la perfidie, du mensonge et du parjure, de l'orgueil et de la bassesse, de l'ignorance et du sophisme[12]. »

« Nous avons » : la première personne du pluriel n'épargne pas le clergé. La philosophie antichrétienne a bénéficié de la complicité de ceux qui auraient dû être les premiers sur la ligne de front. Les traîtres sont parmi nous, se désole notre abbé. Est-ce à dire qu'il est en train de verser dans la théorie du complot ? À ce stade de l'évolution intellectuelle de l'auteur, la philosophie n'est sûrement pas conspiratrice. Elle est tout bonnement corruptrice.

Comme pour beaucoup d'hommes d'Église, le tournant décisif ne se situe pas en 1789 mais l'année suivante, lorsque l'Assemblée vote les décrets mettant en place la Constitution civile du clergé. L'on sait quelles ont été les conséquences sur l'unité du pays de cette révolution dans la Révolution. À la fin de l'automne, réagissant au serment que devront prononcer les ecclésiastiques, l'abbé est devant un choix cornélien : « L'Assemblée nationale devient plus pressante que jamais sur le serment qu'elle exige de nous. Si notre conscience nous permet de le faire, il faut le faire, parce qu'il faut qu'un prêtre soit citoyen. Si notre conscience s'y oppose, il faut être chrétien catholique, prêtre, et savoir mourir plutôt que de le faire. Décidons-nous, car le temps presse. »

Bien que de plus en plus réservé devant l'œuvre des révolutionnaires, le rédacteur du *Journal ecclésiastique* n'en revendique pas moins sa place de citoyen dans la communauté nationale. Mais il lui faut trancher. Et Barruel rompt alors les amarres avec la France nouvelle : « malgré tout l'amour que j'ai voué à ma patrie [...], je ne puis me résoudre à faire ce serment[13] ».

Devenu prêtre réfractaire, Barruel est frappé de plein fouet par le 10 août 1792, puis par les massacres de Septembre, auxquels il réchappe miraculeusement. « Je crus faire, expliquera-t-il, ce que la prudence exigeait, errant secrètement dans Paris, jusqu'au 15 du même mois. Je vis enfin la Providence me conduire, je ne sais comment, à Rouen, à Dieppe, enfin à Londres[14]. »

Lorsqu'il quitte la France, son engagement sur le chemin de la théorie du complot est amorcé. Barruel a fait siennes les idées qui commencèrent à circuler à mesure que la Révolution s'emballait. Royou, on s'en souvient, dénonçait de longue date les conspirateurs de la république des lettres. Galart de Montjoie ne se privait pas, lui non plus, de tirer à boulets rouges sur la secte impie et sur les calvinistes. À l'automne 1791, un écrivain royaliste de premier plan, le rédacteur de la *Gazette de Paris* Pierre Barnabé Farmain de Rozoi[15] braque ses projecteurs sur les francs-maçons. Nul doute n'est permis. La nature même du phénomène révolutionnaire, ses mots d'ordre, son organisation à Paris puis dans des provinces gagnées en un instant par la subversion, tout témoigne de l'action en sous-main des loges déguisées en clubs :

> Égalité entre les frères, abolition des rangs, signes de reconnaissance, mots d'entrée dans les assemblées, d'admission dans les mystères, union de l'un à l'autre pôle, république fédérative ; enfin voilà le système, la base, l'esprit et la constitution harmonique de la maçonnerie. [...] Voyez ces mêmes loges devenues des clubs ; voyez la maçonnerie travestie sous le nom de propagande ; voyez partout une fraternité destructive de tous les ordres, de toutes les conventions politiques, de toute l'organisation sociale, se reproduire sous les drapeaux, sous les armes, dans les assemblées, dans les serments, dans les temples[16].

Plus de cinq ans avant la sortie des *Mémoires pour servir à l'histoire du jacobinisme*, Farmain de Rozoi nous en présente la thèse centrale. Les écrits que l'abbé François Le Franc fait paraître chez Crapart, l'éditeur du *Journal ecclésiastique* de Barruel, ont également aiguillé ce dernier vers la piste franc-maçonne[17]. L'on sait peu de choses sur cet obscur folliculaire si ce n'est qu'il dirigeait en 1789 la congrégation des Eudistes de Caen avant de se lancer dans une carrière de polémiste[18]. En deux ouvrages écrits à quelques mois d'intervalle dans un style halluciné, Le Franc jette les bases de ce qui deviendra, sous la plume de Barruel, la théorie de la conspiration philosophico-maçonnique.

Paru en 1791, *Le Voile levé pour les curieux, ou le Secret de la Révolution de France révélée à l'aide de la franc-maçonnerie* accuse cette dernière d'avoir préparé la Révolution en ayant opéré un bouleversement monstrueux du caractère de la nation. Hier mondialement connu pour « sa gaieté, sa légèreté, sa frivolité », le Français a été transformé en un monstre anthropophage : « Oui, je ne crains pas de l'avancer, c'est la franc-maçonnerie qui a appris aux Français à envisager la mort de sang-froid, à manier le poignard avec intrépidité, à manger la chair des morts, à boire dans leurs crânes, et à surpasser les peuples sauvages en barbarie et en cruauté[19]. »

Quelques mois plus tard, sort un nouveau livre au titre et au contenu encore plus sensationnels : *Conjuration contre la religion catholique et les souverains, dont le projet, conçu en France, doit s'exécuter dans le monde entier. Ouvrage utile à tous les Français.* En ce début de l'année 1792, d'épais nuages se sont agglutinés sur la monarchie. Le Franc met à nouveau en garde son lecteur. Qu'il ne croie pas que cette crise soit le produit des luttes politiques qui ont émaillé la Révolution. La chute de la monarchie, qu'il sent imminente, a en réalité été planifiée de longue date par les philosophes :

> [...] longtemps un bruit sourd a mugi sous le palais du monarque. Depuis un demi-siècle, la trame était ourdie ; à peine trois générations ont-elles suffi à la développer. Le Nestor de Ferney en avait tenu les premiers fils dès son adolescence ; Rousseau de Genève les agita longtemps ; la carrière des D'Alembert, des Diderot et des Turgot ne fut pas assez longue pour les voir s'applaudir du succès, tant il fallut d'années, de combinaisons, pour amener les circonstances, aplanir les obstacles, et disposer l'esprit des peuples[20].

Ce plan a été exécuté le 10 août comme le redoutait Le Franc. Victime des massacres de Septembre, celui-ci vécut les atrocités qu'il avait décrites dans son *Voile levé*. Assurément, seule une force ayant tourné le dos à Dieu pouvait être capable de mouvoir jusqu'à ces abominables extrémités les rouages de la mécanique antichrétienne et antimonarchique. C'est cette certitude que Barruel emporte avec lui en quittant la France.

Arrivé à Londres à la fin du mois de septembre 1792, il est hébergé par un ancien jésuite, William Strickland. Barruel écrira que cet homme a été pendant son exil, « [*son*] père, [*son*] conseil, [*son*] ami[21] ». Il est aussi pris sous l'aile protectrice de l'oracle des temps apocalyptiques. Dans ses *Réflexions sur la révolution de France*, Edmund Burke n'annonça-t-il pas, et longtemps à l'avance, la radicalisation d'un processus qui devait infailliblement conduire à la chute de la monarchie et à la propagation à toute l'Europe de la « peste » révolutionnaire ? À plusieurs reprises, les *Réflexions* s'en prennent aux philosophes français, accusés à mots couverts d'avoir contribué au pandémonium[22]. Burke laisse également entendre que le cataclysme politique aurait été favorisé par « un actif prosélytisme. Les propagateurs de la nouvelle foi ont formé des sociétés qui se chargent d'intriguer et de correspondre tant en France qu'à l'étranger ». Même l'Angleterre serait touchée : « chez nous, il y a des gens qui leur ouvrent les bras [...] des gens qui reçoivent d'eux des gages de confraternité, des bannières consacrées au cours de leurs rites et mystères[23] ».

Un demi-siècle après Voltaire, Barruel a trouvé son chemin de Damas en traversant la Manche. Si, dit-on, l'Angleterre fit de Voltaire un philosophe, ce même pays fit passer Barruel d'un antiphilosophisme somme toute banal au conspirationnisme obsessionnel qui n'allait plus le quitter jusqu'à la parution, cinq ans plus tard, de son *magnum opus*. Le choc de l'emballement révolutionnaire, les positions alarmistes de Burke, mais aussi, on le verra un peu plus tard dans ce livre, l'atmosphère fébrile régnant en Grande-Bretagne à l'arrivée du Français, ont été les catalyseurs d'une spectaculaire mutation intellectuelle.

Des Jacobins au jacobinisme

En 1797 paraissent à Londres les deux premiers tomes des *Mémoires pour servir à l'histoire du jacobinisme*. Dès le titre, nous sommes avertis que la marchandise proposée ne sera pas ordinaire. Ce n'est pas une nouvelle histoire de la Révolution que nous propose l'auteur. Le « Discours préliminaire » qui ouvre le premier tome va droit au but :

> Sous le nom désastreux de *Jacobins*, une secte a paru dans les premiers jours de la Révolution française, enseignant que *les hommes sont tous égaux et libres* [...]. Dès les premiers instants de son apparition, cette secte s'est trouvée forte de trois cent mille adeptes, soutenue de deux millions de bras qu'elle faisait mouvoir dans toute l'étendue de la France, armés de torches, de piques, de haches et de toutes les foudres de la Révolution. C'est sous les auspices, c'est par les mouvements, l'impulsion, l'influence et l'action de cette secte, que se sont commises toutes ces grandes atrocités qui ont inondé un vaste empire du sang de ses pontifes, de ses prêtres, de ses nobles, de ses riches, de ses citoyens de tout rang, de tout âge, de tout sexe[24].

La « Société des amis de la Constitution » – c'est l'appellation officielle du club des Jacobins – vit le jour à Versailles au printemps 1789 lorsque les députés de Bretagne décidèrent de se réunir avant chaque séance des États généraux pour définir leur ligne de conduite. Bientôt le noyau initial du Club breton se mit à grossir avec l'arrivée en son sein des protagonistes, célèbres ou modestes, de la Révolution. Après les journées d'octobre 1789, qui aboutirent au transfert du roi et des députés à Paris, la société s'établit dans la bibliothèque du couvent des Jacobins, rue Saint-Honoré, non loin de la salle du Manège où siégeait la Constituante. Composée majoritairement de députés occupés à préparer les travaux de l'assemblée, la société commence alors à essaimer en province. Beaucoup de clubs locaux nés dans l'effervescence révolutionnaire demandent leur affiliation à la société de Paris. Un impressionnant réseau se met en place. De 90 clubs affiliés en 1790, l'on passe à environ 800 en 1793. À l'apogée du mouvement, en l'an II, l'on compte près de 6 000 sociétés regroupant entre 500 000 à 600 000 membres[25].

L'histoire des Jacobins suit avec une remarquable fidélité les vicissitudes de la Révolution. En témoignent déjà les variations de l'appellation officielle. La Société des amis de la Constitution devient, après la chute de la monarchie, la Société des amis de la liberté et de l'égalité. Reflétant originellement les nuances du spectre idéologique patriote, le club des Jacobins connaît un puissant coup de barre à gauche après la tentative de fuite de Louis XVI. Les membres les plus modérés du club quittent alors la société de la rue Saint-Honoré pour former le club des Feuillants. Resserrées désormais sur le noyau démocrate des patriotes, la société mère et les filiales provinciales qui ont choisi de demeurer dans la mouvance jacobine voient grandir leur rôle dans le processus révolutionnaire. S'affirme alors une légitimité parallèle à celle incarnée par le pouvoir législatif de la salle du Manège, puis, après la chute de la monarchie, de la Convention.

À mesure que s'impose pendant l'été 1793 la politique de salut public, l'activité jacobine s'intensifie. Le vigoureux processus de recentralisation* qui touche alors la France est facilité par le remarquable maillage clubiste sur le territoire. S'impose la lecture jacobine de la Révolution, ce « magistère d'orthodoxie », pour reprendre la formule de François Furet, qui s'exerce tant sur la Convention montagnarde que sur le reste du pays[26].

Intimement liée à la figure de l'Incorruptible, la dynamique jacobine ne survit pas à la chute de Robespierre. Dès les lendemains du 9 Thermidor, le mouvement clubiste s'étiole en province : les unes après les autres, les sociétés ou sombrent dans la torpeur ou ferment leurs portes. Quant à la société mère, son décès survient le 22 brumaire an III (12 novembre 1794) avec la décision de la Convention thermidorienne de fermer le club de la rue Saint-Honoré. Ce qui fut une composante essentielle de la dynamique révolutionnaire appartient à l'Histoire lorsque Barruel travaille à son ouvrage.

Il aurait pu l'intituler *Mémoires pour servir à l'histoire des Jacobins*. Avoir préféré l'expression « jacobinisme » n'est pas une coquetterie stylistique. Ce n'est pas l'histoire de la société des Jacobins, une histoire circonscrite dans un temps assez court, qu'entend relater l'abbé, mais celle d'un mouvement, tant idéologique que politique, dont l'existence déborde largement en amont de 1789. Le jacobinisme existait à Paris bien avant que n'appa-

* Il est préférable de parler de « recentralisation » plutôt que de centralisation. La Constitution de 1791 a en effet instauré un système administratif nettement moins centralisé que celui de l'Ancien Régime. Cette première décentralisation, dont les racines sont à chercher dans les réformes de Necker et de Brienne, n'a été qu'une parenthèse.

raisse le premier club des Jacobins. Le jacobinisme existait dans toute la France bien avant que la maison mère de Paris ne se mette à créer ses filiales. Le jacobinisme existait dans toute l'Europe bien avant que la menace révolutionnaire ne commence à inquiéter les gouvernements. Et ce jacobinisme, ne nous leurrons pas, est loin d'être une figure révolue. Comme le montre l'expansion de la révolution en Europe, comme le prouve un peu partout l'action subversive des partisans des temps nouveaux, cette hydre officiellement décapitée depuis novembre 1794 continue en réalité d'étendre ses ramifications.

Le stade suprême du conspirationnisme

Ouvrons le livre. Certaines de ses pages, surtout les premières, impressionnent par leur finesse. En préférant la longue durée du jacobinisme à l'événementiel jacobin, Barruel semble même annoncer une école historique bien postérieure à son œuvre. Sa plongée dans les entrailles démoniaques du mouvement révolutionnaire n'a en effet que faire de ses acteurs historiques. Ce ne sont que des pions, des agents de la « secte » interchangeables. Lorsque l'un d'eux disparaît, dix sont prêts à le remplacer. Barruel regarde avec dédain une histoire des grands et des petits hommes. Ce qui compte, ce sont les structures : « Ce que j'aurai à dire plus spécialement, ce n'est point ce qu'ont fait les légions infernales des Marat, des Robespierre, des Sieyès, des Philippe d'Orléans ; ce sont les conspirations et les systèmes, les écoles, les maîtres ; c'est tout ce qui a fait les Sieyès, les Philippe, les Condorcet, les Pétion, et qui prépare encore à chaque peuple de nouveaux Marat, de nouveaux Robespierre[27]. »

Un autre trait distinctif du livre tient à sa méthode. Celle-ci, affirme l'auteur, doit être irréprochable. Il est intéressant de remarquer que ce contempteur de la raison raisonnante se trouve ici en phase avec ses adversaires. Pas question de se fourvoyer dans des hypothèses sans fondement. Il y va de la crédibilité de la démonstration. Le lecteur attend des preuves ? Il en aura pour son argent.

L'on comprend le choix du terme « Mémoires » pour le titre de l'ouvrage. Barruel s'est refusé à écrire une histoire, récit qui l'aurait contraint, pour des raisons évidentes d'intelligibilité, d'opérer un tri dans les sources à sa disposition. Il a écrit des Mémoires, dont le but sera de produire *toutes* les pièces à conviction : « Je pouvais me contenter d'écrire l'histoire des Jacobins ; je veux que l'Histoire elle-même puisse trouver dans ces Mémoires le recueil des preuves dont elle aura besoin, et des preuves surtout démonstratives, des preuves multipliées, extraites plus spécialement des confidences et des archives même des conjurés[28] ».

Pour ingénieux qu'il apparaisse de prime abord, le recours à ces « preuves multipliées » porte en réalité préjudice à l'ouvrage. C'est cette volonté de tout dire, de tout exposer qui a fait des *Mémoires pour servir à l'histoire du jacobinisme* un monstre obèse péniblement lisible.

Le « Discours préliminaire », où l'on voit l'auteur exposer ses arguments avec concision, fait néanmoins exception. En quelques pages, l'essentiel est dit. Considéré sous l'angle de son origine, puis de son déroulement en France et dans le reste du monde, le processus révolutionnaire, selon Barruel, est unique et indivisible. *Tout* nous ramène en effet à la conspiration originelle : « [...] dans cette Révolution française, tout jusqu'à ses forfaits les plus épouvantables, tout a été prévu, médité, combiné, résolu, statué ; tout a été l'effet de la plus profonde scélératesse, puisque tout a été préparé, amené par des hommes qui avaient seuls le fil des conspirations longtemps ourdies dans des sociétés secrètes, et qui ont su choisir et hâter les moments propices aux complots[29] ».

Les événements qui pourraient être interprétés comme le fruit du hasard ou de la volonté d'un individu étranger au « jacobinisme » et qui, de la sorte, viendraient polluer la thèse centrale, seront mis sous le boisseau. Ce que Barruel veut donner à découvrir ne peut supporter la plus infime contradiction. Ce qu'il entend nous mettre sous les yeux est un complot pour ainsi dire totalitaire, un complot embrassant dans toute sa globalité le phénomène révolutionnaire, d'abord français, puis planétaire : « [...] la Révolution française n'est encore qu'un essai des forces de la secte ; ses conspirations s'étendent sur l'univers entier. Dût-il lui en coûter partout les mêmes crimes, elle les commettra ; elle sera également féroce[30] ».

Ses recherches dans « les archives des Jacobins[31] » lui ont fait découvrir la vraie nature de la subversion qui a balayé l'Ancien

Régime et la monarchie. Ce n'est point une, mais trois conspirations qui ont frappé la France, trois conspirations ayant une seule et même force agissante, trois conspirations emboîtées à la manière des poupées gigognes. La première, qui a commencé « bien des années avant cette Révolution », est celle « des hommes qui se firent appeler philosophes » et qui « conspirèrent contre le Dieu de l'Évangile, contre tout christianisme, sans exception [...]. Cette conspiration avait pour objet essentiel de détruire tous les autels de Jésus-Christ ».

Cette première conspiration des « sophistes de l'incrédulité et de l'impiété » donna bientôt naissance à un nouveau rameau, celui des « sophistes de la rébellion », dirigé contre la monarchie. Le plan de subversion, qui, jusqu'ici, était essentiellement philosophique, prend alors de nouvelles couleurs en s'alimentant du « secret des arrière-loges de la franc-maçonnerie ».

Ce n'est pas fini. La double conspiration philosophico-maçonnique contre le christianisme et contre la monarchie voit surgir un ultime rameau, le plus épouvantable, celui des « sophistes de l'impiété et de l'anarchie ». Cette troisième race de « sophistes », qui a pris naissance au Saint-Empire chez les illuminés de Bavière, se mit à conspirer « non seulement contre le christianisme, mais contre toute religion quelconque, même contre la religion naturelle ; non plus simplement contre les rois, mais contre tout gouvernement, contre toute société civile, et même contre toute espèce de propriété ».

Le livre aurait pu s'achever sur la révélation de cette infernale trinité. La Révolution, répète Barruel, a été et est toujours, à l'heure où il nous parle, une et indivisible. Car ne nous méprenons pas : si sa radicalisation s'est manifestée par étapes, son déroulement n'en avait pas moins été planifié dès ses commencements. Même s'ils ne faisaient pas beaucoup parler d'eux, les « sophistes de la rébellion » décidés à abattre la monarchie étaient déjà aux aguets en 1789, prêts à sortir de leur tanière au moment opportun. Même si très peu de personnes avaient alors connaissance de leur existence, les « sophistes de l'impiété et de l'anarchie » étaient, eux aussi, déjà là et brûlaient de mettre à bas toute forme de société et toute forme de croyance.

Une telle interprétation ne pouvait que soulever l'enthousiasme de ceux qui avaient été frappés de sidération devant les événements. C'est le cas d'Edmund Burke, qui, aussitôt qu'il eut achevé la lecture du premier tome, adressa ses chaleureuses félicitations à l'auteur.

Burke est tombé sous le charme d'un « merveilleux récit ». Un récit qui, assure-t-il, s'appuie sur des preuves d'« une si grande et si judicieuse exactitude ». S'il a été à ce point séduit, c'est que Barruel a réveillé en lui des souvenirs qui ont pris tout leur sens une fois le livre refermé : « J'ai oublié de vous dire que j'ai personnellement connu cinq de vos principaux conspirateurs et je peux vous affirmer qu'en 1773, ils étaient déjà très actifs à préparer le complot que vous avez si bien décrit et qu'ils le préparaient de la manière et avec les principes que vous nous avez présentés. Je m'exprime ici en témoin[32]. »

Jamais, jusqu'à cette confidence, Burke n'avait accusé aussi catégoriquement les cercles éclairés de la France d'Ancien Régime. En 1773, à l'instar de nombreux voyageurs britanniques, qui marquaient souvent leur étonnement devant l'irréligion affichée par les sujets de Louis XV, il a probablement été choqué par certains propos qu'il a entendus. Mais tout indique qu'à cette date les esprits forts avec qui il devisait n'étaient pas pour lui des « conspirateurs ». Il lui fallut attendre presque le terme de sa vie* pour que ses yeux fussent dessillés, et ce grâce au « merveilleux récit » de son ami.

Les antichrétiens à l'ouvrage

Il est difficile de présenter de manière synthétique une œuvre qui a atteint presque les deux mille pages dans son édition originale. Il est également difficile d'en dire beaucoup de bien. Les *Mémoires pour servir à l'histoire du jacobinisme* ne sont pas, en effet, d'une lecture agréable. Il est étrange que Barruel, qui a été formé à la meilleure école de rhétorique de son époque, ait produit un ouvrage aussi difforme et indigeste. Et c'est d'autant plus étonnant que l'écrivain possédait une assez jolie plume. Ici et là, comme dans le « Discours préliminaire » qu'on vient de lire, ou

---

* Burke est mort le 9 juillet 1797, deux mois après la lettre qu'il a écrite à Barruel, datée du 1er mai 1797.

dans le récit de l'initiation maçonnique qu'on découvrira bientôt, se retrouve la marque de fabrique du rédacteur du *Journal ecclésiastique* et du romancier des *Helviennes*. Mais ces réminiscences d'un temps révolu sont trop rares pour égayer la grisaille de ce très long pensum.

Le traumatisme de la Révolution, puis la conviction de l'existence d'une conspiration furent un drame, littérairement parlant, pour Augustin Barruel. En 1797, le triste et besogneux plumitif que nous découvrons n'est plus que l'ombre de l'écrivain qu'il a été. Il est vrai que cette déficience stylistique n'a pas nui au succès de son livre, régulièrement réédité et traduit dans de nombreuses langues. Regardés sous cet angle, les *Mémoires pour servir à l'histoire du jacobinisme* apparaîtront comme le prototype de la littérature conspirationniste ultérieure, dont la faible qualité littéraire, c'est un euphémisme, ne semble pas lui porter préjudice. Dans ce genre de production, plus la forme s'avère médiocre et obsessionnelle, plus elle paraît séduire.

La lecture des *Mémoires* est un calvaire. Ce chapelet interminable de jérémiades possède un caractère profondément déprimant. Et toutes ces redites ! Si l'art de la pédagogie consiste à répéter la leçon jusqu'à ce que l'élève l'ait bien assimilée, tout se passe alors comme si l'ancien professeur s'adressait à une classe de cancres désespérément encroûtée dans sa stupidité. L'ouvrage, dont le but semble être de réitérer jusqu'à la fin des temps un seul et même argument, aurait mérité une cure d'amaigrissement draconienne. Mais Barruel n'en était pas capable. Sa démarche, qui vise à ensevelir le lecteur sous une montagne de prétendues preuves, suggère cette propension à la monomanie qui est un des traits les plus distinctifs du style complotiste.

Ce tortionnaire littéraire est cependant parvenu à convaincre un vaste public. S'il l'a converti à une interprétation faisant la part belle à l'*underground*, c'est que ce public y a trouvé des preuves accablantes. Examinons-les en suivant l'articulation ternaire de l'ouvrage.

Consacrée à la conspiration antichrétienne, la première partie est introduite à la manière d'une scène d'exposition de tragédie :

> Vers le milieu du siècle où nous vivons, trois hommes se rencontrèrent, tous trois pénétrés d'une profonde haine contre le christia-

> nisme. Ces trois hommes étaient Voltaire, d'Alembert et Frédéric second, roi de Prusse [...]. Il faut à ces trois hommes en ajouter un quatrième. Celui-ci, appelé Diderot, haïssait la religion parce qu'il était fou de la nature ; parce que, dans son enthousiasme pour le chaos de ses idées, il aimait mieux se bâtir des chimères et se forger lui-même ses mystères, que soumettre sa foi au Dieu de l'Évangile[33].

« Trois hommes se rencontrèrent » : à moins qu'il n'use du sens figuré, ce qui paraît douteux, Barruel, d'entrée ce jeu, n'hésite pas à remodeler les faits au service de sa cause. Car le troisième protagoniste, Jean Le Rond d'Alembert, quoique membre de l'Académie de Berlin depuis 1746, ne rencontra Frédéric II que bien des années après le midi du siècle. Quant au quatrième mousquetaire de l'impiété, Denis Diderot, ses relations suivies avec ses prétendus complices se réduisirent à ses rapports avec le codirecteur de l'*Encyclopédie*. Non seulement Diderot ne fit jamais le pèlerinage de Potsdam, mais il dut attendre le retour de Voltaire à Paris en 1778 pour faire la connaissance du vieux philosophe, avec lequel il eut d'ailleurs pendant toute sa vie des rapports complexes.

Une fois le décor planté avec la rencontre de nos compères, le roman de la Révolution peut démarrer. Retenons la date. La conspiration aurait pris forme en 1750, au moment du départ de Voltaire pour la Prusse à l'invitation de Frédéric. En France, les « disciples » du philosophe lancent alors l'*Encyclopédie*, une œuvre abominablement toxique puisqu'elle se donne à lire comme le « réceptacle universel » et l'« arsenal de tous les sophismes et de toutes les armes de l'impiété contre la religion du Christ[34] ».

Le déroulement de la conjuration révèle un projet élaboré jusqu'à ses moindres détails et appliqué avec une discipline d'acier. L'espace public français et européen est progressivement investi par les « sophistes de l'incrédulité et de l'impiété ». Après le lancement de l'*Encyclopédie*, première étape dans cette offensive idéologique, vient la seconde opération, dont la cible est la Compagnie de Jésus, supprimée en 1773 après une décennie de controverses qui ont permis aux « sophistes » d'accroître leur emprise sur les esprits en participant activement à la guerre de plume contre les jésuites. Tandis que fait rage cette bataille, ces mêmes « sophistes » sont partis à l'assaut de l'Académie française. Grâce à d'Alembert, qui y a été élu en 1754 et qui est devenu secrétaire perpétuel en 1772, ils s'emploient à remplacer ses membres chrétiens par des « adeptes » athées. Ont été successivement admis sous la coupole La Harpe, Chamfort, Lemierre, ou encore cet « abbé Millot, dont tout le titre était auprès de D'Alembert d'avoir parfaitement oublié qu'il était prêtre[35] ». Le point culminant de cet entrisme philosophique est atteint avec l'arrivée de Condorcet, « dont l'admission [...] dirait seule à quel point le démon de l'athéisme devait y dominer[36] ».

La conspiration a vite acquis une dimension européenne grâce à l'appui de plusieurs têtes couronnées. On ne présente plus Frédéric. Au Salomon du Nord est venue s'adjoindre une jolie brochette de « despotes éclairés » : l'empereur Joseph II, l'impératrice de Russie Catherine II, Christian VII de Danemark, Gustave III de Suède, Stanislas Poniatowski de Pologne, ainsi qu'une multitude de roitelets allemands entichés des idées du temps. Idiots utiles d'un plan de subversion dont ils n'imaginent pas les ramifications antimonarchiques, ces « adeptes protecteurs », comme Barruel les dénomme, se repentiront un jour, mais un jour trop tardif, d'avoir servi le plan des conjurés.

Faisons une première pause dans le récit. Ce qui est dit est loin d'être inexact. Dans la seconde moitié du XVIIIe siècle, le regard critique sur la religion révélée, la promotion d'une religion naturelle mais aussi les idées matérialistes ont progressé de manière spectaculaire au sein des élites françaises[37]. Et même au-delà de ces élites : les travaux de Michel Vovelle pour la Provence et de Pierre Chaunu pour Paris ont bien mis en lumière les prémisses d'une déchristianisation populaire[38]. Dans cette transformation radicale de la culture de la France d'Ancien Régime, l'investissement de l'espace public par les philosophes a été un élément décisif. L'appui qu'ils recevaient des Frédéric et autres Catherine décuplait, par ailleurs, leur autorité morale. Et il est certain, pour ne retenir que cet exemple, que l'Académie française, à la veille de la Révolution, avec ses Condorcet, ses Suard, ses La Harpe et consorts, n'offre plus le même visage que celui qu'elle montrait au milieu du siècle. Mais peut-on aller jusqu'à parler de « conspiration » ? Donnons la parole à un des réfutateurs les plus intelligents de Barruel, Jean-Joseph Mounier : « Si l'adoption d'un système, les efforts et les raisonnements pour le faire prévaloir par une conviction libre, suffisaient pour créer une conspiration, il n'y aurait que des conspirations dans toutes les opinions humaines[39]. » Ce que Barruel regarde, l'œil constamment aux aguets, comme le résultat d'un plan concerté dans l'ombre, était le produit de la circulation des idées dans l'espace européen et atlantique. Il est impossible à l'auteur des *Mémoires* et à ses épigones d'admettre cette réalité intellectuelle.

Poursuivons notre découverte de la conspiration de l'impiété. Au fil des pages, la relation des faits prend un tour de plus en plus tranché. En France, le travail de sape des conjurés a été favorisé par une foule de puissants. D'abord Lamoignon de Malesherbes, le directeur de la Librairie (le dispositif de censure), sans qui l'*Encyclopédie* n'aurait jamais pu paraître. Voilà, rugit Barruel, un des complices les plus pervers des sophistes : « jamais ministre n'abusa davantage de son autorité pour établir en France le règne de l'impiété[40] ». Le long ministère du duc de Choiseul (1758-1770), « un des impies les plus déterminés qui aient jamais existé[41] » fut le moment fatal qui vit, à la faveur de la querelle jésuite, apparaître la première brèche sérieuse dans la forteresse du christianisme. Et ne croyons pas que Maupeou, ce défenseur musclé de l'autorité royale, fût, lui au moins, digne d'éloges. Oh que non : c'était le « protecteur » de Voltaire, révèle Barruel, dégoûté.

Le comble est atteint avec la nomination par Louis XVI d'un pur produit du philosophisme rationaliste, Anne Robert Jacques Turgot : « Arrivé au ministère par toutes les intrigues de la secte, il profite de son crédit pour inspirer au jeune monarque ses propres dégoûts pour la monarchie », constate, horrifié, l'abbé. Mais il y a pire, mille fois pire : tel un précurseur d'Antoine Simon, le précepteur sans-culotte de Louis XVII au Temple, Turgot aurait « fait du jeune roi [*Louis XVI*] un Jacobin ». Oui, vous avez bien lu : un Jacobin ! « Il le prépare, il le dispose à toutes ces erreurs qui vont mettre le sceptre entre les mains de la multitude, et renverser sous peu d'années, et l'autel et le trône[42]. »

Vint ensuite l'abominable Necker et, avec lui, survint la catastrophe. Car le Genevois était devenu l'atout le plus puissant de la secte, qui sentait que le moment décisif approchait. Barruel reprend à son compte l'accusation lancée par Ferrand dans ses *Conspirateurs démasqués*. Au printemps 1789, le ministre aurait choisi d'affamer Paris pour y porter au maximum la fermentation révolutionnaire : « L'assassin vertueux accaparait les blés, les tenait renfermés dans les magasins ou les faisait promener de côté et d'autre sur des bateaux, et défense était faite aux intendants de laisser vendre ces grains jusqu'au moment que Necker marquerait. Les magasins restaient fermés, les bateaux continuaient à errer d'un port à l'autre. Le peuple demandait du pain à grands cris, mais en vain[43]. »

Les preuves ? Leur liste est infinie. Barruel affirme les avoir découvertes dans les « vraies archives des conjurés sophistes[44] ». Ces « archives » comprennent notamment la correspondance de Voltaire, publiée entre 1785 et 1790 dans l'édition des œuvres complètes du philosophe. Décrivant ce corpus, l'abbé nous dévoile sa méthode. Elle consiste à y extraire le moindre propos qui pourrait incriminer les conjurés : « [...] Peut-être [...] les éditeurs de ces archives n'avaient-ils pas saisi eux-mêmes, ou bien n'imaginaient-ils pas que, dans quarante volumes de lettres à toutes sortes de personnes et sur mille sujets divers qui s'entrecoupent, s'entrelacent, il fût facile de saisir, de rapprocher les fils d'une trame ourdie pendant bien des années. Quelque intention qu'ils aient eue, quelque art même qu'ils aient pu mettre à supprimer une partie de cette correspondance, ils n'ont pas réussi à rendre impossible tous les rapprochements que cet objet exige[45]. »

Barruel n'est pas à une contradiction près. Donnant tort à l'idée qu'il a maintes fois répétée selon laquelle les conspirateurs étaient passés maîtres dans l'art de la dissimulation, voici qu'il dépeint ces mêmes personnages comme des benêts d'une naïveté incommensurable, dévoilant sans s'en apercevoir leur plan de subversion.

La correspondance de Voltaire a beau exhaler le soufre du démon, le polémiste ne pouvait longtemps résister à la tentation de feuilleter ses pages brûlantes tant elles regorgent de traits acérés contre la religion. Les lettres échangées avec d'Alembert ou Frédéric sont passées au peigne fin, la moindre charge contre le christianisme – et le diable sait si elles en recèlent – se trouve brandie comme une nouvelle preuve de la conspiration des « sophistes de l'incrédulité et de l'impiété ». Il va de soi que l'effet cumulatif de ces formules à l'emporte-pièce a de quoi faire frémir.

Les écrits de Condorcet sont également du pain bénit, s'il m'est permis de m'exprimer ainsi au sujet d'un homme que Barruel n'est pas loin de regarder comme Belzébuth incarné. Plus précisément, sa *Vie de Voltaire* publiée en 1789 est une mine de pièces à conviction. Plus voltairien que Voltaire, Condorcet a en effet tendance à radicaliser prodigieusement les positions d'un écrivain qui, dans sa jeunesse, n'était sûrement pas l'adversaire déterminé du christianisme qu'il deviendra sur ses vieux jours. Cette *Vie de Voltaire* truffée d'anachronismes, donnant à voir en permanence un anticalotin irrécupérable, est une aubaine pour Barruel, qui puise avec gourmandise dans ce vivier fécond en formules accusatrices.

Louis XVI détrôné avant d'être roi

La conspiration contre l'autorité royale occupe le second tome des *Mémoires*. S'appuyant toujours sur une masse de pièces à conviction dégagées de leur contexte et généreusement commentées par des propos orientés, l'abbé s'apprête à abattre une de ses cartes maîtresses.

Notre chapitre s'est ouvert par un extrait de l'*Esquisse d'un tableau historique des progrès de l'esprit humain* dans lequel Condorcet se livrait à un examen rétrospectif de l'histoire intellectuelle de son époque. Le caractère outrancier et anachronique de son raisonnement pouvait accréditer la thèse d'un complot multiforme ourdi dès les premières années du siècle. Ces vraies-fausses confidences ont paru en 1795, quand, de l'autre côté de la Manche, Barruel travaillait à son livre. À leur lecture, il dut jubiler de bonheur et, une fois n'est pas coutume, rendre grâce à ce bienfaiteur venu de l'enfer. Celui qu'il appelle « le monstrueux Condorcet[46] » venait en effet de lui fournir une des preuves les plus irréfutables de ce qu'il s'évertuait à démontrer. Mieux que la correspondance de Voltaire, mieux encore que la *Vie de Voltaire* du même Condorcet, ce développement consacré aux progrès des Lumières se donnait à lire comme l'exposé le plus limpide de la méthode d'action des conjurés. Barruel a retranscrit *in extenso* cette pièce à conviction décisive qu'il a placée sous un titre triomphateur : « Preuves de la conspiration. Aveu de Condorcet[47] ».

L'orgueilleux géomètre s'est trahi. Ses paroles sont l'*aveu* du plan visant les autels et les trônes. Après avoir découvert la confession de l'homme de science, le lecteur aura droit à son décryptage. Avec adresse, Barruel sélectionne les formules chocs du mathématicien-philosophe et les insère dans un commentaire interdisant toute autre interprétation que celle d'un projet antichrétien et antimonarchique :

> L'étendue, les moyens, la constance de la conspiration, tout cela se manifeste encore ici avec la dernière évidence. Nos sophistes conjurés font semblant de *ne vouloir dans la religion qu'une demi-tolérance, et dans la politique qu'une demi-liberté** ; ils *ménagent* l'autorité du roi, *quand ils combattent* la religion ; ils *ménagent le culte,* quand *ils s'élèvent contre* les rois ; ils font semblant de *n'en vouloir qu'aux abus* [...]. *Ils prennent tous les tons, ils emploient toutes les formes* ; *ils caressent avec adresse* ceux dont ils veulent abolir la puissance ; ils n'épargnent rien pour donner le change à ces rois dont ils sapent les trônes[48].

Pour reprendre le titre de l'ouvrage d'un autre complotiste de haut vol, l'abbé Proyart, le pauvre Louis XVI a été « détrôné avant d'être roi[49] ». Dès les commencements du siècle des Lumières, s'est mise en branle la machine antimonarchique dont les ouvriers successifs, Voltaire, Montesquieu, Rousseau, mais aussi d'Argenson, Diderot, Helvétius, d'Holbach, Mably, Raynal et leurs adeptes, ont entretenu la furie destructrice avec une énergie démoniaque : « Plusieurs années avant la Révolution française, tout ce que les Pétion, les Condorcet et les Marat ont vomi de plus frénétique contre les souverains, pour exciter le peuple à porter sur l'échafaud la tête de Louis XVI, se trouvait consigné dans les productions des conjurés[50]. »

Le deuxième tome n'est pas encore achevé. Il reste à Barruel une carte encore plus décisive que celle qu'il vient d'abattre. C'est à ce stade du récit que s'ouvre la piste sur laquelle, pour le meilleur mais surtout pour le pire, notre dénicheur de complots se prépare à s'élancer : la piste maçonnique.

* Les passages que Barruel a mis en italiques sont les citations tirées du livre de Condorcet. On vérifiera leur conformité avec l'original et on appréciera la manière dont elles sont mises au service de la thèse (voir *supra*, p. 52-53).

La vengeance des Templiers

Barruel ne fut pas le premier à accuser la franc-maçonnerie d'avoir préparé l'épisode révolutionnaire. L'abbé Le Franc et Farmain de Rozoi, dont on a pu lire la prose, l'ont précédé de plusieurs années sur ce terrain. En 1797, tandis que Barruel mettait la dernière main à sa somme conspirationniste, l'Écossais John Robison, professeur de philosophie naturelle à l'université d'Édimbourg, achevait un ouvrage qui fut traduit en français sous le titre explicite de *Preuves de conspirations contre toutes les religions et tous les gouvernements de l'Europe ourdies par les assemblées secrètes des illuminés et des francs-maçons et des sociétés de lecture*. En France, au même moment, l'intarissable Galart de Montjoie s'efforçait de faire la lumière sur le complot de celui qui était en 1789 à la tête du Grand-Orient de France, le duc d'Orléans.

Si la postérité a retenu Barruel comme le représentant le plus emblématique de l'antimaçonnisme contre-révolutionnaire, c'est en raison de la part démesurée qu'occupe cette thèse dans son ouvrage. Plus des trois cinquièmes de ses 1 800 pages lui sont consacrés ! Cette logorrhée océanique est le produit de la quête obsessionnelle de la preuve décisive, ultime, qui forcera les plus sceptiques à se rendre à l'évidence. Cette preuve, Barruel en est persuadé, il la trouvera en passant au crible l'œuvre abjecte des « arrière-loges » françaises et celle, encore plus monstrueuse, des *Illuminaten* allemands.

C'est précisément le 12 août 1792 que les « Jacobins français » levèrent soudainement le voile sur les origines maçonniques de la Révolution. Tandis que Louis XVI était « emmené captif aux tours du Temple », au même moment, à la salle du Manège, « l'Assemblée des rebelles [*la Législative*] prononça qu'à la date de *la liberté* on ajouterait désormais dans les actes publics la date de *l'égalité* ». Pas de doute : cette décision porte la marque de la franc-maçonnerie, laquelle n'a jamais dissimulé l'égalitarisme, qui, pour reprendre les mots de l'historien Ran Halévi, était la « clef de voûte » de son « crédo »[51]. Veut-on d'autres preuves ? À l'instar de Galart de Montjoie, qui brandissait comme pièce à conviction du complot calviniste l'entretien qu'il aurait eu avec un réformé, Barruel reproduit les paroles de ses interlocuteurs francs-maçons. Tout concorde : « J'ai vu les maçons jusqu'alors les plus réservés répondre désormais sans le moindre déguisement : "Oui enfin, voilà le grand objet de la franc-maçonnerie rempli. *Égalité et liberté ; tous les hommes sont égaux et frères ; tous les hommes sont libres* : c'était là toute l'essence de notre code, tout l'objet de nos vœux, tout notre grand secret" [...] Tel était en effet le secret général des francs-maçons[52]. »

À ceux qui se demanderaient comment un défenseur du trône et de l'autel ait pu avoir droit à de telles confidences, Barruel, qui a réponse à tout, balaie ces doutes légitimes d'un revers de main. Il n'est sûrement pas le seul, prétend-il un brin mystérieux, à avoir entendu ces aveux « de la bouche des adeptes, depuis que leurs succès en France leur ont fait regarder le secret comme étant désormais superflu[53] ».

Superflu ? Voilà de bien singuliers conspirateurs. Tandis qu'ils auraient tout fait, des années durant, pour dérober aux regards extérieurs leur projet criminel, les « sophistes de l'impiété et de la rébellion » auraient en un instant jeté aux orties leurs capes et leurs masques pour claironner haut et fort leur paternité dans la journée du 10 août. Il est vrai qu'il en serait allé de même, on s'en souvient, pour les éditeurs de la correspondance de Voltaire, qui n'auraient pas réalisé, ces pauvres nigauds, qu'ils offraient au public de splendides pièces à conviction... Dans sa démonstration, Barruel ne cesse d'osciller entre l'image d'un complot organisé à la perfection et celle d'une ridicule conspiration-passoire ourdie par de lamentables amateurs.

Reste une bonne nouvelle, du moins pour le lecteur. L'entrée en scène de la franc-maçonnerie dans le pensum donne lieu à une transformation spectaculaire, et dans un sens plutôt positif, du style de l'écrivain. Alors que le propos se complaisait jusqu'alors dans une grisaille digne d'un mois de novembre, l'espace de quelques pages l'auteur des *Helviennes* renaît sous nos yeux. C'est un romancier qui nous relate son initiation :

> Depuis plus de vingt ans, il était difficile de ne pas rencontrer en France, et surtout dans Paris, quelques-uns de ces hommes admis dans la société maçonnique. Il s'en trouvait dans mes connaissances, et parmi ceux-là, plusieurs dont l'estime et l'amitié m'étaient chères. Avec tout le zèle ordinaire aux jeunes adeptes, ils me sol-

> licitèrent de me faire inscrire dans leur confrérie. Sur mon refus constant, ils prirent le parti de m'enrôler malgré moi. La partie fut liée ; on m'invite à dîner chez un ami ; je me trouve seul profane au milieu des maçons. Le repas terminé, les domestiques renvoyés, on propose de se former en loge et de m'initier. Je persiste dans mon refus, et surtout dans celui de faire le serment de garder un secret dont l'objet m'est inconnu. On me dispense de ce serment ; je résiste encore ; on me presse, surtout en me disant qu'il n'y a pas le moindre mal dans la maçonnerie, que la morale en est excellente ; je réponds en demandant si elle vaut mieux que celle de l'Évangile. Au lieu de répliquer, on se forme en loge [...] Je cherche à m'échapper ; l'appartement est vaste, la maison écartée, les domestiques ont le mot, toutes les portes sont fermées ; il faut bien se résoudre à être au moins passif, à laisser faire. On m'interroge, je réponds presque à tout en riant ; me voilà déclaré apprenti et tout de suite compagnon. Bientôt même, c'est un troisième grade, c'est celui de maître qu'il faut me conférer. Ici l'on me conduit dans une vaste salle ; la scène change et devient plus sérieuse[54].

Où est la vérité ? Affirmer qu'on voulut l'enrôler contre son gré montre que Barruel n'a jamais été initié. L'enrôlement forcé va en effet à l'encontre de la philosophie des maçons, qui est clairement exprimée dans la formule rituelle prononcée lors de l'initiation au grade d'apprenti : « Nul n'entre ici que de sa pleine et libre volonté[55]. » Que Barruel ait été dispensé de tout serment montre également une méconnaissance du fonctionnement de la maçonnerie. L'on ne connaît qu'un seul cas qui évoquerait un tant soit peu son aventure : celui de Voltaire qui, après son retour à Paris, fut reçu le 7 avril 1778 dans la loge des Neuf Sœurs en étant dispensé, en raison de son âge et de sa notoriété, d'une partie du rituel. Cette entorse aux règles fut d'ailleurs très mal reçue par le Grand-Orient, qui blâma publiquement les Neuf Sœurs pour cette initiative peu orthodoxe[56].

Examinée d'un point de vue strictement formel, la suite du récit est toujours aussi plaisante. L'on y voit Barruel tenir tête au Vénérable, qui l'adjure d'obéir aveuglément aux directives, même s'il recevait « des ordres contraires de la part d'un roi, d'un empereur ou de quelque autre souverain que ce soit ». Laissons la parole à notre romancier :

> Ma réponse fut *non*. Le Vénérable s'étonne et reprend : « Comment, *non* ? Vous ne seriez donc venu parmi nous que pour trahir nos secrets ? Quoi ! vous hésiteriez entre les intérêts de la maçonnerie et ceux des profanes ? Vous ne savez donc pas que, de tous nos glaives, il n'en est pas un seul qui ne soit prêt à percer le cœur des traîtres ? » [*Le Vénérable*] renouvelait toujours sa question pour m'excéder et m'arracher un *oui*. À la fin, je me sens en effet excédé. J'avais les yeux bandés ; j'arrache le bandeau, je le jette par terre, et en frappant du pied, je réponds par un *non* accompagné de tout l'accent de l'impatience. À l'instant, toute la loge part en battements de mains en signe d'applaudissement. Le Vénérable donne alors des éloges à ma constance. « Voilà, dit-il, entre autres, les gens qu'il nous faut, des hommes de caractère et qui sachent avoir de la fermeté. »[57]

Cette mise en scène, ces interrogatoires et ces menaces ont pour but de sélectionner une élite appelée à jouer tôt ou tard un rôle autrement plus sérieux que celui auquel semblent la destiner quelques rituels exotiques. En opposant au Vénérable et aux frères la force de son caractère, Barruel révélait qu'il possédait les qualités qui, une fois qu'il aurait gravi les échelons de la hiérarchie maçonnique et qu'il aurait eu accès au secret des secrets, feraient de lui un Jacobin exemplaire.

Existent en effet deux sortes de frères. Fidèles sujets et bons chrétiens, les premiers, de loin les plus nombreux, n'ont absolument pas connaissance du projet de subversion[58]. Une petite élite, celle à laquelle Barruel prétend avoir été destiné, a pour sa part été initiée au sein d'« arrière-loges ». À ces « hommes de caractère » a été révélée la mission politique et religieuse de l'ordre, qui « se réduit à ces mots : *Guerre au Christ et à son culte ; guerre aux rois et à tous leurs trônes*[59] ».

Ce que Barruel désigne par le vocable évocateur d'arrière-loges fait référence à la mutation que connut la franc-maçonnerie vers 1740 avec le développement spectaculaire de l'écossisme. Lors de leur apparition en France vers 1725, les premières loges ne comprenaient que les grades d'apprenti, de compagnon et de maître. Le développement du système écossais, système faisant la part belle à l'ésotérisme et à un imaginaire chevaleresque, se traduisit par la floraison d'une trentaine de hauts grades aux noms colorés : Élu, Grand Élu, Chevalier du Temple, Chevalier d'Orient, Chevalier Rose-Croix... Il faudra attendre la création du Grand-Orient de France en 1773 pour que perce un peu de clarté dans cette « forêt tropicale maçonnique » aux « rites et aux grades enchevêtrés », selon la formule de l'historien Pierre Chevallier[60].

Loin de considérer cette forêt tropicale comme un objet folklorique, Barruel s'évertue à démontrer que, derrière cette pittoresque nomenclature à la sauce troubadour, se cache le projet sinistre des « sophistes de la rébellion ». Comme les preuves se font attendre, notre abbé se voit contraint d'opérer une nouvelle incursion dans la fiction. Barruel relate l'entretien qu'il aurait eu avec un de ses amis, qui, bien que « très honnête homme et très religieux[61] », serait parvenu dans la hiérarchie maçonne jusqu'au grade élevé de Chevalier Rose-Croix. Un jour, raconte Barruel, l'homme surgit chez lui, la mine décomposée :

> [...] je le vois entrer chez moi dans un état que ses discours seuls peuvent peindre. « Oh, mon cher ami, mon cher ami ! Que vous aviez bien raison ! Ah, que vous aviez bien raison ! Où étais-je, mon Dieu ! Où étais-je ? » [...] Il s'assit comme un homme qui n'en peut plus, répétant encore diverses fois ces mêmes paroles : « Où étais-je ? Ah que vous aviez bien raison ! » Je voulus qu'il m'apprît quelques-uns des détails que j'ignorais. « Que vous aviez bien raison ! » répétait-il encore, « *mais c'est tout ce que je puisse vous dire* »[62].

L'on devine la quantité d'horreurs qui se trouvent tapies derrière ce « tout ». Oui, désormais, l'ami de l'auteur savait « tout ». Hier encore, inconscient des buts cachés de son ordre, il vivait dans la plus totale innocence. Mais, hélas, dix fois, cent fois, mille fois hélas, il a été reçu au grade de « *l'homme régénéré* », celui de Chevalier Kadosch. À cet instant précis, le voile s'est déchiré. Et ce qu'il découvrit était insoutenable[63].

C'est en effet à ce moment exact, nous explique Barruel, que « l'initié se change en assassin ». Dans la série d'épreuves qui font du Chevalier Rose-Croix un Chevalier Kadosch, la symbolique qui présidait jusqu'ici aux cérémonies d'admission aux grades supérieurs a connu une inflexion capitale : ce n'est plus Hiram, l'architecte du Temple de Salomon, légendaire fondateur de l'ordre, que l'on honore, « c'est Molay, le Grand-Maître des Templiers » qu'il faut venger, « et celui qu'il faut tuer, c'est Philippe le Bel, sous qui l'ordre des chevaliers du Temple fut détruit[64] ».

Barruel sait tenir ses lecteurs en haleine. Il a fallu en effet attendre la fin du deuxième volume de sa fresque pour qu'il révèle l'origine véritable du cataclysme révolutionnaire. Le complot philosophique n'était en réalité que le dernier avatar d'une conspiration aux racines très profondes. La Révolution française n'a pas été programmée à Potsdam par les quatre mousquetaires de l'impiété et de la haine des rois. Elle a en réalité été décidée et planifiée plus de quatre siècles avant cette rencontre.

Au mois de mars 1314, quand le Grand-Maître de l'ordre du Temple Jacques de Molay et le commandeur de la province de Normandie Geoffroy de Charnay montèrent sur le bûcher, leurs compagnons jurèrent de venger le crime commis par le roi de France Philippe IV et son complice tiaré, le pape Clément V. De génération en génération, par un travail persévérant d'investissement de l'espace public, ceux qui se disaient les descendants des Templiers, devenus désormais francs-maçons, œuvrèrent sans relâche à la réalisation du double projet antireligieux et antimonarchique.

En prétendant, tantôt graves, tantôt fanfarons, être les descendants des Templiers, les francs-maçons ont contribué à la fabrication de cette image. Barruel a pour sa part deux inspirateurs. Le premier est l'abbé Le Franc. Dans son *Voile levé*, l'essentiel est dit : « Les principes de cet ordre [*celui de Chevalier Kadosch*] sont les mêmes que ceux de la franc-maçonnerie, dont quelques-uns prétendent qu'elle a hérité de l'ordre des Templiers[65]. »

Le flambeau templier est rallumé en l'an V de la République dans un livre dont le titre est déjà tout un programme : *Le Tombeau de Jacques Molai, ou Histoire secrète et abrégée des initiés, anciens et modernes, des Templiers, francs-maçons, illuminés*. Pour l'anecdote, son auteur, Charles Louis Cadet de Gassicourt, aurait été un des innombrables bâtards de Louis XV[66]. S'il a d'abord épousé les principes de la Révolution, son emprisonnement à la fin de la Convention et la mort à laquelle il aurait échappé de justesse[67] produisirent sur lui une espèce d'épiphanie[68]. L'emballement de la Révolution lui fit découvrir la monstrueuse vérité cachée derrière les hauts grades : « Je ne voulais pas emporter avec moi un secret qui pouvait être utile à mes concitoyens ; je l'ai publié[69]. »

Héritier de Le Franc et de Cadet, Barruel entre à son tour dans la sarabande templière. Le moins que l'on puisse dire est qu'il n'y est pas très à l'aise. Comme c'est le cas en pareille circonstance, notre abbé s'en tire par une esquive. Peu importe au fond, s'exclame-t-il, « si les Templiers sont ou ne sont pas les pères de maçons ; il suffit de ce qui est incontestable ; il suffit que les maçons se les donnent pour ancêtres[70] ».

Si les piques et les poignards étaient prêts à l'emploi, ce qui manquait encore aux conjurés était une tête. Cette tête, les maçons des arrière-loges la trouvèrent en la personne de celui qui, après la mort du comte de Clermont en 1771, devint Grand-Maître de la Grande-Loge de France, puis, en 1773, du Grand-Orient de France : Louis Philippe Joseph, duc d'Orléans, premier prince du sang.

À la sortie des *Mémoires pour servir à l'histoire du jacobinisme*, la notoriété du cousin de Louis XVI était de longue date établie. Dès les premiers troubles révolutionnaires, comme le révélera le prochain chapitre, le duc d'Orléans fut accusé d'avoir attisé les braises qui produisirent l'embrasement du royaume. Tout semblait prédisposer ce libertin flasque et blasé, acteur politique perpétuellement dépassé par les événements, à se trouver sous le feu des projecteurs conspirationnistes. Opposant déclaré à Louis XVI à partir de l'automne 1787, maître du Palais-Royal, ce haut lieu des *happenings* oratoires du printemps 1789, anglomane jusqu'à la caricature, entouré de personnages tels que les Ducrest et autres Laclos au comportement au moins aussi trouble que le sien, Orléans attira sans cesse vers lui les regards soupçonneux. Trois ans après sa mort, ce coupable idéal eut droit à une sorte d'apothéose posthume avec la sortie des trois gros tomes de l'*Histoire de la conjuration de Louis-Philippe-Joseph d'Orléans* de Galart de Montjoie.

Cette *Histoire*, qui suit à la trace la carrière d'un infatigable conspirateur, a manifestement inspiré Barruel, qui en cite et même en pille des passages. Orléans, assure Montjoie, « ne raisonnait point mal » en s'appuyant sur la maçonnerie car celle-ci avait des ramifications dans toute l'Europe. Quand la Révolution éclata, stimulés par les innombrables menées subversives de l'hôte du

Palais-Royal et de ses sbires, « tous les francs-maçons ardents, non seulement de la France, mais des pays étrangers, furent de son bord. Ce fut sous le nom de Jacobins que ceux qui étaient parmi nous se rangèrent sous ses étendards[71] ».

C'est vrai, opine Barruel. Mais la superstructure maçonno-templière eut tôt fait de broyer cet idiot utile. Le titre ronflant de Grand-Maître du Grand-Orient de France ne lui a été attribué que pour mieux le chloroformer : « Les conjurés trouvèrent Philippe d'Orléans ; l'ange exterminateur l'avait pétri pour eux. [...] Plus méchant qu'ambitieux [...] Philippe avait juré de s'asseoir sur le trône ou le renverser, dût-il se trouver écrasé par sa chute[72]. »

Orléans a été dévoré par la créature qu'il avait contribué à faire naître. Le 6 novembre 1793, quelques mois à peine après la mort de son cousin, le démon du Palais-Royal passait à son tour sous le rasoir national. En abattant l'engeance des Capétiens, sa conspiration des « sophistes de la rébellion » avait vengé Jacques de Molay et ses compagnons. L'heure de celui à qui, ironie de l'Histoire, on avait imposé le patronyme ostensiblement maçonnique d'Égalité[73] était alors arrivée. Dès que Louis XVI eut la tête tranchée, était sortie de terre la troisième et ultime conspiration, la plus monstrueuse de toutes : celle des « sophistes de l'impiété et de l'anarchie ».

Les anarchistes d'Ingolstadt

Le 26 février 1781, s'employant à apaiser les craintes de l'archiduchesse Marie-Christine, inquiète des progrès de la franc-maçonnerie dans le Saint-Empire, la reine de France s'interrogeait, rose d'optimisme : « Où est donc le danger ? », avant de poursuivre, le cœur toujours aussi léger : « On aurait raison de s'en alarmer si c'est [*sic*] une société secrète politique [...] en réalité, c'est une société de bienfaisance et de plaisir ; on y mange beaucoup et l'on y parle et l'on y chante, ce qui fait dire au roi que les gens qui chantent et qui boivent ne conspirent pas ; ce n'est nullement une société d'athées déclarés puisque, m'a-t-on dit, Dieu y est dans toutes les bouches [...] il n'y a pas de mal à tout cela[74]. »

Le 17 août 1790, c'est une tout autre personne qui avertit son frère, l'empereur Léopold II, des dangers que porterait en elle une société dont les membres, réflexion faite, ne se contenteraient pas de jouer aux braves « gens qui chantent et qui boivent ». Le drame de 1789 a dessillé les beaux yeux d'Antoinette : la franc-maçonnerie a été et est toujours, à l'heure où elle écrit, le fer de lance de l'offensive souterraine lancée contre les trônes et les autels du monde entier : « [...] prenez bien garde là-bas à toute association de francs-maçons. On doit déjà vous en avoir averti ; c'est par cette voie que tous les monstres d'ici comptent d'arriver dans tous les pays au même but. Oh ! Dieu garde ma patrie et vous de pareils malheurs[75] ! ».

Marie-Antoinette semble ignorer que l'empereur mène au même moment une politique plutôt bienveillante envers les maçons[76]. Il lui faudra attendre son successeur, François II, qui monte sur le trône le 1er mars 1792, pour que ses vœux soient enfin exaucés[77]. François en est persuadé : les entrailles de cette maudite révolution ne se logent pas seulement en France. C'est un mal contagieux, un péril international. Porté par le cosmopolitisme maçonnique, il s'apprête à déferler sur toute l'Europe.

Si François II se montre aussi alarmiste, c'est très probablement en raison de l'activité passée et, murmure-t-on, toujours présente dans le Saint-Empire de la société secrète des *Illuminaten*, mieux connue en France sous l'appellation des « illuminés de Bavière », dont les faits et gestes couvrent les derniers tomes des *Mémoires pour servir à l'histoire du jacobinisme*.

L'illuminisme désigne deux réalités. La première se rapporte à l'ordre des illuminés de Bavière, qui, originellement, n'avait aucun lien avec la franc-maçonnerie. La seconde se rapporte à la branche ésotérique, mystique et chrétienne de la maçonnerie dont les contours ont été précisés au « convent », assemblée générale tenue à Wilhelmsbad de juillet à septembre 1782 et au cours de laquelle a été défini le Rite écossais rectifié, fondement de l'illuminisme chrétien et ésotérique. Cette maçonnerie qui, sur bien des aspects, se trouve aux antipodes du rationalisme des Lumières, a connu une extraordinaire faveur dans les dernières années de l'Ancien Régime. Incarnée par Dom Pernety et les illuminés d'Avignon, Martinès de Pasqually et son disciple Louis-Claude de Saint-Martin ou encore Jean-Baptiste Willermoz, fondateur du Rite écossais rectifié, elle voit ses adeptes s'adonner à l'hermétisme, la physiognomonie, la science cabalistique, la théosophie et la mystique chrétienne, des activités, on le remarque, plutôt éloignées des débats et des luttes politiques prosaïques qui ont précédé 1789.

Bien que tout plaide en faveur de l'innocuité de cet illuminisme mystique, Barruel n'y croit pas une seconde. Les mascarades étranges auxquelles s'adonnent ces individus ne sont qu'une imposture destinée à dissimuler leurs véritables desseins. Derrière la poudre aux yeux d'un Willermoz ou d'un Saint-Martin se cacherait un projet de subversion générale encore plus effrayant que celui des philosophes : « [...] s'il ne me restait pas à dévoiler un jour des illuminés d'un autre genre [*les illuminés de Bavière*], je le dirais sans hésiter : des sectes conspirantes contre l'Empire et contre tout gouvernement civil, les adeptes des loges martinistes sont la pire des choses[78] ».

Malgré tout le dégoût que lui inspire ce mysticisme, Barruel a en effet vu « pire ». Bien pire. C'est en épluchant son abondante documentation allemande qu'il a découvert dans tous ses détails la conspiration ourdie par ceux qu'il présente comme des « illuminés d'un autre genre ».

Illuminés ou plutôt *Illuminaten* ? Comme le recommande le spécialiste de la franc-maçonnerie Pierre-Yves Beaurepaire[79], pour éviter toute confusion avec l'illuminisme chrétien et ésotérique, le plus commode est de désigner la société de Weishaupt par son appellation allemande. La part démesurée qu'occupe celle-ci dans les *Mémoires* est liée à l'abondante documentation que Barruel a rassemblée pour la rédaction de son livre. L'auteur, qui a séjourné une dizaine d'années dans le Saint-Empire, a acquis une remarquable maîtrise de la langue allemande, ce qui le portait naturellement à jeter un regard plus attentif que bon nombre de ses compatriotes sur les manœuvres des *Aufklärer* et des *Illuminaten*.

Barruel refusait qu'on le regardât comme un historien. C'est pourtant sous cette étiquette qu'il se présente maintenant à nous. Pour parler comme René Le Forestier, historien des *Illuminaten*, Barruel semble avoir « tout lu[80] » sur le sujet. Une surprise nous attend au début du troisième tome : une biographie, celle de « Spartacus Weishaupt, fondateur de l'illuminisme ».

Il a fallu attendre le troisième acte pour voir entrer en scène le personnage central de la tragédie. C'en est fini des vermisseaux révolutionnaires et philosophistes qui divaguaient, tels des poulets sans tête, au début des *Mémoires*. Avec le surgissement d'Adam Weishaupt, tout se passe comme si Satan s'était soudainement incarné en Bavière pour semer la terreur et la désolation dans tout l'univers : « Il est des hommes si malheureusement nés qu'on serait tenté de les prendre pour une émanation de cette intelligence funeste, à qui un Dieu vengeur n'a laissé de génie que pour le mal [...] ils ont [...] tout ce qu'il faut pour nuire, toute cette abondance, toute cette plénitude de conception, d'artifices, de ruses, de ressources qu'il faut pour dominer à l'école du mensonge, de la dépravation et de la scélératesse[81]. »

Né « vers l'année 1748 », Adam Weishaupt, après des études à l'université d'Ingolstadt, y est nommé professeur de droit en 1773. Dès cette époque, il commence à « tramer et conduire, d'une main invisible, la révolution qu'il méditait » en jouant de son influence sur ses élèves devenus ses disciples[82] : « Il vit leurs légions s'accroître, se multiplier dans les villes et les campagnes, et jusque dans les cours des souverains [...] Il calcula les temps, et il sourit à l'explosion universelle dont il ne devait lui rester un jour qu'à donner le signal[83]. »

Et l'abbé d'aborder la journée funeste du 1er mai 1776, date de la fondation de l'ordre des *Illuminaten*. C'est de ce jour, dans une petite bourgade de Bavière, au sortir d'une modeste réunion chez un professeur entouré de ses quelques élèves et adeptes[84], que s'est mise en branle la machine criminelle qui a produit le jacobinisme. Dès leur conception, le « code illuminé » et son « système général » sont dirigés vers un unique but : abattre « toute religion et toute espèce de société civile[85] ».

Notre abbé a rencontré son héros, si l'on peut s'exprimer ainsi à propos du monstrueux Weishaupt qui s'est rebaptisé, et ce patronyme en dit long, « Spartacus ». Les pages enfiévrées de l'ouvrage qui lui sont consacrées le dépeignent comme un être hors du commun, organisateur sans égal d'une société secrète à la structure pyramidale, avec ses grades de Novice, de Minerval, d'Illuminé mineur et d'Illuminé majeur, dont chaque membre est soumis à une surveillance permanente.

En 1780, composée de quelques dizaines de membres, la société de Weishaupt se trouvait dans un état languissant. Avec l'arrivée dans les rangs des *Illuminaten* d'Adolph, baron Knigge, elle prend soudain son envol. L'arrivée de cette recrue inquiétante fait tressaillir de peur et de dégoût notre auteur : « Dans ses méditations farouches, Weishaupt eût suppléé Satan [...] Knigge rappellerait un de ces génies méchants, ailés comme la peste, impatients de voler partout où le roi des enfers leur a montré le mal à faire[86]. »

La réalité est nettement moins diabolique. Membre de la franc-maçonnerie au sein de la Stricte observance templière, Knigge recommande à Weishaupt d'investir les loges pour y faire de nouveaux et nombreux adeptes. Commence alors ce que Barruel dénomme la « seconde époque » de la conspiration, qui se solde par un net succès. « Que l'on jette un coup d'œil sur la carte de l'Empire et sur celle des loges déjà illuminées [...] à peine reste-t-il un canton d'Allemagne où la secte n'ait pas déjà percé[87]. » L'infiltration progressive des loges maçonnes par les disciples de « Spartacus » fait passer, en l'espace de quelques années, la société du stade de groupuscule provincial à une organisation disposant d'un solide réseau dans l'espace germanique et possédant des protecteurs jusqu'à la tête des cours princières[88].

Électeur de Bavière depuis 1779, Charles-Théodore n'est pas de ceux qui se laissent séduire. Le 22 juin 1784, il lance la contre-attaque en publiant « la défense absolue de toute *communauté, société et confraternité secrète, ou non approuvée par les lois*. Les simples francs-maçons obéirent et fermèrent leurs loges ; les francs-maçons illuminés, qui avaient leurs adeptes à la cour même, se crurent assez forts pour braver la défense, et continuèrent à tenir leurs assemblées[89] ».

Grand mal leur en prit. Le 2 mars 1785, à la surprise générale, Charles-Théodore interdit l'ordre et lance des poursuites à l'encontre de ses membres, et au premier chef, contre le fondateur : « Il fut déposé de sa chaire de professeur de droit à Ingolstadt et [*déclaré*] rebelle aux ordres portés contre toutes les assemblées et sociétés secrètes[90] ».

La découverte de l'activité de la secte, les mesures prises par l'Électeur de Bavière, puis l'exil de Weishaupt à Gotha auprès du duc Ernest II, lui-même membre de l'ordre, ne mettent sûrement pas fin à la folie destructrice des *Illuminaten*. Sa principale tête a certes été tranchée, mais l'hydre est toujours vivante. Horriblement vivante, comme s'évertue à le prouver un Barruel de plus en plus emporté par son imagination :

> Nous l'avons vu [*Weishaupt*] au fond de son sanctuaire, préparant ses adeptes, disposant les rangs avec cet artifice, cette chaîne de correspondance qui ne lui laissaient plus que le signal à donner quand le jour propice aux grands complots serait arrivé. Cette chaîne formée et les légions des frères avertis de sortir à l'heure convenue de leurs clubs, de leurs loges, de leurs académies, de leurs antres et de tous leurs repaires souterrains, du Midi au Septentrion, de l'Orient à l'Occident, l'Europe entière devait au même instant se trouver en révolution. Tous les peuples avaient leur quatorze juillet, l'avaient tous à la fois ; tous les rois, au même jour, se réveillaient, comme Louis XVI, captifs de leurs sujets. Les autels et les trônes s'écroulaient partout au même instant[91].

Après la disparition officielle de la société, ses émissaires, et, parmi ceux-ci, Johann Joachim Christian Bode, « digne successeur à la fois de Knigge et de Weishaupt[92] », entrèrent en rapport avec ceux qui allaient bientôt devenir des ténors de la Révolution : le baron de Dietrich, « ce maire de Strasbourg, qui devint en Alsace l'émule de Robespierre », et « ce marquis de Mirabeau, que la révolution allait rendre si fameux[93] ». À Paris, Bode noue de fructueux contacts avec la loge des Philalèthes, bien noyautée au préalable par Mirabeau et « ce monstrueux abbé de Périgord, qui, déjà, se préparait à jouer le rôle de Judas dans le premier ordre de l'Église[94] ».

Transmise d'Allemagne jusqu'à ses récepteurs français Mirabeau et Talleyrand, l'électricité illuministe était désormais prête à mettre en mouvement la machine à broyer les rois, les prêtres et la société. Nulle trace, dans le récit barruélien, du déficit des finances royales, des difficultés économiques du royaume et du débat d'idées consécutif à la promesse des États généraux. À quoi bon ressasser cette misérable écume événementielle quand le scénario révolutionnaire a été gravé dans le marbre templier, puis répété dans ses plus infimes détails par ceux qui allaient être ses acteurs conscients et ses exécutants aveugles ? L'Ancien Régime était de longue date mort et enterré. Tout ce qui avait été prévu à Ingolstadt et à Munich se réalisait conformément aux plans des conjurés. Au jour J, l'on vit surgir des profondeurs de l'enfer les hordes sauvages qui entamèrent l'anéantissement du monde. De son exil de Gotha, la face grimaçant d'un intense plaisir sadique, Weishaupt était en extase.

Et ce n'était, hélas, qu'un léger hors-d'œuvre. Après l'époque des démolisseurs de la constitution monarchique et de la religion, après l'acmé ensanglantée de la Terreur, est venu le temps des anarchistes. Enfin, presque venu. Est-ce parce qu'elle a été éventée et que cet échec contrarie l'image d'un complot organisé à la perfection ? Toujours est-il que la conspiration des Égaux de Babeuf, sur laquelle je reviendrai un peu plus tard, embarrasse Barruel : « Sans doute la France encore ne s'est pas trouvée mûre pour ce dernier complot [...] Les adeptes attendent d'autres temps[95]. »

La prochaine tentative sera la bonne. Voici les Français prévenus. Et que ces mêmes Français considèrent également sans œillères les victoires bizarres de leurs armées dans toute l'Europe. Vaillance de nos soldats ? Oui, certes, reconnaît l'abbé du bout des lèvres. Mais les causes profondes de « ces lamentables succès » se trouvent ailleurs : « Disons-le hardiment, la secte et ses complots, ses légions d'émissaires secrets devancèrent partout ses armées et ses foudres ; elle avait fait marcher l'opinion avant que d'envoyer [...] ses Bonaparte. Ses moyens étaient prêts, les traîtres étaient dans les forteresses pour en ouvrir les portes ; ils étaient jusque dans les armées de l'ennemi, dans les conseils des princes, pour en faire avorter tous les plans[96]. »

Si étrange que cela puisse paraître tant le millier de pages qu'on a tournées donnaient l'impression d'un déferlement irrésistible, Barruel, parvenu au terme de son ouvrage, laisse pourtant entrevoir une infime mais réelle portion de ciel bleu. « Il est encore temps », s'exclame-t-il soudain.

Comment, encore temps ? Alors que toute l'Europe, ou presque, a succombé à la peste jacobine ? Oui, répond Barruel, parce que « les nations sont encore plus puissantes que la secte ». Extraordinaire revirement ! Si le message s'est modifié de manière spectaculaire, le ton, lui aussi, a changé. Lyrique et solennel, c'est celui d'un nouveau Bernard de Clairvaux appelant à la croisade anti-illuministe : « Que toutes les nations, que tous leurs rois et leurs sénats, que tous leurs citoyens s'unissent, que pas un seul homme vivant en société ne regarde comme étrangère à sa personne cette guerre d'une secte qui a juré la ruine de toute société [...] Voilà ce que j'appelle une guerre de zèle pour la société, une guerre toute dirigée contre la secte même, et la seule qui puisse lui ôter ces ressources[97]. »

Ces vœux seront exaucés après la chute de l'Empire napoléonien. En appelant à la croisade contre-révolutionnaire, le nouveau Bernard de Clairvaux a entrevu ce qu'allait être la Sainte-Alliance.

Chapitre 3

Made in England

Pitt : La France, dévorée par l'anarchie, pressée par de nombreux ennemis, touche à sa destruction. Bientôt l'Angleterre n'aura plus de rivale, et mes concitoyens avoueront, peut-être, que sa ruine est mon ouvrage.

Fox (*très vivement*) : Insensé, as-tu pu te promettre de le réaliser, ce crime monstrueux ? [...] Apprenez, sénateurs, que Pitt échauffa lui-même le germe de la Révolution française ; il versa tour à tour nos trésors aux mains des deux partis, pour balancer, avec adresse, leurs moyens et leurs forces [...]. Ministre sans pudeur, où nous conduiras-tu ? Que prétend ton machiavélisme[1] ?

Vous ne trouverez dans aucun recueil des débats du Parlement de Grande-Bretagne cette vigoureuse passe d'armes entre William Pitt et son principal adversaire politique, Charles James Fox. C'est en 1794, sur la scène d'un théâtre parisien, qu'un comédien révéla aux spectateurs les menées ignobles du Premier ministre britannique. Révéler, à vrai dire, est un bien grand mot. Pour le public qui assista à la représentation de *La Folie de Georges*, comédie de Jean-Antoine Lebrun-Tossa, les paroles prononcées par l'acteur jouant le rôle de Fox n'avaient vraiment rien d'extraordinaire. De longue date, s'était en effet répandu le bruit que la Révolution avait été le résultat d'une conspiration ourdie à Londres.

La liste des sources véhiculant cette croyance est aussi longue que la bibliographie du complot philosophico-maçonnique. De 1789 au début de l'Empire, un flot ininterrompu de pamphlets, d'essais politiques ou historiques et de réflexions personnelles incriminant la Perfide Albion déferle sur la France. Au fil des mois, tandis qu'il grossit en volume, ce flot s'enrichit également en nouveaux arguments. L'idée d'une main tapie dans les brumes de Londres se nourrit en effet avec avidité de l'événementiel révolutionnaire.

Considérée sous l'angle idéologique et partisan, la théorie du complot britannique se distingue nettement du conspirationnisme antiphilosophique et antimaçonnique. Si le camp révolutionnaire a parfois incriminé les philosophes, c'est avant tout chez les royalistes et les défenseurs de la religion que cette thèse a été la plus farouchement défendue. Politiquement et idéologiquement parlant, la croyance aux menées occultes de Whitehall se montre pour sa part bien plus rassembleuse. Presque toutes les nuances du prisme politique de l'époque révolutionnaire ont été, à un moment ou à un autre, affectées.

La version britannique du conspirationnisme révolutionnaire possède une tête. Une tête toute désignée. Gageons que si la Grande-Bretagne, en 1789, avait eu un autre Premier ministre que William Pitt le Jeune, la théorie d'un complot *made in England* n'aurait jamais acquis une telle force mobilisatrice. Dans l'univers parallèle où nous allons à présent pénétrer, Pitt tient incontestablement le premier rôle, et un rôle très ingrat. La pièce, cependant, est loin de se réduire à un *one man show*. Derrière la figure du ministre, se dessine en effet celle d'une nation plus que jamais prête à tous les forfaits pour assouvir sa soif inextinguible de domination mondiale.

1789 : Albion sort ses griffes

À peine la Bastille a-t-elle été prise que les premiers soupçons incriminant l'Angleterre ont fait jour. C'est d'abord au sommet de l'État que le doute s'est installé. À Londres, au sortir d'un entretien avec le duc de Leeds, secrétaire d'État au Foreign Office, l'ambassadeur de France, le marquis de La Luzerne, fait part de son malaise. Les réponses ambiguës de son interlocuteur aux questions qu'il lui a posées semblent indiquer que la position du gouvernement anglais vis-à-vis de la France est « aussi dissimulé[e] » qu'« intéressé[e][2] ». Quelques semaines plus tard, les soupçons du diplomate se sont changés en certitude. Peu de temps avant le 14 juillet, l'ambassadeur d'Angleterre en France, le duc de

Dorset, aurait en effet prédit que l'envoi de troupes près de Paris provoquerait des désordres. Pour le représentant de la France à Londres, « Cet esprit prophétique du duc de Dorset peut assurément faire croire qu'il avait des données extrêmement positives ; et il est difficile d'imaginer comment il eût pu les acquérir s'il ne fût pas lui-même entré dans cette infernale intrigue[3]. »

Le ministre des Affaires étrangères de Louis XVI, le comte de Montmorin, ne fait rien pour apaiser les craintes de son envoyé. Pour preuve, les étonnantes instructions qu'il rédige à l'intention du duc d'Orléans, envoyé en mission à Londres après les journées d'octobre 1789. L'on y lit que « le premier objet des recherches de M. le duc d'Orléans sera de découvrir si, et jusqu'à quel point, la cour de Londres a cherché à fomenter nos troubles ; quels moyens et quels agents elle a employés[4] ». Quand on sait qu'Orléans est lui-même suspecté d'avoir conspiré contre le roi pendant ces mêmes journées révolutionnaires, ces instructions nous laissent pantois. Ce document surréaliste, qui nous met en scène un suspect chargé d'enquêter sur ses présumés complices, traduit de manière dramatiquement éloquente le désarroi de l'autorité devant des événements dont l'origine lui échappe.

Il est vrai que l'idée d'une révolution née outre-Manche se fonde sur des faits qui, une fois rassemblés et réinterprétés, semblent accablants. Parmi ces faits, retenons une ténébreuse affaire qui précède de quelques semaines l'emballement de l'été 1789.

À la fin du mois de mai, l'émissaire d'un mystérieux abbé est reçu par l'ambassadeur d'Angleterre. Dorset apprend par cet homme qu'un projet visant à détruire les vaisseaux et les installations du port de Brest n'attend que le feu vert de l'Angleterre. Embarrassé, Dorset demande des instructions à Londres. Apprenant l'énorme faux pas que vient de commettre son envoyé en acceptant de s'entretenir avec un personnage aussi douteux, le duc de Leeds explose : « La proposition très extraordinaire qui a été faite à Votre Grâce a été reçue de la manière dont vous deviez supposer qu'elle le serait », écrit-il, la plume cassante comme de la glace. Comme il a « consenti à une seconde entrevue avec la personne qui [lui] a été déléguée », Dorset a mis le ministère britannique dans une position très inconfortable. Cette conduite irréfléchie « rend impossible de donner aucune information à ce sujet à la cour de France jusqu'à ce que l'abbé ait reçu votre réponse exprimant notre détermination de ne pas nous occuper d'un projet aussi malveillant[5] ».

Si le duc de Leeds espérait que la rupture de tout commerce avec les auteurs du projet de Brest tranquilliserait Versailles et les Français, grande dut être sa déception. Car, sans tarder, se propage le bruit d'un complot ourdi par l'Angleterre qui ne se limiterait d'ailleurs pas à l'affaire de Brest. « On répand de lieu sûr », lit-on dans le *Courrier national* qui rapporte les débats à l'Assemblée du 25 juillet, « un complot affreux formé contre le port de Brest. [...] Peut-on croire, comme on le dit, que ce soit de concert avec une nation voisine et rivale de la France que ce projet ait été formé ? Serait-ce encore une ressource des aristocrates ennemis de l'État et qui voudraient le bouleversement pour couvrir leurs rapines et leurs déprédations ? [...] Voudrait-on préparer une guerre à la nation pour la distraire du grand travail de la constitution ? »[6].

Les soupçons ont gagné le camp patriote. Collusion avec les « aristocrates », sabotage de l'œuvre des Constituants, arrière-pensées belliqueuses d'une nation qui, bien qu'en paix et liée par un traité de commerce, n'en reste pas moins « rivale » de la France : dès l'été 1789, les différents ingrédients qui produiront l'image d'une Angleterre déstabilisatrice du processus révolutionnaire sont en place. Inquiet par la tournure que prend l'affaire, Dorset écrit promptement à Montmorin pour disculper son gouvernement. Le 27 juillet, sa lettre est lue devant l'Assemblée par son président, le duc de La Rochefoucauld-Liancourt :

> Il m'est revenu de plusieurs côtés qu'on cherchait à insinuer que ma cour avait fomenté en partie les troubles qui ont affligé la capitale depuis quelque temps, qu'elle profitait de ce moment pour armer contre la France, et que même une flotte était sur les côtes pour coopérer hostilement avec un parti de mécontents. Tout dénués de fondement que sont ces bruits, ils me paraissent avoir gagné l'Assemblée nationale et le *Courrier national*, qui rend compte des séances [...], laisse des soupçons qui me peinent d'autant plus que vous savez, Monsieur, combien ma cour est éloignée de les mériter. Votre Excellence se rappellera plusieurs conversations que j'eus avec vous au commencement de juin dernier ; le complot affreux qui avait été proposé relativement au port de Brest ; l'empressement que j'ai eu à mettre le roi et ses ministres

sur leurs gardes ; la réponse de ma cour qui correspondait si fort à mes sentiments, et qui repoussait avec horreur la proposition qu'on lui faisait ; enfin les assurances d'attachement qu'elle répétait au roi et à la nation[7].

Loin d'apaiser l'opinion, la malheureuse missive de Dorset confirme au contraire tous les soupçons pesant sur l'ambassadeur et, ce faisant, sur la puissance qu'il représente. Peu importe en effet qu'il qualifie d'« affreux » le projet de Brest. Peu importe qu'il assure que le cabinet britannique repoussa ce plan « avec horreur ». Ce que retiendront les nombreux lecteurs du document dont l'Assemblée a décrété la publication « dans tout le royaume, par la voie de l'impression[8] », sera l'aveu d'une « proposition » qui a été transmise jusqu'au sommet de l'État britannique. Pis : Dorset, décidément d'une maladresse consternante, braque les regards sur la part qu'aurait prise l'Angleterre non point simplement dans l'épisode de Brest, affaire locale qui n'eut aucune suite effective, mais dans le maelström révolutionnaire de cet incroyable mois de juillet.

Et ce n'est sûrement pas la lettre du ministre français au président de la Constituante, lue le même jour que celle de Dorset, puis imprimée elle aussi sur ordre de l'Assemblée, qui est propre à apaiser les craintes. Si Montmorin confirme que Dorset l'informa bel et bien « verbalement dans les premiers jours du mois de juin, d'un complot contre le port de Brest », et que les auteurs de ce projet « demandaient quelques secours pour cette expédition et un asile en Angleterre », le ministre de Louis XVI ne se hasarde cependant pas à laver le ministère britannique de tout soupçon : « M. l'ambassadeur ne me donna aucune indication relative aux auteurs de ce projet et m'assura qu'ils lui étaient absolument inconnus. Les recherches que j'ai pu faire, d'après des données aussi incertaines, ont été infructueuses[9]. »

Se confiant quelques jours plus tard à La Luzerne, Montmorin avoue n'avoir pas cru aux explications de l'envoyé britannique. « Je m'abstins d'inculper le ministère anglais, parce que je n'ai aucune preuve à sa charge », remarque-t-il, avant d'ajouter ces mots cruellement révélateurs de l'inconfort de sa position devant le cours des événements : « et il est d'autant plus difficile à en acquérir que la police n'existe plus »[10].

Comment naît et prospère une croyance ? L'on aura remarqué l'étrangeté de la formule « difficile à en acquérir ». La dissolution de l'appareil policier et le désarroi de l'autorité qui en découle donnent encore plus de crédit à la part prise par l'Angleterre dans l'affaire de Brest. L'on voit souvent à l'œuvre cette logique baroque chez les dénonciateurs des conspirations. Par un paradoxe qui n'est qu'apparent, l'absence de preuves formelles devient la preuve ultime du complot.

La cavalerie de saint Georges

Le faisceau d'indices incriminant la « main invisible » de l'Angleterre[11] ne cesse de s'épaissir. Tandis que circule le bruit d'une action subversive à Brest, l'on s'interroge aussi sur l'origine de la disette qui frappe la France. On se rappelle que Ferrand ou encore Barruel, niant l'origine météorologique de la pénurie, accusaient Necker d'avoir affamé le peuple. Ne serait-ce pas plutôt vers Londres que les regards devraient se porter ?

Le 25 juin 1789, alarmé par la flambée des prix des céréales, Necker demande à Pitt d'autoriser l'exportation de blés et de farines anglaises vers la France. Le 3 juillet, le Premier ministre informe le directeur général des Finances qu'il est, hélas, dans l'impossibilité de satisfaire sa demande[12]. Outre-Manche, la récolte 1788 a en effet été médiocre. En ce printemps 1789, sans connaître les affres d'une disette aussi sérieuse que celle qui touche la France, l'Angleterre vit des mois difficiles. Pitt ne peut mettre en péril l'approvisionnement de ses compatriotes.

Rien de plus logique. Oui, mais la logique n'est pas la qualité première des théoriciens du complot. Considérée à la lumière du 14 juillet, des innombrables troubles frumentaires de l'été et des journées d'octobre qui virent le peuple conduire à Paris « le boulanger, la boulangère et le petit mitron », la fin de non-recevoir du Premier ministre britannique a laissé des traces dans les esprits. On en verra un peu plus tard les effets.

Quand s'achève l'« année sans pareille », la diabolisation de l'Angleterre et de son Premier ministre est maintenant bien lancée. En décembre 1789, émanant des cercles royalistes qui publient le journal *Les Actes des Apôtres*, paraît un opuscule ouvrant la longue liste de pamphlets mêlant anglophobie viscérale et élucubrations conspirationnistes. Son titre est déjà tout un programme : *Le Livre des Rois du Nouveau Testament, ou Correspondance du lord *** avec M. Pitt, ministre de la Grande-Bretagne sur l'ouragan politique de la France.* Cette prétendue correspondance qui, nous dit l'auteur, aurait été « saisie par le comité permanent de Boulogne-sur-Mer[13] » met en scène un noble anglais qui exécute scrupuleusement les ordres de subversion générale qui lui ont été transmis par le ministère. Bien qu'attaché à Pitt et surtout à George III, ce lord *** n'éprouve pas moins quelques scrupules devant les effets de son action sur un monarque qu'il chérit presque autant que son souverain : « comme philosophe, je ne puis voir sans émotion celui que j'appellerais le meilleur de tous les pères et de tous les époux[14] ».

Les événements qui ont rendu la France méconnaissable n'ont rien de naturel, rien de spontané : « Les choses [...] arrivent progressivement à la hauteur que nous désirions. Ce peuple qui se disait être l'Athénien de l'Europe, qui prétendait l'avoir subjuguée par ses arts, sa politesse et sa douceur ; le Français qui nous reprochait une histoire écrite en caractères de sang [...] le Français va payer cher son orgueil, sa haine et ses intrigues[15]. »

Observons l'allusion au régicide de 1649, qu'on retrouve fréquemment dans les théories du complot anglais. Assurément, un peuple qui a coupé la tête à son roi est capable des pires forfaits. Comme chez Le Franc, qui s'interrogeait sur l'origine du changement soudain du caractère d'une nation réputée pour le raffinement de ses mœurs, notre auteur n'a d'autre ressource que d'incriminer une main coupable. Si la France a changé de visage, ce ne peut être que par les agissements de la franc-maçonnerie (Le Franc) ou de l'Angleterre (*Le Livre des Rois*). Le travail de sape de l'esprit national produit des effets dont se réjouit le locataire de Downing Street : « de ce mélange est résulté le bouleversement d'une monarchie, dont l'ombre effrayait encore, sous Vergennes, tous les cabinets étrangers. En six mois, la pyramide imposante de dix siècles s'est écroulée[16] ».

Fait jour également l'accusation qui ne cessera de revenir sous la plume de nos procureurs complotistes : celle d'un processus révolutionnaire produit et entretenu par l'or versé à profusion aux agitateurs, aux journalistes et aux brigands de tout poil. Parmi ces bénéficiaires de la cavalerie de saint Georges*, retenons surtout les nombreux « amis » de l'Angleterre au sein de l'Assemblée, comme Mirabeau, Le Chapelier, l'abbé Grégoire ou encore un des frères Lameth, dépeint ironiquement sous les traits de « l'Alexandre de la France ». Celui-ci reconnaît avec cynisme être stipendié par le gouvernement britannique : « Fidèles aux promesses que nous avions faites à vos agents, je ne pense pas que vous ayez à vous plaindre de nous ; la division est à son comble et l'anarchie, par nos soins, étouffe tous les pouvoirs[17]. »

La peur des manœuvres d'un parti anglais remonte en réalité aux premières séances des États généraux. Le 12 juin 1789, l'assemblée du tiers état, rebaptisée depuis plusieurs jours Chambre des communes, retentit pour la première fois de la mise en accusation d'un individu regardé comme l'agent d'une puissance étrangère. Il s'agit d'un proche de Mirabeau, le Genevois Du Roveray, décrit par un membre des Communes comme un « étranger, proscrit dans son pays, réfugié en Angleterre, pensionnaire du roi d'Angleterre » et que l'on voit « depuis plusieurs jours écrire et faire circuler des billets dans la salle[18] ». Figure notable de la révolution genevoise de 1782, Jacques Antoine Du Roveray, après l'échec de celle-ci, s'est réfugié outre-Manche où, à l'instar d'autres patriotes genevois, il s'est vu conférer la nationalité britannique et une pension royale[19]. En 1789, il est à Paris et participe, avec d'autres proscrits comme Étienne Dumont ou Étienne Clavière, à l'« atelier de Mirabeau », cette espèce de *brain-trust* révolutionnaire genevois qui prépare les discours et les articles du tribun[20].

Le complotisme adore l'amalgame. L'affaire Du Roveray, qui repose sur des faits incontestables mais qui se trouvent orientés dans un sens qui est invérifiable, nous en fournit un bel exemple. Ce n'est point tant l'origine genevoise de l'ami de Mirabeau qui paraît chagriner son accusateur que ses liens avec la cour de Londres, des liens qui, compte tenu de la naturalisation de l'intéressé et de la pension qu'il reçoit du roi de Grande-Bretagne, ne peuvent qu'être très étroits. L'affaire est entendue : par l'entremise de Du Roveray et d'autres agents, le ministère britannique

---

* L'expression qui, au-delà de l'épisode révolutionnaire, désigne plus généralement une politique visant à préférer le versement des subsides à une intervention militaire directe, a pour origine les pièces d'or britanniques (les guinées) sur lesquelles figure le cheval de saint Georges, patron de l'Angleterre.

tente de contrôler à son profit le cours des événements. Nulle surprise, donc, que, quelques mois plus tard, ces premiers soupçons aient cédé la place à une certitude bien ancrée dans les esprits.

Une autre certitude s'affirme de jour en jour dans les milieux royalistes mais aussi patriotes. Elle concerne l'homme qui, depuis 1783, se trouve à la tête du ministère britannique et qui voit son image se ternir à mesure que le processus révolutionnaire se radicalise. En 1790 paraît un ouvrage au titre tapageur : *Grande trahison de M. Pitt, ministre d'Angleterre, envers la nation française, et sa punition exemplaire*. Émanant cette fois des cercles révolutionnaires, cette brochure est intimement liée à la crise diplomatique mettant alors aux prises l'Angleterre et l'Espagne.

La crise a éclaté en 1789 quand l'Espagne tenta de s'implanter dans le Pacifique nord en créant une base dans la baie de Nootka (*Nootka Sound*) sur l'île de Vancouver. Cette initiative ne pouvait qu'indisposer Londres, pour qui la zone relevait de l'autorité britannique. L'installation des Espagnols, par ailleurs, s'est accompagnée de déprédations. Plusieurs navires anglais ont été saisis. Apprenant la nouvelle, Pitt mit aussitôt la Royal Navy en état d'alerte.

Liée à l'Espagne par le pacte de Famille de 1761, la France devrait s'engager aux côtés de son alliée si la guerre venait à être déclarée. Mais l'Ancien Régime diplomatique, comme, avant lui, l'Ancien Régime politique, social et religieux, est sur le point d'être révolutionné. Le 22 mai 1790, la Constituante vote le décret de « déclaration de paix au monde » qui confère *de facto* le droit de paix et de guerre à l'Assemblée. À l'automne 1790, ne pouvant compter sur le soutien d'une France devenue pacifiste, l'Espagne doit se soumettre aux exigences de l'Angleterre[21].

Derrière ce bouleversement des fondements de la diplomatie française, ne trouverait-on pas une main étrangère ? Contrairement à l'assurance réitérée de respecter la plus stricte neutralité dans le débat politique français, le ministère britannique, à l'occasion de la crise de la baie de Nootka, s'est engagé sur un périlleux sentier. Au début de l'année 1790, redoutant que Louis XVI n'applique le pacte de Famille le liant à Madrid, le duc de Leeds envoie deux agents en France, William Augustus Miles et Hugh Elliot. Ceux-ci doivent convaincre les députés de la Constituante du bien-fondé de la neutralité française dans la dispute anglo-espagnole. Cette mission, qui devait s'opérer dans la plus grande discrétion, est bientôt connue de tous. Car Miles ne cherche à nul moment à dissimuler sa présence. On voit l'agent, qui n'a jamais caché ses sympathies radicales, frayer ostensiblement avec les ténors de la Révolution et même participer aux séances du club des Jacobins[22]. La mission privée se montre bien voyante. Trop voyante. Après l'affaire Du Roveray, après celle des blés anglais et celle de Brest, à tous ceux qu'obsède l'idée d'un complot, Albion confirme que ces bruits avaient quelques fondements.

Il y a plus grave encore : Pitt porte la guerre en lui. Dès les premiers mois de la Révolution, cette certitude, pourtant fort éloignée des intentions réelles d'un Premier ministre avant tout soucieux de l'équilibre financier et de la prospérité de son pays, revient sous la plume des observateurs. En 1789, *Le Livre des Rois* s'attendait déjà au pire. Quelques mois plus tard, pour l'auteur anonyme de la *Grande Trahison de M. Pitt*, la guerre n'est plus de l'ordre du probable. C'est une certitude.

Ouvrons cet ouvrage et nous voici transportés dans l'univers de la pure fiction. Au mépris d'une actualité nationale et internationale que tout le monde, depuis l'explosion journalistique de l'année 1789, peut désormais suivre avec aisance, notre auteur se lance dans une histoire parallèle sans queue ni tête.

Londres est en ébullition. Le peuple, furieux contre Pitt, s'ameute devant son domicile qu'il tente d'incendier. Puis, aux cris de « Nous ne voulons plus de ce fourbe ; nous ne voulons pas la guerre ! », les manifestants se rendent chez le lord Maire et l'adjurent de « prendre la place de M. Pitt ». L'« insurrection contre le despotisme ministériel » aboutit à la destitution du Premier ministre, « second Necker », qui « s'est échappé à la juste colère du peuple à la faveur d'un travestissement [... et] traversait en femme la ville de Londres [...] pour se rendre au pays de Galles[23] ».

Revenant à une forme plus présentable, l'auteur tire les leçons de cet épisode. La France l'a échappé belle : « Le patriotisme français doit se féliciter sur [*sic*] le renvoi de M. Pitt car il avait les projets les plus désastreux contre la Constitution française que les ennemis de la Révolution ont payé [*sic*], non pas de leur or, mais de celui du peuple, en tarissant le numéraire[24]. »

Même si le style, c'est le moins que l'on puisse dire, laisse à désirer, le message et les intentions de l'auteur sont limpides.

Pitt n'a cessé de conspirer contre la France, d'abord en lorgnant avidement sur ses colonies, puis en déployant toute son énergie à ruiner le pays. Pitt s'employait à tarir le numéraire. Nous sommes en 1790 et l'expérience imprudente des assignats est en train, en effet, de raréfier la bonne monnaie métallique, qui se trouve chassée, comme le veut la célèbre loi de Gresham, par la mauvaise monnaie de papier. Attaché à l'œuvre des Constituants, notre auteur se refuse à admettre cette réalité qui le morfond. Si les pièces se sont faites si rares, ce ne peut être que par les manœuvres d'un politicien réputé pour sa rouerie en matière financière. Un politicien, qui plus est, anglais.

En quelques mois, a pris forme ce qui est appelé à être le grand leitmotiv de l'expression anglophobe de l'époque révolutionnaire. L'or corrupteur de Pitt, cette funeste cavalerie de saint Georges, circule partout. Cet or agit partout. En mars 1791, craignant la guerre civile, l'envoyé de la maison d'Autriche, Mercy-Argenteau, confie à la reine que « si elle éclate, l'Angleterre la fomentera par des secours donnés au parti populaire, ne fût-ce qu'en argent. Elle mettra en même temps toutes sortes d'entraves à ce que des puissances étrangères voudraient tenter pour la royauté[25] ». Son interlocutrice n'est pas moins convaincue du rôle souterrain de l'Angleterre et du caractère monstrueux du Premier ministre : « Je ne prononce pas le nom de Pitt que la petite mort ne me passe sur le dos [...] Pitt a servi la Révolution française dès les premiers troubles ; il la servira peut-être jusqu'à son anéantissement[26]. »

Signe que la rumeur a enflé, Londres se sent obligé d'y apporter un démenti officiel. Au début de 1792, dans une entrevue avec Talleyrand, alors en mission en Angleterre, le nouveau responsable du Foreign Office, lord Grenville, assure que « ceux qui ont osé dire parmi vous [...] que nous avions fomenté vos troubles nous ont calomniés. Nous les défions d'en alléguer la moindre preuve[27] ». Cette réponse lapidaire ne peut qu'entretenir le doute, surtout au regard de la crise politique que traverse la France et de la guerre qui a éclaté en avril contre l'Autriche et la Prusse. Plus que jamais, la main invisible d'Albion est à l'ouvrage :

> [...] tout porte à croire qu'il [*Pitt*] ne cherche qu'à profiter de nos divisions pour nous affaiblir, à élever son commerce et son crédit sur les ruines du nôtre et même à favoriser le démembre-

ment du royaume [...]. La politique insidieuse du cabinet de Saint James [...] entretient chez nous des émissaires affidés et gagés qui y soufflent le feu de la discorde, qui prêchent la chimère de la république, qui tendent à renverser la monarchie et à faire ce qu'ils appellent le complément nécessaire de la révolution, tandis que c'en serait la ruine. D'un autre côté, il n'y a pas de doute que les intrigues de M. Pitt n'aient beaucoup contribué à cimenter le concert des puissances liguées contre nous, et notamment l'alliance monstrueuse de la Prusse et de l'Autriche[28].

La perfidie anglaise est d'autant plus révoltante qu'elle fait fi de toute considération idéologique. Prêt à tout pour accroître la puissance de son pays, dépassant largement Machiavel en cynisme, Pitt souffle sur les braises républicaines et pousse au même moment à la croisade contre-révolutionnaire. Manifestement, l'épisode du premier partage de la Pologne semble avoir marqué le rédacteur de ce mémoire datant du printemps 1792. Si la France n'y prend pas garde, elle subira le même sort que celui de la république nobiliaire, amputée en 1772 d'une large portion de son territoire.

L'on ne s'étonnera pas de trouver la même accusation émailler la correspondance des agents français à Londres à l'automne 1792. La chute de la monarchie, les massacres de Septembre, la proclamation de la République, mais aussi l'invasion de la Belgique par les troupes françaises, le décret de « fraternité et secours » adressé à tous les peuples désirant se libérer de leurs tyrans et la flambée de radicalisme qui déferle alors sur les îles Britanniques et qui, aux yeux de Whitehall, prend un sinistre relief à la lumière du décret voté en France, ont été autant d'éléments qui ont contribué à la dégradation des relations entre les deux puissances et mené à la guerre[29]. Largement répandue chez les envoyés français, la croyance en une action subversive visant à affaiblir la France, voire à y semer l'anarchie, n'a, de toute évidence, pas favorisé l'établissement d'un climat de confiance. Au début du mois de décembre, Hugues Maret, un de ces agents, rencontre William Smith, émissaire de Pitt. À ce dernier, qui s'inquiète de l'influence de la France sur la poussée radicale que connaît l'Angleterre, Maret renvoie promptement la balle : « si l'on nous interrogeait sur ce point, nous aurions aussi quelques questions à faire à M. Pitt[30] ».

Écoutons un autre envoyé français, François Noël. Ses réflexions montrent comment l'obsession du complot fait perdre tout discernement. Noël a « la certitude [...] que l'or anglais a coulé à grands flots en France pour entretenir nos troubles ». Hélas, ses preuves sont aux abonnés absents. Que conclure, dès lors ? « Jusqu'à quel point ces calculs politiques ont-ils occupé le cabinet de Saint James, c'est ce que le précaire de ma position ne m'a pas encore permis d'approfondir. Mais comme ces raisonnements sont fondés sur des faits, il est difficile de ne pas trouver quelque apparence de plausibilité[31]. » Comme Montmorin en 1789, Noël n'a découvert aucune pièce à conviction. Mais les « faits », cette « certitude » de l'existence de la main cachée insulaire, valent bien toutes les preuves du monde. Disculper l'Angleterre ? Impensable.

La croyance est devenue un dogme. Elle s'apprête à être exposée dans toute sa solennité devant la représentation nationale. Le 19 décembre 1792, le ministre des Affaires étrangères Pierre Lebrun-Tondu prend la parole à la Convention pour fustiger la conduite du Premier ministre britannique : « [*La France*] ne craindra pas d'en appeler au jugement de l'Europe entière au témoignage de Pitt lui-même. On verra alors qui l'on doit accuser de s'être livré à de sourdes menées, qui l'on doit accuser d'avoir semé avec un or corruptible [*sic*] les méfiances, les troubles et les désordres[32]. »

La diabolisation est officialisée. Huit mois plus tard, en toute logique, la Convention proclamera Pitt « ennemi du genre humain ».

Docteur Mabuse à Whitehall

À cette date, la théorie du complot britannique est entrée dans une nouvelle époque. L'exécution de Louis XVI (21 janvier 1793) et la déclaration de guerre à l'Angleterre (1er février) portent en elles des effets dévastateurs d'une magnitude maximale. Tandis que, du nord au sud, les troupes de la coalition pénètrent sur le territoire, éclatent la révolte vendéenne puis l'insurrection fédéraliste consécutive à l'élimination des Brissotins de la Convention. Depuis sa première réunion, le 21 septembre 1792, l'assemblée n'a guère connu d'instants sereins. La guerre extérieure et les deux guerres civiles qui font rage pendant l'été 1793 ne sont pas propres à apaiser les esprits. C'est dans une atmosphère oppressante, chargée d'une électricité porteuse d'effroyables orages, que se déroulent les débats. Est-ce l'effet amplificateur propre à tout rassemblement humain qui porte les députés à exagérer des positions qui, exprimées isolément, auraient sans doute été plus modérées ? Toujours est-il que les orateurs qui se succèdent à la tribune se font l'expression d'une anglophobie qui surpasse largement la poussée de fièvre antianglaise de l'époque de la guerre de Sept Ans[33].

Jour après jour, retentissent dans la salle du Manège les mêmes imprécations contre le « génie infernal » de Downing Street et ses « vampires », pour parler comme l'auteur, devenu méconnaissable, d'*Il pleut, il pleut, bergère,* Fabre d'Églantine[34]. Deux voix se distinguent par leur véhémence : celle, outrancière et carnassière, de Bertrand Barère, et celle de l'abominable Jacques Garnier, dont la moindre expectoration oratoire s'accompagne d'un déversement de matière purulente. Épouvantable tableau que ces duettistes de la faucheuse dénonçant, la bave aux lèvres, les visées ténébreuses de la Carthage des temps modernes, accusée, on l'aura sans doute deviné, de semer le chaos en France pour abattre la jeune République.

Prenons place dans le chaudron de la Convention et assistons en spectateurs à cette trop fameuse séance du 7 août 1793. Barère vient juste de finir de parler. Après avoir appelé à nouveau, et en des termes monstrueux, à l'extermination de la Vendée[35], le député membre du Comité de salut public, dans son style inimitable, s'est lancé dans une longue diatribe contre la « tyrannie commerciale, le despotisme politique et la corruption extrême du gouvernement anglais », avant d'achever sa harangue en appelant l'Europe à réaliser « le vœu de Caton : *la Carthage moderne sera détruite*[36] ». Garnier prend alors la parole. Il se surpasse :

> Vous sentez plus que jamais la nécessité de prendre des mesures contre ceux qui veulent incendier la France. Ils sont dirigés par Pitt mais ce scélérat portera la peine de son crime. Il paiera de sa tête les attentats qu'il a tramés. Oui, je déclare qu'il se trouvera un homme assez ami de l'humanité, un nouveau Scævola, qui délivrera le monde de ce monstre. Je dis que chacun a le droit d'assassiner

> un homme qui a conçu le projet d'assassiner l'espèce humaine. Je demande donc que vous décrétiez que Pitt est l'ennemi du genre humain et que tout le monde a le droit de l'assassiner[37].

Si la Convention n'a pas suivi l'appel au meurtre lancé par son député, elle n'en a pas moins, sur l'avis de Couthon, décrété « solennellement » que Pitt était désormais « l'ennemi de l'espèce humaine[38] ».

Contrairement aux soupçons qui pesaient sur le gouvernement de Londres avant la déclaration de guerre, et qui n'ont jamais été vérifiés par les faits, la vague d'hystérie antianglaise qui s'est emparée de la Convention repose maintenant sur des éléments tangibles. Les députés, mais aussi plus largement les Français, ont été abasourdis d'apprendre que le cabinet de Londres s'était empressé de renouer avec une pratique qui avait fait ses preuves au début de la guerre de Sept Ans et qui avait alors scandalisé le pays[39]. Tout navire, même neutre, transportant de la nourriture vers la France est désormais considéré comme de bonne prise. Il y a encore plus grave. Afin de porter un coup fatal aux finances de la République, Pitt a donné son accord à la fabrication de faux assignats. L'affaire ayant été évoquée devant le Parlement britannique, la nouvelle ne tarde pas à s'ébruiter à Paris : le 1er août, au nom du Comité de salut public, Couthon l'évoque à la Convention. Enfin, cerise sur le gâteau empoisonné livré à la France, il ne fait désormais plus de doute que la cavalerie de saint Georges a été lâchée des écuries de Whitehall[40].

Le Comité de salut public aurait pu se contenter de dénoncer ces pratiques contraires aux lois de la guerre. Mais l'occasion est trop belle pour être manquée. Afin de ternir à jamais l'image de l'ennemi, il décide de rendre encore plus odieuse sa conduite. La logorrhée meurtrière de Barère et de Garnier dont on vient de découvrir des extraits prend tout son sens lorsqu'on sait que, depuis plusieurs jours, circule en France un curieux document. Il s'agit, selon les dires de Barère, d'une lettre découverte à Lille dans les papiers d'un Anglais. Sa traduction en français paraît le 3 août dans les colonnes du *Moniteur*. Les patronymes tronqués qu'on y découvre sont sans l'ombre d'un doute ceux de ressortissants britanniques. De mystérieux « W… b… r », « Stap… tn » et autres « H… w… d » préparent une action qui sera mise en œuvre « le 10 ou le 16 août ». Elle consisterait à appliquer un « plan d'incendie des fourrages », probablement dans l'armée du Nord. Ces agents britanniques ont aussi ordre de « discréditer le plus possible les assignats » et de faire « hausser le prix de toutes les denrées[41] ».

Dans son acharnement à dévoiler les dessous sulfureux de la grande conspiration maçonnique, l'abbé Barruel n'hésitait pas à inventer des pièces à conviction décisives, comme le récit de sa propre initiation. Les hommes que l'ecclésiastique vouait aux flammes de l'enfer procédaient d'une manière qui ne lui aurait pas déplu. Soucieux d'en avoir le cœur net sur ce document, l'historien britannique Norman Hampson a procédé à l'analyse de l'original écrit en anglais, aujourd'hui conservé aux Archives nationales. Son verdict est sans appel. Ses fautes grossières de vocabulaire, et surtout la quantité de gallicismes qu'il renferme, démontrent que son auteur était « quelqu'un qui essayait d'écrire en anglais tout en pensant en français[42] ».

Mais, peu importe, au fond, que ce document soit un faux. Ce qui compte est la diffusion à grande échelle, via le *Moniteur*, de cette lettre terriblement accusatrice qui confirme, chez tous ceux qui étaient prêts à croire aux menées occultes de l'Angleterre, qu'ils avaient bien eu raison de se méfier. Tout était vrai. Un réseau d'assassins à la solde de Londres était prêt à l'action. Tel un précurseur du docteur Mabuse, le génie du Mal de Whitehall avait de longue date tissé sa toile d'araignée.

« Indices violents », indices meurtriers

Nous voici à l'automne et l'hiver de l'an II. Après avoir arboré à sa naissance une gamme de couleurs politiques des plus variées, la croyance en la griffe d'Albion est presque devenue monochrome. Non point que les milieux royalistes s'en soient détournés. Que le lecteur se rassure : il les retrouvera plus actifs que jamais après Thermidor. Pour l'heure, fixons notre regard sur les révolutionnaires, toujours aux abois. Si l'insurrection fédéraliste a été matée, le sort de la guerre extérieure et de celle de Vendée demeure toujours incertain. S'ajoute à ce lourd motif d'inquiétude l'agitation des cercles extrémistes, enragés, puis hébertistes, qui réclament des mesures fortes pour freiner l'augmentation vertigineuse du prix des denrées et la punition exemplaire des coupables de lèse-nation. L'offensive déchristianisatrice de grande envergure que connaît la France laisse également perplexe plus d'un observateur, même sceptique en matière religieuse. Qui tire ces ficelles ? Le navire de la République s'efforce de tenir bon dans cette tempête de force douze. Mais où se trouve le capitaine ? À Paris ? Ou plutôt à Londres ?

Les suspects sont partout, et ce n'est pas la loi du 17 septembre 1793 portant ce nom qui le démentira. Qu'on soit de droite ou de gauche, émettre des critiques contre la représentation nationale revient à être regardé comme un conspirateur aux ordres de Pitt. Le 3 octobre 1793, au procès de Girondins, André Amar, au nom du Comité de sûreté générale, accuse Brissot « et ses complices » d'être « les agents de la faction anglaise, qui a exercé une influence si funeste sur le cours de notre révolution ». Les preuves ? « Le séjour et les intrigues de Brissot en Angleterre, le voyage que Pétion avait fait à Londres [...] avec les enfants du ci-devant duc d'Orléans. » Pour Amar, il est clair que ces déplacements « ont pleinement confirmé ces puissantes présomptions[43] ».

Une attitude anglophile peut maintenant envoyer l'intéressé chez la Louison. Le journaliste et député Jean-Louis Carra eut jadis l'imprudence de suggérer à la tribune des Jacobins qu'en cas de trahison avérée de Louis XVI, les Français gagneraient à s'inspirer de la révolution anglaise de 1688 et à se choisir un roi en dehors de la maison de Bourbon tel que le duc d'York, fils de George III. Il aurait mieux fait de se taire. Au procès des Brissotins, on l'accusera d'avoir « voulu se servir des sociétés populaires [...] pour favoriser les projets des tyrans étrangers[44] ». Ses propos l'auront conduit à l'échafaud.

Camille Desmoulins a contribué à cette issue tragique. Devenu un des adversaires les plus résolus de Brissot, il publia le 19 mai 1793, sous les auspices de la Société des amis de la liberté et de l'égalité, une attaque violente contre les Girondins. De son titre émane un puissant fumet conspirationniste : *Fragment de l'histoire secrète de la Révolution, sur la faction d'Orléans, le comité anglo-prussien et les six premiers mois de la République*.

Connu pour son caractère impulsif, l'ancien rédacteur des *Révolutions de France et de Brabant* avouait volontiers aimer « suivre, à bride abattue, le torrent révolutionnaire[45] ». Le texte que nous avons sous les yeux ne démentira pas cette esquisse d'autoportrait. L'on y voit en effet Desmoulins, qui, remarquait Jean Jaurès, « poussait toujours jusqu'au bout ses hypothèses agressives avec la frivolité la plus redoutable[46] », courir derrière ce cours d'eau impétueux pour s'engager, tête baissée, dans la voie sans issue du complotisme.

C'est sûr de son fait qu'il dévoile l'horrible projet des Brissotins : « [...] tous partisans de la royauté [...] dirigés par les agents de Pitt, de D'Orléans et de la Prusse et ayant voulu diviser la France en 20 ou 30 républiques fédératives, ou plutôt la bouleverser, pour qu'il n'y eût point de République. Je soutiens qu'il n'y eut jamais dans l'Histoire une conjuration mieux prouvée, et par une multitude de présomptions plus violentes[47] ».

Reprenant les propres paroles de ceux qu'il met en accusation, notre procureur, à l'instar d'un abbé Barruel gagné par la fièvre républicaine, écarte les faits qui le gênent d'un brusque revers de main. Les Brissotins, pour une fois, sont de bon conseil : « ils soutenaient, avec grande raison, qu'en matière de conspiration, il est absurde de demander des faits démonstratifs et des preuves judiciaires qu'on n'a jamais eues, pas même dans la conjuration de Catilina, les conspirateurs n'ayant pas coutume de se mettre si à découvert. Il suffit d'indices violents[48] ».

Dans son *Histoire socialiste de la Révolution française*, Jaurès se montrait atterré par la logique meurtrière qui guidait la plume du pamphlétaire : « Vraiment, quand les partis en sont à se dénoncer et à se soupçonner ainsi, ils n'ont plus qu'à se décimer au plus vite et se tuer les uns les autres[49] ». Replacées dans le contexte de la loi des suspects décrétée quelques mois plus tard, les paroles de Desmoulins font en effet frémir. Plus largement, l'angle d'attaque adopté par notre auteur révèle à quel point, au fil des mois et des années, le discours conspirationniste révolutionnaire s'est pour ainsi dire auto-alimenté, la découverte d'une prétendue conjuration servant de rampe de lancement à de nouvelles accusations. Les Brissotins qu'il exècre ont bien parlé lorsqu'ils dénoncèrent le complot ourdi par ce qu'ils appelaient le « comité autrichien ». Il s'appuiera donc sur leur sage et lucide analyse. Les quelques « indices violents » en sa disposition lui suffiront amplement pour composer son roman véridique de la Révolution française.

Possède-t-il également des « indices violents » sur la conduite de l'Angleterre ? Mais bien entendu ! Ce qui suit donne le vertige :

> Pour remonter aux éléments de la conjuration, on ne peut nier aujourd'hui que Pitt, dans notre révolution de 1789, n'ait voulu acquitter sur Louis XVI la lettre de change tirée en 1641 par Richelieu sur Charles Ier. On sait la part qu'eut ce cardinal aux troubles du Long Parlement, où il pensionnait les plus zélés républicains [...]. Mais, depuis le 10 août, il s'est trouvé qu'au grand déplaisir de Pitt et de Brissot, ils avaient mené la liberté plus loin qu'il ne convenait à l'Angleterre [...]. Notre révolution de 1789 avait été une affaire arrangée entre le ministère britannique et une partie de la minorité de la noblesse [...] pour nous donner les deux chambres et une constitution à l'instar de la constitution anglaise[50].

S'agit-il du même homme qui, à la nouvelle du renvoi de Necker, harangua la foule du Palais-Royal pour l'exhorter à prendre les armes ? S'agit-il vraiment du rédacteur des *Révolutions de France et de Brabant* qui s'extasiait, l'œil émerveillé, devant la marche irrésistible de l'esprit révolutionnaire ? En 1793, c'est un autre Camille que nous donne à contempler cet écrit bizarre, qui se voit obligé de remonter jusqu'aux temps baroques de la guerre civile et de la première révolution d'Angleterre pour éclairer un tant soit peu l'époque présente. C'est un être marqué au plus profond de sa chair et de son âme par un flot événementiel dont il ne perçoit plus le sens. Desmoulins ne croit plus à la spontanéité du phénomène révolutionnaire. Dès ses commencements, la révolution de France fut entre les mains de forces occultes. Et lui-même, oui, lui, Camille Desmoulins, celui qu'on surnommait l'homme du 14 juillet, a été mystifié. Qu'on en juge par ces lignes : « Me fera-t-on croire que lorsque je montais sur une table le 12 juillet, et que j'appelais le peuple à la liberté, ce fut mon éloquence qui produisit ce grand mouvement une demi-heure après et qui fit sortir de dessous terre les deux bustes d'Orléans et de Necker[51] ? »

Non, ce ne pouvait être lui. Alors qui ?

L'on ne trouvera pas, exprimés du moins de manière explicite, ces doutes dans le discours que Robespierre prononce le 27 brumaire an II (17 novembre 1793) à la Convention sur « la situation politique de la République ». L'on y décèle en tout cas une parenté marquée avec la position de Desmoulins. « Il est connu aujourd'hui de tout le monde », affirme l'orateur, comme s'il s'agissait d'une évidence, « que la politique du cabinet de Londres contribua beaucoup à donner le premier branle à notre Révolution[52] ». Reprenant au passage l'accusation lancée au procès des Girondins contre le prétendu projet de la cour de Londres de placer le duc d'York sur le trône de France, l'Incorruptible poursuit en attaquant frontalement l'homme qui préside aux destinées de la puissance ennemie. Tout se passe comme si la figure la plus en vue du Comité de salut public s'était dressée pour livrer combat à son plus redoutable adversaire :

> Semblable à un enfant dont la main débile est blessée par une arme terrible qu'elle a l'imprudence de toucher, Pitt voulut jouer avec le peuple français, et il a été foudroyé.
>
> Pitt s'est grossièrement trompé sur notre Révolution [...]. Trop immoral pour croire aux vertus républicaines, trop peu philosophe pour faire un pas vers l'avenir, le ministre de George était au-dessous de son siècle ; le siècle s'élançait vers la liberté, et Pitt voulait le faire rétrograder vers la barbarie et vers le despotisme. Aussi l'ensemble des événements a trahi jusqu'ici ses rêves ambitieux ; il a vu briser tour à tour, par la force populaire, les divers instruments dont il s'est servi ; il a vu disparaître Necker, d'Orléans, La Fayette, Lameth, Dumouriez, Custine, Brissot et tous les pygmées de la Gironde. Le peuple français s'est dégagé jusqu'ici des fils de ses intrigues comme Hercule d'une toile d'araignée[53].

Même si les plans de Pitt ont été pour l'heure déjoués, la vigilance s'impose plus que jamais car l'homme, avertit l'Arrageois, est malin. Pitt fait maintenant feu de tout bois, soudoyant des traîtres « tour à tour extravagants ou modérés, prêchant la faiblesse et le sommeil où il faut de la vigilance et du courage, la témérité et l'exagération où il s'agit de prudence et de circonspection[54] ». On ne saurait mieux résumer la situation politique intérieure d'une république qui, en cet automne 1793, court le risque d'un nouvel emballement révolutionnaire sous l'impulsion du maximalisme de la faction hébertiste et de la vague déchristianisatrice qui bat son plein.

Les oreilles du locataire de Downing Street n'ont cessé de tinter pendant l'an II. En France, la monosyllabe maudite est sur toutes les lèvres et revient inlassablement sous la plume des pamphlétaires, des journalistes et même, on l'a vu au début de ce chapitre, des hommes de théâtre. Le 5 décembre 1793 voit l'apothéose de cette faveur peu enviable. Vient de sortir le premier numéro d'un périodique publié avec la bénédiction de Robespierre, *Le Vieux Cordelier*. Son rédacteur, qui n'est autre que l'auteur du *Fragment de l'histoire secrète de la Révolution*, s'adresse directement au Premier ministre britannique, avec le tutoiement désormais de rigueur dans la France nouvelle.

L'on connaît ses premiers mots : « Ô Pitt, je rends hommage à ton génie ! » Génie ? Génie du Mal, oui. Car il fallait une énergie démoniaque pour agir « depuis cinq ans » à perdre la France[55]. Comme le soulignait Robespierre, Pitt, bien que « foudroyé », n'a pas dit son dernier mot. Il y a même urgence, avertit Desmoulins. Car face à l'entreprise de désinformation lancée par Hébert et soutenue en sous-main par l'Angleterre, personne, jusqu'à présent, n'a osé prendre la plume.

En 1789, les premiers soupçons sur la conduite souterraine de l'Angleterre insistaient déjà sur l'étrange collusion entre le ministre britannique et des bandes d'anarchistes semant le chaos dans le pays. Cette manière d'appréhender les faits, on s'en souvient, est d'abord apparue dans les cercles du pouvoir. La course folle d'une révolution que rien ne paraît pouvoir arrêter en cette fin d'année 1793 a désormais converti à cette lecture ceux qui, à l'instar de Robespierre et de celui qui reste encore à cette date son allié politique, se regardent comme les détenteurs de la légitimité et, partant, comme les gardiens du nouvel ordre politique, économique, social et religieux. Selon Desmoulins, le risque, dorénavant, est que « la contre-révolution ne se fasse en bonnets rouges[56] ». Ces faux sans-culottes stipendiés par Pitt, il les connaît. Il les a vus à la Convention « avec des pétitions telles que nous-mêmes, de la cime de la Montagne, paraissions tous des modérés en comparaison[57] ». Prêt à tout pour abattre la France, le Premier ministre de George III a pris « lui-même le costume et le langage » du plus enragé des enragés. « Devenu Jacobin », il vient de donner à ses agents « l'instruction secrète de s'affubler d'un bonnet rouge, de changer la culotte étroite contre le pantalon »[58].

En ce début d'hiver de l'an II, une lutte à mort est engagée, une lutte contre la secte anarchiste des hébertistes et des athées qui organisent leurs grotesques mascarades en l'honneur de la déesse de la Raison. Une lutte à mort est engagée contre le génie du Mal qui préside à leurs manœuvres : « le sans-culotte Pitt[59] ».

La vengeance de lord Chatham

La vengeance est un plat qui se mange froid, et même, parfois, glacé. Camille Desmoulins était persuadé que Pitt avait senti en 1789 que le moment était arrivé de punir la monarchie française d'être intervenue dans les troubles insulaires qui produisirent la première révolution d'Angleterre et la mort de Charles Ier. Mais la vengeance peut également se consommer en plat à peine sorti du four. Dans la même brochure, Camille assurait que « Pitt avait encore à prendre sa revanche des secours donnés aux Insurgents anglo-américains[60] ».

Au leitmotiv de la cavalerie de saint Georges, qui revient en permanence sous la plume des observateurs, est associé un autre thème tout aussi lancinant, un thème dont le secrétaire d'État au Foreign Office, le duc de Leeds, semble avoir prévu la fortune dès les premières semaines de la Révolution : « Les Français, je le constate, soupçonnent, ou du moins veulent faire croire que nous leur avons fait ce qu'ils nous auraient fait dans des circonstances similaires[61]. » Derrière ce « nous leur avons fait » se devine tout un pan de l'histoire récente, celui de la révolte des Treize Colonies et de l'indépendance américaine sanctionnée par le traité de Paris de 1783. Une indépendance largement redevable de l'aide militaire fournie en 1778 par Louis XVI aux Insurgents.

En 1789, le souvenir de ce conflit est trop vif pour qu'il ne soit pas source d'interrogations. Donnant la parole au lord ***, le très royaliste *Livre des Rois du Nouveau Testament* met ses lecteurs devant le motif qui a conduit Pitt à envoyer son agent sur le continent. La France, « qui, par la plus atroce perfidie, a mis la division la plus funeste entre nous et nos colonies », paiera au centuple ce forfait. « L'or que la vengeance nous a confié » est déjà à la besogne. La gravité du préjudice autorise tous les coups. « Peu nous importe, pourvu que l'Angleterre se venge, pourvu que Carthage nous serve d'exemple [...] pour renverser la Rome moderne et nous conserver l'empire des mers[62]. »

Le décor qui vient d'être planté a déjà un siècle derrière lui. En 1689, le royaume d'Angleterre, alors en pleine révolution, vécut simultanément un bouleversement peut-être encore plus décisif que celui qui venait de redistribuer les cartes des institutions et de la vie politique insulaires. Cette seconde révolution était géopolitique. Puissance discrète depuis des décennies sur l'échiquier européen, l'Angleterre était sur le point d'y faire un retour spectaculaire. Sous la conduite de son nouveau roi, Guillaume III d'Orange (1689-1702), elle entrait en guerre contre Louis XIV. De ce formidable bras de fer qui se poursuivit sous la reine Anne (1702-1714), l'Angleterre, devenue entre-temps Grande-Bretagne, sortit métamorphosée. En 1713, le traité d'Utrecht consacrait le nouveau rapport de force européen. Au terme d'un quart de siècle de guerres, Albion s'était imposée comme la première puissance maritime. Et, déjà, son appétit mercantile et colonial qui paraissait insatiable inquiétait les observateurs. Une nouvelle Carthage avait vu le jour.

Barère appréciait ce parallèle avec l'Antiquité. Il n'est pas le seul. Tout comme l'auteur du *Livre des Rois* obsédé, lui aussi, par les guerres puniques, le conventionnel s'inscrit dans une tradition qui remonte au moins à la guerre de Sept Ans, quand la politique de l'ennemi, qui annonçait sur certains points celle de Pitt, provoqua un tollé général en France. La vague anglophobe qu'on voit poindre en 1789 et qui s'exprimera dans toute sa plénitude après la déclaration de guerre de 1793 reprend une thématique qui a déjà beaucoup servi.

Il y eut deux Pitt dans l'histoire des chefs d'État britanniques. Père du Premier ministre en exercice à l'époque de la Révolution française, William Pitt l'Ancien (1708-1778) fut l'artisan des victoires anglaises de la guerre de Sept Ans. La suprématie mondiale acquise par Albion au terme du conflit lui doit beaucoup. Fondateur d'un empire qui, après la conquête du Canada, s'étendait du cercle polaire au golfe du Mexique, Pitt l'Ancien ne pouvait rester inerte devant la révolte puis la révolution de l'Amérique du Nord. Tiraillé entre ses idées politiques inspirées du même républicanisme classique qu'il voyait s'exprimer dans toute sa pureté outre-Atlantique, et son souci de maintenir intact l'empire qu'il avait forgé, Pitt, devenu en 1766 comte de Chatham, vécut un calvaire[63]. Est-ce le hasard ? Toujours est-il que son ultime discours à la Chambre des lords, le 7 avril 1778, fut prononcé lors d'un débat suscité par l'alliance qui venait d'être conclue entre la France et les Insurgents. Prenant la parole pour donner son opinion sur la situation internationale, Chatham fut victime d'une attaque. Il mourut le 11 mai 1778. Est-ce à nouveau un hasard ? Son fils, le futur Premier ministre, était présent à la Chambre des lords lorsque son père s'effondra, terrassé par la révolte des colons et surtout par l'appui qu'avait décidé de leur donner Louis XVI en apposant, le 6 février 1778, sa signature au traité le liant au Congrès des États-Unis d'Amérique.

Évoquant pendant la Révolution l'« affaire de l'Amérique », Louis XVI avouait songer avec « regret » au traité qu'il avait conclu : « On a un peu abusé de ma jeunesse dans ce temps-là ; nous en portons la peine aujourd'hui[64]. » Le roi fait bien sûr allusion à la crise financière née de la politique d'emprunts de Necker destinée à financer l'engagement militaire. Mais la « peine » qu'il ressent possède aussi une autre origine, occulte, cette fois. La reine, sur ce chapitre, abonde dans le même sens : « Cet homme [*Pitt le Jeune*] est l'ennemi mortel de la France. Il prend une cruelle revanche de l'impolitique appui que le cabinet de Versailles a donné aux insurgés américains. Il veut, par notre destruction, garantir à jamais la puissance maritime de son pays des efforts que le roi a faits pour relever sa marine, et des résultats heureux qui en ont été la suite pendant la dernière guerre[65]. »

Dès les premiers moments de l'engagement aux côtés des révolutionnaires américains, des Français se sont attendus à la vengeance de l'Angleterre. Jean-Louis Soulavie, dont on lira bientôt les écrits parus pendant la Révolution, fait partie de ces alarmistes. Le 3 mai 1782, il écrivait à Vergennes pour lui faire part de ses recherches sur les provinces méridionales de la France. Elles lui avaient fait découvrir des documents sur le rôle occulte de l'Angleterre : « J'ai extrait à la hâte quelques anecdotes sur les entreprises de la Grande-Bretagne. Elles rappelleront à Votre Grandeur le système des Anglais constamment suivi pendant plus d'un siècle pour opérer la révolte intérieure de ces provinces[66]. »

Marc de Bombelles se montre aussi soucieux que Soulavie. Un mois après la signature de la paix de 1783, il a pour ainsi dire devant les yeux l'avenir qu'il redoute lorsqu'il observe à la cour un jeune Britannique en visite en France :

> Nous avons ici quatre-vingts Anglais [...] qui sont tous éclipsés par l'arrivée d'un jeune homme bien surprenant. C'est le fils cadet de ce fameux Pitt, connu sous le nom de lord Chatham, qui nous porta une haine si forte et nous fit réellement tant de mal. Le second de ses fils se nomme Pitt et a l'âge de vingt-trois ans. [...] il est regardé comme devant d'un moment à l'autre reprendre le timon des affaires de son pays. Ses discours sont dignes de sa réputation et, pour cette fois, l'on peut pardonner à nos compatriotes l'enthousiasme qu'il leur inspire. Peut-être aura-t-il fait bien du mal quand mes enfants entreront dans le monde mais ils seront bien aises, ces chers enfants, d'avoir eu quelques renseignements sur un homme qui ne peut plus rentrer dans la classe des personnages ordinaires[67].

Tel père, tel fils : la Révolution ne surprendra pas ces Cassandre. L'ouragan qui a frappé la France eut non point un, mais deux responsables : William Pitt, père et fils réunis autour d'un terrible serment. C'est ce que nous décrit une scène mélodramatique de l'*Influence du gouvernement anglais sur la Révolution française* de Louis Portiez de l'Oise (1803) : « L'Angleterre, Carthage moderne, avait vu naître dans son sein un autre Hamilcar. Il avait fait jurer à son fils, nouvel Hannibal, la perte de la France. Ce n'est qu'à Paris, lui dit lord Chatham, que la France peut être vaincue ; et, fidèle à la doctrine de son père, M. Pitt n'a cessé d'organiser des insurrections à Paris. Il a armé de poignards la main des assassins[68]. »

Orléans, ou l'ubiquité conspiratrice

Aux vitrines des libraires du temps du Directoire, attendant leur clientèle, trônent des ouvrages aux titres accrocheurs, comme cette *Lettre de Pitt aux Jacobins noirs, interceptée et publiée par un membre du parti de l'Opposition, dans laquelle Pitt déclare que depuis le commencement de la Révolution française, les Jacobins ont toujours été ses agents*[69]. L'on y découvre, non moins racoleuse, une *Tactique du cabinet de St James dévoilée, ou soliloques de M. Pitt, avec un commentaire non moins curieux sur le texte.*

Les « soliloques » de cette dernière brochure nous présentent un Pitt dont le caractère abject a dépassé en noirceur celui des pires monstres de l'Histoire : « République, je te hais depuis que ce Washington retourna toute notre Amérique comme un gant. Quand je songe que ce fut un roi, et un roi de France qui soutint des sujets révoltés contre un roi aussi légitime que notre bon Georges [...] On ne connaît pas encore toutes mes ressources. On en verra de belles à la fin du dix-huitième siècle ! » s'écrie le malade mental de Downing Street avant d'annoncer à Louis XVI le sort qui l'attend : « Le traître roi qui tendit la main à nos sujets d'Amérique expiera sur un échafaud dressé par nos invisibles mains ce forfait antiroyal[70]. »

Le complot philosophique fait une apparition remarquée dans les propos du ministre, qui n'hésita pas, nous dit le commentateur de ses soliloques, de stipendier en France des « souffleurs » propageant la doctrine selon laquelle « Dieu n'exista jamais, [...] les religions sont des impostures, [...] les prêtres sont des fanatiques à gages, des hâbleurs et des paresseux[71] ». Pitt se félicite d'avoir « sous la main les gazetiers, les journalistes, les paragraphistes, tous prêts à salir du papier ». Jour après jour, il envoie ses consignes à « ces *wasps* bourdonnants » aussi faciles « à acheter qu'un parlement anglais ». Rien ne vaut en effet quelques écrits subversifs bien troussés pour injecter dans le corps politique et social le venin mortel de l'athéisme et de l'anarchie : « Avec des paragraphes et des pamphlets, on fait tant de choses ! »[72]

Et de bien horribles choses car, révèle le commentateur, la Terreur, loin d'avoir été une décision prise en toute indépendance par les hommes de la Convention, a en réalité été décidée à Londres par un individu qui « imita tout ce qu'avait fait de plus atroce le barbare Henri VIII, ce prince pour le moins aussi sanguinaire que Constantin*, Pierre le Cruel, Philippe II et le duc d'Albe[73] ». Pour résumer ces soliloques de la folie homicide, c'est bel et bien le 6 février 1778, date du traité franco-américain, et non le 17 septembre 1793, jour du vote de la loi des suspects, que s'est mise en branle, dans le plus grand silence et le plus grand secret, la machine exterminatrice.

---

* Manifestement mal à l'aise avec l'histoire de l'Antiquité tardive, l'auteur semble avoir confondu l'empereur qui se convertit au christianisme avec Dioclétien, persécuteur des chrétiens.

Galart de Montjoie, qu'on a connu bien plus fantasque et outrancier sur d'autres sujets, se montre plutôt circonspect lorsqu'il aborde le rôle du gouvernement britannique sur le cours de la Révolution. Son *Histoire de la conjuration de Louis-Philippe-Joseph d'Orléans* disculpe en partie l'Angleterre. Certes, il ne fait guère de doute que « cette nation avait à se venger d'une injure récente[74] » et qu'elle brûlait de passer à l'acte. Il n'en reste pas moins que sa vengeance, car vengeance il y eut, fut provoquée par un facteur étranger : l'arrivée en 1788 sur le sol anglais des émissaires du duc d'Orléans chargés d'y préparer le pandémonium de l'« année sans pareille ».

Quand Montjoie fait paraître en 1796 ses trois tomes consacrés aux menées occultes du cousin de Louis XVI, beaucoup d'encre et beaucoup de salive ont été dépensées à dénoncer les projets criminels du premier prince du sang. Tant dans le camp royaliste que chez les patriotes, Orléans, tel un Leonard Zelig des temps révolutionnaires, semble avoir eu le don de se trouver au moment opportun dans le bon complot. Que ce soit chez Ferrand, qui en fait le complice de Necker et de La Fayette, chez Barruel, qui le place au centre de sa conjuration maçonnique, chez Robespierre, qui l'accuse d'avoir conspiré avec les encyclopédistes pour abattre la religion, chez Desmoulins, qui l'associe au complot des Brissotins, ou encore chez le ministre Montmorin, qui envoie le conspirateur présumé en Angleterre pour y découvrir ses complices, les faits et gestes de Louis Philippe Joseph, des commencements de la Révolution à sa mort sur l'échafaud, n'ont cessé d'entretenir les fantasmes.

Le titre que Montjoie a donné à son livre doit être corrigé. La lecture du millier de pages – encore un roman-fleuve ! – de cette histoire souterraine de la Révolution révèle en effet qu'il n'y eut point *une* conjuration du duc d'Orléans, mais une quantité pour ainsi dire infinie de complots organisés sous son égide. De l'Assemblée des notables de 1787 jusqu'au 21 janvier 1793, Orléans, aidé par ses complices Ducrest, Laclos et Brissot, n'a caressé qu'un seul objectif : abattre son cousin pour ceindre la couronne.

Tout a commencé au début de l'année 1787, lors de la réunion de la première Assemblée des notables convoquée pour approuver le train de réformes financières et administratives du contrôleur général des Finances Calonne : « On commença à tenir dans le palais du duc d'Orléans [*le Palais-Royal*] des conciliabules nocturnes[75]. » Dès le printemps, une machine d'une efficacité redoutable s'est mise en marche : « Les conjurés du Palais-Royal mirent tout en œuvre pour donner la plus grande force au mouvement inquiet et aveugle qui entraînait presque tous les Français vers une grande innovation[76]. » Le grand atout du duc est, paradoxalement, sa piteuse notoriété. Personne ne le prend au sérieux, et c'est tant mieux pour les conjurés, qui peuvent œuvrer en toute quiétude : « La cour [...] avait [...] un profond mépris pour ce prince ; elle le croyait trop borné, trop abruti par la débauche, pour avoir même le talent de conjurer ; et quiconque dans ce temps-là, eût dit que le duc d'Orléans ambitionnait le trône, eût été éconduit comme un insensé[77]. »

Erreur fatale. Derrière le libertin au visage de chien triste se cache un homme déterminé : « Le duc d'Orléans [...] mettait à profit tous les événements[78]. » Parmi ceux-ci, retenons la catastrophe qui frappa une partie de la France presque un an jour pour jour avant la prise de la Bastille. En cette matinée du dimanche 13 juillet 1788, un orage d'une violence inouïe s'abat sur les pays de la Loire avant de se propager vers le nord jusqu'aux Pays-Bas autrichiens. Ensevelis sous des grêlons de la taille d'une petite balle, les champs de blé sont ravagés. Dès l'automne, le prix des grains commence sa montée vertigineuse.

Depuis l'automne précédent, quand il tint tête à Louis XVI pendant la séance royale du 19 novembre 1787, Louis Philippe Joseph s'est fait une place dans la vie politique qui le rapproche de celle, outre-Manche, du prince de Galles : celle de fédérateur des opposants au parti de la cour. L'orage du 13 juillet 1788 fut pour lui un magnifique don de l'enfer. Orléans résolut d'affamer les Français pour porter la fermentation politique, alors déjà bien amorcée, à son maximum. Il « acheta la presque totalité du blé que la dernière grêle avait épargné. Il en fit passer la plus grande partie en Angleterre [...] Ainsi, il trouvait dans cette opération l'avantage de disposer lui seul, et à son gré, de la subsistance du peuple ; et, en outre, de se procurer de l'argent nécessaire pour solder des légions de séditieux[79] ».

Pitt eut vent de cet avatar princier du complot de famine. Il laissa faire et même, il « donna de l'encouragement à une opération qui ne pouvait qu'être désavantageuse à sa rivale[80] ».

Une sorte d'accord tacite fut conclu entre le duc conspirateur et le cabinet de Whitehall, « qui n'a cessé de favoriser le parti d'Orléans[81] ». Ce fait présenté comme avéré nous éclaire sur la conduite du ministère britannique en juillet 1789, lorsqu'il affirma que l'état frumentaire de l'Angleterre l'empêchait d'accéder à la demande de blé de Necker. Mensonge scandaleux, s'exclame Montjoie, affirmant, au rebours des faits pourtant bien attestés, qu'« au mois de mai 1789, il était notoire dans toute l'Europe que la Grande-Bretagne regorgeait de grains [...]. Ce refus laissa la famine exercer ses ravages ; et de là naquirent l'insurrection du 14 juillet, les forfaits des 5 et 6 octobre[82] ».

Londres croyait manipuler facilement le gros nigaud. Le gouvernement de George III commit la même bévue que celui de Louis XVI. Car, pendant son séjour en Grande-Bretagne, Orléans s'employa à y propager la flamme révolutionnaire. Il noua des liens avec le radical Richard Price et le comte Stanhope, membres en vue de la Société de la révolution de 1688. Orléans, affirme Montjoie, transforma cette espèce de club qui, depuis un siècle, célébrait la Glorieuse Révolution en une « véritable société des Jacobins[83] ». Notre auteur prend ici le contre-pied de la vulgate conspirationniste. Loin d'avoir agi de concert avec l'Angleterre pour subvertir la France, Orléans se serait en réalité employé à révolutionner la Grande-Bretagne :

> Il s'attendait que lorsqu'il aurait pris la place de Louis XVI, tous les rois, et principalement ceux de la maison de Bourbon, regarderaient la cause du roi détrôné comme la leur. Il entrait donc dans ses desseins, qu'au moment où ils voudraient déclarer la guerre à l'usurpateur, ils fussent arrêtés chez eux par des soulèvements populaires. Une partie de son argent et de ses efforts tendirent à allumer cette insurrection générale. Je n'entrerai point dans les détails de cette étonnante conspiration. Je dirais seulement qu'il ne réussit point mal en Angleterre[84].

Le cabinet britannique pensait faire du prince l'instrument docile de ses projets contre la France. Il vit trop tard dans quel guêpier il s'était fourré. Montjoie est formel : l'apparition en 1792 des innombrables sociétés populaires en Grande-Bretagne ne fut nullement spontanée. La radicalisation du climat politique insulaire dut tout aux manœuvres du cousin du roi des Français, qui sentait que le trône, à mesure que passaient les jours, était de plus en plus à sa portée.

Soulavie, ou le complotisme triangulaire

La Révolution française n'attendit pas longtemps ses historiens. L'un des premiers, si ce n'est le tout premier, fut le dramaturge et poète Louis Abel Beffroy de Reigny, qui, en plein cœur de l'été 1789, s'empressa de rendre publique une *Histoire de France pendant trois mois, ou Relation exacte, impartiale et suivie des événements qui ont eu lieu à Paris, à Versailles et dans les provinces depuis le 15 mai jusqu'au 15 août 1789.* Ce n'est cependant qu'après Thermidor, quand s'achève la phase la plus intense de la Révolution, que commencent à voir le jour des ouvrages tentant de se dégager de l'écume des faits et de l'anecdote pour livrer au public une analyse plus approfondie. En témoignent à leur manière les histoires-fleuves de Galart de Montjoie et de l'abbé Barruel, qui tentent de saisir les causes du grand bouleversement et d'en comprendre le déroulement en faisant largement usage de documents présentés comme authentiques.

La question de l'authenticité des sources est consubstantielle à l'œuvre très originale de Jean-Louis Soulavie. Né le 8 juillet 1752 à Largentière dans le Vivarais, l'abbé Soulavie s'est d'abord fait connaître dans les milieux lettrés et savants des dernières années de l'Ancien Régime par ses recherches minéralogiques. L'homme sait frapper aux bonnes portes. On se souvient de la lettre que Soulavie envoya en 1782 au comte de Vergennes pour le mettre en garde contre les projets de l'Angleterre. Ce fils d'un petit officier de justice de province a, de toute évidence, de l'ambition. Beaucoup d'ambition. Très tôt, il fréquente les cercles éclairés. On le voit chez Turgot et chez Condorcet. Benjamin Franklin apprécie sa compagnie. Puis, le voici reçu par les puissants. Grands seigneurs, les ducs de Luynes et de Richelieu l'autorisent à fouiller dans leurs archives pour y recueillir les pièces dont il a besoin pour ses travaux historiques. Et, soudain, celui qui faisait figure d'étoile montante dans le monde des lettres et des sciences, change radicalement de visage. Ayant réussi à mettre la main sur une quantité de pièces archivistiques, Soulavie oublie son projet initial d'une histoire du XVIIIe siècle pour devenir, selon les mots de l'érudit Alfred de Boilisle, qui ne l'aimait vraiment pas, un misérable « spéculateur [*qui*] va gaspiller, prostituer les trésors confiés à ses mains infidèles[85] ».

Bientôt sortent des presses de prétendus Mémoires, les uns tronqués, remaniés et réassemblés, comme les extraits des Mémoires du duc de Saint-Simon édités avant la Révolution, les autres carrément apocryphes, tels les prétendus Mémoires du maréchal de Richelieu dont les quatre premiers volumes parus en 1790 brossent un portrait repoussant de la cour et de l'ancienne société. L'ouvrage ayant été bien reçu par le public, Soulavie se remet promptement à la tâche. En l'espace de quelques mois, paraissent coup sur coup les Mémoires apocryphes du duc d'Aiguillon, ceux du comte de Maurepas, puis – on pouvait s'y attendre tant le sujet était porteur – ceux de la marquise de Pompadour.

Survient le 10 août. Soulavie, qui est alors en excellents termes avec la gauche de la Montagne, notamment avec Collot d'Herbois, est chargé de faire l'inventaire des papiers de Louis XVI. On imagine la joie ressentie par notre fabricant de documents authentiques devant cette masse d'archives qui ne demandait qu'à être livrée au public. Comme le souligne Arnaud de Maurepas, auteur d'une étude sur cet homme de lettres sortant des sentiers battus, Soulavie regarde les sources qu'il amasse, et qui, sans sa vigilance, auraient peut-être disparu à tout jamais, comme un monument de l'Histoire de France qu'il importe de préserver : « Il veut donner ainsi à l'ensemble une valeur unique, insistant sur le nombre et surtout sur l'importance des pièces qui le constituent. Quant à ses propres œuvres, ou du moins ce qu'il appelle ses publications, il les intègre dans ce monument[86]. »

L'intégration d'une analyse historique personnelle dans le monument archivistique préservé par notre auteur a produit un ouvrage qui impressionne par sa taille et son ambition. En 1801, paraissent en six gros volumes rassemblant près de 2 500 pages les *Mémoires historiques et politiques du règne de Louis XVI, depuis son mariage jusqu'à sa mort*. Incroyable noircisseur de pages devant l'Éternel, le pauvre Barruel a trouvé plus prolixe que lui. Et il a d'ailleurs été aussi surclassé en qualité. Par la variété de leur contenu, l'originalité de leurs analyses, et, surtout, l'importance des documents qui y figurent, les *Mémoires historiques* méritent toujours aujourd'hui notre attention.

À l'instar de son compatriote vivarois, l'historien assure que le moindre argument qu'il avance est fondé sur des pièces incontestables. C'est, du reste, ce qu'annonce non sans quelque fierté le sous-titre : « Ouvrage composé sur des pièces authentiques fournies à l'auteur, avant la révolution, par plusieurs ministres et hommes d'État ; et sur les pièces justificatives recueillies après le 10 août dans les cabinets de Louis XVI, à Versailles et au château des Tuileries ».

Bien que le monument archivistique qui a servi à la composition de cette histoire ait été perdu après la mort de Soulavie en 1813[87], les documents que l'on découvre dans les *Mémoires du règne de Louis XVI* ne seraient pas le fruit de l'imagination d'un faussaire. C'est en tout cas ce qu'estimait Arnaud de Maurepas, dont l'étude fait autorité[88]. Si ces pièces sont probablement authentiques, reste l'usage qu'en a fait notre historien. Un usage, on le verra, très orienté.

Ces épais volumes nous offrent une théorie du complot sophistiquée mettant en scène une chorégraphie triangulaire dont les sommets sont l'Angleterre, la république de Genève et la France. Rien d'étonnant à ce que Soulavie dirige les projecteurs sur les menées secrètes de la cour de Londres. Cette crainte, chez lui, ne date pas d'hier. Voici les propos qu'il aurait tenus à Benjamin Franklin : « Il est certain que la France et l'Angleterre, depuis des siècles, n'ont pas signé de traités de paix, mais des trêves. [...] En pleine paix, la France faisait une guerre effective et secrète à l'Angleterre, en soutenant en secret les Insurgents ; et l'Angleterre, depuis des siècles, nous en faisait une en soulevant les protestants qu'elle voulait rendre républicains et indépendants sur les hautes montagnes des Cévennes et du Vivarais, mon pays[89]. »

Albion ne se contente pas de souffler sur les braises mal éteintes de la révolte des Camisards. Elle est également la centrale d'une entreprise de subversion visant la religion et la monarchie. C'est toujours devant Franklin que Soulavie aurait déclaré : « L'Angleterre, suivant les diplomates les plus instruits, est l'âme, l'alliée naturelle de nos philosophes, et elle entretient un parti par le moyen duquel elle punit quiconque ose en France la contrarier dans ses vues et dans ses plans. Elle pousse le fanatisme de ses intérêts et de son patriotisme au point de perdre, quand elle le peut, tout Français qui a des sentiments de dévouement au roi quand ce sentiment lui porte quelque préjudice[90]. »

Ces mots auraient été prononcés en 1782. À cette date, l'Amérique était définitivement perdue pour l'Angleterre, et, bientôt, George III allait nommer à Downing Street « un jeune homme âgé de 23 ans, né pour être le fléau de la France et de sa patrie. Je parle de Guillaume Pitt, fils du comte de Chatham, élevé par son père [...] dans une haine contre les Français que rien, dit-on, ne sera jamais capable d'apaiser[91] ».

Et, tout naturellement, avec Pitt aux affaires, les choses ne tardèrent pas à se précipiter. Derrière le masque placide qu'il présentait au monde extérieur, le Premier ministre brûlait d'entrer en guerre contre la France. C'est la raison pour laquelle il s'efforça, dès les premiers troubles, de les entretenir par ses agents, qui avaient pour autre mission de convaincre les révolutionnaires de révoquer l'alliance conclue en 1756 avec la maison d'Autriche : « Marie-Antoinette, dans les plus beaux jours du règne de Louis XVI, était [...] un obstacle à tous les projets hostiles de l'Angleterre contre la France[92]. » Sensible aux variations de l'opinion, le cabinet de Londres ne cessa de stipendier les faiseurs de brochures et de chansons pour salir la réputation de cette princesse[93]. Le traité de 1756 est « une des causes de la révolution. C'est contre ce traité et ses partisans que l'Angleterre l'a dirigée[94] ».

Cette révolution est le produit d'une double vengeance. À l'Angleterre, il faut adjoindre le sentiment non moins vif contre le roi de France émanant de la petite diaspora genevoise établie à Paris, dont la révolution de 1782 avait été réprimée par les troupes françaises. C'est en 1783, écrit Soulavie, que les bannis « profèrent l'horrible serment (si je puis en croire à un observateur qui les a vus à Paris en détail), de se venger de leur patrie, de la France, de la Suisse et du Piémont[95] », puissances qui, par leur intervention militaire à Genève, ont mis fin à la révolution du printemps 1782. Où sont donc allés aussitôt ces conjurés, ces Du Roveray, d'Ivernois et autres Clavière ? Mais en Angleterre pardi ! Arrive 1789, et, comme par hasard, voici nos Genevois aux avant-postes à Versailles et à Paris. Reprenant les accusations qui ont alors circulé, Soulavie voit en Du Roveray l'agent le plus actif de Pitt auprès de l'Assemblée nationale : « Du Roveray pensionnaire de George III, collègue de lord Grenville pour l'administration du subside anglais, distribuait aux députés bretons et autres du parti anglais des billets préparatoires des premières opérations erronées et désastreuses de cette chambre, d'où sont venus tous les malheurs ultérieurs de la France[96]. »

À l'époque où il écrit ces lignes, Soulavie est totalement revenu de l'enthousiasme qu'il manifestait jadis pour la Révolution. L'ami de Collot d'Herbois a cédé la place à un écrivain partisan de l'ordre établi, ou plutôt rétabli par le Premier Consul. Il n'éprouve néanmoins aucune nostalgie pour l'Ancien Régime : « Les éléments en sont détruits ; ils n'ont plus de vie [...]. Nos mœurs ne sont plus celles de la France monarchique et religieuse, mais celle de la France révolutionnaire. Ce qui était abaissé est de niveau. Ce qui était élevé a été précipité. La hiérarchie sociale n'existe plus[97]. » Il est vrai qu'il a été un des bénéficiaires de cette espèce de fin du monde, lui qui fit l'acquisition d'un bien national plutôt coquet, l'hôtel Montboissier situé rue de Verneuil[98]. Au fond, notre auteur n'avait pas trop à se plaindre de Pitt et des Genevois.

Barruellisme à la sauce anglaise

Tandis que Soulavie prend ses quartiers à Saint-Germain-des-Prés, un ancien conventionnel met la dernière main à un ouvrage presque aussi ambitieux que les *Mémoires du règne de Louis XVI*. Membre du Tribunat, Louis Portiez de l'Oise semble avoir montré quelques talents de compilateur. En 1802, il a publié un *Code diplomatique* en quatre volumes rassemblant les traités conclus entre 1792 et la paix d'Amiens de 1802. Quelques mois plus tard, sort des presses un livre dont le titre ne laisse aucune ombre sur son contenu et sur la démarche de son auteur : *Influence du gouvernement anglais sur la Révolution française, démontrée par les discussions du Parlement d'Angleterre, les négociations du ministère britannique et les démarches de ses agents auprès des puissances étrangères*. L'heure de la grande synthèse a sonné. Le complot britannique a trouvé son Barruel.

C'est très certainement en feuilletant les *Mémoires pour servir à l'histoire du jacobinisme* que Portiez eut l'idée de son livre. Il y a sans doute mesuré l'effet que pouvait produire l'amoncellement d'une infinité de pièces à conviction. C'est en digne disciple de l'abbé qu'il présente sa démarche : « Si chacun des faits consignés dans cet écrit, considéré isolément, fait déjà naître des doutes, leur série non interrompue décèle un système suivi avec constance à toutes les époques et dans tous les pays, et finit par opérer la conviction dans l'esprit des plus incrédules[99]. »

Héritier de quinze années de soupçons sur la main cachée de l'Angleterre et de plus d'une décennie de diabolisation de la figure de Pitt, le livre de Portiez arrive à point nommé tandis qu'ont repris les hostilités avec la Grande-Bretagne et que s'apprête à revenir au pouvoir le vieil ennemi de la France*. Tirées des débats parlementaires et des documents diplomatiques, puis tronquées, déformées et sorties de leur contexte, les citations qui couvrent l'épais volume sont un petit chef-d'œuvre de désinformation. Car l'effet produit sur le public non averti ne fait guère de doute. Rares sont alors les Français qui sont en mesure de comparer ces traductions avec les originaux anglais. Les *Mémoires pour servir à l'histoire du jacobinisme* ont fait frémir d'horreur tous ceux qui étaient attachés à l'ancien ordre politique et religieux. L'*Influence du gouvernement anglais* laissera le lecteur sans voix devant tant de scélératesse et de machiavélisme.

Les *Mémoires pour servir à l'histoire du jacobinisme* s'ouvraient par la rencontre des quatre conjurés contre la religion. Les premières pages de l'*Influence du gouvernement anglais* font écho à cette scène en campant lord Chatham dictant sur son lit de mort ses ultimes recommandations au futur Premier ministre : « Il avait fait jurer à son fils [...] la perte de la France[100]. » À cette scène d'invention succèdent bientôt des faits que Portiez présente comme irréfutables. Barruel, à nouveau, guide sa plume. L'abbé se faisait gloire de présenter l'origine de ses citations. Portiez l'imite fidèlement, du moins dans son introduction, où chacune de ses assertions se trouve justifiée par une note renvoyant aux pages de l'ouvrage cité. Ce souci de crédibilité devient cependant

* La paix d'Amiens a été rompue en mai 1803. Pitt, qui a démissionné en mars 1801, reprend du service en mai 1804.

plus erratique à mesure que l'on avance dans le livre. L'on sera la plupart du temps bien en peine de trouver la référence exacte des traductions qui nous sont proposées.

Et pour cause. *Traduttore, traditore.* Dans le cas qui nous occupe, la trahison est consciente, intentionnelle. Portiez ne cesse de malmener le texte original pour le rendre conforme au message qu'il entend faire passer. Si l'on avait présenté aux intéressés la version française des mots qu'ils ont un jour prononcés ou écrits, ceux-ci auraient été effarés. Leurs propos ont été triturés à un point tel qu'ils en sont devenus méconnaissables. Ouvrons le livre. Placées en épigraphe, figurent les paroles que l'ancien Premier ministre lord Shelburne, devenu depuis marquis de Lansdowne, aurait prononcées à la Chambre haute le 17 février 1794. Lisons d'abord l'original qui figure au trentième volume de la *Parliamentary History of England*, le recueil des débats du Parlement britannique : « Je me souviens de paroles que prononça lord Chatham lorsque j'étais jeune. Il m'interrogea, à mon retour de France, sur la situation de ce pays et me dit ceci : "Lorsque j'étais moi-même à Dijon, j'ai vu, collé sur le mur, un ordre du roi. En tournant le coin de la rue, j'en ai vu un autre de la part du Parlement interdisant l'exécution de l'ordre du roi. Dès ce moment, j'ai été sûr que le gouvernement de la France ne pourrait durer[101]." »

Shelburne visita la France en 1771, au moment du coup d'autorité Maupeou qui brisa la résistance des Parlements. L'on comprend que Chatham l'ait interrogé à son retour et qu'il ait émis des doutes sur la pérennité du système politique. Sans doute espérait-il que la France se doterait d'un gouvernement peu ou prou à l'anglaise. Ou alors, à la lumière de la réforme Maupeou, qui paraissait avoir triomphé de l'opposition des robes rouges, craignait-il que la monarchie allât prendre un tour beaucoup plus autoritaire que le mode de gouvernement dont il avait aperçu les limites lors de son passage à Dijon*.

Les mots de Pitt l'Ancien ont paru assez significatifs pour que Portiez en fasse une pièce à conviction digne d'ouvrir son ouvrage. Il est vrai qu'en 1803, l'opinion française sait à quoi s'en tenir avec

---

* Ou peut-être à Besançon, ville où Pitt séjourna pendant plusieurs mois en 1733. Il se peut en effet que Lansdowne, rapportant ses paroles, ait confondu les deux villes.

Chatham. Quelques coups de ciseaux, quelques formules inventées de toutes pièces et voici l'extrait du discours de Lansdowne revu et corrigé placé en épigraphe. Magie de la propagande : Lansdowne, ce disciple de Chatham, n'a pas su tenir sa langue. Plus de doute n'est possible sur l'origine du cyclone politique. Qu'on en juge : « Le changement de gouvernement en France a été préparé depuis un grand laps d'années : c'était l'avis d'un des plus grands hommes d'État de l'Angleterre, lord Chatham, qui l'avait annoncé. (*Discours de Lansdowne à la Chambre des pairs, séance du 17 février 1794*)[102] »

Venons-en à présent au fils du « grand homme ». Sa retenue verbale gêne manifestement notre compilateur. Que tirer en effet de ses harangues d'où ressort, avant 1793, une prudente réserve, et, après la déclaration de guerre, une dénonciation en termes mesurés de la politique menée à Paris ? Pourquoi ne pas se tourner vers la prose, beaucoup plus volubile et véhémente, de ses adversaires ? Une lecture attentive montre que les arguments de l'opposition parlementaire viennent bien plus souvent en renfort de la thèse défendue que les propos ministériels. Par un habile tour de passe-passe, Portiez se sert d'une expression qui revient fréquemment chez Fox, Sheridan et leurs alliés lorsqu'ils dénoncent la politique de Pitt : celui-ci mènerait une « guerre d'extermination ». D'où tiennent-ils cette certitude ? D'un aveu de l'intéressé ? Les recueils des débats parlementaires montrent que le mot n'a jamais été prononcé par le Premier ministre, si ce n'est pour nier cette interprétation atroce des faits. Mais, pour Portiez, l'affaire est dans le sac. Si Fox et ses amis en sont convaincus[103], c'est que les objectifs secrets de la guerre vont bien plus loin que ce qu'affirme le Premier ministre.

Sur le fond, l'*Influence du gouvernement anglais* n'apporte rien de neuf. De l'affaire de Brest jusqu'à la reprise des hostilités après la courte paix d'Amiens, la main de l'Angleterre n'aurait cessé d'agir sur la Révolution. Car le complot, Portiez est formel, est 100 % britannique : « Pendant le cours de la révolution, j'ai cherché à découvrir en France le comité propagateur. Je ne l'ai trouvé nulle part ; mais j'ai trouvé partout les agents d'un gouvernement propagandiste. Et quel autre que le gouvernement britannique a salarié dans tous les temps et dans tous les pays des écrivains périodiques pour inoculer, sous toutes les formes, la doctrine anglaise appropriée à ses intérêts[104] ? »

Tous les moyens auraient été bons à Albion pour parvenir à ses fins, y compris, pourquoi pas, la mode. Et notre auteur-compilateur de fustiger un vice plutôt vieillot à l'époque où il écrit, celui de l'anglomanie :

> M. le duc de Dorset, ambassadeur d'Angleterre en France avant la révolution, était le chef de l'agence générale dans ce pays. Quelques pièces de marchandises précieuses présentées à des dames puissantes à la cour de France, et acceptées et portées par elles, introduisirent le goût et les modes anglaises [...]. Le ci-devant Palais-Royal était le chef-lieu du département anglais de France et l'atelier des modes anglaises [...]. Dans quel dessein ces habitudes anglaises, importées en France, y prenaient-elles une si grande consistance, et faisaient-elles tout à coup des progrès si rapides ? Le ministère britannique préparait-il les voies[105] ?

Je reviendrai dans un prochain chapitre sur l'*Influence du gouvernement anglais sur la révolution française*. Mais remarquons tout de suite un trait remarquable : il émane des lignes qu'on vient de lire un air de déjà-vu. L'on est revenu au temps de Louis XV quand les anglophobes s'indignaient de l'introduction en France d'us et coutumes venus d'outre-Manche. Hasard ? Non point. En 1803, la page révolutionnaire est en passe d'être tournée. Déjà, le Consulat est devenu une magistrature viagère. Un parfum de monarchie commence à monter autour de Bonaparte. Comme par enchantement, la propagande retrouve des marques remontant à un Ancien Régime qui n'est pas tout à fait mort.

SECONDE PARTIE

COMPLOTS IMAGINAIRES ET IMAGINAIRE POLITIQUE

« Quand il eut franchi le pont,
les fantômes vinrent à sa rencontre. »

Carton de la version française
de *Nosferatu, eine Symphonie des Grauens*
de Friedrich Wilhelm Murnau (1922).

Dans la liste des faux frères que Barruel vouait aux flammes éternelles de l'enfer pour avoir trempé dans la « conspiration des sophistes de l'impiété », figure en bonne place le nom d'André Morellet, « *théologien ou théologal* de l'*Encyclopédie*, [...] homme infiniment cher à d'Alembert et surtout à Voltaire, qui l'appelait *Mords-les*, parce que, sous prétexte de s'élever contre l'Inquisition, il avait mordu l'Église de toutes ses forces[1] ».

Ce portrait-charge est loin d'être inexact. La vie de l'abbé Morellet se présente en effet, du moins jusqu'en 1789, comme une *success story* largement redevable aux milieux éclairés. Le futur molosse anticlérical est né le 7 mars 1727 à Lyon dans une famille modeste. Marchand papetier peu fortuné, son père n'avait « guère les moyens de donner à ses enfants une éducation longue et coûteuse[2] ». Pour un garçon sans grandes ressources mais doué pour les études, s'ouvrait la carrière ecclésiastique dont le débouché pouvait être l'admission dans la république des lettres. C'est ce que nous relatent par le menu les Mémoires de Morellet[3].

Entré en 1741 au séminaire, Morellet est admis sept ans plus tard à la Sorbonne et s'y fait aussitôt deux amis appelés à jouer un grand rôle dans les affaires publiques : Anne Robert Jacques Turgot et Étienne Charles de Loménie de Brienne. La fréquentation de ces esprits déjà largement ouverts aux nouveautés stimule son intellect : « Je dévorais les livres [...] Et comme plusieurs de mes confrères apportaient dans ces études la même ardeur que moi, nos discussions étaient de nouveaux et puissants moyens d'instruction[4]. » Un philosophe est en train de naître.

Avant de quitter la Sorbonne en 1752, Morellet fait la connaissance du duo éditorial dont le « dictionnaire raisonné » défraie alors la chronique. Denis Diderot, « qui était bien pis qu'hérétique[5] », et Jean Le Rond d'Alembert deviennent ses interlocuteurs privilégiés : « Je n'avais avec eux aucune conversation d'où je ne rapportasse une nouvelle ardeur de savoir[6]. » Cette amitié naissante le conduit à participer à l'*Encyclopédie*, pour laquelle il rédige des articles qu'il qualifie de « fragments théologiques[7] ». Morellet, par l'entremise de Turgot, commence également à fréquenter le cercle de Vincent de Gournay, figure centrale de l'école économique prélibérale. L'abbé a trouvé sa raison d'être littéraire : ce sera le combat pour la liberté, qu'elle soit économique, religieuse ou, plus largement, d'opinion.

Sa notoriété dépasse maintenant les frontières. À Potsdam, Frédéric II le tient en haute estime. Benjamin Franklin devient son ami. Lord Shelburne, le brillant disciple de Pitt l'Ancien, l'accueille dans sa résidence de Bowood, où il côtoie le gratin de l'intelligentsia réformatrice britannique. De l'aveu de Shelburne, qui s'en tenait jusqu'ici aux principes traditionnels du mercantilisme, ses entretiens avec le Français avocat du « laissez faire, laissez passer » ont contribué à « libéraliser » sa conception de l'économie[8].

En juin 1785, c'est l'apothéose. Le fils du marchand papetier de Lyon fait son entrée à l'Académie française. Il prend place au fauteuil occupé précédemment par l'abbé Millot, un écrivain dont le parcours offre quelques similitudes avec le sien. Millot, ce provincial né à Ornans en 1726, qui, pour reprendre la formule attribuée à d'Alembert, n'a « de prêtre que l'habit[9] », appartient comme Morellet à la génération qui voit triompher les idées pour lesquelles celle de Voltaire et de Montesquieu a jadis tant bataillé. Mieux : cette génération, celle des Suard, Marmontel, Condorcet et La Harpe, est en train d'investir des secteurs clés de la vie culturelle et politique. Interlocuteur de Turgot, de Vergennes, puis, à la fin de l'Ancien Régime, de son vieil ami Loménie de Brienne, Morellet se réjouit des changements au sommet de l'État. Nul doute qu'une révolution s'est amorcée en douceur.

Les années passent, et avec elles viennent d'autres douceurs. Morellet devient « titulaire et possesseur d'un fort bon bénéfice[10] », le prieuré de Thimert, près de Chartres, joli domaine rapportant 16 000 livres de rente. Grâce à ce bénéfice ecclésiastique qui s'ajoute à plusieurs pensions et gratifications, l'abbé jouit désormais d'un confortable revenu annuel de 30 000 livres[11]. Nous sommes en juin 1788. Tout va pour le mieux dans le meilleur des mondes.

Quelques mois plus tard, c'est la catastrophe. Avec la nationalisation des biens du clergé, les revenus de Thimert partent en fumée. La perte n'est pas seulement financière. Morellet ne se consolera jamais de la vente de sa douillette thébaïde : « Cette séparation me fit une impression si déchirante que la plaie me saigne encore toutes les fois que mes souvenirs me reportent à ce triste moment[12]. » Avec la Révolution, c'en est aussi fini de la vie culturelle et mondaine de l'Ancien Régime. Les uns après les autres, les salons périclitent et ferment leurs rideaux. Ceux qui subsistent, comme la Société d'Auteuil de Mme Helvétius, où Morellet avait ses entrées, cautionnent les temps nouveaux. L'abbé sent qu'il y est désormais *persona non grata* : « C'est ainsi que s'est rompue une liaison de plus de trente années[13]. » Enfin, drame ultime pour l'écrivain, le 8 août 1793, la Convention décrète la suppression de toutes les académies. Le vieux philosophe, qui, au même moment, a maille à partir avec les sans-culottes de la capitale et qui échappe de peu au couperet de la guillotine, n'a plus d'autre ressource que de verser des larmes amères sur un monde où il n'a plus sa place[14].

Comme tous les écrits du for privé composés après 1789, les Mémoires de Morellet sont d'un bout à l'autre hantés par le spectre de la Révolution. Dans le récit des années heureuses de l'Ancien Régime, le beau ciel bleu brossé par notre auteur voit fréquemment poindre quelques nuages annonciateurs de la tempête qui se prépare. Lisons, par exemple, la rencontre de Morellet en 1748 avec ses condisciples de la Sorbonne. Arrivé au portrait de Loménie de Brienne, mort en prison pendant la Terreur, il ne peut s'empêcher de préciser que l'homme qui devint son ami a été « depuis si connu par sa fortune et ses malheurs[15] ». Chaque étape de la vie de Morellet se voit ainsi régulièrement happée, l'espace de quelques lignes, par le monde à l'envers qui attend le mémorialiste.

Morellet l'avoue avec franchise : il fut victime d'une illusion. Le ciel serein de son petit jardin d'Éden était en réalité un ciel de carton-pâte, et un œil plus sagace que le sien aurait deviné derrière ses couleurs agréables les horreurs qui s'apprêtaient à fondre sur les participants de cette partie de campagne à la Fragonard.

Ce récit en forme de tapis roulant entraînant dans sa course les écrivains et les politiques vers l'abîme de la Révolution aurait très bien pu déboucher sur une analyse rétrospective analogue à celle des théoriciens du complot. Mais Morellet n'est pas Barruel. L'origine de la Révolution n'a absolument rien de secret. Sous l'Ancien Régime, il rêvait d'une réforme établissant une monarchie tempérée par un « corps de représentants de chaque province, pris parmi les membres des administrations provinciales et toujours parmi les propriétaires [...] interprètes fidèles des besoins des peuples et [...] défenseurs de leurs droits[16] ». Si cette révolution bien modérée au regard de la table rase de 1789 n'a pu aboutir, ce n'est pas à cause de forces maléfiques tapies dans l'ombre mais, plus prosaïquement, en raison des « fautes du gouvernement » qui, tandis que la fermentation grossissait, « furent alors si nombreuses »[17].

Non seulement nous nous trouvons aux antipodes de la démarche paranoïaque des complotistes, mais Morellet, qui ne pouvait ignorer la prose de ces derniers, met également en garde son lecteur. Que celui-ci veille sans relâche à ne pas sombrer dans la paresse intellectuelle :

> Ici, il faut se défendre du sophisme *post hoc, ergo propter hoc** ; et c'est celui des esprits routiniers qui prononcent après coup que le doublement du Tiers conduisait nécessairement à la destruction du clergé et de la noblesse, à l'anéantissement de l'autorité royale, enfin à tous les excès ; car leur grand argument est que ces excès ont été commis. Mais en raisonnant ainsi, on oublie ou l'on feint d'oublier que ces funestes effets pouvaient être prévenus par un gouvernement ferme et sage et que, si on ne les a pas arrêtés, c'est parce qu'on a commis des fautes grossières, impardonnables et décisives[18].

Personne n'est à l'abri de la tentation des élucidations fondées sur des liens de causalité douteux. Notre vieux philosophe s'adresse aux Français qui, plutôt que de regarder en face une réalité qui les désole, ont « feint d'oublier » ses traits les plus mortifiants. Non, la Révolution n'est pas née, comme le prétend le camp aristocrate, de l'excessive complaisance du pouvoir envers

* *Post hoc, ergo propter hoc* : après cela, donc à cause de cela.

le tiers état. Non, la Révolution ne s'est pas mise en branle par l'action souterraine de conjurés, qu'ils fussent philosophes, protestants, francs-maçons, illuminés ou sujets de Sa Majesté britannique. Et Morellet de brosser le portrait-robot d'un individu qui, à ce stade de l'exposé, nous est familier :

> Il est aisé d'être prophète après coup, et je n'hésite pas à dire que c'est là le seul don que je reconnaisse dans ceux qui, ne pouvant opposer à notre opinion la raison et la vérité, la combattent par des faits indépendants de cette opinion. Gardons-nous bien de prendre pour sagacité et prévoyance ce qui n'est que crainte et pusillanimité.
>
> Celui qui craint tout, prévoit tout : l'imagination de l'homme effrayé parcourt le champ vaste des possibilités, et, à force de terreurs, il est assuré de ne voir rien arriver qu'il n'ait annoncé d'avance et qui ne l'ait fait trembler[19].

Ces Français qui fuient la « raison », ces Français qui tournent le dos à la « vérité » pour épouser des théories qui les rassurent, ces Français qui, à chaque étape de la Révolution, se sont exclamés « Je vous l'avais bien dit », ces Cassandre de l'« après-coup », nous les avons vus à l'œuvre dans la première partie de ce livre. Dans la psychologie du complotiste, comme l'a souligné l'historien et essayiste Richard Hofstadter[20], la peur tient en effet une place éminente. Objet historique dont Jean Delumeau, dans un livre magistral[21], nous a dévoilé les mille et un visages, la peur ne peut s'appréhender que sur la longue durée, celle des hantises, des craintes immémoriales. Et, tout naturellement, cette composante essentielle du complotisme révolutionnaire dirige notre regard vers un amont situé dans les couches épaisses et profondes de l'outillage mental de l'Ancien Régime.

Il y a cent ans, un ancien combattant de la Grande Guerre nommé Marc Bloch livrait ses réflexions sur un phénomène de « psychologie sociale », c'étaient ses mots, qui l'avait profondément intrigué : les fausses nouvelles de guerre qui, dès août 1914, commencèrent à circuler dans le pays. Pour comprendre l'origine de ces bruits, de ces rumeurs qui, par une étrange alchimie, sont devenus, aux yeux de certains, des faits irréfutables, il faut, expliquait l'auteur des *Rois thaumaturges*, plonger la tête la première dans l'univers culturel, politique, social et mental qui les a vus naître : « L'erreur ne se propage, ne s'amplifie, ne vit enfin qu'à une condition : trouver dans la société où elle se répand un bouillon de culture favorable[22]. »

Chapitre 4

Et si c'était vrai ?

Il n'y a pas de fumée sans feu, nous apprend le proverbe. Et tel est l'avis de ceux qui, sans verser nécessairement dans le complotisme le plus débridé, éprouvent néanmoins des doutes devant la version des faits que leur proposent les autorités, les médias ou les analyses historiques. Faire l'histoire du conspirationnisme en balayant d'un revers de main méprisant ce type de réaction me paraît inconcevable. Une telle attitude procéderait d'une logique en tout point analogue à celle qui guide la plume des théoriciens du complot qui se refusent à considérer les arguments différents de leur thèse. Commençons donc notre exploration de l'imaginaire politique du siècle des Lumières en examinant une à une ce que beaucoup de contemporains regardaient comme les preuves irréfutables de l'existence des conspirations.

De la sincérité en terre complotiste

Révolutionnaires ou royalistes, nos complotistes, dans leur grande majorité, étaient tout sauf des idiots encroûtés dans leur stupidité ou des fous prisonniers de leurs fantasmes. Qu'ils aient été la proie de la passion, que cette passion les ait portés à grossir parfois démesurément le trait et que leur dénonciation des menées secrètes, comme on l'a déjà suggéré dans les pages qui précèdent, n'ait pas toujours été exempte d'arrière-pensées, tout le monde en conviendra. Doit-on pour autant aller jusqu'à conclure qu'ils n'étaient pas sincères ? Que, scandaleusement cyniques, ils ne cessèrent de présenter au public des vérités auxquelles ils n'ont jamais cru ? Je ne le crois pas.

Il va de soi que le complotisme de l'époque révolutionnaire a compté dans ses rangs quelques recrues douteuses. Parmi ces moutons noirs, retenons Sénac de Meilhan, qui accusait Jacques Necker d'avoir été l'âme d'une conspiration associant les encyclopédistes et les protestants. L'auteur de *L'Émigré* croyait-il à son mensonge ? Cela me semblerait étonnant. Comme le rappelle son biographe Louis Legrand, Sénac, après la disgrâce de Turgot, ambitionnait le contrôle général des Finances. Il fut profondément peiné d'apprendre que la place avait été offerte à Necker. Dès lors, « il se regarda comme spolié de son bien et voua une haine mortelle à son rival[1] ». Tout indique que son essai *Des principes et des causes de la révolution en France* était destiné à salir la mémoire du ministre qu'il exécrait. Compte tenu de la frénésie complotiste qui animait les esprits en 1790, date de la rédaction de l'ouvrage, associer Necker à une conspiration contre le régime se pliait à l'air du temps. Sénac, du reste, éprouve souvent du mal à dissimuler son manque de sincérité. Comment le prendre au sérieux lorsqu'il fait la vierge effarouchée à la vue de la Du Barry, « une femme qui connaissait tous les raffinements de la volupté et qui réveillait ses sens [*ceux de Louis XV*] et ses esprits par l'art et même le langage de la débauche[2] », lui qui avait été l'auteur de plusieurs productions aux titres aussi évocateurs que *La Foutro-Manie, poème lubrique en six chants* ?

C'est un être bien différent du libertin Sénac qu'on aborde avec le grave Portiez de l'Oise, auteur de la synthèse ultime en matière de conspirationnisme anglophobe, l'*Influence du gouvernement anglais sur la Révolution française*. Le livre, sorti quand a repris la guerre avec l'Angleterre, possède des visées propagandistes. Mieux, à sa lecture, l'on découvre une parenté flagrante avec les productions de la propagande française de la guerre de Sept Ans et de la guerre d'Amérique, qui s'appuyaient sur la même stratégie de persuasion publique consistant à donner la parole à l'ennemi en publiant des citations profondément remaniées et sorties de leur contexte. L'*Influence du gouvernement anglais sur la Révolution française* n'est en rien l'œuvre d'un Français, qui, révulsé devant les forfaits de l'Angleterre, aurait spontanément pris la plume pour épancher sa bile. C'est une pièce de circonstance qui exploite sans vergogne les passions antianglaises et l'expression complotiste qui lui était associée.

Le cas de Barruel mérite également d'être examiné car deux faits pourraient faire douter de la sincérité de l'abbé. Contrairement à Montjoie qui, pendant toute une décennie, tonna inlassablement contre les menées secrètes d'innombrables conjurés, la carrière d'Augustin Barruel comme dénonciateur de complots se montre singulièrement brève : elle se confond avec son *magnum opus* de 1797 et sa version abrégée[3] parue l'année suivante. Ce n'est pas tout. L'homme semble avoir prestement, et sans états d'âme, retourné sa veste. Le 19 fructidor an X (6 septembre 1802), il débarque à Calais. Quatre jours plus tard, il est de retour à Paris[4]. Certes, il n'est pas le seul royaliste ou révolutionnaire modéré à revenir en France après Brumaire. Le Concordat signé le 25 messidor an IX (15 juillet 1801) avec Rome a pesé d'un poids important dans sa décision. Barruel, sur ce chapitre, se conforme à l'attitude de la majorité des ecclésiastiques. En 1799, ils étaient environ 5 600 à s'être exilés en Angleterre. En novembre 1802, l'on n'en dénombre plus que 876[5]. Barruel, cependant, n'est pas un ecclésiastique ordinaire. C'est l'auteur des *Mémoires pour servir à l'histoire du jacobinisme*. Et cet auteur élit domicile dans une France dont bien des traits portent ostensiblement l'héritage de 1789, une France qui, de ce fait, conserve de nombreux restes de la monstrueuse conspiration jacobine dont il n'a eu de cesse de dénoncer la dangerosité et surtout la permanence. Bonaparte l'aurait-il escamotée par un coup de baguette consulaire ? Ou faut-il conclure que les quelque deux mille pages que Barruel a noircies n'étaient que le produit d'une gigantesque imposture ?

Même si les *Mémoires* ont constamment tendance à forcer le trait, à brandir naïvement comme pièces à conviction les plaisanteries anticléricales de Voltaire ou de Diderot, à extrapoler, amalgamer, voire produire des récits sortis en droite ligne de l'imagination de leur auteur, ce dernier ne paraît pourtant pas malhonnête. C'est, pris à son jeu de détective lancé sur les traces des conjurés, que Barruel s'est parfois fourvoyé dans des voies sans issue.

Lorsqu'il préparait son ouvrage dans son refuge londonien d'Edgware Road, Barruel était sincère. Une fois le livre achevé, il vit cependant que d'autres défis, plus urgents, se présentaient à lui. Et c'est ici que sa décision de revenir en France prend tout son sens. L'on aurait tort de regarder ce retour au bercail comme une forme de légitimation du régime consulaire. Plus que jamais, Barruel est persuadé de la présence du Mal dans la France post-révolutionnaire. « Considérez la France comme une grande mission[6] », écrit-il à son arrivée, renouant, d'une certaine façon, avec sa position lors de la Constitution civile du clergé. L'urgence, à présent, est de sauver les âmes de ses compatriotes en perdition.

Necker, inventeur de l'« opinion publique »

Est-ce vraiment nécessaire d'ouvrir le dossier du prétendu complot protestant ? Personne ne niera, bien sûr, que les réformés furent parmi les bénéficiaires des premières décisions de la Constituante, et au premier chef de la Déclaration des droits de l'homme et du citoyen. Doit-on pour autant voir ce texte fondateur et, plus largement, le bouleversement général de 1789, comme le fruit d'un vaste plan de subversion des « parpaillots » contre le pouvoir ? Un pouvoir, rappelons-le, qui s'était montré sensible à la cause de cette minorité religieuse, comme l'atteste l'édit de 1787 octroyant l'état civil aux réformés. La communauté protestante avait tout à gagner de l'attitude ostensiblement bienveillante du roi à son endroit. Si les théories du complot qui la concernent, on le verra plus tard, méritent d'être replacées dans la longue durée du siècle qui précède 1789, aucune infime parcelle de preuve ne vient les étayer. Il n'est pas téméraire d'affirmer qu'il en sera toujours ainsi. Le complot protestant est un mythe.

Le personnage qui était regardé comme son grand ordonnateur mérite toutefois un examen attentif. Revient sous la plume des accusateurs l'image d'un Necker dont l'ambition démesurée l'aurait conduit à préparer la Révolution en manipulant l'opinion à son profit. Écrivant à Louis XVI le 3 mai 1781, le comte de Vergennes a bien compris les ressorts de l'appel au public lancé par Necker avec son *Compte rendu* qui dévoilait le budget de l'État : « On assure que vingt mille exemplaires du compte rendu sont répandus en ce moment », s'alarme-t-il, avant d'accuser Necker de vouloir modifier la constitution monarchique en s'inspirant de « l'exemple de l'Angleterre, qui publie ses comptes ». Venant « d'un *étranger*, d'un *républicain* et d'un *protestant* », ce projet, aux yeux de Vergennes, n'a rien de surprenant. Mais, insiste-t-il, cette stratégie d'appel aux Français met en péril le régime : « Son application à la France est une injure faite au caractère national, qui est [...] tout dévoué à ses rois[7]. »

La nouveauté de la conduite du ministre genevois est à vrai dire relative. Vingt ans plus tôt, le duc de Choiseul gouverna déjà de cette manière lors de sa campagne d'information consécutive à l'échec des pourparlers de paix avec l'Angleterre[8]. Necker a cependant plus conscience que son devancier de l'importance grandissante de l'entité qu'on appelait jusqu'ici « le public » et que lui, Necker, désigne par un semi-néologisme qu'il a emprunté entre autres à Voltaire : l'« opinion publique ».

Chez le vieillard de Ferney, l'expression conservait une profonde ambivalence. L'opinion était tantôt regardée de manière positive, lorsqu'elle se montrait le reflet d'une pensée rationnelle, mais, la plupart du temps, cette « opinion publique », synonyme de superstition, d'obscurantisme et d'ignorance, était considérée comme une des composantes de l'Infâme : « On la nomme la *reine du monde* ; elle l'est si bien que, quand la raison vient la combattre, la raison est condamnée à mort[9] », soupire Arouet. Rien de tel chez Necker. Prenant le contre-pied de Voltaire, le directeur général des Finances défend une conception foncièrement originale de la constitution du royaume, faisant de la France une monarchie tempérée non point par les corps intermédiaires, comme l'estimait Montesquieu, mais par l'opinion publique :

> La véritable balance du pouvoir suprême en France [...] était tout entière dans l'autorité de l'opinion publique ; autorité dont la force s'était accrue avec le progrès des lumières et de l'esprit de sociabilité. Aussi, quand on veut présenter sous son plus bel aspect l'ancien gouvernement français, [...] il faut le montrer [...] environné de cette opinion publique qui, sans loi écrite, sans aucune supériorité légale, servit de modérateur à tous les genres d'excès, et rendit à la nation de si grands services[10].

Fort de cette lecture constitutionnelle et culturelle des rouages politiques de la France du XVIIIe siècle, Necker s'efforça de mettre sur pied sa politique financière en s'appuyant en permanence sur cette « puissance invisible, qui, sans trésor, sans gardes et sans armée, donne des lois à la ville, à la cour, et jusque dans le palais des rois[11] ». Cette conception très neuve du gouvernement donne tout son sens au *Compte rendu* de 1781. Regardé par ses adversaires comme l'œuvre d'un vulgaire démagogue, le livre de Necker s'adresse en toute logique à la seule instance qui vaille en dessous du roi.

Les sophistes au banc des accusés

En reprenant en chœur le refrain de Gavroche, nous abordons une question qui a fait couler des Mississippi d'encre depuis deux siècles. D'Alexis de Tocqueville à Félix Rocquain, de Félix Rocquain à Daniel Mornet, de Daniel Mornet à Jonathan Israel en passant par Keith Michael Baker, Margaret Jacob, Roger Chartier et Robert Darnton, la liste des historiens qui ont blanchi sous le harnais des « origines intellectuelles » (Mornet) ou « culturelles » (Chartier) de la Révolution touche presque à l'infini. Bien que divergeant souvent dans leur analyse, nos clionautes se retrouvent néanmoins unanimes face à la question du complot philosophique : celui-ci relève de la légende.

Lisons ce qu'en pense Tocqueville, dont l'analyse, en dépit des ans, n'a rien perdu de sa pertinence : « Quant aux systèmes politiques de ces écrivains, ils variaient tellement entre eux que celui qui voudrait les concilier et en former une seule théorie de gouvernement ne viendrait jamais à bout d'un pareil travail[12]. » N'en déplaise à Barruel, le complot philosophique est un mythe. L'idée d'un « parti » philosophique, d'une « secte » de sophistes l'est tout autant. Tiraillée de manière incessante par les divergences de vues et par des tempéraments peu compatibles, et, plus encore, par l'orgueil de ses protagonistes, la philosophie des Lumières n'eut jamais la consistance, même apparente, d'un bloc de granit. Elle fut, de ses commencements à son crépuscule, l'image fidèle de la communauté tout entière des gens de plume. « République des lettres » ? Vous plaisantez, s'esclaffait en 1777 le *Journal français*, suggérant, et non sans raison, de parler plutôt de « l'anarchie des lettres[13] ».

De prime abord, rien ne paraît plus évident que de regarder 1789 comme l'héritière parfaitement légitime d'un pécule intellectuel minutieusement amassé un siècle durant. Si, par-dessus le marché, on se replonge dans les pages exaltées de l'*Esquisse d'un tableau historique des progrès de l'esprit humain* décrivant la conquête méthodique des esprits par la propagande philosophique, la cause serait entendue. Qu'importe, en somme, que la conspiration de l'impiété et de la république soit un mythe. Les origines de la France contemporaine, pour parler comme Hippolyte Taine, seraient indissociables du terreau intellectuel qu'ont préparé et entretenu les hommes de lettres et de science. Et c'est ce qui compte.

Sauf que cette admirable chaîne causale, dès qu'on l'examine de près, perd immédiatement de sa force persuasive. Posons d'abord la question dans toute sa simplicité : les philosophes des Lumières étaient-ils des révolutionnaires ? Ou, pour parler autrement, leur pensée avait-elle des potentialités révolutionnaires ? Examinée du haut de la colline de 1789, on l'a dit, tout paraîtrait l'indiquer. Mais, considérée en faisant abstraction du devenir du siècle, considérée en gommant le torrent événementiel qui prit sa source à partir de 1787, c'est une tout autre affaire. Avant cette date, une révolution tirant un trait sur mille ans d'histoire, faisant table rase de l'édifice politique, social, religieux et culturel, cadre immuable dans lequel vécurent pendant des siècles et des siècles les Français, une telle révolution était tout bonnement impensable, était tout bonnement inconcevable. Imaginer quelque chose s'apparentant au *world upside down* de 1789 relevait de l'utopie la plus délirante. Nos philosophes avaient beau passer leurs journées à philosopher, jamais ils n'auraient pu concevoir un seul instant pareille folie.

C'est ce qu'a bien observé Chateaubriand en commentant les mémoires adressés en 1780 à l'Académie de Lyon pour le concours qui portait sur la question suivante : « La découverte de l'Amérique a-t-elle été utile ou nuisible au genre humain ? » 1780 : nous sommes à quelques encablures de « l'année sans pareille ». Or, aucun auteur, relève Chateaubriand, n'a songé à chercher l'influence de la révolution américaine sur l'Europe. La raison ? Elle est à trouver dans l'imaginaire politique des Français, dont les repères sont restés ceux de leurs parents, ceux de leurs grands-parents, ceux de leurs arrière-grands-parents : « On ne voyait toujours que les anciennes monarchies, à peu près telles qu'elles étaient, la société stationnaire, l'esprit humain n'avançant ni ne reculant ; on n'avait pas la moindre idée de la révolution qui, dans l'espace de quarante années, s'est opérée dans les esprits[14]. »

Ce qui était hier est aujourd'hui et sera pour l'éternité. Certes, comme le souligne l'écrivain, une « révolution » était en marche dans les « esprits ». Et j'y reviendrai bientôt. Mais cette « révolution » intellectuelle, qui portait avec fierté et confiance le flambeau de l'idée de progrès, idée qui allait bientôt rendre possible ce qui, hier et aujourd'hui, était encore impossible, cette révolution s'effectuait de manière insensible. Personne, en 1780, ne pouvait déceler clairement ses effets à court, moyen et long terme sur la politique, la société ou la religion.

Mais, dira-t-on, qu'en est-il de nos philosophes ? Regardés comme une avant-garde dotée d'une vue pénétrante, n'ont-ils pas, eux en tout cas, perçu un tant soit peu les temps futurs ? Étaient-ils, dès lors, porteurs de l'esprit révolutionnaire qui allait bientôt gagner les Français ? Lisons ce qu'en pense Jacques Mallet du Pan, qui, dans sa jeunesse genevoise, avait été sensible aux idées nouvelles avant de devenir, sous le coup des événements, un adversaire de la France révolutionnaire. Un adversaire qui se garde fort de sombrer dans les sables mouvants des causes secrètes. Mallet méprise de sa hauteur les « narrateurs qui [...] font l'histoire pour leur hypothèse, au lieu de bâtir l'hypothèse sur l'histoire[15] ». Cet homme qui ne s'en laisse pas conter est, à la fin des années 1790, rédacteur d'un périodique, le *Mercure britannique*. Publié à Londres, de tonalité résolument contre-révolutionnaire mais sans sombrer dans les excès d'une prose souvent aussi exaltée que celle des « Jacobins » les plus excités, le *Mercure*, le 10 mars 1799, offre à la réflexion de ses lecteurs un article intitulé « Du degré d'influence qu'eut la philosophie française sur la révolution ».

Le journaliste interroge les défunts sur ce qu'ils auraient fait : « Si l'on eût développé à Du Marsais, à Voltaire, à Mably, à Jean-Jacques Rousseau le système théorétique et pratique du jacobinisme, ils eussent reculé d'effroi ou levé les épaules[16]. » Prenant le cas de Voltaire, que certains n'hésitèrent pas à dépeindre sous les traits d'un républicain, Mallet, qui l'a fréquenté à Genève, est catégorique : « Au premier château brûlé en 1789, Voltaire eût abandonné le sien et fui à l'étranger ; à la première tête portée sur une pique, il se fût cru au temps de la Ligue et serait mort d'effroi. Le renversement de l'Église et de la religion n'eût point affaibli ses terreurs car s'il haïssait les prêtres et la messe, il haïssait encore plus les assassins, les pillards et les incendiaires[17]. »

Quant aux encyclopédistes, que Mallet porte encore moins dans son cœur, ceux-ci étaient sans moyens d'action efficaces contre le pouvoir. L'équipe groupée autour de Diderot et d'Alembert n'avait aucune cohésion : « cette imposante société finit bientôt comme le Rhin, par des ruisseaux qui se perdirent dans les sables[18] ». Pour résumer cette analyse qui a ensuite été confirmée par la recherche historique, il est vain de chercher la moindre trace de velléité et de passion révolutionnaires chez les grands théoriciens du XVIIIe siècle. Un large fossé les sépare de ceux qui, pourtant, se réclameront de leurs idées.

Mallet absout néanmoins un peu vite un de ces philosophes. Bien qu'ayant possédé une « tête pétrie de vitriol, de salpêtre et d'arsenic[19] », Denis Diderot, assure-t-il, n'aurait jamais songé à révolutionner la France. Sans doute parce qu'il ne connaissait pas ce texte ou qu'il l'ait attribué à Raynal*, il n'évoque pas l'étonnante épiphanie révolutionnaire qui figure dans l'édition de 1780 de l'*Histoire des deux Indes*. Tirant les conclusions de la révolution d'outre-Atlantique, Diderot y enterre littéralement l'Ancien Régime :

> Nulle autorité politique qui, créée hier ou il y a mille ans, ne puisse être abrogée dans dix ans ou demain.
>
> Nulle puissance, si respectable, si sacrée qu'elle soit, autorisée à regarder l'État comme sa propriété. [...]
>
> Toute autorité dans ce monde a commencé ou par le consentement des sujets, ou par la force du maître. Dans l'un et l'autre cas, elle peut finir légitimement[20].

Une révolution dans sa version de 1789 était certes inconcevable à la date où Diderot écrivait ces lignes. Il n'en demeure pas moins que le philosophe a entrevu l'avenir. Ce qu'il aurait fait s'il avait vécu restera en revanche un mystère. L'analyse que fit le grand dix-huitiémiste Roland Mortier de la génération des

* En dépit du caractère collectif de sa rédaction, l'*Histoire des deux Indes* ne porte qu'un seul nom d'auteur, celui de l'abbé Raynal. Il était impossible pour un lecteur du XVIIIe siècle d'identifier les contributeurs.

philosophes qui connut la Révolution révèle que son engagement ne pouvait être déduit des prises de position antérieures au bouleversement. Aucun déterminisme ne guide ces choix politiques et idéologiques où l'on voit les héritiers des grands philosophes se scinder en groupes antagonistes, les uns, comme Marmontel, Morellet et, on l'a bien vu, Raynal, condamnant les temps nouveaux, les autres, tels Bailly, Cabanis ou Condorcet participant avec entrain à l'œuvre régénératrice[21].

Considérer la Révolution comme l'héritière des Lumières tout en doutant de l'influence directe des philosophes, comme le pense le journaliste genevois, laisse supposer un important processus d'acculturation. Les élites mais aussi une large portion de la population de la capitale seraient graduellement devenues philosophes, ou plutôt, auraient joué à ce qu'elles imaginaient être un philosophe : « De peur de passer pour un sot, on prit la livrée de la liberté de l'incrédulité. Un courtisan, un colonel, un conseiller ou une comédienne, honorés une fois d'un brevet de philosophie dans quelque lettre privée de D'Alembert et de Voltaire, ou dans le *Journal de Paris*, se jugeaient immortels. C'est ainsi que Paris se couvrit de philosophes[22]. »

Mallet oublie néanmoins une réalité géographique élémentaire : la France ne se réduit pas à Paris. L'étude que l'historien Timothy Tackett a consacrée aux députés de l'Assemblée constituante livre un paysage beaucoup plus nuancé que le déferlement de philosophes amateurs que nous dépeint un Mallet manifestement dégoûté par tant de vulgarité. Qu'un Mirabeau, qu'un Mounier, qu'un Barnave ou qu'un rousseauiste comme Robespierre pussent apparaître à certains égards comme les enfants du siècle philosophique, personne ne le niera. Mais la masse de députés obscurs, ces *backbenchers* de la salle des Menus-Plaisirs puis de la salle du Manège, dont Tackett a épluché la correspondance et les impressions sur le vif, nous montre une France qui, idéologiquement parlant, se montrait moins imprégnée par les idées nouvelles. Lorsqu'ils arrivèrent à Paris en mai 1789, ces députés provinciaux ne désiraient qu'un aménagement de la vieille constitution monarchique. S'ils devinrent ensuite révolutionnaires, c'est au terme d'une mutation idéologique dont l'assemblée, les clubs, mais aussi l'attitude incroyablement maladroite du pouvoir furent les principales forces motrices[23].

Dans ce processus, les lumières du siècle ne jouèrent qu'un rôle indirect. Elles furent aussi trahies par ceux-là mêmes qui se réclamaient d'elles. C'est ce qu'a observé un homme qui fut à la fois témoin et acteur majeur des premiers mois de la Révolution, le monarchien Mounier :

> Ce ne fut point l'influence de ces principes [*philosophiques*] qui produisit la révolution, ce fut au contraire la révolution qui produisit leur influence [...] J.-J. Rousseau a eu le tort de soutenir que la puissance législative doit toujours être exercée par le peuple exclusivement, ce qui formerait une démocratie despotique ou absolue ; mais c'est contre son intention déclarée que quelques hommes ont tenté d'appliquer à un grand empire ce qu'il avait imaginé pour un très petit État, où les citoyens pourraient se réunir dans une assemblée générale [...] On ne s'est nullement inquiété d'étudier les opinions des écrivains politiques et du soin d'y distinguer la vérité de l'erreur. On ne les a consultés que pour découvrir des arguments en faveur de la théorie qu'on avait résolu de défendre[24].

Le corpus philosophique était devenu une boîte à arguments dans laquelle chacun piochait ce qui étayait son propos. L'important était d'accroître la force persuasive de la harangue, du pamphlet ou de l'article de journal en convoquant la figure tutélaire d'une célébrité des lettres ou des sciences. Cette manière de procéder n'est pas apparue avec la Révolution. Pensons simplement au rousseauisme politique qui fleurit après 1771 en réaction à la mise au pas des Parlements par Maupeou. Parut alors un *Catéchisme du citoyen*, dont l'auteur, l'avocat Saige, se présentait ostensiblement comme un disciple de Jean-Jacques. L'idée qu'il défendait, celle d'États généraux incarnant la « volonté générale », concept éminemment rousseauiste, aurait pourtant fait frémir le solitaire d'Ermenonville. Ou Saige n'a rien compris à Rousseau, qui s'était toujours montré viscéralement hostile aux organes représentatifs tels que les États généraux, ou, ce qui paraît bien plus probable, il a effrontément trahi la pensée de son maître en infléchissant d'une manière spectaculaire une des thèses que celui-ci avait défendues dans son *Contrat social*.

Explorons la dernière piste que nous ouvre Mallet du Pan. La pensée des grands philosophes, dit-il, a été réinterprétée et radicalisée par d'obscurs écrivaillons qu'« on vit sortir des collèges, des théâtres, des lycées, des académies, des maisons de jeu et de débauche, des cercles brillants de la capitale, des boudoirs, des palais et des cafés ». Or ces philosophes autoproclamés se montraient bien plus corrosifs que ceux qu'ils avaient pris pour modèles : « Cette tourbe de petits raisonneurs sans génie et sans principes se hâta de faire oublier ses précepteurs en dépassant toutes les limites, et en franchissant tous les intermédiaires[25] ». L'on comprend la réaction de Raynal lorsqu'il s'adressa en 1791 à l'Assemblée nationale pour nier toute responsabilité dans les faits qui s'étaient déroulés : lui et ses amis ont réalisé qu'ils avaient enfanté des monstres[26].

Loin d'avoir été l'héritière des plus belles pages de la pensée du siècle, 1789 aurait été l'enfant d'une « tourbe de grimauds sans pain, sans renommée et sans talent[27] » venus de leur lointaine province avec le naïf espoir de devenir les nouveaux Voltaire, les nouveaux d'Alembert. Voyant le succès leur tourner le dos, ces raisonneurs médiocres et pédants se mirent à déchanter et à s'aigrir. Et, de cette plèbe littéraire surgirent alors « les tigres et les panthères contre la race humaine[28] » qu'on vit à l'œuvre pendant la Révolution.

L'analyse de Mallet du Pan a été corroborée par les travaux de Robert Darnton sur le prolétariat des lettres qui, à la fin de l'Ancien Régime, inondait le royaume de pamphlets orduriers contre le pouvoir en place. La déchéance sociale et culturelle dont furent victimes ces « pauvres diables » produisit leur radicalisation idéologique. Et c'est toute une société dont la raison d'être était le privilège qui devint la cible de ces déclassés. N'ayant pu y être intégrés, ils se mirent à en saper les fondements.

La carrière de l'aventurier des lettres Charles Théveneau de Morande est très éloquente en la matière. Exilé à Londres pour éviter un nouveau séjour en prison dans sa patrie d'origine, cet homme, dont la vie est un épais roman, publie au plus fort de la réforme Maupeou une brochure d'une rare violence et d'une vulgarité qui dépasse toutes les bornes : *Le Gazetier cuirassé*. Son contenu est parfaitement résumé dans le sous-titre : *Anecdotes scandaleuses de la cour de France*. Cette suite informe de prétendues révélations sur les turpitudes sexuelles du roi, des ministres et de la cour nous dépeint un monde corrompu jusqu'à la moelle.

Pas de doute : l'origine de la réforme du Chancelier Maupeou se niche sous la ceinture. Le ministre, tout comme Louis XV, est devenu le pantin de la Du Barry. La pourriture morale a infecté le corps politique tout entier.

Grande est la tentation d'ignorer cette littérature sortie des caniveaux malodorants de la capitale britannique. Ce serait néanmoins une erreur. *Le Gazetier* et les autres productions du même acabit telles que les *Anecdotes sur Madame la comtesse du Barry* de Pidansat de Mairobert ou la *Vie privée de Louis XV* de Mouffle d'Angerville ont trouvé un public important. Si bizarre que cela puisse paraître, les écrits de ces « Rousseau des ruisseaux », dont la qualité littéraire est dramatiquement inférieure à la nullité intégrale, se vendaient très bien. Et ce constat porte à nous interroger sur la réaction des lecteurs devant leur contenu peu ragoûtant et sidéralement pauvre en arguments. Morande et ses disciples n'avaient en effet aucun programme politique ou social à proposer. Darnton estime qu'« il s'agissait là bien plus de nihilisme que d'un engagement idéologique[29] ».

Peut-on se permettre d'établir une filiation allant de cette « bohème littéraire » jusqu'à l'esprit antiélitiste qui s'est manifesté dans toute sa force pendant la phase la plus radicale de la Révolution française ? À défaut de communiquer le moindre programme politique, ces auteurs transmettent un message ostensiblement révolutionnaire, un message fondé sur une espèce de « rousseauisme vulgaire[30] ». À l'instar de Jean-Jacques, auquel ils s'identifiaient fréquemment, ces écrivains rejetaient sans appel la morale et la culture des couches supérieures de la société. Or, soutient Darnton, c'est ce même « rousseauisme vulgaire » qui allait animer à partir de 1792 la frange la plus radicale des révolutionnaires français.

La thèse est hardie. Et, du reste, elle est loin d'avoir suscité l'unanimité au sein de la communauté historienne, qui a parfois reproché à l'universitaire américain d'épouser une approche populiste[31]. Elle n'en révèle pas moins l'extrême richesse mais aussi l'extrême complexité des origines intellectuelles de Quatre-vingt-neuf, une question, qui, hélas pour le petit Gavroche, ne pourra jamais tenir tout entière dans une chanson.

L'éternel dossier maçonnique

On ne peut persuader avec des arguments raisonnables un public qui, au temps de Barruel comme à notre époque, veut absolument croire aux choses qu'on lui cacherait. Notre presse écrite est, à ce titre, un bon indicateur de l'horizon d'attente d'une France qui continue plus que jamais de fantasmer sur les loges et leur rôle occulte dans l'Histoire. Il ne se passe guère de temps sans qu'un de nos magazines ressorte ce marronnier* usé jusqu'aux racines et l'expose dans une couverture au titre tapageur et au visuel accrocheur.

S'il y eut un moment où les prétendues menées des frères auraient dû être dévoilées, ce fut sous l'Occupation lorsque l'historien Bernard Faÿ, chargé par le régime de Vichy d'enquêter sur les sociétés secrètes, fit main basse sur les archives de la franc-maçonnerie. Nul doute, pensait-il alors, que la vérité éclaterait promptement au grand jour. Terrible méprise. Le dépouillement des papiers maçonniques ne donna absolument rien. Pas un centième de milligramme de pièce à conviction. Rien. Ce fiasco lamentable a-t-il pour autant échaudé les obsédés de la main cachée ? Que non. Cette absence totale de preuves leur parut trop étrange pour être honnête. L'absence de preuves, en définitive, devint la preuve qu'on cherchait vainement depuis 1789. Les conjurés avaient agi avec une telle dextérité qu'ils avaient réussi à effacer toute trace de leur diabolique forfait.

Interroger la croyance en la prétendue griffe des francs-maçons s'apparente à l'interminable promenade circulaire des deux Dupondt dans le désert. L'historien aura beau s'évertuer à montrer son caractère infondé, sa démarche ne se heurtera pas moins à une multitude de contradicteurs qui, compte tenu de l'objet de sa recherche, seront portés à l'accuser de mentir par omission, d'être un nouvel idiot utile manipulé par la secte au compas, ou même d'appartenir à ces sulfureuses arrière-loges dans lesquelles

* En langage journalistique, un marronnier est un thème anecdotique qui plaît au public et qui revient de manière récurrente, notamment lors de moments creux en matière d'informations, comme pendant l'été.

se déciderait en permanence le destin du monde. Soyons clair. La personne qui écrit ces lignes n'a jamais mis les pieds dans un temple maçonnique. Quant à ses relations – mais l'on sait combien ces démons sont des virtuoses de la dissimulation –, nulle trace de francs-maçons. Au fond, qu'importe : le lecteur sceptique interprétera à coup sûr les pages qu'il s'apprête à découvrir comme la défense intenable d'une société secrète qui, depuis des siècles, tirerait toutes les ficelles. J'ai conscience que ma tâche possède quelque chose de don-quichottesque. Aussi est-ce avec moins d'entrain que de coutume que j'aborde ce volet pourtant essentiel de notre histoire.

Donnons tout d'abord la parole aux chiffres. Selon les estimations de Gérard Gayot, la France aurait compté en 1789 environ 50 000 frères, toutes obédiences confondues. « Après un demi-siècle d'existence seulement », remarque Gayot, « le fait maçonnique est devenu un fait de masse[32] ».

Ce « fait de masse » doit-il être regardé comme la matrice infernale d'où sortirent les clubs des Jacobins ? « La transformation directe d'une loge en club demeure [...] un phénomène rare », observe Michel Vovelle[33]. La géographie du maçonnisme s'avère instructive. En 1789, la franc-maçonnerie est un phénomène provincial qui touche toutes les catégories de villes, y compris les petites agglomérations. Contrairement au jacobinisme, phénomène originellement parisien qui, dans un second temps, se propagea en province à travers les sociétés affiliées à la maison mère de la rue Saint-Honoré, la franc-maçonnerie paraît se méfier de la capitale. Ran Halévi constate qu'à la fin de l'Ancien Régime la « vitalité du mouvement » maçonnique en province est indéniable, tout comme l'est « son indépendance vis-à-vis des péripéties parisiennes[34] ».

La géographie de la maçonnerie refléterait plutôt les résistances à la radicalité révolutionnaire que l'adhésion pleine et entière au « jacobinisme » dans sa forme la plus aboutie. Les zones qui ont été touchées en 1793 par la révolte fédéraliste consécutive à l'élimination des Brissotins correspondent en effet aux régions de forte densité du réseau maçonnique. Il serait certes fort hasardeux d'extrapoler à partir de ce simple constat et l'on ne peut qu'approuver les propos mesurés de Gayot :

> La géographie maçonnique [...] plaide [...] pour l'indépendance du fait maçonnique au XVIIIe siècle par rapport à d'autres faits – Lumières ou processus révolutionnaire – qu'on s'acharne à lui associer ; elle démontre, s'il en était encore besoin, que l'engagement des provinces dans la Révolution n'a pas dépendu du nombre de loges qui s'y étaient installées : une pièce supplémentaire à verser à l'anti-dossier du complot révolutionnaire d'origine maçonnique[35].

L'« anti-dossier » était bien épais lorsque parut en 1981 l'ouvrage de Gérard Gayot. Une pièce non négligeable de cet « anti-dossier » nous fut fournie en 1933 par Daniel Mornet avec son maître-livre *Les Origines intellectuelles de la Révolution française*. L'on n'insistera jamais assez sur l'importance de cette étude, dont l'approche alors très novatrice, consistant à embrasser le monde des lettres dans sa globalité, sans tenir compte de la hiérarchie artificielle des auteurs que nous a léguée la postérité, bouleversa notre approche du siècle des Lumières. Bien que presque centenaires, *Les Origines intellectuelles* n'ont rien perdu de leur profondeur de vue. Pour preuve, entre autres, leurs pages consacrées à la franc-maçonnerie.

Mornet reconnaît que « l'esprit d'égalité » des loges a pu influer sur le jugement porté par les frères sur la société d'ordres. Mais, précise-t-il immédiatement, même dans ce domaine où tout paraît évident, la prudence doit être de mise. Cet esprit d'égalité était en effet très relatif : « c'était là une égalité momentanée, semblable à celle qui fait du gueux l'égal du milliardaire le jour d'une élection [...] l'esprit d'égalité des maçons a été [...] fort respectueux de certaines inégalités[36] ». Adversaire s'il en est de la Révolution, l'ancien maçon Joseph de Maistre ne disait pas autre chose : « L'égalité [...] ne signifiait absolument rien. Elle n'était que dans les mots[37]. »

Mornet s'intéresse à ce qu'il nomme la « subconscience du maçonnisme ». Pas de doute : avant 1789, et à l'instar des autres Français, les maçons « dans leur immense majorité n'étaient pas révolutionnaires de cœur ». Mais, et au rebours d'une France toujours largement attachée à la tradition, « ils l'étaient obscurément de bouche en s'habituant à des formules sous lesquelles la Révolution allait mettre des réalités[38] ». Ces révolutionnaires « de bouche », étaient, en somme, les frères quasi jumeaux des esprits éclairés du temps, ces Messieurs Jourdain du siècle des Lumières, qui, sans être nécessairement francs-maçons, étaient porteurs d'un discours en porte à faux avec les bases de l'Ancien Régime sans qu'ils pussent en percevoir le caractère subversif.

Mais qu'en est-il de la conduite de l'ordre pendant les années dites « prérévolutionnaires », entre l'hiver 1786-1787 et le printemps 1789, où, rappelle à juste titre Mornet, « tout le monde[39] » lance à sa manière la Révolution en prenant part au débat public ? C'est à ce stade de son exposé que Mornet critique sans ménagement un historien dont l'œuvre riche mais désespérément touffue se montre littéralement obsédée par le rôle des « sociétés » dans la Révolution : Augustin Cochin.

Doit-on incriminer un prénom suggérant une sorte de prédestination ? L'homme qui le porte est en effet regardé comme l'héritier de l'auteur des *Mémoires pour servir à l'histoire du jacobinisme*, dont le nom de baptême n'est plus à rappeler. Né en 1876, ancien élève de l'École des Chartes, Cochin, qui est mort sur le front en 1916, a laissé une œuvre qui était pour l'essentiel à l'état de manuscrit lors de sa disparition. Non seulement c'est à titre posthume que parurent ses principaux ouvrages, mais ceux-ci, à l'exception notable de son étude sur *Les Sociétés de pensée et la Révolution en Bretagne*, étaient largement inachevés lors de son décès. Ces essais posthumes, tantôt rédigés en style télégraphique, tantôt truffés de propos pour ainsi dire cabalistiques, portent manifestement la marque de cet inachèvement. Ces défaillances stylistiques ne doivent cependant pas occulter l'importance d'une œuvre qui aborde de manière très personnelle le rapport entre les « sociétés de pensée » et la Révolution française.

Dissipons d'entrée de jeu une opinion erronée sur l'auteur. Contrairement à ce que prétendent beaucoup de ses commentateurs, et, ajoutera-t-on, malgré son prénom, Cochin n'a jamais fait sienne la théorie du complot. Ce genre d'« explication » superficielle ne se rencontre, affirme-t-il avec indignation, que chez les « auteurs d'opinions extrêmes[40] ». Très bien. Mais s'il assure ne pas appartenir au club des clionautes complotistes, Cochin n'en reste pas moins ambivalent dans ses rapports avec l'œuvre de Barruel. Qu'on en juge plutôt :

> [...] ne croyez pas que je vais vous mener dans un sabbat d'arrière-loge, comme le père Barruel, ni vous montrer la tête de Louis XVI dans la marmite des sorcières, après le bonhomme Cazotte. Ce n'est pas que Barruel et Cazotte aient tort, mais ils n'expliquent rien, ils commencent par la fin. Ce qui me gêne, au contraire, c'est de ramener ces effrayantes et diaboliques conséquences au tout petit fait qui les explique, si banal, si menu : causer. Là, pourtant, est l'essentiel[41].

Nous retrouverons un peu plus tard dans ce livre Jacques Cazotte et sa célèbre prophétie. Pour l'heure, laissons de côté l'auteur du *Diable amoureux* pour nous concentrer sur la lecture faite par Cochin des origines de la France contemporaine. Si je reprends le titre de l'ouvrage de Taine, c'est que Cochin revendique haut et fort cet héritage. Taine, écrit-il avec une profonde admiration, a été « le plus grand de nos historiens de la Révolution[42] ». Un historien critique, c'est le moins que l'on puisse dire, qui, prenant à rebrousse-poil l'école libérale et républicaine du XIXe siècle, ne dissimulait nullement le malaise qu'il ressentait devant le raz-de-marée événementiel qui ensevelit l'Ancien Régime. Cochin se veut le continuateur de Taine. C'est nourri d'une hostilité et même d'une haine farouche pour tout ce que peut représenter Quatre-vingt-neuf qu'il prend la plume. Cochin appartient à la même famille idéologique que celle qui hébergea Barruel ou Montjoie : celle de l'antiphilosophisme et de la contre-révolution.

Cochin ne croit pas aux théories du complot. Mais, simultanément, précise-t-il, « ce n'est pas que Barruel [...] ai[t] tort ». Mais Barruel, de même que Cazotte, « n'expliquent rien, ils commencent par la fin ». Comme c'est fréquemment le cas avec Cochin, dont la propension à se prendre pour la sibylle de Cumes peut devenir horriblement agaçante, un décryptage s'impose. S'il n'a que faire des conspirations à la lueur des torches templières et des singeries des arrière-loges qui parsèment les pages des *Mémoires pour servir à l'histoire du jacobinisme*, sur le fond, il se garde d'accabler dans sa globalité l'œuvre de l'ancien jésuite. Ce dernier n'avait pas tort, mais, malheureusement, faute de méthode, il n'a rien expliqué. Lui, Augustin Cochin, fera ce qu'Augustin Barruel ne put accomplir.

Ce ne sont pas tant les événements que leur force motrice qui constituent pour lui une énigme. Et cette force n'est autre que la Société des amis de la Constitution avec ses centaines de filiales sur le territoire. Allons plus loin : ce ne sont pas les clubs des Jacobins qui se trouvent au centre de l'interrogation de l'historien. C'est le jacobinisme. À nouveau, Barruel n'est vraiment pas loin. Ce qui ne cesse d'intriguer Cochin est cette manière radicalement nouvelle d'appréhender la politique qu'on discerne dès les premiers mois de la crise prérévolutionnaire et qui connaîtra son apothéose en 1793-1794. Comme l'a interprété François Furet, dans un article qui a contribué, à la fin des années 1970, à la redécouverte de Cochin, « [...] le jacobinisme n'est pas pour Cochin un complot, ou la réponse politique à une conjoncture, ni même une idéologie : c'est *un type de société*[43] ».

Tout, en définitive, se réduirait à un acte, celui de « causer ». Ce « tout petit fait », ce fait « si banal, si menu », insiste Cochin, se présente comme la clé du mystère des origines du jacobinisme. Causer signifie entretenir des liens sociaux, les nourrir par la conversation, une conversation qui connut au XVIIIe siècle un de ses âges d'or avec la floraison des lieux de sociabilité que l'historien qualifie de « sociétés de pensée », et qui étaient étroitement associées à l'élan de la philosophie des Lumières. Le développement prodigieux de la franc-maçonnerie entre 1725 et 1789 prend alors tout son sens chez Cochin, qui y voit la forme la plus aboutie d'un type de société en porte à faux avec la société réelle, une microsociété promotrice d'une conception à la fois égalitaire mais aussi exclusive de la *res publica*. Lisons encore Furet : « Si la maçonnerie est si importante dans le monde historique et conceptuel d'Augustin Cochin, ce n'est pas, comme dans Barruel, parce qu'elle est l'instrument d'un complot contre l'Ancien Régime. C'est parce qu'elle incarne de façon exemplaire la chimie du nouveau pouvoir, transformant du social en politique, et de l'opinion en action : l'origine du jacobinisme[44]. »

Pour résumer, les innombrables associations politiques qui essaimèrent à partir de 1787 à Paris et en province, et que Cochin désignait tantôt sous le vocable de « sociétés », tantôt, et d'une manière nettement plus accusatrice, sous celui de « la Machine », étaient intimement liées au réseau des loges qui s'était tissé dans le royaume depuis l'introduction de la franc-maçonnerie au début du siècle. Point de complot. Mais la responsabilité de l'ordre dans la genèse du jacobinisme n'en serait pas moins grande. Cette lecture plutôt sophistiquée des faits peut séduire. Elle se heurte néanmoins à ces mêmes faits. Et les faits, comme chacun sait, sont têtus. Lisons ce qu'en pense Daniel Mornet.

L'interprétation de Cochin est à la fois réductrice et abusive : « Poussé par le mysticisme de sa démonstration, il [*Cochin*] englobe sous ce vocable maléfique » à la fois les loges maçonniques mais aussi des associations on ne peut plus diverses, telles que les chambres de lecture, les sociétés littéraires, les sociétés d'étudiants, ou encore diverses sociétés patriotiques au sein desquelles les maçons étaient loin d'être toujours nombreux. Et Mornet de conclure, un brin sarcastique, que Cochin a « démontré le rôle des associations dans les événements ; ce qui est presque enfoncer une porte ouverte[45] ».

L'énigme qui tourmentait Cochin était le processus de politisation accélérée qu'aurait vécu la France à l'extrême fin de l'Ancien Régime. Tout se serait joué en quelques mois, entre 1787 et le printemps 1789, avec la construction étonnamment rapide et entière de l'*homo politicus* des temps nouveaux. Confrontée aux résultats de la recherche postérieure à l'œuvre de Cochin, et, singulièrement, des dernières décennies, cette analyse n'est aujourd'hui plus tenable. Une fois n'est pas coutume, il me semble nécessaire d'évoquer ma contribution à la connaissance de la culture politique des décennies qui ont précédé la Révolution.

Ce n'est pas en 1787 mais dès le midi du siècle, avec l'apparition d'une conception nouvelle de la citoyenneté, que s'est construite une des rampes de lancement des roquettes des années prérévolutionnaires[46]. Dès la guerre de Sept Ans, si ce n'est avant ce conflit, les Français brûlaient de participer d'une manière ou d'une autre aux affaires publiques. Ce faisant, ils cessèrent de se comporter comme des sujets pour s'autoproclamer « citoyens ». Pour quel résultat ? Doit être rappelée ici l'analyse de l'abbé Morellet, qui, on s'en souvient, dénonçait les « fautes grossières, impardonnables et décisives » commises par le gouvernement[47]. Ces Français qui se disaient citoyens, ces Français qui offraient leur concours avec enthousiasme, Versailles n'a pas daigné les entendre. Ces Français, Versailles les a même parfois rabroués de manière scandaleuse[48]. L'on comprend pourquoi en 1787, quand Louis XVI convoqua une Assemblée des notables pour résoudre la crise financière, tout ce que la France comptait de citoyens désireux de se dévouer au bien commun réagit aussitôt et se mit à proposer des projets de réforme. Si l'acculturation politique a largement précédé le célèbre discours du contrôleur général des Finances devant les notables, il n'en reste pas moins que la harangue de Calonne, qui présentait les privilèges structurant la société comme des « abus », harangue proprement révolutionnaire, a été pour de nombreux Français une épiphanie qui en fit, pour parler comme Mornet, des révolutionnaires « de bouche ».

Par ses bévues puis par sa tardive audace réformatrice, le pouvoir royal fut un des catalyseurs les plus puissants d'une mutation de la culture politique hexagonale dont l'origine est à chercher largement en amont de l'épisode révolutionnaire. Reste, et ici Cochin n'a pas tort d'insister sur ces mois décisifs, que l'accélération événementielle qui suivit l'échec du programme de Calonne vit un royaume de vingt-huit millions de sujets prendre la forme d'un gigantesque bouillon de culture réformateur dont les pièces motrices furent ses nombreux et divers lieux de sociabilité : salons, cabinets de lecture, cafés, cabarets, académies, associations estudiantines, et, évidemment, loges maçonniques. C'est sous cet angle qu'il convient de considérer le rôle indéniable, mais qu'il faut remettre à sa juste place, de la franc-maçonnerie dans les événements politiques qui ont forgé l'esprit de 1789.

« Se laisser faire » : le complot à la mode d'Orléans

On sait que la matière maçonnique d'où sortit, *dixit* Barruel, le jacobinisme, avait une tête : le grand maître du Grand-Orient de France, Louis Philippe Joseph d'Orléans. On sait également que le duc d'Orléans, devenu dans l'intervalle Philippe Égalité, vota la mort de son cousin Louis Capet. On sait enfin que l'Histoire regorge de tristes sires dont la soif de pouvoir pousse à perpétrer les pires forfaits. Même réduite à la portion congrue d'un complot princier au lourd parfum byzantin, la conspiration maçonnique ne trouverait-elle pas un semblant de vérité à la lumière des agissements du premier prince du sang ?

« En 1788, j'ai entendu parler d'une faction d'Orléans ; en 1789, 1790, 1791, encore une faction d'Orléans ; à présent, le nom d'Orléans est un ferment de troubles au milieu de nous. Orléans, partez dès aujourd'hui (*applaudissements*)[49]. » C'est en ces termes véhéments que, le 16 décembre 1792, Merlin de Thionville résuma devant la Convention la carrière tantôt révolutionnaire, tantôt aristocrate de son membre le plus improbable. À suivre le député de la Moselle, le complot orléaniste aurait été une composante indissociable du processus révolutionnaire. Pour reprendre l'expression forgée par l'historien Olivier Dard au sujet d'une théorie du complot postérieure à celle qui nous occupe, nous sommes en présence du « mythe du complot permanent[50] ».

À chaque épisode de la Révolution, voilà, confortablement tapie dans l'ombre, une seule et même silhouette. Les « émeutes Réveillon* » d'avril 1789 qui virent pour la première fois s'ébranler la sans-culotterie du faubourg Saint-Antoine ? L'œuvre d'Orléans, bien sûr, qu'on aperçut en train de distribuer le contenu de sa bourse aux Parisiens. Et qui fut derrière ce 12 juillet à jamais mémorable où l'on vit Camille Desmoulins, juché sur une table, haranguer les badauds d'un Palais-Royal dont le duc, au prix d'aménagements pharaoniques, avait fait le rendez-vous du Tout-Paris avide de plaisirs et de libre parole ? Qui donc ? Et qui, à nouveau, fut le machiniste secret qui anima les pantins du 14 juillet ? Peu importe, comme l'a montré Évelyne Lever, sa biographe, qu'Orléans ait été totalement submergé par le flot événementiel et qu'il « manqua, ce même jour, l'occasion de prendre le pouvoir[51] ». Aux yeux de nos dénicheurs de complot, tout prouverait, jusqu'au prétendu projet princier d'affamer la France pour porter les esprits à l'incandescence, que les festivités estivales eurent pour principal maître d'œuvre le cousin de Louis XVI.

Le seul moment où les soupçons s'épaississent sérieusement sur sa personne est l'affaire des journées d'octobre 1789, qui virent la foule parisienne envahir Versailles et conduire à Paris la famille

---

* Survenues dans le climat de tension consécutif au marasme économique, à la crise frumentaire et aux élections aux États généraux, les violentes émeutes Réveillon, du nom de l'entrepreneur de la manufacture de papiers peints située au faubourg Saint-Antoine, éclatèrent le 26 avril 1789 et durèrent deux jours. La conduite du duc d'Orléans, qui tenta de calmer les émeutiers en leur distribuant de l'argent, a ensuite été interprétée comme une incitation à la révolte.

royale et les députés. Pour Évelyne Lever, Orléans, sans être l'instigateur d'un épisode qui reste aujourd'hui encore nébuleux – pensons par exemple à l'attitude ambiguë de La Fayette –, n'y fut pas totalement étranger : « sans qu'il soit possible de fournir des preuves formelles, il semble probable que le duc d'Orléans ait subventionné l'émeute, comme l'affirment pratiquement tous les contemporains ». Le mystère n'en reste pas moins entier sur son rôle dans la préparation de la journée révolutionnaire : « Nul ne saurait dire, poursuit l'historienne, [...] l'importance des sommes engagées à cette fin ni les consignes qui furent données aux agitateurs. En tout état de cause, cela ne suffit pas, loin de là, à expliquer l'explosion des 5 et 6 octobre[52]. » Entraîné par l'emballement révolutionnaire de l'été, Orléans aurait tenté de restaurer l'image flatteuse qu'il possédait avant la Révolution, et que la popularité des patriotes de l'Assemblée avait ternie.

Talleyrand est un des rares contemporains à avoir gardé toute sa tête devant les prétendues menées secrètes du premier prince du sang. S'entretenant, deux ans après l'épisode des journées d'octobre, avec le Genevois Étienne Dumont sur la part de responsabilité d'Orléans, l'ancien évêque d'Autun eut ces mots crus mais lucides : « Le duc d'Orléans est le vase dans lequel on a jeté toutes les ordures de la Révolution[53]. »

Orléans fut en effet le conspirateur idéal, le conspirateur rêvé sur le visage duquel royalistes et révolutionnaires, dépassant pour une fois leurs disputes partisanes et idéologiques, braquèrent leurs plus puissants projecteurs. Orléans qui voulait ceindre la couronne de France avec l'aide de la populace parisienne, Orléans qui complotait avec l'Angleterre pour provoquer la disette, Orléans qu'on vit dès 1788 frayer ouvertement avec la fine fleur du parti patriote, Orléans, ce descendant d'une lignée qui compta en son sein quelques belles têtes de comploteurs. Les pistes convergent vers cette seule et même personne. Orléans avait tout à gagner. Le trône, la couronne, le sceptre, le pouvoir – certes, borné désormais par une constitution – étaient à portée de main. Encore eût-il fallu qu'il eût la volonté de s'en emparer.

Ne nous méprenons pas sur la présence à ses côtés de l'auteur des *Liaisons dangereuses*. Le biographe de Laclos, Georges Poisson, a montré que l'officier-homme de lettres a bel et bien pris une part active au jeu trouble du prince. Mais en pure perte.

Le caractère d'Orléans n'avait guère de rapport avec l'âme géométrique de cette espèce de caricature du siècle de la raison. Si Orléans intrigua, ce ne pouvait absolument pas être à la manière des personnages des *Liaisons*. Ce ne pouvait être qu'à la bonne et vieille manière d'autrefois. Ce ne pouvait être qu'à la manière de Gaston d'Orléans, ce lointain parent, qui, au temps de Louis XIII, ourdit les plans les plus baroques pour contrecarrer la politique de son frère et de Richelieu ; qui participa ensuite sous Mazarin, toujours aussi chiffonnier, à l'inénarrable *happening* princier de la Fronde[54]. Ce ne pouvait être qu'à la manière de François de Vendôme, « roi de la Halle » dont la popularité pendant la Fronde n'est pas sans ressemblance avec l'image qu'Orléans s'efforça d'offrir au peuple de la capitale. Prince frondeur du XVIIe siècle égaré dans le maelström révolutionnaire, Louis Philippe Joseph fut incapable d'apposer son empreinte sur des faits qui se dérobaient constamment devant lui, sur des faits qu'il était incapable de décrypter. Le pauvre vit à maintes reprises passer le train de l'Histoire. À nul moment il ne put y prendre place. Le convoi allait si vite... Donnons le mot de la fin à l'ancien brissotin Dominique Joseph Garat : « cet homme, alors même qu'il était question d'être roi, *se laissait faire* et ne faisait pas[55] ».

Complotisme gigogne : antijésuitisme et anti-illuminisme

Les membres de la société secrète fondée par Adam « Spartacus » Weishaupt n'étaient pas, pour leur part, hommes à se laisser faire ni, encore moins, à demeurer béatement sur leur séant à contempler le temps qui passe. Contrairement aux accusations de l'abbé Barruel, la société des *Illuminaten*, ou plutôt des « Perfectibilistes », puisque telle était son appellation originelle[56], n'avait, de prime abord, rien de subversif. Son fondateur voulait apporter sa contribution, pour parler comme Condorcet, aux progrès de l'esprit humain. Tout laissait alors présager que, dans les livres d'histoire qui seraient consacrés à l'*Aufklärung*, les illuminés de Bavière feraient l'objet d'une brève note de bas de page mentionnant un cas de figure « régional » assez commun. C'était pourtant sans compter avec l'étrange personnage qu'était Adam Weishaupt, dont le caractère orgueilleux et paranoïaque eut tôt fait de plonger l'ordre qu'il venait de fonder dans les eaux saumâtres des activités souterraines.

Souterraines, indéniablement, elles l'étaient, mais avaient-elles pour but de renverser l'ordre politique, religieux et social ? Abordons d'abord la question sous son angle quantitatif. D'une dizaine de membres dans les mois qui suivirent la fondation de l'ordre, celui-ci, à la faveur de la stratégie d'infiltration des loges maçonnes préconisée par Knigge, vit ses effectifs grossir de manière remarquable. D'après les recherches les plus récentes, l'ordre aurait compté 1 394 membres dans l'espace germanique, la plupart recrutés entre 1780 et 1785, et parmi ceux-ci, bon nombre de représentants des élites politiques, dont plusieurs princes du Saint-Empire, mais aussi des élites religieuses et culturelles[57]. Parmi ces dernières, relevons la présence de Goethe ou encore du philosophe et historien Herder.

Mais était-ce pour autant un danger pour l'ordre politique et religieux ? Pierre-Yves Beaurepaire est formel : jusqu'en mars 1785, date de l'interdiction de l'ordre par l'Électeur, l'on ne décèle « en aucune manière une culture révolutionnaire de la subversion[58] ». Lisons l'opinion de Mounier qui n'a pas été démentie, tant s'en faut, par la recherche récente :

> Ils [*les illuminés*] avaient acquis de l'influence dans tout l'Empire germanique, et lorsqu'ils avaient le plus de moyens d'exécuter leur projet, lorsqu'ils avaient attiré dans leur parti les princes et les magistrats, ou qu'ils les avaient entourés de leurs sectateurs, il n'y a pas eu dans les deux ou trois cents duchés, principautés et républiques qui reconnaissent l'empereur pour leur chef, le moindre indice de conspiration. Les illuminés les plus suspects ont été emprisonnés, interrogés, menacés ; leurs papiers les plus secrets ont été mis sous les yeux d'inquisiteurs empressés de les trouver coupables, et l'on n'a pu citer une seule entreprise formée sous leur direction pour renverser un gouvernement[59].

C'est juste mais l'histoire des *Illuminaten* ne s'arrête pas en mars 1785. Malgré le coup de massue porté par l'Électeur de Bavière, des membres éminents, et parmi ceux-ci, Bode, la bête noire de Barruel, poursuivirent dans la clandestinité l'œuvre initiée par Weishaupt. Ne doit-on pas, dès lors, considérer cette ultime époque comme celle qui vit la société, durement frappée par l'autorité, radicaliser ses positions et verser résolument dans la subversion politique ? On se souvient que le voyage que Bode effectua à Paris en 1787, les liens qu'il y a tissés avec Mirabeau ou Talleyrand, se présentent chez Barruel comme l'étape cruciale de la conspiration ourdie contre l'autel et le trône conduisant au jacobinisme révolutionnaire. Pour Beaurepaire, le séjour de Bode en France s'apparente avant tout à un « voyage d'exploration », visant à implanter l'ordre hors de l'Allemagne. Marque-t-il un tournant radical ? « Il faut également, observe l'historien, pour éviter tout contresens, insister sur le fait que Bode refuse toujours que la franc-maçonnerie intervienne ès qualités dans le champ politique. En revanche, en tant qu'école de vertu et de sagesse, elle concourt à l'éveil à la liberté et à l'égalité de ses membres[60]. »

L'auteur des *Mémoires pour servir à l'histoire du jacobinisme* appartenait à la Compagnie de Jésus. Son passé ecclésiastique a-t-il pu peser sur sa lecture alarmiste des faits ? En épluchant les archives des *Illuminaten*, Barruel n'aura pas manqué d'être frappé par la parenté qu'offrait la secte de Weishaupt avec l'ordre dont il fut membre. Comme l'a souligné René Le Forestier dans sa grande étude sur *Les Illuminés de Bavière et la Franc-Maçonnerie allemande*, Weishaupt était obsédé par la Compagnie de Jésus, qu'il regardait à la fois comme l'incarnation la plus aboutie de l'obscurantisme et comme une organisation hors pair qui, noyautant les gouvernements et la société des États catholiques, aurait freiné des quatre fers leur marche vers le progrès.

Si étrange que cela puisse paraître au premier coup d'œil, la théorie du complot incriminant l'ordre des *Illuminaten* doit beaucoup à une forme de complotisme antérieure à celle-ci : l'obsession antijésuitique. Cette obsession est pour ainsi dire consubstantielle à l'histoire de la Compagnie de Jésus. On la voit déjà bien vivante au XVIe siècle dans des États protestants. Elle ne fit ensuite que prospérer à mesure que les idées des Lumières se mirent à concurrencer la lecture cléricale de l'homme et de l'univers. L'antimaçonnisme de l'ex-jésuite Barruel n'aurait sans doute jamais pris la forme que nous connaissons sans l'antijésuitisme qui animait la frange éclairée de l'opinion européenne.

« L'âme de Weishaupt, nous dit Le Forestier, disposait de deux puissants ressorts : la soif du prosélytisme et la volonté de puissance[61]. » C'est de ces deux « ressorts » que découle le projet des *Illuminaten* qu'a magistralement résumé l'historien :

> Pour lutter avec succès contre les ennemis de la Raison, il lui [*Weishaupt*] fallait, pensait-il, prendre l'offensive. En ouvrant d'autres yeux à la lumière, il recruterait une cohorte de fidèles, un parti de plus en plus puissant sur lequel il pourrait s'appuyer et il aurait la joie de former des disciples attentifs et respectueux, de diriger, de commander, d'être à son tour le maître. Tout en faisant ses cours, en épiant les manœuvres des jésuites, [...] il formait le plan d'une association dont il serait le chef, qui ferait de la propagande pour la Vérité et la Raison et opposerait aux forces coalisées de la superstition et du mensonge les troupes de plus en plus nombreuses de la libre pensée et du progrès[62].

L'ombre portée par la Compagnie de Jésus sur les activités des *Illuminaten* est gigantesque. En témoigne en tout premier lieu l'importance qu'assigne Weishaupt à l'enseignement dans son projet visant à purger les esprits du cléricalisme et de la superstition. Sa méthode d'action se décalque ostensiblement sur celle des jésuites qui, après leur apparition, eurent immédiatement pour priorité d'établir des collèges dans toute l'Europe catholique, et, tout particulièrement, sur cette espèce de ligne de front religieuse allant des Pays-Bas à l'Europe centrale et orientale, où la proximité de l'hérésie militait pour une réponse vigoureuse. Weishaupt a bien mesuré la part prise par le remarquable effort éducatif jésuite dans le redressement du catholicisme romain. Si le protestantisme cessa de progresser, c'est qu'il trouva face à lui des élites à la fois cultivées et munies de la plus redoutable des armes dans ce contexte d'affrontements religieux : l'éloquence que leur avaient enseignée les bons pères.

Le modèle jésuite s'avère tout aussi manifeste dans la stratégie d'entrisme au sein de la franc-maçonnerie mise en œuvre par le baron von Knigge. Toujours à l'instar de l'ordre de Loyola qui, dès sa fondation, veilla à nouer des liens étroits avec les cercles d'influence, il s'agissait d'investir massivement les organes les plus vivants et, partant, les plus vitaux de l'espace public, ceux où figuraient en bonne place les hommes de réseaux, dont l'influence directe et indirecte auprès des puissants permettrait à l'ordre de prospérer.

À la veille de la Révolution, l'obsession antijésuitique n'appartenait nullement au passé. Ouvrons le dernier tome des *Mémoires pour servir à l'histoire du jacobinisme* et, surprise, le propos de l'auteur quitte ses terres de prédilection pour s'élever contre « la fable de la franc-maçonnerie jésuitique[63] », qui a connu un écho non négligeable en France. En témoigne le très étrange ouvrage de Nicolas de Bonneville, *Les Jésuites chassés de la maçonnerie et leur poignard brisé par les maçons*. À suivre le futur révolutionnaire, il ne fait aucun doute que la branche mystique de la franc-maçonnerie fut investie massivement par les jésuites.

L'on mesurera la cocasserie de la scène que nous présente Barruel. Lui qui n'avait eu de cesse d'incriminer les conjurés tapis dans l'ombre, se voit contraint de traverser en sens inverse le miroir qu'il avait allégrement franchi dans sa quête conspirationniste. Revenu au monde réel, il se fait le réfutateur on ne peut plus rationnel de la théorie du complot jésuitique : « Celui qui écrira l'histoire des rêveries humaines peut insister sur toutes celles que les illuminés ont répétées jusqu'au dégoût pour accréditer cette fiction. Sans le parti qu'ils ont su en tirer pour la propagation de leur complot, je croirais moi-même l'avoir trop sérieusement réfutée. Des artifices plus importants à dévoiler sont ceux d'une coalition bien plus réelle et bien plus désastreuse que toute cette fable de la franc-maçonnerie jésuitique[64]. »

C'est bien joué. Au lecteur qui, lassé de se perdre dans les arcanes de la monstrueuse conspiration illuministe, commencerait sérieusement à douter de la véracité des dires de l'accusateur, Barruel répond en lui exhibant une théorie du complot encore plus invraisemblable. Une théorie dont lui et son ancien ordre furent les victimes. Examinés sous l'angle de l'antijésuitisme, les *Mémoires pour servir à l'histoire du jacobinisme* apparaîtront comme le produit de la vengeance tardive des héritiers de Loyola contre leurs persécuteurs.

La main des enfants d'Israël

Le lecteur familier avec l'univers complotiste d'aujourd'hui aura certainement relevé une étonnante lacune dans la liste des responsables souterrains de l'ouragan de 1789. Les Juifs, qui, depuis le Moyen Âge, servaient inlassablement de boucs émissaires dès qu'un malheur frappait un peuple, brillent par leur absence. Si, à ma connaissance, aucune source contemporaine de la Révolution ne les incrimine, un article paru presque un siècle après les événements et qui s'appuie sur un document qui daterait de 1806 m'oblige cependant à ouvrir le dossier de la main cachée des enfants d'Israël.

En juillet 1878, la revue catholique *Le Contemporain* publiait une vingtaine de pages de « souvenirs » sur l'abbé Barruel[65]. Le lecteur y découvrait la copie d'une lettre, datée de Florence du 1er août 1806, et adressée à Barruel. Son auteur, qui se présente comme un « ignorant militaire[66] », est un certain Jean-Baptiste Simonini, natif du Piémont. S'il ne tarit pas d'éloges sur ce qu'il nomme les « *Mémoires des Jacobins* », un livre, « qu'on peut appeler à juste titre l'ouvrage par excellence du dernier siècle », Simonini émet cependant un reproche. Barruel est resté muet sur l'activité de la pire de toutes les sectes qui « préparent la voie à l'Antéchrist » : « Vous comprenez bien, Monsieur, que je parle de la secte judaïque[67]. »

Simonini, qui reçut les confidences des « plus riches Juifs de Turin », est formel. Toutes les sectes antichrétiennes, des haschischins aux *Illuminaten*, en passant par les francs-maçons, ont été fondées et depuis dirigées par des Juifs. Ceux-ci se sont également infiltrés dans les structures étatiques et religieuses de toute l'Europe. Même le proche entourage du pape est atteint. Plusieurs cardinaux sont de confession judaïque. Placés au sommet d'une pyramide conspiratrice qu'ils ont méticuleusement édifiée, actionnant les rouages de la machine dévoilée par Barruel, les Juifs « se promettaient, dans moins d'un siècle, d'être les maîtres du monde, d'abolir toutes les autres sectes pour faire régner la leur ; de faire autant de synagogues des églises des chrétiens et de réduire le restant de ceux-ci à un vrai esclavage[68] ».

Si l'on accorde du crédit à l'auteur anonyme de l'article qui a reproduit ces « Souvenirs », Barruel, après avoir retranscrit la lettre – l'original serait perdu –, s'en remit au pape, lui demandant d'enquêter sur la véracité des dires de Simonini. Laissons la parole à Barruel :

> Quelques mois plus tard, Sa Sainteté me fait écrire par M. l'abbé Testa, son secrétaire, que tout annonçait la véracité et la probité de celui qui m'avait découvert tout ce dont il me disait avoir été témoin[69]. Dans la suite, les circonstances ne me permettant pas de communiquer avec M. Simonini, j'ai cru devoir garder sur l'objet de sa lettre un profond silence, bien assuré que, si l'on me croyait, je pourrais occasionner un massacre de Juifs, et que si l'on ne me croyait pas, autant et mieux valait n'avoir rien dit.

S'il y eut un doute salutaire, celui-ci ne dura hélas que le temps d'un soupir. Barruel achève en effet ses observations par une généalogie de la conspiration judaïque encore plus extravagante que celle qu'il avait jadis brossée pour les francs-maçons et les *Illuminaten* :

> Pour concevoir cette haine des Juifs contre les rois de France, il faut remonter jusqu'à Philippe le Bel, qui, en l'année 1306, avait chassé de France tous les Juifs et s'était emparé de tous leurs biens. De là, dans la suite, cause commune avec les Templiers, origine du grade de Kadosch.
>
> J'ai su par la voie d'un franc-maçon initié aux grands mystères de la secte, qu'il y avait beaucoup de Juifs surtout dans les hauts grades[70].

La lettre de Simonini assortie des commentaires du célèbre dénonciateur de la grande conspiration contre la religion, le trône et la société a été publiée à une époque où se cristallisait dans les milieux cléricaux et royalistes une nouvelle mouture de l'antimaçonnisme. En 1867, Louis Gaston de Ségur faisait paraître un ouvrage appelé à devenir un extraordinaire *best-seller*. Son titre accusateur se passe de commentaires : *Les Francs-Maçons. Ce qu'ils sont. Ce qu'ils font. Ce qu'ils veulent.* Plus puissants que jamais, les projecteurs conspirationnistes s'étaient rallumés. Comme au temps de Le Franc et de Barruel, la secte démoniaque était désignée à la vindicte publique[71]. Exactement au même moment, avait aussi commencé la « judaïcisation » du complot maçonnique[72], avec la parution en 1869 du livre du chevalier Roger Gougenot des Mousseaux, *Le Juif, le Judaïsme et la Judaïsation des peuples chrétiens*. Ce « véritable traité d'antimaçonnisme et de judéophobie catholique contre-révolutionnaire[73] », pour reprendre les mots de Pierre-André Taguieff, offrait d'étonnantes similitudes avec les prétendues révélations de Simonini, des révélations monstrueusement toxiques.

Bien que l'on ne puisse pas totalement exclure l'hypothèse d'un faux inventé par Barruel[74], il y a de fortes présomptions pour que l'abbé soit étranger à la conception d'une lettre dont la judéophobie virulente correspond mal à sa prose ordinaire. L'affaire, hélas, n'a cependant rien d'anecdotique. Les révélations délirantes du militaire italien ont en effet largement contribué à engendrer le plus célèbre faux de l'histoire contemporaine. Avec la publication de la lettre de Simonini, un grand mal a été accompli. La route menant aux *Protocoles des Sages de Sion* s'est ouverte. Et, par leurs liens présumés ou avérés avec l'affaire Simonini, les *Mémoires pour servir à l'histoire du jacobinisme* se présentent comme le premier jalon conduisant au livre meurtrier.

La perfidie d'Albion : vrai mythe et miettes de réalité

> Comme l'idée dominante des aristocrates français a toujours été que les grands changements dans l'ordre social tiennent à des anecdotes particulières, ils ont accueilli pendant longtemps l'absurde bruit qui s'était répandu que le ministère anglais avait soudoyé les troubles révolutionnaires. Les Jacobins, de leur côté, ennemis naturels de l'Angleterre, ont assez aimé plaire au peuple en affirmant que *tout le mal venait de l'or anglais répandu en France*. Mais quiconque est capable d'un peu de réflexion ne saurait croire un moment à cette absurdité mise en circulation[75].

Ces lignes sont extraites des *Considérations sur la Révolution française* de Mme de Staël parues quelques mois après la mort de leur auteur survenue, hasard du calendrier, un 14 juillet. Bien qu'inachevé, l'ouvrage n'est pas sans mérites. L'on y découvre une analyse qui, en prenant de la distance et de la hauteur, voit surgir presque à chacune de ses pages l'ombre paternelle. C'est peu dire en effet que Germaine de Staël se montre une ardente neckromane. L'admiration sans faille qu'elle voue à son père se double d'une anglophilie qui s'est encore renforcée après son séjour en Grande-Bretagne en 1813.

La dernière partie des *Considérations* se présente comme une espèce de volume additionnel aux *Lettres philosophiques*. La parenthèse révolutionnaire et impériale a en effet confirmé chez cette libérale la validité du modèle politique et social que louait Voltaire en 1734. Il suffit de parcourir la campagne anglaise, nous dit-elle, faussement candide, pour réaliser que l'on est arrivé à Salente : « Presque tous les hommes sont bien vêtus, presque aucune cabane n'est en décadence, les animaux eux-mêmes ont quelque chose de paisible et de prospère, comme s'il y avait des droits aussi pour eux dans ce grand édifice de l'ordre social[76]. » Ce pays où tout, ou presque, est paix et harmonie, et ce jusqu'à l'attitude flegmatique, bien anglaise, en somme, des sujets ovins, bovins et équidés du roi George, ce pays doit son bonheur à une révolution qui fut fort différente de celle de France : « Aucun peuple de l'Europe ne peut être mis en parallèle avec les Anglais depuis 1688 : il y a cent vingt ans de perfectionnement social entre eux et le continent. La vraie liberté, établie depuis plus d'un siècle chez un grand peuple, a produit les résultats dont nous sommes les témoins[77]. » En d'autres termes, ne cherchons pas derrière l'écrasement de l'Empire napoléonien une ultime conspiration ourdie par la Perfide Albion contre son ennemie naturelle. C'est par une guerre d'usure, mais menée à la loyale, une guerre qui vit s'opposer l'esprit de liberté au despotisme de la multitude puis d'un individu, qu'Albion est sortie gagnante d'un quart de siècle de convulsions politiques. Conspiration britannique ? Laissons aux royalistes, aux Jacobins et aux bonapartistes, tous aussi bornés les uns que les autres, cette misérable interprétation des faits.

En 1783, pendant son bref séjour en France, William Pitt fut présenté aux Necker, qui nourrissaient le projet de le marier à leur fille Germaine. L'on évitera d'épiloguer sur ce qu'aurait produit l'union de deux êtres, certes suprêmement intelligents, mais au caractère si dissemblable… Est-ce le souvenir de cette brève rencontre ? Toujours est-il que l'auteur de *De l'Allemagne* paraît avoir conservé de l'estime pour l'homme qui fut pendant près de vingt années à la tête du cabinet britannique. Pour Germaine de Staël, aucun doute n'est permis sur la conduite du Premier ministre : « Comment supposer que des individus, très respectables dans leur caractère privé, auraient soudoyé, dans la dernière classe du peuple, des hommes qui ne pouvaient alors se mêler des affaires publiques que par le vol ou par le meurtre ? » Et la femme de lettres d'invoquer l'autorité paternelle : « Entendant parler sans cesse de prétendus agents secrets de l'Angleterre, il [*Necker*] fit l'impossible pour les découvrir [...] toutes les recherches de la police, ordonnées et suivies pendant son ministère, servirent à prouver que l'or de l'Angleterre n'était pour rien dans les troubles civils de la France. Jamais on n'a pu trouver la moindre trace d'une connexion entre le parti populaire et le gouvernement anglais[78]. »

C'est exact. Mais l'esprit complotiste, chère Germaine, se nourrit autant de prétendues preuves que de leur totale absence, celle-ci devenant alors la preuve ultime, décisive, d'une conspiration menée à la perfection. Si beaucoup continuent aujourd'hui de croire au complot maçonnique, c'est, je l'ai signalé, parce que celui-ci n'a laissé aucune trace. Il en va de même du complot britannique.

Arrivé à ce stade de mon exposé, il me faut, une fois n'est pas coutume, quitter mon habit d'historien pour rapporter une anecdote personnelle qui a beaucoup compté dans la confection du livre que je suis en train d'écrire. La scène se passe à Besançon à la fin des années 1990. Le jeune universitaire que j'étais est invité à faire une conférence devant une société savante. J'y présente la vie et les idées d'un homme de lettres comtois du XVIIIe siècle, l'abbé Coyer, théoricien d'un patriotisme qui trouvera sa pleine expression en 1789. À l'issue de mon intervention, je suis abordé par un monsieur qui, bien que courtois, ne peut dissimuler son irritation. À le suivre, je me serais servi de Coyer, dont j'avais souligné à plusieurs reprises l'anglophilie, pour faire l'apologie de la Grande-Bretagne et, tout particulièrement, de son régime politique. J'ai beau expliquer que les citations pleines d'admiration pour la Constitution et la société britanniques ne sont pas sorties de ma plume mais de celle de Coyer, rien n'y fait. Je parle à un mur. Et c'est alors que j'entends ces mots stupéfiants : « Mais *vos* Anglais dont vous ne cessez de vanter la supériorité, Monsieur, *vos* Anglais ont été la cause de tous nos malheurs. Tout le monde sait que c'est l'Angleterre qui a provoqué la Révolution française en distribuant de l'or aux émeutiers. » Terrible erreur de ma part, je tente de dissiper chez mon interlocuteur cette fausse croyance en lui rappelant qu'on n'a jamais trouvé la moindre preuve de ce prétendu complot. Réponse immédiate, aussi tranchante que le couperet de Louison Guillotine : « Mais, Monsieur, vous me paraissez bien naïf pour un universitaire ! Si l'on n'a pas trouvé de traces, c'est tout simplement parce que le gouvernement britannique les a détruites. »

Ce dialogue de sourds eut un effet stimulant. Sans celui-ci, je n'aurais sans doute jamais songé à étudier la croyance en l'or de Pitt, puis à m'intéresser au complotisme de l'époque révolutionnaire.

Revenons aux pièces à conviction. Comme les quelques historiens de la Révolution qui l'ont précédé et qui réussirent à conserver leur sang-froid devant le tourbillon factuel, Adolphe Thiers avouait son impuissance : « Ce qu'on peut dire de mieux, c'est que le temps, qui découvre tout, n'a rien découvert à cet égard[79]. » Ces lignes datent de 1823. Elles n'ont jamais été démenties. Chronos a fait chou blanc. Sauf découverte fracassante à mon sens très peu probable, l'origine britannique de la Révolution doit être rangée sous la rubrique « Conspirations imaginaires » aux côtés de celles des protestants, des philosophes, des maçons et des *Illuminaten*.

Que le ministère britannique n'ait pas cherché à déclencher le pandémonium en France est un fait. Que ce même ministère, quatre ans plus tard, une fois la guerre déclarée, ait tenté d'influer sur le cours politique d'un pays devenu ennemi est une hypothèse qui, en revanche, ne doit pas être rejetée. La fabrication de faux assignats pour ruiner les finances de la République montre que Whitehall ne dédaignait pas les méthodes douteuses. Le cabinet de Londres est-il allé plus loin ? Pitt a-t-il revêtu, comme le soutenait Camille Desmoulins, le pantalon des sans-culottes les plus extrémistes pour semer l'anarchie et porter un coup fatal à la République ? Certaines « pièces à conviction » ont en réalité été forgées par la propagande française, comme la prétendue lettre découverte à Lille. Mais ces faux, qui paraissent indiquer que l'image maléfique de Pitt aurait été sciemment construite par les révolutionnaires, ne parviendront jamais à totalement innocenter le gouvernement anglais. Après tout, Whitehall a peut-être réussi à effacer toutes les traces de ses forfaits...

Le cabinet de Londres est-il allé plus loin ? Oh que oui, et même très loin, affirme Olivier Blanc dans un livre défendant une thèse sensationnelle. La Terreur, et notamment son durcissement après la loi du 22 prairial an II (10 juin 1794), prendrait largement sa source en Grande-Bretagne[80]. Le gouvernement anglais réussit à stipendier plusieurs révolutionnaires pour porter l'extrémisme à son comble, cette politique du pire ayant pour but de renforcer le sentiment de rejet envers la République. Un homme, notamment, aurait été au centre de ce plan : Bertrand Barère, dont on a pu lire au chapitre précédent les envolées oratoires si particulières. Aurait-il joué à l'anglophobe exalté pour mieux masquer son activité de taupe au sein du Comité de salut public ? Sans que l'on sache qui en fut l'auteur, il y eut effectivement des fuites : des comptes rendus des réunions du Comité ont été transmis à Londres.

L'hypothèse, si elle est séduisante, repose hélas sur du sable. Non seulement le raisonnement de l'auteur se fonde sur une connaissance défaillante de l'histoire britannique et de la politique de Pitt, qui est dépeinte à l'aide des lieux communs les plus éculés, mais le propos, riche en extrapolations aventureuses, ne peut emporter l'adhésion du lecteur. Loin de nourrir le débat historiographique sur l'origine de la Terreur et son accentuation après la loi de Prairial, le livre se donne finalement à lire comme une espèce de suite au cycle romanesque qu'Alexandre Dumas consacra à la Révolution.

Pour quiconque entend saisir les attitudes des Français face à l'Angleterre pendant l'épisode révolutionnaire, l'étude de Norman Hampson demeure, quant à elle, une référence fondamentale. J'ai déjà souligné l'apport de cet ouvrage sur notre connaissance des fausses nouvelles et des faux documents incriminant Albion après la déclaration de guerre. Si l'historien britannique se montre très sceptique devant les accusations d'une main tapie dans les bureaux de Whitehall, il n'en demeure pas moins perplexe devant un document.

Il s'agit d'une lettre conservée aux Archives nationales qui se présente comme avoir été rédigée à « Whitehall » et qui est datée d'un « vendredi 13 » de l'année 1793, ce qui laisse le choix entre deux dates : le 13 septembre ou le 13 décembre. La lettre est adressée au banquier suisse Jean-Frédéric Perregaux, figure notoirement mondaine de la finance sous l'Ancien Régime et la Révolution. Voici sa traduction opérée par mes soins :

> Les renseignements que vous nous avez envoyés ont été très satisfaisants et ont donné une satisfaction sincère à 12. Nous vous prions de continuer vos efforts et d'avancer trois mille livres à Mr. C. D., douze cents livres à W. T. et mille livres à De M. pour les services essentiels qu'ils nous ont rendus *en soufflant le feu* [*en français dans le texte*] et en portant le... des Jac... au paroxysme de la fureur. Nous espérons que par leurs efforts et ceux d'autres personnes que nous enverrons bientôt, l'ancien 7 sera de nouveau rétabli, ou, du moins, le présent O prolongé pendant plusieurs années.
>
> Staley a apporté votre dernier [*courrier ?*]. Nous sommes déterminés à accéder à la demande de C. D. Vous serez heureux de lui avancer les 18 000 livres et d'avoir la gentillesse de l'aider à découvrir les canaux dans lesquels l'argent peut être le plus utilement distribué[81].

Un détail capital nous oblige à ne pas jeter trop promptement cet étrange document à la corbeille. La lettre porte en filigrane une figure de Britannia entourée d'un cercle et surmontée d'une couronne. Comme le remarque fort justement Hampson, il est peu probable que le gouvernement révolutionnaire ait alors eu les moyens de fabriquer ce filigrane. La lettre a bel et bien été écrite sur du papier officiel du gouvernement britannique. La signature, un « N » majuscule, accroît encore les soupçons à l'encontre du ministère anglais. Derrière ce « N » énigmatique pourrait très bien se cacher le sous-secrétaire d'État Evan Nepean, qui faisait partie de l'équipe organisant le Secret Service. Perregaux, enfin, était connu de longue date pour ses nombreuses relations britanniques.

Serait-ce la preuve décisive ? Bien que le faisceau de présomptions soit, on le constate, nettement en défaveur du gouvernement britannique, le contenu de ce document et l'usage, ou plutôt le non-usage qu'en firent les autorités françaises incitent à la prudence. Le contenu, tout d'abord, est plus que bizarre. Pourquoi la lettre n'a-t-elle pas été totalement chiffrée ? Certes, les initiales ne permettent pas d'identifier à coup sûr les agitateurs publics. Mais, en ces temps de suspicion généralisée, et le gouvernement de Londres n'est pas à ce point naïf pour l'ignorer, une simple initiale peut tuer. Un homme, par ailleurs, est mentionné en toutes lettres. Ce Staley, qui fut chargé d'une mission en France avant la déclaration de guerre, risque très gros. Il en va de même, bien sûr, pour Perregaux, destinataire d'une missive qui pourrait le conduire *illico presto* au rasoir égalisateur. L'on a par ailleurs du mal à comprendre pourquoi le gouvernement britannique, qui, de longue date, savait qu'une partie de la France le regardait comme l'instigateur de tous les troubles, aurait poussé un plaisir carrément masochiste jusqu'à indiquer en toute transparence le lieu de confection (« Whitehall ») de la lettre. Pis encore : pourquoi avoir rappelé, en chaussant d'immenses sabots, l'endroit où agissaient nos trois agitateurs stipendiés, ce « ... of the Jac... », que, même dans sa version originale, le Français le plus mauvais dans la langue de Shakespeare aurait immédiatement identifié ? Pis encore : pourquoi avoir poussé le vice jusqu'à détailler, et cette fois en français dans le texte, la mission du trio diabolique, « soufflant le feu » pour porter les Jacobins « *to a paroxysm of fury* », expression qui, à nouveau, pourrait être traduite par le plus cancre des élèves en anglais ? Si cette lettre est effectivement l'émanation des services secrets de Sa Majesté britannique, il faudra conclure que ceux-ci étaient entre de bien pitoyables mains.

Le Secret Service, comme l'ont montré Alfred Cobban dans un article pionnier, puis Elizabeth Sparrow dans un ouvrage très détaillé[82], n'était certes pas en 1793 la machine huilée et sophistiquée qu'il deviendra à l'époque des guerres napoléoniennes. Il n'en reste pas moins que les quelques hommes qui étaient alors chargés de l'espionnage et des menées secrètes dans la France révolutionnaire étaient loin de ressembler à l'espèce d'ancêtre des Pieds Nickelés qui correspondait avec Perregaux. Les mésaventures de ce dernier suggèrent également que ce document, qui aurait théoriquement dû le conduire à l'échafaud, n'était peut-être pas aussi authentique qu'il en avait l'air. Le banquier suisse a en effet été arrêté le 14 décembre 1793, non point à cause de la lettre compromettante, mais pour ses prétendus liens avec le duc du Châtelet. Si le fils de la maîtresse de Voltaire paya de sa vie ses activités contre-révolutionnaires, Perregaux fut pour sa part relâché quelques jours plus tard. Il traversera l'épisode de la Terreur sans être à nouveau inquiété[83]. La lettre accusatrice fut quant à elle classée avec des documents incriminant les dantonistes. Fait à nouveau étrange, elle ne fut pas produite lors de leur procès.

Récapitulons : le papier est officiel et la lettre a été de toute évidence écrite par un anglophone. Son contenu pour le moins baroque et l'absence de poursuites à l'encontre de Perregaux semblent néanmoins écarter la piste londonienne. L'on ne peut rejeter l'hypothèse d'un faux rédigé, pour lui donner plus de crédit, par un ressortissant britannique ou américain sur du papier vierge trouvé, par exemple, dans l'ambassade d'Angleterre, désertée après le 10 août. Dans quel but ? Accuser, comme le faisait au même moment Desmoulins, l'ennemi d'attiser les braises de la radicalisation ? Mais pourquoi, dans ce cas, cette lettre n'a-t-elle pas été rendue publique comme le furent les documents de Lille ?

La main de Londres ne peut néanmoins être mise totalement hors de cause. Rappelons le contexte militaire. L'année 1793, on le sait, fut celle de tous les dangers pour la jeune République et, partant, celle de toutes les illusions pour la Première Coalition. Au printemps, éclatait l'insurrection vendéenne, puis, au début de l'été, la révolte fédéraliste. Au même moment, le pays était envahi de tous côtés. Au nord, les troupes du duc d'York pénétraient en France. Au sud, les Britanniques débarquaient à Toulon puis s'emparaient de la flotte française. À l'automne, la ville arborait le drapeau royaliste. Il faudra attendre les victoires de Hondschoote (8 septembre 1793) et de Wattignies (15-16 octobre 1793) libérant le Nord de l'invasion, puis la prise de Toulon par Bonaparte (16-17 décembre) pour que, dans le camp coalisé, se dissipe l'espoir d'une guerre brève. Se berçant d'illusions sur l'imminence de la victoire, le cabinet de Londres a-t-il voulu précipiter l'effondrement de la République en attisant les divisions, en « soufflant le feu » aux Jacobins pour porter le club au « paroxysme de la fureur » ? L'hypothèse, même si elle ne correspond pas aux principes de Pitt et de Grenville, qui refusent de considérer la guerre comme un conflit idéologique[84], ne peut être totalement écartée.

Si le doute reste entier pour les premières années de la guerre, il n'en va plus de même après Thermidor. Après la chute de Robespierre, le ministère britannique met sur pied les bases d'une véritable guerre secrète avec l'envoi en Suisse d'un agent habile et déterminé, William Wickham, qui constitue, à partir de Bâle, un vaste réseau d'espionnage et de soutien aux royalistes. Dans un premier temps, Wickham nourrissait l'espoir de fomenter un soulèvement contre-révolutionnaire. Mais l'échec de l'insurrection royaliste du 13 vendémiaire an IV (5 octobre 1795) le porte à renoncer à ce plan. Et c'est alors que l'or de Pitt sort du mythe pour devenir une réalité tangible. Après la mise en place du régime du Directoire, l'objectif de l'agence suisse de Wickham est en effet d'influer, à coups de subsides, sur les élections qui auront lieu au printemps 1797 pour le renouvellement d'un tiers des Conseils[85]. Comme on le remarque, l'on est loin du projet d'anarchie généralisée de 1793. L'argent dépensé a pour objectif d'établir un régime modéré non point à l'aide des poignards de quelconques « exagérés », ni au moyen de politiciens stipendiés pour propager la Terreur, mais en usant d'une arme on ne peut plus *british*, une arme consubstantielle à la vie politique britannique du XVIIIe siècle : la bonne vieille corruption électorale.

« La Révolution est finie » : quand la conspiration cesse d'être imaginaire

On connaît les derniers mots de la proclamation accompagnant le texte de la Constitution de l'an VIII instituant le régime du Consulat : « Citoyens, la Révolution est fixée aux principes qui l'ont commencée ; elle est finie. » Cette déclaration catégorique a souvent été mal interprétée. Pour Bonaparte et ses collègues consuls, le cours de la Révolution, pour être enfin apaisé mais non point totalement arrêté, devait être « fixé » à ses « principes » originels, en bref, à l'esprit de 1789[86]. Considérée à l'aune des complots imaginaires qui n'ont cessé d'alimenter les propos et les écrits pendant dix années, la proclamation consulaire prend un tour saisissant. Dans les « principes qui l'ont commencée », l'on serait certes bien en peine de mettre la main sur les forces occultes qui l'auraient mise en branle. Mais il n'en va plus de même des péripéties politiques de l'an VIII, qui, du retour de Bonaparte d'Égypte aux conciliabules secrets chez Sieyès et chez Lucien Bonaparte, eurent pour but de faire de la Révolution une entité « finie ». C'est ce qu'a bien observé Malouet :

> [...] je n'ai point vu de faction dirigeante, pas même le club des Jacobins, qui vivait au jour le jour, comme le parti de la cour. J'ai vu, dans tous les partis, un état de choses tellement désordonné en fausses combinaisons, en caractères faibles et violents, en prétentions et en oppositions insensées, qu'il devait en résulter tout ce qui est arrivé. [...] Quoi ! point de chef, point de plan dans le parti populaire ! Non : ce qu'on peut véritablement appeler un chef, exécutant un plan combiné, soit par lui, soit par sa faction, je ne connais pas une telle chose dans le cours de la Révolution jusqu'à la journée du dix-huit Brumaire[87].

Même si l'opération, on le sait, frôla un moment le désastre[88], les faits sont devant nos yeux. La mise à mort du Directoire et, par-delà, la volonté de mettre fin à une décennie d'agitation politique au moyen d'une constitution établissant un régime fort, cet événement, le pays ne le doit point à un nouveau soulèvement de masse ou à la détermination de quelques centaines de députés. La France consulaire qui est en train de naître a été conçue dans le plus grand secret par un trio de conjurés : Sieyès, Napoléon et Lucien Bonaparte. Ce qui hantait les esprits depuis 1789 a bel et bien quitté l'univers des fantasmes pour devenir un fait tangible.

Brumaire était en réalité prévisible. Et pas simplement parce que le Directoire avait pris l'habitude de gouverner, à Paris, comme dans les républiques-sœurs, en fomentant des coups d'État dès que les oppositions, de droite ou de gauche, mettaient le régime en péril[89]. Si le coup d'État de Brumaire, ou, pour être plus exact, la fin du Directoire programmée par un complot, était si prévisible, c'est en raison d'un précédent. La conjuration des Égaux de Babeuf de 1796 constitue en effet le premier grand épisode souterrain de la Révolution. Ce que préparaient Gracchus Babeuf, Philippe Buonarroti, Sylvain Maréchal et les autres conjurés n'était pas un simple coup de barre à gauche d'une Révolution qu'ils jugeaient avachie depuis Thermidor. C'était le déclenchement d'une nouvelle révolution, une révolution tendue vers un but qui n'avait jamais été mis à l'ordre du jour, même entre 1793 et 1794 : une révolution résolument égalitaire. « La Révolution française », écrivait Sylvain Maréchal dans son *Manifeste des Égaux*, « n'est que l'avant-courrière d'une autre Révolution bien plus grande, bien plus solennelle, et qui sera la dernière »[90].

Ce moment pour ainsi dire eschatologique, ces mille ans de bonheur d'une république fondée sur la devise « l'égalité réelle ou la mort[91] » qu'ils brûlaient de porter sur les fonts baptismaux, les Égaux ne pouvaient l'imaginer naître d'une nouvelle insurrection analogue à celles d'octobre 1789 ou de juin 1793. Trop d'amateurisme. Trop de risques. En témoignait l'échec lamentable des dernières journées révolutionnaires du 12 germinal et du 1er prairial an III (1er avril et 20 mai 1795). Ce double fiasco militait pour un plan rigoureux, élaboré dans la clandestinité, qui, seul, pourrait ouvrir les portes au grand changement.

Peu importe le nombre des conspirateurs. Ce qui compte est la préparation de ce qu'on dénommera un siècle plus tard le « grand soir ». La conjuration des Égaux a fait entrer la Révolution dans une nouvelle ère, celle du romantisme insurrectionnel. Peu importe que le plan babouviste ait échoué. Quelques mois plus tard, le succès de la conjuration de Sieyès et des deux Bonaparte confirmera chez certains que les projets les plus ambitieux, voire les plus irréalistes, peuvent être couronnés de succès. Nul doute que la croyance aux causes occultes, si elle est toujours aussi vivante à l'heure où j'écris ces lignes, doit en partie sa longévité à cette conviction puissante, cautionnant aussi bien le conspirationnisme de gauche que celui de droite : il suffit d'être deux ou trois dans une pièce à l'abri des oreilles indiscrètes pour changer la face du monde.

Chapitre 5

Expliquer l'inexplicable

Cette révolution ne peut avoir été française. Elle n'a pu avoir été l'œuvre d'un peuple qui, hier encore, participait avec allégresse au sacre de son roi, un peuple qui, malgré quelques places inoccupées dans les églises, continuait de montrer une foi non seulement sincère mais ardente. Non, cette révolution ne pouvait avoir été conçue en France, ni même chez aucune autre nation, même la britannique, si haïssable soit-elle. Telle a été la conviction de plus d'un contemporain, pris de sidération devant « ce prodigieux et incalculable bouleversement, qui a donné de si terribles leçons aux rois et aux peuples, et a sans doute été destiné à punir de grands crimes[1] ».

Ces mots sont de Jacob-Nicolas Moreau. Alors presque aveugle, l'ancien historiographe de France achève ses *Souvenirs* marqués en leur centre par le séisme de l'année 1789. Même si, on s'en souvient, Moreau incriminait Necker et les philosophes, ceux-ci n'étaient absolument pas en mesure de contrôler l'effroyable réaction en chaîne qu'ils avaient déclenchée. Peu importe au fond l'identité des innombrables conspirateurs qui se sont succédé dans les coulisses du cataclysme. Ces scélérats n'ont été que des pions : « Je ne puis m'empêcher de reconnaître un ordre surnaturel[2]. »

Moreau, qui a passé sa vie à défendre la constitution monarchique contre toutes les attaques dont elle a été l'objet, a renoncé, au regard de la décennie qui s'est écoulée, à trouver des circonstances atténuantes aux princes et à leur entourage. L'impiété était à ce point érigée en modèle au sommet de l'État qu'une catastrophe était devenue inévitable : « Et contre qui les potentats de l'Europe s'agitent-ils aujourd'hui ? Ces peuples qu'ils ont méprisés, opprimés, corrompus ; ces peuples, à qui ils ont donné l'exemple de l'infidélité ; ces peuples ignorants et crédules sont devenus leurs maîtres. L'exemple des cours leur disait : "*Il n'y a pas de Dieu*" ; et c'est par la bouche de ces peuples que Dieu a dit aux puissants de la terre : "*Il n'y aura plus de rois !*"[3] »

Cette catharsis sans précédent, et derrière laquelle se dessine la main de la Providence, Joseph de Maistre, mieux que quiconque, en a dévoilé la nature dans ses *Considérations sur la France* parues en 1797. Dès les premiers mots de ce maître-livre de la pensée contre-révolutionnaire, tout est dit et avec une limpidité cristalline :

> Nous sommes tous attachés au trône de l'Être suprême par une chaîne souple, qui nous retient sans nous asservir.
>
> Ce qu'il y a de plus admirable dans l'ordre universel des choses, c'est l'action des êtres libres sous la main divine. Librement esclaves, ils opèrent tout à la fois volontairement et nécessairement : ils font réellement ce qu'ils veulent, mais sans pouvoir déranger les plans généraux. Chacun de ces êtres occupe le centre d'une sphère d'activité, dont le diamètre varie au gré de l'*éternel géomètre*, qui sait étendre, restreindre, arrêter ou diriger la volonté, sans altérer sa nature[4].

Cet ancien franc-maçon ne croit pas une seconde au complot. Il n'a que faire des barruellismes. S'en remettre pleinement à la Providence et admettre que les agissements des hommes « librement esclaves » sont en permanence guidés par la « main divine » dispense d'aller fouiller dans les corridors empestés de l'activité humaine. La position transcendante de Joseph de Maistre est, au fond, l'issue la moins traumatisante pour un observateur sans boussole devant le monde qui a surgi devant ses yeux.

Le regard maistrien, on ne le sait que trop bien à ce stade de notre ouvrage, n'est cependant pas généralisable, tant s'en faut. Or, pour peu que l'on s'attache à trouver une réponse séculière à l'inexplicable, résoudre l'énigme revient à se lancer dans une quête qui a tout d'une torture abominable.

C'est dans cette chambre des supplices de l'insoutenable réalité que je vous invite maintenant à prendre place.

Et l'impossible, soudain, devint insoutenable

Bertrand Capmartin de Chaupy est un des nombreux écrivains qui vécurent leur petit quart d'heure warholien avant de sombrer dans l'oubli. Ses minutes de notoriété se sont réparties sur deux époques. La première, entre 1754 et 1756, est celle qui vit cet ecclésiastique ferrailler contre les jansénistes du Parlement de Paris. Réfugié en Italie pour échapper aux poursuites des parlementaires, Capmartin se consola en effectuant des recherches archéologiques. Il en tira la matière d'une étude consacrée à la *Découverte de la maison de campagne d'Horace*. S'écoulèrent alors ses derniers instants de célébrité. Revenu en France au début du règne de Louis XVI, l'homme poursuivait ses fouilles lorsque survinrent les premières secousses annonciatrices de l'ébranlement révolutionnaire.

Il entreprit aussitôt d'écrire un ouvrage dont le sujet, à l'instar de la foule d'essais et de pamphlets qui commençaient à inonder le royaume, porterait sur « les États qui devaient se tenir en 1789 ». Arrive le mois de mai de l'année mémorable et le début des États généraux. Le livre, « qui devait être achevé à leur ouverture, ne se trouva, à cette époque, que commencé[5] ». Ce retard regrettable bouleversa le projet de l'archéologue-homme de lettres. Pendant plus d'un an, il s'efforça de s'atteler à la remorque d'une actualité qui, jour après jour, ne cessait de s'emballer. Le résultat de cette course-poursuite perdue d'avance ? Un gros pensum de plus de 700 pages où, on pouvait s'y attendre, s'exprime sans retenue une interprétation souterraine de la Révolution française.

C'est la faute à Voltaire. Ou, pour être plus exact, au « voltairianisme », courant de pensée qui, « avec l'irréligion, la méchanceté et l'ignorance qui le caractérisent, a fait la révolution[6] ». De là le titre qu'a choisi Capmartin, distinguant la vraie et saine philosophie de ce qu'il nomme « MISOSOPHIE, qui veut dire, la haine de la sagesse[7] » et qu'il voit régner sans partage chez le roi Voltaire et ses héritiers, baptisés « Voltaire II » (d'Alembert) et « Voltaire III » (Condorcet).

Capmartin appartient à l'espèce pittoresque des graphomanes excentriques appréciant les formules et les mises en page sortant de l'ordinaire. Le titre de son livre mérite d'être retranscrit dans son intégralité. Seule l'orthographe a été modernisée :

PHILOSOPHIE
DES LETTRES
Qui aurait pu tout sauver.
MISOSOPHIE
VOLTAIRIENNE
Qui n'a pu que tout perdre.

> OUVRAGE inutile à la présente tenue des États pour laquelle il avait été entrepris, mais qui pourra servir à celle qui pourra lui succéder, si la mode s'en continue.
>
> À PARIS.
> En la double année des événements que nos glorieux pères n'auraient jamais pu prévoir, et que nos neveux, s'ils redeviennent de bons Français, ne pourront point croire,
> C'est-à-dire, en 1789 et 1790.

C'est indéniablement sous l'effet du traumatisme des « événements » qu'est né cet ouvrage au titre plutôt bizarre. Un titre qui porte, comme une marque brûlante, l'énigme qui torture plus d'un observateur : le caractère proprement inconcevable de la Révolution française, série d'« événements que nos glorieux pères n'auraient jamais pu prévoir ». On se rappelle que Chateaubriand, et d'une manière nettement moins hirsute, faisait un constat analogue. Les Français de 1780, observait-il, n'étaient même pas capables d'envisager les effets de la révolution américaine sur l'Europe. Comment, s'interroge à son tour Capmartin, auraient-ils pu alors concevoir qu'en l'espace d'une minuscule année se produiraient « des changements qui n'auraient pu être emmenés par des siècles[8] » ?

L'effondrement soudain d'un monde qui paraissait devoir durer éternellement fut naturellement un choc terrible pour ceux qui y étaient, ou par conviction profonde ou par intérêt, profondément attachés. L'exemple de Morellet montre néanmoins qu'en dépit de tout le dégoût que pouvaient susciter 1789 et les millésimes ultérieurs, il était tout à fait possible de raison garder et de ne pas sombrer dans les interprétations alternatives.

Mallet du Pan nous présente lui aussi un remarquable môle de sang-froid face aux tempêtes assaillant au même moment d'autres crânes :

> Attribuez la chute de la monarchie française à l'ordre des Templiers et à ses successeurs, aux rêveries inintelligibles de quelques pédants d'Allemagne, que vous ne comprendrez pas vous-même ; faites d'un prince efféminé, sans courage d'esprit, sans moyens, sans talent, faites de ce duc d'Orléans, instrument aveugle de cent bandits entreprenants, et tellement absurde dans ses crimes que chacun d'eux le poussait à l'échafaud, faites-en un Cromwell et remettez-lui le sceptre de la révolution. Montrez-nous que, dans son ensemble et ses détails, elle fut préméditée, organisée, et déployée comme un automate dans les mains de Vaucanson. Qu'il n'y ait pour vous rien d'obscur ni de douteux. Soyez tranchant dans vos interprétations et vos jugements ; copiez des sottises de parti et des bruits de société ; écrivez l'histoire comme l'almanach boiteux, vous aurez des prôneurs et une pension de votre libraire[9].

Mallet a cent fois raison. Mais cet ancien disciple de Voltaire est dans l'absolue incapacité de comprendre le raisonnement d'un homme comme Capmartin, lequel, tout en admettant avoir été témoin de choses littéralement impensables, formule le vœu que ses « neveux, s'ils redeviennent de bons Français, ne pourront point croire » à ce qu'il a lui-même observé.

Tout est dit dans cette formule. Les faits sont certes devant nos yeux. Mais ces faits, espérons-le, nous les aurons bientôt oubliés. L'insoutenable réalité d'hier sera, et le plus tôt sera le mieux, placée sous un épais sarcophage qui l'isolera du monde extérieur jusqu'à la fin des temps. Et, alors, la France entière vivra heureuse. Heureuse dans le déni.

Lorsqu'il émet ce vœu, Capmartin ne songe pas uniquement à ses descendants. Tous ceux qu'il regarde comme de « bons Français », qu'ils soient de 1789, de 1790 ou des années qui suivront, sont en effet dans l'incapacité absolue de regarder en face ce qui s'apparente à un très long cauchemar. Un cauchemar, qui, comme le sont tous les mauvais rêves, même les plus affreux, cédera tôt ou tard la place à la réalité sereine et rassurante d'un régime qui n'a cessé d'être l'ordre des choses naturel, un régime qui n'est point, comme le prétendent les démons qui peuplent ledit cauchemar, un ordre politique, social et religieux à jamais révolu.

Quatre-vingt-neuf, année noire sur fond noir. L'impossible a surgi de nulle part ; l'impossible est devenu possible ; mais l'impossible devenu possible ne peut être possible. Or, à la différence des cauchemars ordinaires, l'impossible ne se dissipe pas. Bien au contraire : jour après jour, le cauchemar s'épaissit, prend un tour de plus en plus horrifique. Que faire, si ce n'est chercher à tout prix quelque réconfort ? L'univers parallèle des explications alternatives a ouvert ses portes en grand. Il attend l'arrivée des spectateurs de l'interminable tragédie qui se joue devant leurs yeux hagards.

Rétrocomplotisme

Lorsque Capmartin de Chaupy prend la décision, à l'automne 1788, de proposer aux Français ses réflexions sur la prochaine réunion des États généraux, s'est d'ores et déjà mis en branle le processus qui le conduira, quelques mois plus tard, à interpréter la tornade événementielle à l'aune de la théorie du complot. Ouvrons le pamphlet que Simon Nicolas Linguet fait paraître alors que Capmartin s'est mis à son livre. Son titre, *La France plus qu'anglaise*, attire immédiatement le regard. Le journaliste y compare le climat de plus en plus animé que vit alors le pays à celui que connut l'Angleterre en 1640-1641 lors du procès intenté au comte de Strafford, principal conseiller de Charles Ier, qui marqua les débuts de la révolution et pesa de tout son poids dans le déclenchement de la guerre civile.

La France de 1788 s'est mise au diapason de l'Angleterre des Stuarts lorsque l'autorité de Charles Ier fut battue en brèche par le Long Parlement. *Mutatis mutandis*, c'est à ce spectacle que l'on assisterait depuis quelques mois dans l'Hexagone, où aurait été ourdie « une conjuration pour en réduire le roi à n'être plus qu'un stathouder ». Nul doute, assure Linguet, que cette conjuration visant à abaisser le pouvoir de Louis XVI pour en faire un nain politique analogue au falot Guillaume V d'Orange s'inspire largement du précédent insulaire : « En chapeaux, en frocs, en jockeys, en wiskis, en attroupements séditieux, en réjouissances turbulentes et dangereuses, le peuple français n'a pu qu'imiter le peuple anglais et s'en approprier les façons de faire comme le costume. En audace républicaine, ou plutôt en licence anarchique, les conseillers du roi dans les Gaules ont trouvé moyen de laisser bien loin derrière eux les riverains de la Tamise[10]. »

La mode anglomane a en effet pris un tour politique de plus en plus ostensible à la fin de l'Ancien Régime. Qu'on soit premier prince du sang ou simple petit-maître, vivre à l'anglaise revient fort souvent à endosser la posture de l'opposant. En cette année 1788 qui a vu l'échec lamentable de la mise au pas des Parlements par Brienne et Lamoignon, être opposant signifie épouser avec enthousiasme la cause des cours souveraines. Linguet craint le pire. Mais quel est ce « pire » ? Ce « pire » est une révolution à l'anglaise, c'est-à-dire une révolution dont la force motrice serait incarnée en France par les Parlements, ces cours de justice qui n'ont eu de cesse de faire valoir auprès du pouvoir leurs prétentions politiques. En d'autres termes, si la perspective d'une monarchie limitée est envisagée par le polémiste, ce n'est certainement pas la configuration de 1789 qui s'impose à lui. À la date où il couche ses réflexions sur le papier, « l'année sans pareille » est toujours inimaginable.

Le spectre du complot, en revanche, est d'ores et déjà bien présent. Et la raison de son surgissement dans le paysage mental de la France prérévolutionnaire nous est explicitement livrée par Linguet. Il s'agit des « incidents qui se sont succédés [*sic*] avec une rapidité inouïe, sans exemple dans aucune histoire, depuis le mois d'août 1787[11] ».

Le choix de la date se comprend car c'est alors que se cristallisa l'opposition parlementaire à la grande réforme tentée d'abord par Calonne puis reprise par Loménie de Brienne. Mais Linguet aurait pu remonter encore en amont. C'est en réalité le 22 février 1787, date de la première réunion de l'Assemblée des notables convoquée par Louis XVI pour sanctionner la réforme de son contrôleur général des Finances, que l'univers politique dans lequel se mouvaient les Français depuis le règne de Louis XIV connut sa première inflexion majeure.

En entonnant sa grande aria réformatrice et en présentant comme des « abus » les privilèges qui structuraient la société d'ordres, Calonne lançait ni plus ni moins le processus révolutionnaire. L'ouverture de l'Assemblée des notables faisait également faire à la France, institutionnellement parlant, un spectaculaire bond dans le passé. L'on se trouvait subitement transporté en 1626, date de la dernière réunion des notables. La monarchie, qui craignait l'opposition des Parlements au train de réformes de Calonne mais qui redoutait tout autant la réunion d'États généraux difficilement contrôlables, crut avoir trouvé la pierre philosophale en convoquant ces États généraux au petit pied, composés uniquement de personnalités triées sur le volet par le roi et qu'on espérait de ce fait bien plus malléables que les élus des trois ordres.

Il n'en fut rien : l'opposition étonnante qui surgit dès les premières séances eut pour résultat de provoquer la première reculade spectaculaire de Louis XVI depuis la disgrâce de Turgot en 1776. Calonne fut renvoyé et Loménie de Brienne nommé pour faire aboutir devant les Parlements la réforme qui n'avait pu se réaliser devant les notables. L'on connaît les effets de ce virage à 180 degrés : en août 1787, comme l'a bien remarqué Linguet, c'est à une fronde des cours souveraines que fait désormais face l'autorité, et une fronde soutenue par le peuple de la capitale. De là, chez le polémiste, l'analogie qu'il discerne avec l'Angleterre de 1640.

Mais revenons à ce mois de février 1787 qui, pour le sujet qui nous concerne, marque l'instant crucial. Une première lecture, optimiste, de la décision de convoquer les notables serait d'y voir un pouvoir plus que jamais maître de lui, qui, contournant le double obstacle des Parlements et des États généraux, aurait fort bien joué. Louis XIII et Richelieu, lorsqu'ils réunirent la dernière Assemblée des notables avant celle de 1787, ne raisonnaient-ils pas à la manière de Louis XVI et de Calonne ? Si fait. Mais à une nuance près. Le roi et le cardinal-ministre étaient dans une position de conquête de l'espace politique. Afin d'avoir les mains plus libres pour gouverner, ils désiraient se passer des États généraux. Il leur fallait néanmoins apaiser les craintes que pourrait susciter cette non-convocation. Leur solution fut de réunir une espèce de succédané de cette assemblée. En 1626, l'autorité royale était en train de bâtir, non sans mal, certes, comme le prouvera la Fronde, les fondements de la monarchie absolue. En 1787, en revanche, c'est au début du détricotage de la monarchie louis-quatorzienne que l'on assiste. Et ce détricotage, considéré sous l'angle des rapports de l'opinion avec l'autorité suprême, porte en lui des effets terriblement corrosifs.

Linguet, on le voit, n'a pas tort. Mais sa comparaison est mal venue. Ce n'est pas dans l'Angleterre de 1640 que sont transportés les Français de 1788 mais dans la France de Louis XIII, dans cette antichambre d'une monarchie absolue alors en construction et en lutte contre de multiples et redoutables formes d'opposition. Et ce n'est qu'un début. Si, en février 1787, le pays est retourné en 1626, en juillet 1788, lorsque tout le monde apprend la décision de convoquer des États généraux pour 1789, c'est à un nouveau bond dans le passé que sont conviés les Français. Nous ne sommes plus en 1626. Nous sommes désormais en 1614. La monarchie est revenue au temps de la minorité de Louis XIII lorsque, face aux troubles protestants, aux prises d'armes de la noblesse et aux conspirations de toute nature, elle devait se résoudre à réunir les trois ordres.

L'on comprend pourquoi Linguet, pour tenter de décrypter l'actualité opaque qui se déroule sous ses yeux, a choisi d'effectuer cette plongée dans le temps. Le pamphlétaire n'a, en réalité, fait que caler sa marche sur celle de l'évolution de plus en plus régressive du régime au fil des mois. Peu importe la distance séparant 1788 de sa référence, l'an de grâce 1640. Pour comprendre ce qui est en train de se produire, la seule ressource est de se référer au seul précédent historique ayant quelque similitude avec les faits contemporains. Les années médianes du XVIIe siècle ne cesseront, dès lors, de hanter les spectateurs et les acteurs de la Révolution. On se rappelle l'étrange détour historique de Camille Desmoulins, qui, en 1793, pour mieux accabler le Premier ministre britannique, assurait qu'« on ne peut nier aujourd'hui que Pitt, dans notre révolution de 1789, n'ait voulu acquitter sur Louis XVI la lettre de change tirée en 1641 par Richelieu sur Charles Ier. On sait la part qu'eut ce cardinal aux troubles du Long Parlement, où il pensionnait les plus zélés républicains[12] ». Peu importe que ces propos, très certainement inspirés par un passage des *Mémoires pour servir à l'histoire de Louis XIV* de l'abbé de Choisy mettant en cause la main de la France dans le déclenchement de la révolution d'Angleterre, soient historiquement intenables[13]. Ce qui compte est le magnétisme exercé sur les Français par une époque que les historiens ont qualifiée de « crise générale du XVIIe siècle », où l'on vit l'Europe presque tout entière en proie aux révoltes, aux révolutions, aux guerres et aux conspirations.

Plongés à partir de 1787 dans un univers politique qui ne peut plus donner l'impression de la stabilité, les Français n'ont d'autre ressource que de consulter fébrilement leurs livres d'histoire consacrés à la première révolution d'Angleterre et à la Fronde. Ils y trouveront suffisamment de conspirations pour alimenter leur imagination. Ou pour nourrir leurs projets, comme celui de Jacques Pierre Brissot, qui, en août 1787, recommande chaudement au duc d'Orléans de lire, pour s'en inspirer, les Mémoires du cardinal de Retz, un homme qui, assure Brissot, était passé maître dans « le grand art de conduire un parti ». Et de préciser sa pensée, alors que la résistance parlementaire aux mesures de Brienne a pris un tour résolu : « Les Mémoires du cardinal de Retz peuvent apprendre ce qu'on doit attendre du Parlement ; ils doivent être perpétuellement médités par tout homme qui veut être à la tête d'un parti[14]. » 1648 au service de 1787. Étourdissante causerie transtemporelle…

Le père absent

Avec quelques retouches, les explications fournies par Steven Kaplan sur une autre croyance qui hante les esprits de l'époque moderne, celle du complot de famine, peuvent nous éclairer sur le paysage mental de la France des années postérieures à 1786. Écoutons l'historien : « La croissance de l'État a habitué les Français à tout attendre de la puissance publique et du gouvernement toute autorité et toute initiative. C'est donc à lui de prévoir et de résoudre les problèmes, et il est du même coup responsable de tout ce qui va mal[15]. » Ce raisonnement, qui s'applique à l'État nourricier responsable de la quantité et de la qualité des subsistances, n'est pas sans résonance avec la situation politique des mois qui précèdent la réunion des États généraux, et, au tout premier chef, avec la place qu'occupe le souverain dans le cœur de ses sujets.

Pour avoir joué la carte de l'Assemblée des notables et échoué lamentablement à en tirer profit, Louis XVI a entamé la lente mais inexorable érosion de son image. La profonde dépression dans laquelle il sombre après la disgrâce de Calonne noircit encore le paysage politique. Tandis que le cadre de la monarchie absolue, un cadre que beaucoup croyaient immuable, est en train de se fissurer, tout se passe comme si la France avait perdu celui qui devait coûte que coûte demeurer fermement à la barre. Le roi est aux abonnés absents. Et ce n'est pas Marie-Antoinette, dont la réputation est déjà bien atteinte par l'affaire du collier et par la littérature de caniveau l'accusant de toutes les turpitudes, qui pourrait combler ce vide[16].

Un vide de plus en plus ressenti à mesure que se confirme le délitement du régime. Chacun sait que Louis XIV a transmis à ses successeurs un héritage politique qui s'apparente à un cadeau empoisonné. Être monarque absolu suppose en effet que l'on domine constamment les éléments, même lorsque ceux-ci sont déchaînés. Mais n'est pas Frédéric II qui veut. Louis XV, qui n'a pas réalisé qu'il lui était formellement interdit d'être un roi à temps partiel, fut, dès les années 1750, atteint par ce qui fut interprété comme de l'inaction, sur le terrain tant politique que militaire. L'image noire du « Mal-Aimé » lui collera à la peau jusqu'à sa mort. Certes, les treize premières années du règne de Louis XVI voient une monarchie peu ou prou en harmonie avec ce que l'on commence alors à appeler la « nation ». Mais Louis XVI, s'il est un capitaine compétent par temps calme, s'avère, dès les premiers grains de l'année 1787, totalement incapable d'affronter la tempête qui s'est levée. Les deux dernières années de l'Ancien Régime sont celles de l'effacement progressif et dramatique de celui qui, dans l'imaginaire politique populaire, comme l'a rappelé Michel Vovelle dans une étude suggestive, était toujours regardé comme une figure paternelle[17].

À mesure que la présence de père, que celui-ci soit nourricier ou gardien suprême de l'ordre en place, se fait de plus en plus diaphane et que la réalité politique et sociale subit des altérations de plus en plus évidentes, grandit la tentation de rechercher derrière ces faits plus qu'inhabituels une main cachée. Suivons toujours Kaplan, dont le raisonnement portant sur les subsistances possède une parenté très étroite avec le sujet qui nous occupe : « c'est le devoir du souverain de prévenir les crises de subsistances, ou au moins de les résoudre efficacement et rapidement. S'il échoue ou – ce qui revient au même –, si la crise se prolonge ou empire, il faut y voir la preuve avérée d'une volonté délibérée, d'un complot[18] ».

L'on se rappelle que, dès le printemps 1789, circulait le bruit d'un complot ourdi par l'Angleterre pour semer l'anarchie en France. Que les maladresses de l'ambassadeur Dorset aient favorisé l'éclosion puis la propagation de cette rumeur est un fait. Mais si ce bruit se propage aussi vite et jusqu'au sein de l'Assemblée nationale, c'est également en raison d'un état psychologique propice aux pistes explicatives alternatives. Sans boussole depuis l'espèce de démission de l'autorité royale après la séance d'ouverture des États généraux, les Français, qu'ils soient aristocrates ou patriotes – car les patriotes, à ce stade de la Révolution, se réfèrent toujours à l'autorité paternelle incarnée par le roi – sont devant une énigme. Ils attendent, pour retrouver leurs repères, les paroles d'un souverain qui reste étrangement muet. Ainsi, après le 4 juin 1789, date de la mort du Dauphin, lorsque Louis XVI, tout à sa peine, refuse d'accorder une audience aux députés. « Il est alors totalement inconscient de la gravité de la situation, observe l'historienne Annie Duprat. Le père de famille a pris le pas sur le souverain, fût-il le père de ses sujets[19]. »

Dans cet univers où tout se liquéfie, où la peur s'insinue dans un corps social qui se sent abandonné par l'autorité suprême, la rumeur prend alors aisément le pas sur les nouvelles officielles. Officielles... À quoi sert encore la *Gazette de France*, cette feuille bihebdomadaire dont les rubriques sentent la poussière d'un monde en voie de disparition ? Qui lit encore la *Gazette* lorsque le temps s'accélère prodigieusement, quand, jour après jour, l'assemblée du tiers délibère et vote ses premiers décrets, se rebaptise Communes, puis Assemblée nationale, puis Assemblée constituante ? L'information appartient aux nouvelles feuilles politiques toujours plus nombreuses à diffuser les nouvelles et à les commenter. L'heure est aussi aux rumeurs, jusqu'aux plus folles.

Une matrice : le complot aristocratique

En 1932, quelques mois avant la sortie des *Origines intellectuelles de la Révolution française* de Daniel Mornet, paraissait un autre grand livre d'histoire, dû, cette fois, à la plume de Georges Lefebvre, *La Grande Peur de 1789*. Hormis Marc Bloch, qui en dit beaucoup de bien, le livre reçut un accueil plutôt tiédasse de la part de la communauté universitaire. Manifestement, les spécialistes ne voyaient pas quel pouvait être l'intérêt de délaisser l'analyse factuelle pour des phénomènes aussi surréalistes que la peur panique, la rumeur, les idées fausses, les fausses nouvelles et les complots imaginaires.

Chacun connaît le phénomène qu'on a baptisé du nom de « Grande Peur », cette phobie des brigands qui se propagea dans les campagnes françaises au printemps et au début de l'été 1789. Alimentée, s'il m'est permis de m'exprimer ainsi, par les effets de la disette sur les organismes puis par les nouvelles et les rumeurs contradictoires en provenance de Paris et des villes touchées par la « révolution municipale », cette peur vira à la panique avant de se transformer en un mouvement puissant contre le régime seigneurial. « Ce n'est pas seulement le caractère étrange et pittoresque de la Grande Peur qui mérite de retenir l'attention, insiste Lefebvre. Elle a contribué à préparer la nuit du 4 août et, à ce titre, elle compte parmi les épisodes les plus importants de notre nation[20]. »

Ce « caractère étrange et pittoresque » est en réalité ce qui a motivé la confection de l'ouvrage. Avant Lefebvre, peu d'historiens de la Révolution avaient pris au sérieux l'univers mental dans lequel se mouvaient les Français de 1789. Premier titulaire de la chaire d'histoire de la Révolution à la Sorbonne, et auteur d'une *Histoire politique de la Révolution française* parue en 1901, Alphonse Aulard n'en soufflait mot. Il en va de même de l'*Histoire socialiste* de Jean Jaurès, contemporaine de l'ouvrage d'Aulard. Le seul à avoir perçu avant Lefebvre l'importance des phobies sur le cours de la Révolution est Hippolyte Taine, qui, dans sa relation horrifiée des lynchages de Foulon et de Bertier du 22 juillet 1789, insistait sur l'état d'esprit qui les a provoqués : « dans un peuple effaré par le désordre, exaspéré par la faim, affolé par le soupçon, un accusé est un coupable[21] ».

En évoquant le soupçon, Taine a eu le mot juste. C'est ce même soupçon, susceptible d'affoler la foule et de la rendre furieuse jusqu'à la démence meurtrière, qui est l'objet de l'attention de Lefebvre. Il en découle une analyse approfondie de la croyance au « complot aristocratique », croyance qui, pour l'historien, pesa d'un poids déterminant dans la genèse de la Grande Peur.

L'expression « complot aristocratique » est encore peu fréquente dans nos sources du printemps et de l'été de l'« année sans pareille ». Mais la croyance en un plan concerté visant à faire échouer par tous les moyens le processus réformateur en passe de devenir révolutionnaire est, pour sa part, omniprésente dans la capitale, et ce dès la fin de l'hiver 1788-1789. Cette croyance est souvent associée à celle du complot de famine. Ainsi, le 13 février, le libraire Hardy rapporte dans son journal intime le bruit selon lequel « les princes avaient accaparé les grains tout exprès pour mieux réussir à culbuter M. Necker[22] ». Regardé alors comme le champion de la cause patriote au sein du ministère, le Genevois apparaît comme la victime toute désignée d'un complot ourdi par les adversaires du changement.

Les bruits s'intensifient lorsque se réunissent les États généraux et que se manifestent les premières frictions entre les ordres. Le camp « aristocratique » a alors pris des couleurs. Il comprend vers la mi-juin une large partie de la cour ainsi que les représentants des deux premiers ordres qui refusent obstinément la délibération en commun avec le tiers. Dès lors, la rumeur selon laquelle les États généraux seraient sur le point d'être dissous ne cesse d'enfler. Le 9 juillet, un député de la noblesse de Marseille s'efforce de faire taire ces bruits infondés : « Les malintentionnés persuadent que l'arrivée des troupes est une manœuvre de l'aristocratie expirante, [...] que le projet de cette noblesse est un massacre de plébéiens[23]. »

Il est trop tard pour renverser la vapeur : le 12 juillet, la nouvelle du renvoi de Necker confirme tout ce que l'on craignait. Le camp des ennemis de la Révolution est passé à l'action. Comme le souligne Lefebvre, la mobilisation parisienne des 12-14 juillet est dans une large mesure le produit de la hantise d'un complot aristocratique qui aurait abouti dans la capitale à une Saint-Barthélemy des patriotes.

Les lendemains de la prise de la Bastille n'apaisent nullement les esprits, bien au contraire. Les patriotes parisiens, qui craignent à présent les représailles des aristocrates, se voient déjà passés au fil de l'épée : « le bruit court que M. le prince de Condé doit réellement entrer cette nuit dans Paris avec quarante mille hommes pour massacrer peut-être cent mille âmes[24] ». Le début d'émigration consécutif au 14 juillet, avec les départs du comte d'Artois, du prince de Condé et des Polignac, renforce encore les soupçons : désormais le complot possède des têtes bien visibles et celles-ci, réfugiées on ne sait où à l'étranger, ont déjà commencé à transmettre leurs directives pour semer le désordre dans le royaume.

C'est en effet après la prise de la Bastille qu'apparaît une accusation qu'on retrouvera presque à l'identique dans les complots imaginaires de l'Angleterre et du duc d'Orléans : les conspirateurs aristocrates pratiqueraient à présent la politique du pire. Ayant failli dans leur tentative de reprise en main par la force, ils auraient changé de tactique. Leurs sbires auraient désormais ordre de tout faire pour affamer les Français. Le but est de les porter aux émeutes, ce qui, à coup sûr, fera sombrer la Révolution. À la fin du mois de juillet, circule le bruit insistant qu'aux quatre coins de la France est observée l'« infamie de couper les blés en herbe », c'est-à-dire de les couper avant qu'ils ne soient arrivés à maturation[25]. Lefebvre estime que cette peur du sabotage de la récolte à venir, une peur qui tourna vite à la panique, contribua largement à la transformation des attitudes de la paysannerie, qui retourna contre le seigneur, agent présumé d'une variante locale du complot aristocratique, ses armes la protégeant des brigands[26].

L'on retiendra la présence, lourde et obsédante, d'une croyance, qui, si elle ne va pas jusqu'à livrer une explication globale des origines de la Révolution comme le voudraient les théories du complot philosophique, protestant, maçonno-illuministe et britannique, n'en apparaît pas moins comme la matrice de ces diverses interprétations des événements. Lefebvre a d'ailleurs bien observé à quel point la peur lancinante d'un complot aristocratique se mêlait, en juin-juillet 1789, à la crainte d'une action subversive de l'Angleterre. Les bruits selon lesquels les guinées du roi George auraient été à l'œuvre dans le port de Brest étaient d'autant plus crédibles que cette rumeur se greffait sur l'obsession des menées secrètes du parti aristocratique. Et, tout compte fait, les deux centrales conspiratrices, la française et la londonienne, ne vogueraient-elles pas de conserve ? « En tout cas, commente Lefebvre, il n'y eut guère d'incrédules. Comme le peuple, la bourgeoisie avait ses souvenirs qu'elle tenait du collège : n'avait-on pas vu autrefois des princes livrer Le Havre aux Anglais et Paris aux Espagnols[27] ? »

Même sans le surgissement du complot aristocratique, il ne fait guère de doute qu'à un moment ou un autre, des Français se seraient lancés sur la piste interprétative d'une main cachée qui expliquerait tout. Mais retenons ce fait capital. C'est dès ses prolégomènes que le mouvement révolutionnaire s'est mis à charrier avec lui l'idée selon laquelle il ne pouvait en aucun cas être vu comme un phénomène politique naturel et transparent. Dès 1787, « révolution » rime avec « secret », avec « souterrain », avec « occulte ». S'il en est ainsi, c'est en raison du caractère foncièrement inédit des événements qui déferlent sur la France, du climat angoissant de retour aux temps antérieurs à l'ordre politique existant, de l'effacement incompréhensible d'un souverain dont on attend en vain les paroles rassurantes et, enfin, de l'inquiétante vague de suspicion qui s'est emparée d'une partie des esprits. Les années postérieures à 1789, loin d'apaiser cette propension aux soupçons, ne feront que la pousser à son paroxysme.

« Le genre humain en vacances » : état de crise et théorie du complot

La peur se trouve au cœur de la croyance au complot aristocratique de l'année 1789. Démultipliée par le flot événementiel qui, jour après jour, coupe tous les ponts avec l'ordre ancien, elle devient une composante indissociable de la psyché des contemporains, et, au premier chef, de celle des révolutionnaires. Déplaçons-nous dans le temps et portons-nous au début de l'année 1793 pour écouter l'échange de paroles entre deux figures importantes de la Convention : Dominique-Joseph Garat et Maximilien Robespierre.

L'entretien, que Garat situe avant le 10 mars 1793, soit avant sa nomination au ministère de l'Intérieur, roule sur la situation préoccupante de la jeune République, minée, selon Robespierre, par l'action en coulisse de plusieurs députés de la Convention, « des hommes qui conspirent de toutes parts » :

> — Et où donc conspirent-ils ?
>
> — Partout : dans Paris, dans toute la France, dans toute l'Europe. À Paris, Gensonné conspire dans le faubourg Saint-Antoine, en allant de boutique en boutique persuader aux marchands que, nous autres patriotes, nous voulons piller leurs boutiques ; la Gironde a formé depuis longtemps le projet de se séparer de la France pour se réunir à l'Angleterre, et les chefs de sa députation sont eux-mêmes les auteurs de ce plan, qu'ils veulent exécuter à tout prix [...] Brissot conspire dans son journal, qui est le tocsin de la guerre civile ; on sait qu'il est allé en Angleterre, et on sait aussi pourquoi il y est allé ; nous n'ignorons pas ses liaisons intimes avec ce ministre des Affaires étrangères, avec ce Lebrun, qui est un Liégeois et une créature de la maison d'Autriche. Le meilleur ami de Brissot, c'est Clavière, et Clavière a conspiré partout où il a respiré. Rabaut, traître comme un protestant et comme un philosophe qu'il est, n'a pas été assez habile pour nous cacher sa correspondance avec le courtisan et le traître Montesquiou[28] : il y a six mois qu'ils travaillent ensemble à ouvrir la Savoie et la France aux Piémontais [...]
>
> — [...] J'ai une question à vous faire, et je vous prie de vous recueillir avant de me répondre : n'avez-vous aucun doute sur tout ce que vous venez de me dire ?
>
> — Aucun[29].

Bien qu'il faille faire preuve de la plus grande circonspection devant ces reconstitutions *a posteriori* qui, compte tenu des moments dramatiques qu'ont vécus ces personnages, ne brillent jamais par leur objectivité, surtout lorsqu'on est devenu, comme Garat, un adversaire de l'Arrageois, l'entretien dont il nous rapporte la teneur offre cependant des éléments éclairants sur la lecture des événements par le personnel révolutionnaire. Pour excessifs qu'ils apparaissent au lecteur d'aujourd'hui, ces propos sont en réalité le témoignage de l'atmosphère lourde et moite qui s'est abattue sur la Convention depuis la mort du roi et la formation de la Première Coalition contre la France, atmosphère qui ne tardera pas à être encore plus chargée d'électricité avec le début de l'insurrection vendéenne.

Les conspirateurs sont partout. En ce début d'année 1793, Marat, dans son *Journal de la République française*, ne cesse d'accuser, et d'une manière autrement plus violente que Robespierre, Jacques Pierre Brissot et ses amis de conspirer contre la République. Bientôt, Desmoulins en fera un livre. Retenons des paroles de Robespierre la place privilégiée qu'y occupe l'étranger : figurent sur le banc des accusés un Genevois, Étienne Clavière, un « Liégeois », Pierre Lebrun-Tondu[30], et, on devait s'y attendre, l'Angleterre tout entière. J'aurai l'occasion d'y revenir.

Quelques jours après cette discussion, Garat rencontre le brissotin Jean-Baptiste Salle. Presque aussitôt, la discussion se porte sur le thème des conspirateurs. Salle a de l'imagination, beaucoup d'imagination. S'il fallait décerner un prix récompensant la meilleure théorie du complot, nul doute que la lecture hallucinée qu'il nous donne des quatre premières années de la Révolution aurait toutes ses chances. Arrivé à ce stade de mon ouvrage, le lecteur croit sans doute avoir tout découvert en matière de bizarreries. Qu'il se détrompe. Ce qui suit lui coupera le souffle :

> Je vais tout vous dire car je sais tout, j'ai deviné toutes les trames. Tous les complots, tous les crimes de la Montagne ont commencé avec la Révolution : c'est d'Orléans qui est le chef de cette bande de brigands, et c'est l'auteur du roman infernal des *Liaisons dangereuses* qui a dressé le plan de tous les forfaits qu'ils commettent depuis cinq ans. Le traître La Fayette était leur complice, et c'est lui qui, en faisant semblant de déjouer le complot dans son origine, envoya d'Orléans en Angleterre pour tout arranger avec Pitt, le prince de Galles et le Cabinet de Saint-James. Mirabeau était aussi là-dedans : il recevait de l'argent du roi pour cacher ses liaisons avec d'Orléans, mais il en recevait plus encore de D'Orléans pour le servir. La grande affaire pour le parti d'Orléans, c'était de faire rentrer les Jacobins dans ses desseins. Ils n'ont pas osé l'entreprendre directement ; c'est d'abord aux Cordeliers qu'ils se sont adressés [...]. Les Cordeliers, qui ont l'air

> d'être cachés dans un trou de Paris, négocient avec l'Europe et ont des envoyés dans toutes les cours qui ont juré les ruines de notre liberté : le fait est certain, j'en ai la preuve. Enfin, ce sont les Cordeliers qui, après avoir englouti un trône dans des flots de sang, se préparent à verser de nouveaux flots de sang pour en faire sortir un nouveau trône [...]. Quand le côté droit tout entier sera égorgé, le duc d'York arrivera pour s'asseoir sur le trône ; et d'Orléans, qui le lui a promis, l'assassinera ; d'Orléans sera assassiné lui-même par Marat, Danton et Robespierre, qui lui ont fait la même promesse ; et les triumvirs se partageront la France couverte de cendres et de sang, jusqu'à ce que le plus habile de tous, et ce sera Danton, assassine les deux autres, et règne seul, d'abord sous le titre de dictateur, ensuite, sans déguisement, sous le titre de roi[31].

Pris d'un accès de fièvre que rien n'est en mesure de soulager, révolutionnaires et contre-révolutionnaires, sur ce point miraculeusement au diapason, semblent avoir rompu toutes les amarres avec l'analyse pondérée de l'actualité. Les efforts pour comprendre l'incompréhensible, qui, depuis 1787, ont donné dans tout le pays une quantité incalculable de nuits sans sommeil, se heurtent plus que jamais à l'obstacle de l'emballement des faits. Comment garder son calme quand les vieux repères rassurants ont tous cédé la place à un univers impénétrable ? Salle, manifestement, n'y est pas parvenu.

La faveur de la conspiration d'Orléans auprès d'un large public, qu'il soit aristocrate ou révolutionnaire, cette faveur dont témoigne la logorrhée délirante de Jean-Baptiste Salle, a, de toute évidence, intrigué Garat, qui en fera en 1797 une petite étude parue à titre posthume. Cette croyance ne pouvait qu'être stimulée par les événements qui déferlaient en ce début d'année 1793 : l'armée du duc d'York, un homme, disait-on, proche d'Orléans, avait commencé sa marche vers Paris ; au même moment, la Convention était le théâtre d'une lutte à mort entre ses deux principaux partis. Ces divisions fratricides, à n'en point douter, ne pouvaient pas être naturelles. Une main cachée plaçait un à un les pions qui, par l'élimination successive de protagonistes aussi fantoches les uns que les autres, permettraient l'établissement d'une nouvelle dynastie.

Cette main cachée pourrait tout aussi bien être commandée directement de l'étranger, comme le laissait d'ailleurs entendre Robespierre dans son entretien avec Garat. Cette lecture des faits, qui aboutira quelques mois plus tard à la « conspiration de l'étranger » nous est bien connue depuis l'étude qu'en fit Albert Mathiez, démontrant que ce prétendu complot était une invention de Fabre d'Églantine[32].

C'est un fait. Mais, contrairement aux historiens qui ont toute latitude de raison garder, les hommes de 1793 ne vivent pas dans la quiétude doucereuse d'un cabinet de travail. Saisis à la gorge par l'étrangeté suprême du moment, les yeux braqués vers Londres, cette Mecque démoniaque de la contre-révolution et de la subversion, ils sont prêts à tous les rapprochements, à tous les amalgames, même les plus farfelus. Et puis, au fond, après George Ier de Hanovre, roitelet teuton devenu roi de Grande-Bretagne à la faveur d'une révolution, pourquoi pas Georges Ier Danton, roi des Français ? Grotesque, dira-t-on ? De tous bords, on a entendu et vu bien des choses grotesques depuis 1789...

À la source de cette infernale alchimie, la peur. En 1793-1794, c'est, prisonniers d'un cercle vicieux associant l'événement à la psyché révolutionnaire que se meuvent, tels des somnambules hallucinés, les acteurs du temps : « Ce ne sont pas les révolutionnaires qui créent les complots, note Haim Burstin, auteur d'un essai d'anthropologie politique de la Révolution, ce sont les complots existants qui créent un état d'alerte permanent, une attitude défensive empêchant tout relâchement psychologique et produisant non seulement une méfiance systématique, mais aussi une réaction radicale. Le processus qui se met en place est circulaire[33]. » Il faudra attendre la chute de Robespierre pour que, le thermomètre commençant à décroître, la frénésie conspiratrice quitte lentement ses hautes eaux. Mais il faudra surtout attendre le rétablissement d'un ordre ayant quelque ressemblance avec l'ancien pour que se confirme cette décrue. C'est ce qu'a observé Chateaubriand :

> Les moments de crise produisent un redoublement de vie chez les hommes. Dans une société qui se dissout et se recompose, la lutte des deux génies, le choc du passé et de l'avenir, le mélange

> des mœurs anciennes et des mœurs nouvelles, forment une combinaison transitoire qui ne laisse pas un moment d'ennui. Les passions et les caractères en liberté se montrent avec une énergie qu'ils n'ont point dans la cité bien réglée. L'infraction des lois, l'affranchissement des devoirs, des usages et des bienséances, les périls même ajoutent à l'intérêt de ce désordre. Le genre humain en vacances se promène dans la rue, débarrassé de ses pédagogues rentrés pour un moment dans l'état de nature, et ne recommençant à sentir la nécessité du frein social que lorsqu'il porte le joug des nouveaux tyrans enfantés par la licence[34].

La promenade vacancière qu'évoque l'auteur des *Mémoires d'outre-tombe* ne fut pas très sereine. Chateaubriand, qui a vécu les débuts de cette crise – il émigra en juillet 1792 –, a tout à fait raison d'insister sur l'« énergie » animant les êtres pendant ces moments qui sortent de la normalité. Cette énergie peut certes porter vers de grandes choses. C'est cette même énergie, dépeinte sous la forme d'une électricité consubstantielle aux révolutions de la fin du XVIIIe siècle, qui fascinera le grand poète anglais William Blake. Mais cette énergie n'est pas pour autant facilement canalisable. Énergie créatrice, fondatrice ? Sans doute. Énergie destructrice, criminelle ? Très certainement. Mais aussi et surtout, cette énergie, qui se conjugue aux moments de « vacances » du « genre humain », peut conduire ce dernier à une stupéfiante régression. À l'instar de l'abbé Le Franc, qui fustigeait une nation devenue anthropophage, les contemporains de la Révolution ont été nombreux à se demander comment les Français, qui paraissaient être le peuple le plus policé de l'univers, s'étaient subitement métamorphosés en une tribu épouvantable de barbares ayant piétiné avec fureur l'éducation qu'on leur avait prodiguée. C'est devant ce mystère que s'interroge à son tour Chateaubriand, et sa réponse, on le voit, n'est pas sans annoncer l'analyse que fera Taine de la psychologie du révolutionnaire de l'an II. Ce que Chateaubriand laisse aussi entendre, c'est que cette étrange transformation, qui porte les êtres les plus sensés à mettre entre parenthèses la raison au profit de la passion et de l'instinct, n'est pas le monopole de l'événement qu'il a vécu dans sa jeunesse.

1678-1793 : bégaiements complotistes

La phobie du complot de l'époque révolutionnaire se présente comme la version française d'un phénomène qu'a connu l'Angleterre de la Restauration (1660-1688), lorsque la psychose antipapiste qui s'était propagée dans le pays ouvrit une « crise », pour parler comme Chateaubriand, qui avait toute l'apparence d'une révolution sur le point d'éclater : la crise de l'Exclusion.

La monarchie a été rétablie en 1660 après vingt ans de révolution, de guerre civile, de république et de dictature cromwellienne. Mais le régime restauré repose sur des bases incertaines. Non seulement la question des rapports entre la monarchie et le Parlement reste plus que jamais l'objet d'interprétations divergentes, mais, surtout, la question religieuse continue de tarauder les esprits. L'existence d'une minorité catholique préoccupe les anglicans et les dissidents (les protestants non anglicans). Les « papistes » ne poursuivraient qu'un seul et même dessein : le rétablissement du catholicisme par la force. La communauté catholique ne représente pourtant qu'entre 1 et 2 % de la population. Elle ne peut donc constituer un danger majeur pour la stabilité du pays. Mais on sait qu'au pays des complots chimériques, les arguments les plus décisifs cessent de l'être.

Tous les complots ne sont pas imaginaires. La phobie antipapiste trouve une partie de sa source dans des épisodes historiques avérés. L'Invincible Armada de 1588, qu'on peut interpréter comme le projet concerté de la papauté et de l'Espagne d'abattre le protestantisme, puis la conspiration des Poudres (*Gunpowder Plot*), une conspiration bien réelle fomentée en 1605 par le catholique Guy Fawkes qui voulait faire sauter le Parlement le jour de sa séance d'ouverture, semblent indiquer que l'Angleterre se trouve en permanence sous la menace des papistes de l'ombre.

Un trait qui rapproche cette phobie des peurs de l'époque de la Révolution française est la croyance en une centrale conspiratrice internationale. En 1789, l'on incrimine les ramifications de la franc-maçonnerie, ou encore le gouvernement britannique, dont les innombrables agents opéreraient en France. Pendant la Restauration Stuart, les Anglais tournent leur regard angoissé vers Rome, dont les légions jésuitiques accomplissent quotidiennement leur besogne criminelle dans l'Europe protestante. Un autre point de convergence avec la France des années 1780-1790, et Chateaubriand a bien saisi l'importance de ce facteur, est la dissolution et la recomposition en cours de l'ordre politique. L'autorité de Charles II est de plus en plus contestée par le Parlement qui y voit des velléités autoritaires : les ingrédients qui produiront la crise de régime de 1688 sont déjà largement à l'œuvre dix ans plus tôt. Cerise géante sur le gâteau, se profile à l'horizon le spectre d'un règne catholique. Charles II n'ayant pas d'héritier direct, son frère, le futur Jacques II, récemment converti au papisme, doit monter sur le trône à sa mort.

Le regard porté par les Anglais sur ces tensions internes possède, lui aussi, une parenté avec celui des Français. En 1788, Linguet accuse le Parlement de Paris de vouloir révolutionner le royaume à la manière anglaise ; en 1677, le poète et homme politique Andrew Marvell publie un vigoureux pamphlet dénonçant « un dessein [...] poursuivi de changer le gouvernement légal de l'Angleterre en une tyrannie absolue et de convertir la religion protestante établie en papisme[35] ». En 1677, en 1788, la main de l'étranger, toujours et partout la main de l'étranger.

Enfin, lointain précurseur du duc d'Orléans, un prince. Le frère de Charles II, assurément, sera le premier bénéficiaire du plan ourdi sur les bords du Tibre. Et, toujours comme en France pendant l'époque révolutionnaire, même les esprits à l'accoutumée les plus pondérés perdent leur sang-froid et sombrent dans les explications souterraines. Ainsi voit-on Gilbert Burnet, qui deviendra plus tard l'homme de confiance de Guillaume III, et qui montre ordinairement de la modération dans son jugement, raisonner comme un ancêtre de l'abbé Barruel ou d'un révolutionnaire de l'an II dès qu'il est question des émissaires diaboliques de Sa Prétendue Sainteté. C'est un fait avéré, assure-t-il dans un raisonnement qui sent très fort la paranoïa, que Rome, pour brouiller les pistes, emploie des personnes faibles d'esprit dans ses projets de subversion, « de telle sorte que, s'ils venaient à changer de sentiments et à quitter le rôle d'agents pour celui de dénonciateurs, il fût aisé de récuser leur témoignage et d'ôter tout crédit aux révélations qu'ils pourraient faire, en montrant que c'étaient des insensés, desquels il n'était pas probable qu'on se fût servi dans des affaires délicates[36] ».

Comme en 1789, les esprits de 1678 sont largement prédisposés à prendre des vessies insignifiantes pour les lanternes d'un infernal complot. En un certain sens, le conspirationnisme anglais de la Restauration a pesé même davantage sur le cours des événements ultérieurs que celui de 1789. En 1678, le déclencheur de la crise politique qui a failli emporter l'ordre politique de la Restauration a été en effet une théorie du complot.

À la fin de l'été 1678, Titus Oates, un aventurier peu reluisant mais rusé comme une armée de renards et doté d'un aplomb à toute épreuve, rend publics les détails d'un plan visant à déclencher plusieurs soulèvements simultanés dans les îles Britanniques, d'y provoquer le massacre en masse des braves protestants et d'y établir à la fois le papisme et une forme de gouvernement arbitraire à la manière française. Ce prétendu complot, on l'aura compris, ne repose sur aucune parcelle de réalité tangible. Si cette accusation avait été portée dans un climat politique plus apaisé, nul doute que de nombreuses voix se seraient élevées pour la récuser. Le problème est que l'Angleterre de 1678 vit depuis plusieurs années dans la hantise d'une main cachée aux ordres de Rome. En somme, le mythomane et imposteur qu'est Oates dévoile ce que de nombreux Anglais veulent absolument entendre. Et, comme un seul homme, ils y croient.

À nouveau, le parallèle avec la France de l'an II saute aux yeux. Souvenons-nous de l'hystérie antianglaise, ou anti-Pitt, comme on voudra, qui s'empara d'une large partie de la Convention lors de l'été 1793 et qui porta les députés à décréter le Premier ministre britannique « ennemi du genre humain ». Un phénomène tout à fait analogue saisit le Parlement anglais à l'automne 1678, qui vote à l'unanimité une résolution stipulant « qu'il y a eu et qu'il y a encore un complot diabolique ourdi et mené par des récusants papistes en vue d'assassiner le roi ainsi que d'extirper et détruire la religion protestante[37] ». Il s'ensuivra trois années de lutte à couteaux tirés entre un Parlement désireux d'exclure le frère de Charles II de la succession au trône – d'où l'appellation « crise de l'Exclusion » – et un pouvoir royal défendant bec et ongles ses prérogatives. Il s'ensuivra également de longs et pénibles mois de suspicion généralisée, des mois marqués par des emprisonnements arbitraires, des procès et l'exécution de pauvres catholiques qui n'avaient absolument rien à se reprocher. En 1678-1681, comme après 1789, le conspirationnisme n'est pas seulement une matière toxique. Il est aussi merveilleusement capable de tuer.

Interactions européennes

Albion ressemble bien plus à sa voisine du continent qu'on ne le suppose communément[38]. À la fin du XVIIIe siècle, la France n'eut sûrement pas le monopole des comportements irrationnels. Les passions insulaires étaient elles aussi à leur paroxysme. Elles contribuèrent au façonnement de la théorie du complot la plus célèbre : celle de l'abbé Barruel.

Il faut insister sur la localisation géographique de la rédaction des *Mémoires pour servir à l'histoire du jacobinisme*. À son arrivée en Angleterre à l'automne 1792, Barruel découvre un pays d'accueil dont la conduite ne correspond pas du tout à la froideur qu'on prête ordinairement à ses habitants. Ce n'est plus, comme c'était le cas en 1678, l'antipapisme qui agite les esprits. C'est tout autre chose : le pays vit dans l'angoisse d'une révolution imminente. À l'origine de cette peur, l'apparition puis le développement très rapide depuis le printemps 1792 de sociétés politiques populaires qui, implantées à Londres et en province, font pression sur le Parlement pour obtenir la démocratisation du système électoral. La recherche historique a montré que ce radicalisme londonien et provincial était très largement réformiste[39]. Rares étaient ceux qui étaient prêts à suivre l'exemple français. La réaction immédiate des contemporains est pourtant moins sereine. Cette intrusion inédite du peuple dans le débat public pétrifie les élites. Ayant pour porte-flambeaux les représentants de la *middle class* et de la *working class* émergente, cette nouvelle radicalité fait d'autant plus peur qu'elle s'exprime à travers une organisation qui évoque celle des Jacobins. Fondée par un cordonnier du quartier de Piccadilly, Thomas Hardy, la Société de Correspondance de Londres est en relation suivie avec les sociétés populaires qui essaiment sur le territoire. Pour les Britanniques de plus en plus alarmés par le cours des événements de France, aucun doute : la London Corresponding Society est la succursale en terre étrangère d'un club parisien dont tout le monde a appris à connaître l'activité subversive. La jacobinisation de l'espace public britannique serait amorcée.

Surviennent sur ces entrefaites les événements de l'été 1792. La chute de la monarchie française et les massacres de Septembre glacent le sang des Britanniques. Puis, à l'automne, les victoires militaires de la jeune République, notamment celles des Pays-Bas autrichiens, territoire que l'Angleterre a toujours regardé comme devant être à l'abri d'une quelconque influence française, donnent l'impression qu'un ogre révolutionnaire à l'appétit insatiable s'apprête à dévorer l'Europe. Après la Belgique, à qui le tour ? Aux Provinces-Unies ? Et pourquoi pas à l'Angleterre ? Toujours à l'avant-garde de l'alarmisme, Edmund Burke arrive un jour aux Communes en exhibant un poignard. Cette arme, comme des milliers d'autres, tonne-t-il, a été forgée dans les ateliers républicains de Birmingham pour être prête à l'emploi le jour de l'insurrection, jour qui ne saurait tarder. Au même moment, un dénommé John Reeves, apeuré à l'idée d'une révolution d'Angleterre qui laisserait loin derrière elle les atrocités de l'époque de Cromwell, fonde une association loyaliste dont le nom résume parfaitement l'angoisse qui étreint les Britanniques : Association pour préserver la liberté et la propriété contre les républicains et les niveleurs. Tous ceux qui, en Grande-Bretagne, sont attachés à leur roi, à leur Parlement, à leur religion et à l'ordre social, s'unissent pour barrer la route à une monstrueuse menace. Elle porte d'ores et déjà un nom : les Jacobins.

C'est pendant ces mois de psychose collective que l'expression venue de France s'anglicise et, devenue pour ainsi dire sujette de Sa Majesté britannique, se propage comme une traînée de poudre pour désigner tous les radicaux, qu'ils soient ultra ou modérés. Si le même phénomène s'observe un peu partout dans une Europe qui expédie, pêle-mêle, réformistes et révolutionnaires, dans un sac jacobin qui a tout du fourre-tout, il n'en reste pas moins que la fortune du terme en Grande-Bretagne mérite des commentaires.

Le lecteur aura certainement noté que « Jacobin » n'est pas sans évoquer « Jacobite ». Derrière cette quasi-homophonie se découvre une menace de même nature. De la Glorieuse Révolution de 1688 jusqu'à la déroute finale des partisans du Prétendant Stuart à Culloden en avril 1746, de nombreux Britanniques ont vécu dans la hantise d'un complot ourdi par les Jacobites, aidés dans leur projet par Louis XIV puis par Louis XV. Bien que les Stuarts et, plus récemment, les Bourbons, aient été balayés par le cours de l'Histoire, la crainte d'une conspiration préparée au sein même du royaume par des hommes vendus à la France est plus vive que jamais, surtout après la déclaration de guerre de la France à la Grande-Bretagne. Dans l'imaginaire politique britannique, une république athée a simplement pris la place d'une monarchie absolue catholique. Dans ce même imaginaire, les Jacobins sans-culottes se sont glissés sans difficulté dans les kilts des Jacobites écossais massacrés à Culloden.

Au fil des mois, la phobie antijacobine ne cesse de grandir. En témoignent les harangues parlementaires, dans lesquelles l'appellation diabolique revient à un rythme obsessionnel. En témoignent les articles de la presse britannique dénonçant par le même vocable la subversion intérieure. En 1798, le mot qui se trouve sur toutes les bouches a enfin droit à sa consécration littéraire sous la forme d'un périodique dont le titre ne laisse aucune ambiguïté sur son contenu : l'*Anti-Jacobin Review*. Dans le prospectus annonçant son lancement, son rédacteur, John Gifford, met en garde les lecteurs. Les Jacobins, prévient-il, sont partout : « L'existence d'une faction jacobine au cœur de notre pays ne peut plus être niée. Ses membres sont vigilants, persévérants, infatigables, furieux dans leurs projets et hardis dans leur langage [...]. Les régicides de France et les traîtres d'Irlande trouvent des avocats zélés au cœur de notre métropole et dans les chaires de nos universités[40]. »

Ces Jacobins à la sauce anglaise offrent en réalité une parenté plutôt lointaine avec les hommes qui fréquentaient le ci-devant couvent de la rue Saint-Honoré. Prononcé dans la langue de Shakespeare, le mot a graduellement pris ses distances avec son grand frère français. Devenu un terme générique incriminant indistinctement tout contestataire de l'ordre en place, sans rapport avec son degré de radicalité, le vocable a pris aussi valeur d'insulte. Même le roi ne dédaigne pas de l'employer. En 1801, quand George III apprend le projet de son Premier ministre d'accorder les mêmes droits aux catholiques d'Irlande qu'aux anglicans, une décision pragmatique qu'on ne peut suspecter de vouloir propager une quelconque flamme révolutionnaire, il explose : « Celui qui proposera cette mesure sera considéré comme mon ennemi personnel. C'est la chose la plus jacobine que j'aie jamais vue[41] ! »

Mais, tout comme en France, derrière le mythe se révèle une part de réalité. En 1797, tandis que Barruel achève les premiers tomes de son ouvrage, des mutineries animées par un indéniable élan révolutionnaire ont éclaté dans la Royal Navy, mettant l'Angleterre à la merci d'une tentative de débarquement des Français. L'année suivante, en février 1798, un coup de filet dans les milieux radicaux anglais révèle l'existence d'un groupe activiste, les United Englishmen, prêt à employer les grands moyens pour républicaniser le pays. Dans les papiers saisis, se trouve la lettre d'un « Comité secret d'Angleterre » assurant le Directoire que « des myriades d'Anglais » salueront l'entrée en Angleterre des troupes de la République par « des cris de joie »[42]. Toujours en 1798, mais en Irlande cette fois, éclate au mois de mai une insurrection nationaliste et républicaine préparée en sous-main par une autre société passée à la clandestinité : les United Irishmen. Les îles Britanniques ont vécu dans la crainte permanente d'un coup perpétré par les émissaires secrets de la République et cette crainte, surtout à la fin de la décennie, était parfois fondée. Que cette crainte se soit incarnée dans un vocable forgé en France alors qu'au même moment un obscur émigré remplissait des centaines de pages hantées par cette même expression n'est certainement pas un fait anodin. L'œuvre de Barruel porte au plus profond d'elle-même l'atmosphère sinistre et oppressante qui l'environna pendant son exil.

Bien qu'avérée à la fin de la décennie avec les groupes des United Englishmen et surtout des United Irishmen, la réalité du péril « jacobin » fut très largement en deçà des hantises du gouvernement et de la presse sous ses ordres. Comme la France républicaine de l'an II, qui voyait des agents de Pitt cachés sous tous les lits, l'Angleterre loyaliste fut prise d'une frayeur disproportionnée par rapport à un radicalisme qui était resté majoritairement réformiste. Ce vent de panique qui se propagea jusqu'au sommet de l'État connut son paroxysme en 1794 quand l'autorité, craignant l'imminence d'une insurrection républicaine, procéda à l'arrestation des principaux membres de la Société de correspondance de Londres. Leur procès, qui eut lieu à l'automne, aboutit à un non-lieu retentissant et, humiliation suprême pour Pitt et ses collègues, à la remise en liberté des radicaux incriminés[43].

Un phénomène analogue frappa presque au même moment le Saint-Empire. Et, on le devine, cette atmosphère de suspicion et de peur excessive par rapport à l'action effective de prétendus « Jacobins » ne pouvait être ignorée par l'abbé Barruel, attentif aux nouvelles venant d'Allemagne. On sait que la genèse des *Mémoires pour servir à l'histoire du jacobinisme* est indissociable de la piste germanique, qui, avec ses *Illuminaten*, tient la vedette dans les derniers tomes. Tandis que l'écrivain préparait son ouvrage dans l'atmosphère lourde de menaces apparentes de la capitale britannique, des nouvelles tout aussi inquiétantes en provenance d'Autriche venaient corroborer sa lecture angoissée des faits.

Comme ce fut le cas en Grande-Bretagne auprès des radicaux qui souhaitaient la réforme du système parlementaire, la Révolution fut accueillie avec joie par les milieux éclairés qui avaient soutenu les mesures de Joseph II et de son frère Léopold II. La mort de ce dernier et l'accession sur le trône impérial de François II douchent leurs espoirs. Le gouvernement inspiré par l'*Aufklärung* dont Kaunitz fut l'initiateur touche à sa fin. Avec François, l'État habsbourgeois quitte progressivement ses habits réformateurs pour s'engager dans une politique de plus en plus réactionnaire qui, à terme, en fera un État policier.

En 1794, lorsqu'à la surprise générale la France reprend le contrôle de la Belgique après la victoire de Fleurus (26 juin 1794), le ministre de la Police de François II, le comte Pergen, inquiet des répercussions de ce revers sur l'opinion, pousse l'empereur à prendre des mesures de fermeté contre les sujets autrichiens et hongrois qu'il désigne, on l'aura deviné, sous le nom de « Jacobins ». Comme à Londres, l'appellation est plus que fantaisiste. Dans la France de l'an II, ces radicaux auraient presque passé pour des agents de la contre-révolution. « Selon toutes les preuves disponibles, écrit l'historien Ernst Wangermann, les diverses activités qui sont passées à la postérité sous le nom de “Conspiration des Jacobins” n'étaient guère plus qu'une tentative d'organiser et de coordonner l'opposition active à la politique du gouvernement de François II[44]. »

En juillet 1794, un coup de filet met fin à la prétendue « conspiration » des Jacobins viennois et hongrois. Leur procès s'ouvre presque au même moment que celui des soi-disant Jacobins britanniques. Si les prévenus anglais ont bénéficié des garanties que leur offrait le système judiciaire britannique, la justice autrichienne et hongroise eut, pour sa part, la main horriblement lourde : dix-huit « Jacobins hongrois » furent condamnés à mort (dont sept effectivement exécutés) ; plusieurs radicaux viennois furent frappés par des lourdes peines pouvant aller jusqu'à soixante ans de prison. Beaucoup y finirent leur existence.

Le meilleur des boucs émissaires

Pitt, encore Pitt, toujours Pitt... Qu'ils soient aristocrates ou patriotes, qu'ils vivent en 1789, en 1793, sous le Directoire ou sous Bonaparte, les observateurs sont unanimes : la Révolution doit beaucoup à l'hôte de Downing Street. Le duc d'Orléans concentrait lui aussi bien des soupçons. Mais sa carrière de « conspirateur » s'acheva en novembre 1793 lorsqu'il monta à l'échafaud. Premier ministre de décembre 1783 à février 1801, puis à nouveau au pouvoir de mai 1804 jusqu'à sa mort en janvier 1806, Pitt, quant à lui, semble rivé à son siège. Sa silhouette hante en permanence l'époque révolutionnaire, consulaire et même impériale.

Relevons ici un fait qui n'a rien d'anecdotique. Le Premier ministre porte le même prénom que son géniteur, qui, de longue date, était en odeur de diablerie chez les Français. Pendant la guerre de Sept Ans, William Pitt l'Ancien fut presque unanimement regardé comme un dangereux républicain animé par une haine féroce envers la France[45]. « Tel est M. Pitt », notait alors un agent du ministère. « Malheur aux États qui, dans des circonstances critiques, ont de pareils ministres [...]. Nés pour être de bons pères de famille, de sincères et fidèles amis, de bons mais simples citoyens, ils ne sont dans l'administration des affaires publiques que des démagogues pernicieux[46]. »

Comme le sera celle de son fils, la conduite de William Pitt père fut largement incomprise. Les Français qui le regardaient comme le stade suprême de la gallophobie auraient été fort surpris d'apprendre que le même homme dont ils disaient pis que pendre, loin de vouer aux flammes de l'enfer les sujets d'un roi absolu, nourrissait une remarquable passion pour la littérature du Grand Siècle et même, mieux, avait failli se marier à une Française lors de son séjour à Besançon[47] ! Mais peu importe : dès les débuts des années 1760, l'équation Pitt égale anéantissement de la France se gravait dans les esprits. Et ce jusqu'au sommet de l'État. Le duc de Choiseul regardait en effet l'homme d'État britannique comme une espèce de demi-fou mégalomane, un « forcené qui n'a point de mesure[48] ».

Lorsque le second Pitt visite la France à l'automne 1783, vient d'être détruite à jamais l'œuvre de son père, cette Amérique anglaise allant du Canada jusqu'aux treize colonies. Tel père, tel fils : alors même qu'il n'est pas encore entré à Downing Street, le jeune homme est définitivement catalogué parmi les êtres potentiellement dangereux. L'héritage paternel, la perte de l'Amérique et le prétendu désir de vengeance n'expliquent pas tout. Si Pitt le Jeune est devenu le meilleur des boucs émissaires, c'est aussi en raison de la personnalité de cet homme discret à l'abord impénétrable. Il n'est guère aisé d'analyser l'action de ce réformateur pragmatique à l'aide d'une grille de lecture partisane, surtout en ces temps où règne, en France comme en Angleterre, le manichéisme le plus primaire. Ainsi, en 1792, voit-on les agents de la République à Londres éprouver toutes les peines du monde à décider si le ministre doit être classé dans le camp des « aristocrates » ou dans celui des « démocrates »[49]. Les royalistes sont tout aussi perplexes. Beaucoup resteront persuadés que Pitt est un crypto-démocrate aussi dangereux que les « Jacobins » anglais[50].

L'énigme politique que constitue le *First minister* élargit en fin de compte l'aire idéologique du public potentiellement sensible à sa diabolisation. De là l'assombrissement progressif de sa personne sous la plume des écrivains républicains et royalistes. De là cette obsession à prouver que ses moindres faits et gestes visent à nuire à la France. En 1803, Louis Dubroca, auteur d'un virulent ouvrage au titre barruélien, les *Mémoires pour servir à l'histoire des attentats du gouvernement anglais*, affirmera avec le plus grand sérieux que l'admirable campagne menée par Pitt et son ami Wilberforce pour l'abolition de la traite négrière n'avait en réalité d'autre but que de déclencher une révolte dans les Antilles françaises[51] !

Complotismes patriotiques

L'on se rappelle que Capmartin de Chaupy s'adressait à tous les « bons Français » de son époque et des temps à venir. Dans le camp aristocrate, dénoncer les menées secrètes des conspirateurs revient en effet à agir en « patriote » et à revendiquer haut et fort une appellation qui, depuis 1789, a été monopolisée, ou plutôt usurpée, par tous ceux qui travaillèrent à la destruction de l'ordre politique, social et religieux. Être « patriote », ce n'est sûrement pas siéger à la gauche de l'Assemblée. C'est tout le contraire. Pour Capmartin, comme pour Montjoie, comme pour Barruel, être « patriote » revient à faire sienne la conception du patriotisme que défendait pendant la guerre de Sept Ans Jacob-Nicolas Moreau, quand celui-ci déplorait le flot toujours croissant de « mauvais propos » contre le roi et qu'il appelait tous les « bons Français » à s'unir. En 1789, il est trop tard pour se porter au secours d'un ordre qui vient de rendre l'âme. Il est cependant toujours temps de dévoiler à la communauté l'origine profonde du cataclysme qui s'est abattu sur elle.

Bien que composé de nombreux sujets de Louis XVI, le parti antifrançais qui a dynamité mille ans d'histoire nationale grouille aussi de ressortissants étrangers venus de toute l'Europe. Aux premières loges, les Genevois, avec Necker, Clavière, Du Roveray et consorts. Aux premières loges également, les « Allemands », avec l'inspirateur initial de nos philosophes « prussiomanes », ce Frédéric II, mousquetaire couronné de l'impiété, puis les effroyables *Illuminaten*. Aux premières loges enfin, ou plutôt, *of course*, les « Anglais ».

Les pages qui précèdent l'ont révélé à plus d'une reprise : qu'il soit d'origine royaliste ou qu'il soit né dans les rangs des révolutionnaires, le complotisme porte dans ses entrailles des germes xénophobes très actifs. Rien de bien étonnant : braquer les projecteurs sur l'étranger, ce bouc émissaire si commode par gros temps, revient à éviter un examen de conscience collectif qui pourrait s'avérer douloureux. L'on comprend pourquoi, dans un tel état d'esprit hanté par les faits et gestes des ressortissants étrangers, la thèse du complot anglais se soit répandue si rapidement au sommet de l'État, et d'abord parmi les partisans de l'Ancien Régime.

La main cachée d'Albion leur offre au moins trois avantages. Elle évite un examen approfondi des causes internes de la Révolution, examen qui, on ne le sait que trop bien, pourrait s'avérer insoutenable. En second lieu, elle offre le réconfort de croire que les Français manipulés par les agents de Pitt ne seraient que les responsables indirects de l'effondrement de l'Ancien Régime et que, par conséquent, rien ne laisserait supposer que le processus révolutionnaire soit irréversible. Arrive enfin à la rescousse le fonds de commerce patriotique-anglophobe, qui a déjà été sollicité dans le passé pour souder la nation derrière le roi. En d'autres termes, croire à l'or de Pitt et s'efforcer de propager cette croyance revient à faire preuve de patriotisme monarchique.

L'adhésion des révolutionnaires à cette même croyance est tout aussi entière. Que ce soit chez Camille Desmoulins ou chez Maximilien Robespierre, nul doute n'est permis : l'action secrète de l'Angleterre aurait bel et bien remonté aux premiers frémissements de la Révolution. Tout se passe comme si ces deux ténors politiques désiraient dénaturaliser Quatre-vingt-neuf. C'est ce qu'exprime sans équivoque Robespierre dans son discours du 27 brumaire an II (17 novembre 1793) consacré à « la situation politique de la République » :

> Pitt s'est grossièrement trompé sur notre Révolution [...] il a vu briser tour à tour, par la force populaire, les divers instruments dont il s'est servi ; il a vu disparaître Necker, d'Orléans, La Fayette, Lameth, Dumouriez, Custine, Brissot et tous les pygmées de la Gironde. Le peuple français s'est dégagé jusqu'ici des fils de ses intrigues, comme Hercule d'une toile d'araignée.
>
> Voyez comme chaque crise de notre Révolution l'entraîne toujours au-delà du point où il voulait l'arrêter ; voyez avec quels pénibles efforts il cherche à faire reculer la raison publique et à entraver la marche de la liberté [...]. À la fin de 1791, il croyait préparer insensiblement la chute du roi Capet en conservant le trône pour le fils de son maître ; mais le 10 août a lui, et la République est fondée[52].

En 1789, le camp aristocrate montrait son désarroi devant le cataclysme. Quatre ans plus tard, l'Incorruptible est frappé de la même perplexité devant deux faits qui, pour lui, déjouent toute logique : la radicalisation constante du processus révolutionnaire et les divisions apparues dans le camp républicain. Dans les deux cas, la politique de Pitt donne tout son sens à l'inexplicable. Envisageant la Révolution comme le combat du Bien et du Mal, l'orateur parvient non seulement à légitimer l'emballement de la radicalisation depuis le 10 août, mais surtout à l'épurer de tous ses éléments les plus odieux. L'anarchie et les excès de toute nature commis par de soi-disant sans-culottes sont l'œuvre exclusive des Anglais et, honte à eux, des Français corrompus par les guinées de Londres. À ces menées sordides, le peuple patriote répond par des actes admirables de lucidité républicaine : « le 10 août a lui ».

La vigilance du peuple, arbitre suprême et permanent de la vie publique, n'a cessé de déjouer les desseins du monstre Pitt. Et, maintenant que l'œuvre abjecte de l'Angleterre a été officiellement dévoilée, Maximilien tire un trait définitif sur les premières années d'une fausse révolution qui n'a pu survivre que grâce à l'or corrupteur des Britanniques. Pour la première fois depuis 1789, s'exclame l'orateur, la Révolution est et sera vraiment française.

Après Thermidor, une question hante les acteurs politiques. Comment faire face à la Terreur, cet épisode abominable, qui, aucun doute à ce sujet, figurera à l'avenir en très bonne place dans le musée des horreurs de l'histoire de France ? Si, en 1793, Robespierre distinguait la vraie Révolution française, née le 10 août, de la révolution sous perfusion de l'or britannique qui l'a précédée, cette distinction n'est plus opérante depuis que le tyran et ses acolytes sont, à leur tour, passés sous le rasoir de la Louison. Sacralisés par l'Incorruptible, les mois postérieurs à la proclamation de la République qui ont été marqués, à Paris et en province, par les flots de sang de l'épisode terroriste, provoquent désormais la nausée. La Terreur a-t-elle été un produit exclusivement fabriqué en France ? Et, du reste, a-t-elle pu surgir de l'âme d'un Français ?

Que nenni, répond l'auteur de *La Tactique du cabinet de St James dévoilée*. L'inventeur de la Terreur se trouve tout bonnement hors des frontières : « Pitt institua les tribunaux révolutionnaires à Paris, à Lyon, à Bordeaux, à Orange[53]. » La même volonté de dénaturaliser à tout prix la Terreur se retrouve sous la plume de l'auteur de la *Lettre de Pitt aux Jacobins noirs*, qui, faisant parler le Premier ministre de George III, absout les Français des horreurs qui ont été commises pendant l'an II : « [...] nous avons essayé de masquer quelques pages hideuses de notre histoire en ensanglantant la vôtre[54]. » Jamais les Français ne pourront plus reprocher à leurs voisins insulaires d'avoir agi en scélérats. La France, grâce au génie ténébreux de Pitt, a fait pire. Terriblement pire.

Au fil des ans, la volonté de disculper la France des crimes de la Révolution gagne encore en netteté, comme le montre éloquemment l'*Influence du gouvernement anglais sur la Révolution française* de Portiez de l'Oise. Si Pitt voulut parachever l'œuvre de son père qui, raconte Portiez, aurait fait jurer à son héritier politique de venger la perte de l'Amérique, de quelle nature est la révolution qu'il a favorisée ? Non sans finesse, l'auteur redonne tout le lustre qui revient à 1789. Portiez est en effet catégorique. Le complot dirigé par Pitt n'est pas un complot français : « Pendant tout le cours de la révolution, j'ai cherché à découvrir en France le comité propagateur. Je ne l'ai trouvé nulle part ; mais j'ai trouvé partout les agents d'un gouvernement propagandiste », note-t-il dès les premières pages de son livre[55]. À chaque étape de son récit, Portiez se fait fort d'opposer la main cachée, qui, de Londres, s'efforce de manipuler les Français, à la volonté d'unité nationale remarquable dont ceux-ci font preuve envers et contre tout. Parvenu à l'année 1792, l'auteur redouble de prudence et porte l'accent avec encore plus de netteté sur « l'Angleterre excitatrice et motrice des mouvements ». À partir de cette date, la part de Pitt dans la Révolution est devenue ostensiblement celle « des désordres, des forfaits et des crimes »[56]. Et Portiez de s'exclamer, sûr de son fait :

> Non : il n'est pas sorti d'une tête française, ce vaste plan, profondément machiavélique, qui, faisant concourir les troubles intérieurs aux calamités de la guerre extérieure, couvrit la France de sang. La légèreté française ne sympathise pas avec cette profondeur, cette constance du crime à toutes les époques et sous toutes les différentes formes de gouvernement amenées par les révolutions successives en France. Le génie ennemi de la France a pu seul enfanter une pareille monstruosité. L'amour de son pays caractérise le Français ; et un Français n'a pu concevoir l'idée d'un système dont le résultat le plus évident était la destruction de sa patrie et de rayer la France de la liste des nations[57].

C'est excellemment joué. Portiez offre au public une lecture hautement patriotique des événements révolutionnaires. Le publiciste s'efforce d'ennoblir la Révolution, non point à la manière de Robespierre, qui regardait la radicalisation du 10 août comme la réponse aux entreprises occultes de l'Angleterre, mais en démontrant que l'épisode de la Terreur est, dès ses origines, d'origine étrangère. La conclusion s'impose d'elle-même : si l'ordre règne à présent grâce au 18 Brumaire, un ordre que l'auteur, qui n'a pas conscience du ridicule de ses paroles, décrit comme une espèce de nouveau paradis terrestre[58], il convient toutefois de rester vigilant, car, prévient-il, le ton grave, « il faut toujours surveiller le léopard[59] ».

L'on relèvera une série de digressions sur les questions dynastiques, qui, à première vue, paraissent totalement hors de propos. L'on y verra évoquée l'usurpation d'Hugues Capet, qui s'empara « du trône au préjudice de l'oncle de Louis V[60] ». L'on y apprendra aussi que les princes du sang complotèrent très souvent contre les rois[61]. L'auteur rappellera enfin, à tous ceux qui l'auraient oublié, que la maison de Hanovre est « de fraîche date en Angleterre[62] ». Le message, qui se voulait sans doute subliminal, est en réalité déchiffrable par le plus obtus des lecteurs : il faut à tout prix légitimer le régime qui se met alors en place en rappelant que toute dynastie eut un commencement, et que ces débuts furent rarement reluisants. Auteur d'un *Esprit du gouvernement anglais* paru en 1806, Pierre Charles Lecomte s'interroge pour sa part sur l'étrange destin de la dernière branche de ce qu'on appelait, sous l'Ancien Régime, la « troisième race » des rois de France : « Ne doit-on pas rire de pitié, lorsque l'on voit l'Angleterre s'apitoyer sur le sort des Bourbons ? [...] Mais, de bonne foi, ne savons-nous pas que de tous les temps la famille des Bourbons a été l'objet éternel de la haine du gouvernement anglais ? » Et Lecomte de poursuivre, changeant apparemment de sujet : « la voix publique nous assure que l'infortuné monarque français existerait encore, si, en 1777 [*sic*], il n'avait pas donné des troupes aux Américains contre les Anglais »[63].

Tandis que le Consulat cède la place à l'Empire, le thème de la main secrète de l'Angleterre est devenu un argument de poids de la propagande napoléonienne. Il ne s'agit plus, comme en 1789 ou comme pendant l'an II, de tenter de comprendre l'incompréhensible à travers une grille de lecture réconfortante. Il s'agit, en brandissant l'épouvantail nommé William Pitt, et, plus largement, l'épouvantail de la Perfide Albion, d'asseoir le nouveau régime. L'Empire reposant sur l'héritage révolutionnaire, les publicistes s'évertuent à laver les Français de tous les crimes commis depuis 1789. L'on ne peut certes effacer la mort d'un roi. Le fait, comme le soulignent nos observateurs, versant pour l'occasion des larmes de crocodile, est hautement regrettable. Mais le responsable premier de cet acte n'a pas été le peuple français.

Près d'un siècle plus tôt, pour souder la nation derrière la nouvelle dynastie des Hanovre, le Premier ministre de George Ier, sir Robert Walpole, agita à plusieurs reprises le chiffon rouge des conspirations jacobites-absolutistes ourdies avec le soutien d'une puissance étrangère[64]. En 1804-1806, et pour les mêmes raisons, la propagande napoléonienne a repris le flambeau et livre au public le dernier avatar en date d'un complot imaginaire. Par ce remarquable aller-retour transmanche, une boucle conspiratrice a été bouclée.

Chapitre 6

Les romans avant le Grand Roman

Les historiens savent que Clio, leur inspiratrice, se montre souvent facétieuse. Pour nouvelle preuve l'anecdote qui suit. En 1754, un certain François Joachim Duport du Tertre, père d'un ministre de la Justice de la Révolution, fait paraître le premier tome d'une fresque appelée à couvrir dix gros volumes[1] : l'*Histoire des conjurations, conspirations et révolutions célèbres, tant anciennes que modernes*. Voici sa dédicace :

> Monseigneur,
> C'est à un Prince, dont la France adore les belles qualités, que je dédie l'histoire de tous les mauvais citoyens qui ont été le fléau de leur patrie. N'ayant à présenter aux yeux des lecteurs que des crimes et des scélérats, j'ai voulu du moins que l'on vît à la tête de cet ouvrage le nom d'un Prince qui honore l'humanité[2].

Le destinataire de ces mots ronflants est Louis Philippe d'Orléans. Né en 1725, ce petit-fils du Régent est le père d'un homme que les contemporains regarderont comme l'un des pires « scélérats », l'un des pires « mauvais citoyens », l'un des pires « fléaux » de l'Histoire : Louis Philippe Joseph Égalité.

Je prends sur l'étagère le quatrième tome de cette histoire, consacré à la France du Louis XIII et de Richelieu. Me voici devant un de ces télescopages temporels que ma muse paraît tant apprécier. Qu'on en juge plutôt. Le récit me plonge dans l'époque incroyablement chamarrée des complots ourdis par le frère du roi, l'inénarrable Gaston, duc d'Orléans. Bien que les agissements de ce « mauvais citoyen » de l'ère baroque n'aient guère de rapports avec la conduite d'une maison princière apparemment bien assagie un siècle plus tard*, le mauvais sang ne peut mentir bien longtemps. Il appartiendra au jeune duc de Chartres, âgé de onze ans à la sortie de l'*Histoire des conjurations, conspirations et révolutions célèbres*, de rétablir la réputation de sa lignée.

À l'instar de l'*Essai sur les mœurs* de Voltaire ou, un peu plus tard, de l'*Histoire des deux Indes* de Raynal, les dix tomes de Duport du Tertre refusent de se cantonner à la France et même à l'Europe. Précurseur à sa manière des historiens qualifiés aujourd'hui, expression atroce, de « connectés », Duport enjambe les siècles et les continents. La Chine, qui est en vogue, a droit à d'amples développements, de même que les Indes orientales. L'ambition du projet de l'historien répond à l'horizon d'attente du public du milieu du XVIIIe siècle, avide de dépaysement.

Un dépaysement qui n'est pas que géographique. L'accueil favorable[3] réservé sous l'Ancien Régime à l'*Histoire des conjurations, conspirations et révolutions célèbres* est déjà un signe. Encore plus éloquente est la masse d'écrits, qui, s'interdisant de considérer la réalité telle qu'elle est, se réfugient dans un univers parallèle annonciateur des théories du complot postérieures à 1789. Le roman des causes occultes de la Révolution est largement redevable à ces feuilles éparses.

Les dessous de l'Histoire ont une « mine de fouine »

Le XVIIIe siècle politique français qui commence en 1715 pour s'achever en 1789 porte à ses deux extrémités le nom d'Orléans. Accusé de lorgner le trône de France, Louis Philippe Joseph semble avoir trouvé son modèle en la personne de son ancêtre Philippe, mieux connu sous le nom du Régent. Vers 1710, une partie de la cour commença à regarder de travers le neveu du roi quand la mort se mit à faucher, l'un après l'autre, les princes qui étaient destinés à succéder à Louis XIV. Lorsque ce dernier rend son dernier souffle, le 1er septembre 1715, celui qu'on accu-

* Mort sans héritier, Gaston d'Orléans a été le dernier représentant de la troisième maison d'Orléans, l'apanage revenant alors à la couronne. En le confiant à Monsieur, son frère, Louis XIV fonda la quatrième maison d'Orléans, dont le dernier représentant officiel a été Ferdinand-Philippe, fils du roi des Français Louis-Philippe.

sait *in petto* d'avoir empoisonné les héritiers de la couronne n'est plus qu'à quelques enjambées de la Terre promise. Rien ne dit en effet que le jeune Louis XV, alors âgé de cinq ans, arrivera à l'âge adulte. C'est ce qu'assure une chanson qui, décrivant les derniers instants du vieux monarque, lui fait dire, s'adressant à son successeur :

> Recevez mes embrassements,
> Dauphin, mais, dans fort peu de temps,
> Je vous attends sur le rivage ;
> Philippe aura soin du voyage[4].

En 1715 comme en 1789, les fausses croyances et les soupçons qui y sont attachés vont bon train. Fausses car jamais, en effet, l'on n'a trouvé la moindre trace d'un projet visant à empoisonner la famille royale. Pas de trace ? Les fausses croyances, on ne le sait que trop, laissent quant à elles des traces, et des traces profondes dans l'imaginaire d'un peuple[5].

Le parallèle ne s'arrête pas en si bon chemin. Car outre la présence d'un duc d'Orléans au commencement et au terme du siècle, cette double figure princière se voit flanquée d'une âme damnée. En 1789, l'ombre du futur Égalité n'est autre que l'auteur des *Liaisons dangereuses*, qui, souffle la rumeur, aurait été l'organisateur des complots ourdis par le cousin de Louis XVI. En 1715, figure aux côtés du Régent l'abbé Guillaume Dubois, ancien précepteur devenu ami et homme de confiance du prince. Et cette présence est encore plus inquiétante que celle de Laclos.

Il y a des honneurs qu'on ne souhaiterait pas recevoir. Celui que Dubois recueillit de la plume du duc de Saint-Simon appartient à l'espèce peu enviable des trophées vénéneux. Chacun sait que la haine produit parfois des chefs-d'œuvre, et tel est le cas du célébrissime portrait de Guillaume Dubois figurant dans les Mémoires de Saint-Simon. C'est peu dire que le petit duc, dont l'obsession pour la hiérarchie sociale de son temps confinait à la monomanie, s'y montre insensible à la nuance. Saint-Simon vomit de tout son être un roturier cent fois pire que la grenouille de la fable. Ce fils d'un misérable apothicaire de Brive-la-Gaillarde s'est hissé, à force d'intrigues, jusqu'à l'entourage du prince du sang. Il est ensuite devenu ministre, puis, scandale des scandales pour quelqu'un qui aurait été le plus furieux des libertins et le plus monstrueux des blasphémateurs, il finit sa carrière avec le chapeau de cardinal. Dubois illustre à la perfection, nous dit le mémorialiste, la décadence d'une France pluriséculaire sapée par les prétentions d'une « vile bourgeoisie » que Louis XIV, roi tristement faible sous des dehors absolus, n'eut de cesse d'écouter et de promouvoir :

> L'abbé Dubois était un petit homme maigre, effilé, chafouin, à perruque blonde, à mine de fouine, à physionomie d'esprit [...]. Il excellait en basses intrigues ; il en vivait ; il ne pouvait s'en passer [...]. Il passait ainsi sa vie dans les sapes. [...] On connut après, dès qu'il osa ne se plus contraindre, à quel point il était intéressé, débauché, inconséquent, ignorant en toute affaire, passionné toujours, emporté, blasphémateur et fou, et jusqu'à quel point il méprisa publiquement son maître et l'État, le monde sans exception et les affaires, pour les sacrifier à soi tous et toutes, à son crédit, à sa puissance, à son autorité absolue, à sa grandeur, à son avarice, à ses frayeurs, à ses vengeances[6].

Comme l'a rappelé son plus récent biographe, Dubois a personnellement souffert du tombereau d'ordures déversé sur sa personne. Cet homme intelligent en a vite saisi l'origine et le sens : « Ils croient me désoler avec leur éternel refrain de Brive-la-Gaillarde et d'apothicaire. Je les y enverrai un jour en exil, pour qu'ils puissent y contempler à leur aise la boutique de mon père[7]. » Dans l'espèce de société à l'envers qu'était la Régence, où des êtres de basse extraction accédaient aux plus hautes responsabilités, et où les fortunes se faisaient et se défaisaient en un éclair, cet homme « à mine de fouine » se complaisant « dans les sapes » les plus profondes et les plus tortueuses était bâti de manière idéale pour réveiller la crainte des complots ourdis dans l'ombre. Les décisions importantes du Régent en matière diplomatique accomplirent cette besogne.

L'expression « seconde guerre de Cent Ans[8] » désigne la période s'étendant de l'entrée de l'Angleterre dans la guerre de la Ligue d'Augsbourg à la bataille de Waterloo. Comme ce fut le cas lors de la guerre de Cent Ans, ce long siècle de rivalités diplomatiques, militaires, économiques et idéologiques entre la France et l'Angleterre vit parfois les tensions décroître et les deux puissances esquisser un rapprochement. Le premier eut lieu au début de la Régence lorsque Philippe d'Orléans et l'abbé Dubois jugèrent que le système bâti par le monarque défunt, et dont l'élément central était l'alliance avec l'Espagne de Philippe V, menait inéluctablement l'Europe à la guerre.

Tandis que le conseil des Affaires étrangères récemment institué par le système de la polysynodie restait fidèle à la ligne louis-quatorzienne, le Régent décida de répondre aux ouvertures de James Stanhope, secrétaire d'État du nouveau roi de Grande-Bretagne George Ier, en envoyant dans le plus grand secret Dubois à La Haye puis à Hanovre négocier avec les Britanniques. Le 9 octobre 1716, le quart de siècle d'inimitié franco-anglaise avait vécu. La convention de Hanovre scellait la réconciliation entre les deux puissances. Le 4 janvier 1717, le rapprochement se confirmait avec la signature, grâce aux efforts et à l'habileté de Dubois, du traité de Triple Alliance de La Haye entre la France, la Grande-Bretagne et les Provinces-Unies.

Parmi ses clauses, retenons celles qui touchent à la succession au trône de France et de Grande-Bretagne. Philippe d'Orléans reconnaît pleinement la légitimité de la branche de Hanovre. Ce faisant, il n'apportera plus aucun secours au prétendant Stuart « Jacques III », qui devra quitter le Comtat Venaissin où il s'était réfugié. Échange de bons procédés, George Ier de Grande-Bretagne s'engage à soutenir les droits légitimes à la couronne de Philippe d'Orléans si, par malheur, le jeune Louis XV venait à mourir et si, comme le redoutaient les chancelleries, le roi d'Espagne Philippe V revenait alors sur son engagement solennel de renoncer au trône de France.

Fondé sur l'analyse réaliste de l'équilibre des puissances, principe qui a guidé la refonte de la carte de l'Europe après la guerre de Succession d'Espagne, le rapprochement franco-britannique a permis à l'Europe de panser ses plaies et, à la France et à la Grande-Bretagne, de vivre en paix jusqu'au début de la guerre de Succession d'Autriche[9]. Certains contemporains ne s'y sont pas trompés. Ainsi Fontenelle. Dans son discours de réception de Dubois à l'Académie française, le 3 décembre 1722, l'auteur des *Entretiens sur la pluralité des mondes* souligne le caractère révolutionnaire de la diplomatie de l'ami du Régent : « Jusqu'ici les traités de paix avaient la guerre pour véritable objet [...]. Vous [*Dubois*] avez fait des traités de paix qui ne pouvaient produire que de la paix[10] ».

Les clauses dynastiques contenues dans le traité de La Haye montrent aussi des arrière-pensées qui ne sont pas toutes désintéressées. Avec la promesse d'un appui ferme de Londres au Régent en cas de décès de Louis XV, s'estompe le risque de voir le petit-fils de Louis XIV, devenu Philippe V d'Espagne, revendiquer la couronne de France. C'est très bien pour la stabilité de l'Europe qui voit s'écarter le spectre d'une nouvelle guerre de succession. Mais c'est surtout un beau cadeau pour Philippe d'Orléans. Quant à George Ier, prince teuton peu aimé d'une nation connue pour sa xénophobie légendaire, l'assurance de la part du Régent de ne plus soutenir les Jacobites lève une sérieuse hypothèque. L'enracinement de la dynastie hanovrienne en terre britannique a commencé.

Il va de soi que ce rapprochement, qui, on le remarque, revient pour un prince catholique à soutenir une lignée protestante aux dépens de la branche « papiste » des Stuarts, ne pouvait que faire des remous. Artisan de l'ancien système qui avait pour centre l'Espagne, l'ancien secrétaire d'État de Louis XIV, Colbert de Torcy, n'en décolère pas. Non seulement la nouvelle configuration diplomatique est aberrante, mais la Triple Alliance sent fort le soufre. Car l'auteur de ce massacre diplomatique est un homme qui « sans croire en Dieu, sans religion, sans la moindre ombre de probité, sans mœurs, connu pour tel des Français et des étrangers, se fit faire archevêque et cardinal par le moyen du roi d'Angleterre[11] ».

Irréligion et main de l'Angleterre, les deux mamelles du complotisme de l'époque révolutionnaire, se rappellent ici à notre souvenir. Chez Torcy, homme pourtant rompu aux arcanes des négociations, pas de doute possible. La promotion inexplicable d'un individu qui s'est extrait de la fange de sa province pour être propulsé jusqu'au siège épiscopal prestigieux de Cambrai, puis au cardinalat, ne peut avoir que des origines secrètes[12]. De là à envisager une espèce d'internationale des esprits forts, il n'y a qu'un pas, et ce pas, le neveu de Colbert le franchit sans états d'âme. Et c'est Albion qui tire toutes les ficelles.

Dubois aurait non seulement profité du soutien de l'Angleterre pour sa promotion jusqu'au cardinalat, mais aurait aussi été grassement récompensé par George Ier pour ses bons et loyaux services. Saint-Simon n'est pas le dernier à présenter le fils d'apothicaire de Brive comme l'agent actif de l'ennemie naturelle de la France. « L'application de l'abbé Dubois », assure notre mémorialiste, était tournée « toute au gré des Anglais et de l'empereur, aux dépens de la France et de l'Espagne, ce qui lui valut une pension secrète de quarante mille livres sterling, qui est une somme prodigieuse »[13]. Prodigieuse en effet. La livre sterling valait alors 24 livres tournois. À la mort du cardinal-ministre, les 980 000 livres en monnaie française de la pension du roi d'Angleterre se seraient toujours trouvées dans les caisses bien pleines de cet homme avide de richesses[14].

Dominant la foule des arracheurs de dents que sont les mémorialistes, brille un astre, ou plutôt l'astre des astres : Louis de Rouvroy, duc de Saint-Simon, dont le roman du règne de Louis XIV et de la Régence a fait tourner plus d'une tête pourtant bien pleine et bien faite. Ses préjugés sociaux l'ont très certainement porté à raisonner de la sorte. Non seulement un parvenu comme l'ami du Régent ne pouvait qu'être fort sensible à la monnaie sonnante et trébuchante, mais ce roturier qui portait ostensiblement la fourberie sur sa mine de fouine ne pouvait en aucun cas négocier au vu et au su de tous. Peu importe que la diplomatie secrète ait de tout temps existé. Ce que Saint-Simon ne pouvait accepter est que le revirement spectaculaire de la politique étrangère de la France se fût déroulé à l'insu du conseil des Affaires étrangères, et, de ce fait, au mépris du système de la polysynodie que lui, Saint-Simon, avait contribué à mettre sur pied. En couvrant ses pourparlers du secret absolu, Dubois avait torpillé ce qui était destiné à être le socle de la renaissance politique de la France. Pis : cette diplomatie secrète démontra aux yeux du Régent l'inanité des conseils. En 1718, tandis que le système de la polysynodie était abandonné, le Brivois né dans l'arrière-boutique malodorante d'un marchand de drogues était nommé secrétaire d'État des Affaires étrangères. Saint-Simon ne pouvait pardonner ce double crime de lèse-régénération politique et d'atteinte à l'ordre social.

« Une grosse pension d'Angleterre »

Au lendemain de la paix d'Aix-la-Chapelle, circule une rumeur faisant état de la présence à la cour d'une espèce de « parti anglais ». Observateur critique de la politique de Louis XV depuis son départ des affaires en 1747, le marquis d'Argenson se montre intrigué :

> Cependant notre ministère français, pour la politique, est de plus en plus accusé d'anglicisme ; on le compare à celui du cardinal Dubois, qui recevait une grosse pension d'Angleterre ; il y a ici des Anglais du parti de l'opposition qui l'accusent de cette horreur. Le cardinal Dubois avait, dit-on, une pension de cent mille écus d'Angleterre, dont il donnait quelque chose à Milady Sandwich. Cette pension passa à Mme de Prie et fut grossie, de là, à M. de Morville qui en partageait quelque chose ; mais M. Chauvelin la fit cesser, et il faut convenir qu'après lui, M. Amelot a eu les mains bien pures. Mais on accuse aujourd'hui M. de Puysieulx de la partager avec Mme de Pompadour et M. de Saint Séverin[15].

Comme le fameux diamant du Régent qui, prétend-on, porterait malheur, la « grosse pension d'Angleterre » aurait un pouvoir maléfique. « Tous ces gens que je dis, observe d'Argenson, ont eu une mauvaise fin, après une faveur assez courte[16] ». Le pauvre Dubois, c'est certain, n'a pas savouré longtemps la pourpre cardinalice. Maîtresse du duc de Bourbon qui gouverna la France de 1723 à 1726, la marquise de Prie se suicida en 1727. Fleuriau de Morville, qui fut le successeur de Dubois au secrétariat d'État des Affaires étrangères de 1723 à 1727, mourut peu de temps après avoir quitté son poste. Comme par enchantement, le maléfice cesse à partir de Germain Louis Chauvelin, qui succéda à Morville, et qui aurait mis fin à la pension. Chauvelin vivra jusqu'en 1765. Son successeur Jean-Jacques Amelot de Chaillou, secrétaire d'État de 1737 à 1744, et qui, lui aussi, n'aurait pas émargé à la caisse londonienne, vit toujours lorsque d'Argenson couche ces réflexions. Il est vrai qu'il mourra quelques mois plus tard… Son successeur, notre diariste qui fut aux Affaires étrangères de 1744 à 1747 et qui, sans le dire, laisse entendre qu'il est blanc comme neige, est toujours frais et vaillant au moment où il écrit ces lignes. Quant à Elizabeth Wilmot, comtesse de Sandwich, qui aurait fait partie des conquêtes de Dubois, le fait qu'elle soit toujours en vie semblerait indiquer que la malédiction de la pension ne frappe que les serviteurs ou les proches du roi de France. Les trois personnes qui se partagent actuellement les guinées du roi George, le marquis de Puysieulx, successeur du marquis d'Argenson au ministère, le comte de Saint-Séverin, négociateur de la paix d'Aix-la-Chapelle, et la marquise de Pompadour, ont quelques soucis à se faire. Ce qui n'est sans doute pas pour déplaire au ministre disgracié qui consigne ces bruits dans son journal.

Mais sont-ils fondés ? « Peut-être ceci n'est-il qu'une accusation vague et satirique des Jacobites mécontents, gens capables d'imputations très atroces », observe d'Argenson[17]. Non sans raison : le camp stuartiste est alors furieux contre Louis XV. Appliquant à la lettre les clauses du traité d'Aix-la-Chapelle exigeant l'expulsion du fils du prétendant, Louis XV a fait arrêter le 10 décembre 1748 Charles-Édouard Stuart. L'opération, brutale et pachydermiquement maladroite, a fait un gros scandale[18].

S'il est plus que probable que la légende de la pension de l'Angleterre soit née dans les cercles jacobites, d'Argenson ne paraît cependant qu'à moitié convaincu. Fait jour un mode de raisonnement qui nous est maintenant familier : « Les nouvellistes ne parlent que du parti anglais [...]. Cependant, convenons qu'on ne pouvait envoyer en Angleterre un plus honnête homme que le marquis de Mirepoix, et, s'il y a malversation ou trahison à craindre pour notre patrie, elle passera par d'autres mains que les siennes[19]. »

Né de la plume et de l'imagination fécondes des nouvellistes, le « parti anglais » a toutes les chances d'appartenir à l'univers de la fiction. L'envoi comme ambassadeur à Londres de Mirepoix, homme insensible à la corruption, ne correspond d'ailleurs pas à l'image d'un ministère pensionné par le roi d'Angleterre. Dont acte. Certes, mais alors pourquoi redouter, malgré ces faits on ne peut plus positifs, une « malversation », et même une « trahison » ? On se souvient de l'aveu d'impuissance de Montmorin en 1789 devant les bruits de complot ourdis par l'Angleterre. Quarante ans plus tôt, un de ses prédécesseurs se montre, lui aussi, sans prise devant la rumeur. Une fois celle-ci sortie de sa boîte, c'en est fini de la géométrie euclidienne du monde rationnel.

Albion, criminelle éternelle

Restons encore un instant en compagnie du marquis d'Argenson, observateur perpétuellement anxieux des variations de l'humeur publique. En septembre 1751, le voici de nouveau préoccupé : « Il nous souffle d'Angleterre un vent philosophique de gouvernement libre et antimonarchique ; cela passe dans les esprits et l'on sait comment l'opinion gouverne le monde. Il se peut faire que ce gouvernement soit déjà arrangé dans les têtes pour l'exécuter à la première occasion, et peut-être la révolution se passerait-elle avec moins de contestation qu'on ne pense[20]. »

Malgré son attirance pour les nouveautés idéologiques, d'Argenson n'a jamais partagé l'anglophilie politique de certains de ses contemporains[21]. Ce vent d'Angleterre est pour lui un vent mauvais. Ce souffle venu de la mer est-il, d'ailleurs, un phénomène naturel ? Le fait que le projet politique que porte cette brise soit « déjà arrangé dans les têtes pour l'exécuter » permet sérieusement d'en douter. Et de quelles têtes s'agit-il, d'ailleurs ? Alarmiste, d'Argenson jette un regard noir sur l'état de son pays. « Tous les ordres, assure-t-il, péremptoire, sont mécontents à la fois » : les militaires congédiés après la guerre et traités « avec dureté et injustice », le clergé « vilipendé et bafoué », les corps intermédiaires tous à la dérive et « le bas peuple accablé et rongé de misère ». Dans un tel contexte, tout est possible : « Toutes ces matières sont combustibles. Une émeute peut faire passer à la révolte, et la révolte à une totale révolution où l'on élirait de véritables tribuns du peuple, des comices, des communes, et où le roi et les ministres seraient privés de leur excessif pouvoir de nuire[22]. »

Il suffit d'une étincelle pour embraser les « matières combustibles » de la monarchie française et la transformer en une espèce de république romaine. Cette étincelle pourrait fort bien venir des anglophiles qui jouent aux pyromanes du dimanche. Car ce qu'indique clairement notre diariste est qu'une fois amorcée, la machine révolutionnaire échappera promptement au contrôle de ceux qui croyaient en tirer profit. La « révolution » a beau avoir été méditée par les admirateurs d'Albion, elle n'en sera pas moins française. Et, compte tenu du caractère national bien trempé, cette « totale révolution » sera terrible.

Cinq années plus tard, alors qu'a éclaté la guerre de Sept Ans, la crainte de la main de l'Angleterre est plus vive que jamais. En proie à une crise d'anglophobie d'une exceptionnelle intensité, les Français réagissent comme le feront leurs descendants de 1793 : avec leurs viscères. Surgissent sous la plume de poètes en furie d'étranges brouillons du *Chant de guerre pour l'armée du Rhin*, comme ces vers d'Alexandre Tavenot apostrophant « une race parjure », qui « [...] a vu dans ses bataillons / Le sang inonder ses sillons[23] ». Se propage également un lieu commun appelé à devenir le leitmotiv des harangues incandescentes de Barère à la Convention : celui d'une Carthage moderne ayant élu domicile sur l'autre rive de la Manche. La frénésie monomaniaque qui animera les complotistes de l'an II est déjà à l'œuvre chez l'abbé Séran de La Tour, auteur d'un invraisemblable *Parallèle de la conduite des Carthaginois à l'égard des Romains dans la seconde guerre punique avec la conduite de l'Angleterre à l'égard de la France dans la guerre déclarée par ces deux puissances en 1756* où l'on voit l'écrivain, au mépris de la distance temporelle et contextuelle, se moquer royalement des anachronismes pour nous brosser un impeccable diptyque de la scélératesse punique, ancienne et moderne.

Au printemps de l'année 1758, des bruits insistants font état d'un projet du cabinet britannique, toujours aussi atrocement carthaginois dans son esprit et ses méthodes, visant à combiner un débarquement sur les côtes de France et un soulèvement protestant. Le secrétaire d'État des Affaires étrangères, l'abbé de Bernis, ne dissimule pas son inquiétude : « Nous recevons un courrier de Rochefort qui nous annonce qu'une escadre anglaise, commandée par M. Hawke, est mouillée à l'île d'Aix. Nos lettres du Languedoc et nos nouvelles d'Angleterre nous annoncent aussi une escadre dans la Méditerranée avec le projet d'une descente sur le port de Sète. Nos religionnaires s'y attendent et font beaucoup de mouvements en conséquence[24]. »

Cette crainte paraît d'autant plus fondée qu'au moins deux précédents paraissent l'accréditer. Pendant la guerre de Succession d'Espagne, la révolte des Camisards, qui donna tant de fil à retordre à Louis XIV, reçut en effet le soutien de l'Angleterre. Cette stratégie associant diversion et coups portés contre le papisme fit sa réapparition pendant la guerre de Succession d'Autriche. En 1746, un espion français à Londres informait Versailles de l'imminence d'un débarquement britannique sur les côtes normandes : « [...] on a représenté que, réussissant dans cette partie du royaume, les autres provinces remplies de protestants suivraient bientôt l'exemple[25] ».

Le plan qui aurait été élaboré pendant la guerre de Sept Ans posséderait une tout autre envergure. Au centre de celui-ci, une conspiration, qui, cette fois, ne serait pas totalement imaginaire. Sa tête ? Louis-François de Bourbon, prince de Conti (1717-1776), un homme qui, par sa constance en matière d'opposition à l'autorité royale et par son goût pour les manigances souterraines, ferait passer Philippe Égalité pour un misérable dilettante.

Conti aurait mérité au moins un tome pour lui seul dans le livre de Duport-Dutertre. Qu'on en juge par son projet. En mauvais termes avec Louis XV depuis quelque temps, Conti s'est rapproché de l'opposition parlementaire et est entré en rapports avec certains protestants influents. Si l'on accorde du crédit aux renseignements fournis par un informateur du lieutenant de police Berryer, le plan de subversion qui a été mis sur pied est plus que rocambolesque. Tandis que l'opposition des cours souveraines que Conti soutient en sous-main serait portée à son paroxysme, les provinces peuplées de réformés se soulèveraient en masse. Dans quel but ? Ni plus ni moins pour éliminer Louis XV ! Rapportant à Berryer les propos du prince, l'informateur Herrenschwand est formel : « Ce n'était pas uniquement pour le peuple que j'agis, aurait déclaré Conti, mais c'est aussi pour moi. Car dès le moment qu'il n'y aurait plus de lois, le trône serait au premier occupant[26]. »

D'après l'historien John Woodbridge, Conti aurait également pris contact avec le ministère britannique. À l'automne 1757, la tentative ratée de débarquement britannique à Rochefort aurait dû être le signal de la révolte générale des protestants français. Mais a-t-on des preuves ? C'est là que le bât blesse. Woodbridge ne produit aucune pièce attestant d'un tel projet. Compte tenu de la position alors très délicate des Britanniques sur les champs de bataille[27], il semble peu probable que Whitehall aurait osé s'aventurer dans une entreprise aussi risquée[28].

Comme le montre entre autres le journal intime de l'avocat Barbier, des bruits ont toutefois circulé dans le royaume[29]. Et ces bruits ont progressivement cédé la place à une certitude. Dans sa lettre de 1782 à Vergennes dont on a déjà lu des extraits, Soulavie assure que le soutien aux protestants a été « le système des Anglais constamment suivi pendant plus d'un siècle[30] ». Au printemps 1789, quand commenceront à s'ébruiter les rumeurs faisant état d'activités suspectes de ressortissants anglais au port de Brest, c'est tout ce siècle de sombres manœuvres souterraines plus ou moins avérées qui remontera en un éclair à la surface. Albion, notre éternelle ennemie, ne pouvait agir autrement.

Le roi mannequin

Presque deux ans se sont écoulés depuis la mort de Louis XV, le 10 mai 1774. Un instant accueilli avec enthousiasme, le nouveau règne entame ses premiers louvoiements face aux écueils qui commencent à se dresser sur sa route. Il est vrai que l'un des hommes aux commandes du vaisseau ne plaît pas à tout le monde. Les réformes libérales d'Anne Robert Jacques Turgot sont en train de fédérer les mécontents de tout poil. Un des chefs du « parti accusateur », rappelle Soulavie, n'est autre que Monsieur, comte de Provence, futur Louis XVIII, dont le positionnement politique prend l'exact contre-pied d'un frère qu'il estime inapte à gouverner : « N'ayant pu réussir à conserver les parlements de M. de Maupeou, inquiet de n'être compté pour rien lorsqu'il croyait avoir raison dans ses remontrances relatives à la conservation de la forme du gouvernement, il se bornait, ne pouvant agir avec plus d'efficacité, à répandre des pamphlets clandestins, et, quand il siégeait au Parlement, à développer la doctrine de l'ancienne monarchie française[31]. »

Cet opposant résolu aux réformes frappe fort en ce début du printemps. « Le premier jour du mois d'avril 1776, on répandait le *poisson* dont il était l'auteur[32]. » Il n'est pas exclu qu'une autre main ait été mise à contribution. Mais le prince, qui avait la plume facile et adroite, a très probablement conçu la majeure partie de ce « poisson » qui se présente sous la forme d'un récit à la manière des contes des *Mille et Une Nuits*. D'abord circulant sous forme manuscrite avant d'être imprimé, l'ouvrage s'intitule *Les Mannequins*.

Le sous-titre, *Conte ou histoire, comme l'on voudra*, mérite qu'on s'y arrête. À l'instar de la littérature complotiste, mais, cette fois, de manière tout à fait intentionnelle, l'ouvrage plonge le lecteur dans un étrange *no man's land*, dans une contrée où la frontière entre l'invention et les faits avérés s'avère des plus diaphane. Derrière son caractère humoristique, le conte des *Mannequins*, et c'est bien le but de son auteur, produit une sourde inquiétude, surtout lorsqu'on l'examine, comme le fait Soulavie en l'an X, à l'aune des événements qui se sont déroulés après sa parution. N'y doit-on pas y voir la preuve de l'existence du complot contre la monarchie ourdi par l'Angleterre avec l'aide de l'*intelligentsia* française ?

L'action se situe non pas en France mais en Perse, dans la ville d'Ispar (Paris), sous le règne non pas de Louis XVI mais du Sophi de la branche des Cha-à-bas (les Bourbons). Celui-ci a accordé toute sa confiance au Grand Trésorier Togur (Turgot), homme que lui a vivement recommandé son conseiller Aliberg (Maurepas). Louis XVI, ou plutôt le Sophi, est, d'entrée de jeu, malmené dans cette historiette : « on espérait tout du jeune Sophi et il promettait tout ; mais les promesses ne suffisent pas, il fallait des remèdes. Le premier mouvement du monarque fut de se défier de lui-même et d'appeler auprès de lui [...] Aliberg, vieillard célèbre qui, dans ses jours brillants, n'avait pas eu le courage d'occuper sa place, et qui, malheureusement, ne sut pas la reprendre[33] ».

La faiblesse de caractère du prince n'est pas passée inaperçue. Elle a été promptement exploitée par une « nation voisine » qu'il n'est, je crois, plus utile de nommer :

> Le génie d'une nation voisine ennemie de la Perse s'était cantonné depuis quelque temps à Ispar, persuadé que la manière la plus sûre de dégrader un peuple est d'altérer son caractère et de changer ses mœurs constitutives. Il s'était emparé de quelques têtes persanes qui travaillaient sous sa dictée à détourner le courant des idées primitives et à dénaturer la nation. Le mauvais génie, observant les agitations d'Aliberg, crut que, s'il venait à bout de l'égarer dans le choix d'un Grand Trésorier, cette méprise précipiterait la

révolution et, mettant la Perse aux prises avec elle-même, assurerait sans retour la supériorité à sa rivale[34].

Suspecter l'espace public d'être infiltré et noyauté par les sbires philosophes de la Perfide Albion n'a rien de neuf : c'est ce que craignait déjà le marquis d'Argenson. C'est aussi, on le verra bientôt, ce que dénonçaient certains Français au plus fort de la guerre de Sept Ans. La nouveauté, cependant, est qu'avec le nouveau règne ce plan ourdi à Londres est désormais arrivé à maturité. L'arrivée sur le trône d'un jeune prince velléitaire est en effet une aubaine pour les conspirateurs méditant leurs forfaits dans la brume épaisse de la capitale britannique. Il suffit désormais à « la nation voisine ennemie » de manipuler celui en qui Louis XVI a accordé sa pleine et entière confiance, le vieux Aliberg-Maurepas. L'arrivée aux affaires de Turgot, assure Provence, est l'aboutissement logique d'un projet préparé sans relâche depuis plusieurs décennies : précipiter en France l'avènement d'une « révolution » qui portera un coup fatal à l'économie du pays et, plus largement, à ses fondements politiques et sociaux.

Pour séduire Aliberg-Maurepas, le génie de la nation voisine et ennemie se présente en songe au ministre en ayant pris l'apparence de son épouse. « Ainsi transformé, le génie s'empare de l'imagination du dormeur, donne à ses esprits une secousse politique et lui présente [...] une machine à ressorts[35]. » La description de celle-ci est assez évocatrice de l'avenir chaotique qui attend la France :

> Cette machine, dans son vaste contenu, était toute bordée d'ordonnances et d'édits. Au centre de sa partie supérieure qui tenait lieu de tête, on voit fumer un volcan dont la matière, mise en fusion, faisait effort pour se répandre. Partout, des fentes, s'échappaient de l'or, du blé, des denrées de toute espèce, qui, dans un air libre et raréfié, se précipitaient du centre à la circonférence et se reportaient de la circonférence au centre. À la place des oreilles, on apercevait deux larges canaux d'où s'élançaient deux gerbes folliculaires qui répandaient au loin une rosée gluante et visqueuse [...]. À l'embouchure de ces canaux, étaient fixées une demi-douzaine de figures toujours en action qui ravitaillaient le volcan, en nourrissaient l'effervescence et préparaient ses explosions. Enfin, de son énorme base taillée en buffet d'orgues, s'élevaient

une multitude de voix qui ne cessaient de répéter sur le ton le plus grêle : Égalité, Liberté, Produit net[36].

Égalité et liberté : si ces expressions renvoient ici à la doctrine physiocratique vilipendée par notre auteur, ce qui compte est, on l'a compris, le destin d'un tel écrit après 1789. Tout se passe en effet comme si, dès le début du règne de Louis XVI, certains esprits lucides attachés à la tradition, comme le comte de Provence, avaient perçu les conséquences à moyen et à long terme des principes pernicieux que la philosophie, avec l'aide de la très perfide « voisine » et « ennemie », s'efforçait d'inoculer dans le corps politique.

La situation est d'autant plus alarmante que la France, à suivre notre récit oriental, est d'ores et déjà sous la coupe pleine et entière de l'Angleterre, qui exerce un pouvoir absolu sur un personnel politique dépourvu de toute liberté d'action et même d'entendement. La France de Louis XVI est en effet gouvernée non point par des êtres humains de chair et d'os mais par des mannequins de bois et de chiffon.

Pour nous convaincre de ce prodige, assistons à la conversation entre Aliberg-Maurepas et son épouse, laquelle, rappelons-le, est en réalité le génie de l'Angleterre qui a pris ses traits :

> Aliberg [...] dit à sa femme : « Dans quel atelier avez-vous donc trouvé ce bloc ridicule ? Que prétendez-vous faire de ce mannequin ?
>
> — Mannequin vous-même, répondit la fausse femelle. [...] Vous ignorez donc que tout le monde est mannequin à sa manière ? Vous êtes le mien, je suis celui de ce divin Mollah [*l'abbé de Véri*], qui est à son tour de quelque autre individu qui le contourne et le dirige. Il n'existe dans l'univers, soit au moral, soit au physique, qu'une certaine dose de mouvement. Tout s'emprunte, se communique et se rend. Tout est mannequin. Cha-à-bas [*Bourbon*] lui-même n'a d'autre avantage que d'être le premier mannequin de son royaume[37]. »

Cette satire du matérialisme des Lumières, où se devine à la fois *L'Homme-Machine* de La Mettrie et le *Système de la nature* du baron d'Holbach, est un splendide exemple du style paranoïaque propre à la littérature complotiste. Comme le feront après 1789 les successeurs de Monsieur, le conte des *Mannequins* tente de donner du sens à une réalité difficilement acceptable pour le jeune prince qu'est Provence. Comment se fait-il que ce soit ce benêt de Louis, et non point lui, Louis Stanislas Xavier, dont tout le monde reconnaît la suprême intelligence, qui se trouve sur le trône de France ? Comment expliquer que son frère ait tiré un trait, en rappelant les parlements, sur ce qui fut aux yeux de Provence la grande réforme du règne précédent, la réforme Maupeou restauratrice de l'autorité royale ? Et comment se fait-il que Louis XVI, au mépris de la tradition, donne son appui à un des représentants les plus éminents de la secte des philosophes et des économistes ? Oui, comment tout ceci est-il possible ? Et comment se fait-il que ce « Grand Trésorier », cet infâme Togur, puisse préparer en toute quiétude la ruine du royaume ?

> [...] Aliberg aperçoit un laboratoire obscur où s'ébauchent et se perfectionnent les grandes manipulations patriotiques. C'est le magasin des idées élémentaires et substantielles. Le mystère et le silence règnent dans ce lieu privilégié. C'est là qu'on prépare aux pauvres peuples des ressources inespérées ; là, on travaille à dissoudre les chaînes sociales formées par l'inégalité des fortunes et des conditions. On voit des rameaux brisés confusément épars détachés du trône antique de la propriété. La Perse entière jetée dans un moule nouveau n'y paraît plus qu'une table rase, sur laquelle on dessine un plan sentimental, d'où résultera le plus grand bonheur possible de tous les individus. Ce laboratoire tient par un conduit souterrain au foyer encyclopédique et le mannequin placé au coin de communication reçoit de l'un et l'autre une direction combinée et un mouvement simultané[38].

Ce qui se trame dans les arcanes du pouvoir est épouvantable. Tandis que la classe politique réduite à l'état d'une collection de pantins désarticulés est d'ores et déjà soumise à la volonté absolue de la « nation voisine et ennemie », opèrent désormais en toute quiétude les agents de cette dernière. Le grand pandémonium ne saurait plus tarder.

Un homme a lu *Les Mannequins* avec la plus grande attention. On se souvient qu'Augustin Barruel présentait Turgot comme un monstrueux conseiller ayant fait du jeune Louis XVI un Jacobin. Ce passage délirant des *Mémoires pour servir à l'histoire du jaco-*

binisme n'est pas uniquement le fruit de l'imagination enfiévrée de l'abbé. Voici les lignes qui servirent de point de départ à sa réflexion : « Le premier usage qu'il [*Togur-Turgot*] fait de son crédit est de se rendre tellement maître des ressorts encore souples du Sophi, qu'il entraîne à l'imitation exclusive de ses mouvements et que, sous le prétexte de prévenir dans un jeune monarque l'abus d'une trop grande flexibilité, il en détruit absolument le principe. En un mot, il en a fait un mannequin tronqué, à qui il ne reste qu'un geste et qu'une attitude. Affermi par cette précaution, Togur déploie le grand étendard de la liberté[39]. »

Examinés rétrospectivement à la lumière de Quatre-vingt-neuf, les faits ne laissent plus de doute : Louis XVI a bel et bien été jacobinisé dès son accession au trône. Son frère a résolu l'énigme vivante qu'a été et que sera pour la postérité ce très étrange monarque qui, durant tout son règne, a paru vouloir scier avec un acharnement suicidaire la branche sur laquelle il était si bien assis à son avènement. Grâce à Provence, qui réalise en quelques pages le tour de force de livrer au public une synthèse du complot britannique, de celui des encyclopédistes et de celui des économistes tout en pimentant ses pages d'un zeste de merveilleux, tout s'éclaire : ce mannequin à l'apparence humaine portant le nom de Louis XVI a été programmé pour conduire son royaume à la catastrophe.

La chasse au Cacouac

La campagne pamphlétaire hostile à Turgot est largement tributaire de l'hostilité envers ceux que l'abbé Royou, on s'en souvient, dénommait les « philosophistes ». D'abord rampant, l'antiphilosophisme qui allait nourrir le complotisme de l'époque révolutionnaire connut un premier accès de fièvre en 1757, sous l'effet du régicide manqué de Damiens.

Dès les lendemains de l'attentat du 5 janvier contre Louis XV, la rumeur va bon train. Déjà bien ancré dans les esprits avant le forfait, c'est d'abord l'antijésuitisme qui s'exprime avec virulence. Les vers accusateurs sont légion, tels ceux-ci :

Détestable société,
Serpent que notre sein ranime,
Dont le poignard ensanglanté
Ne se repaît que de crimes ;
Le meilleur de nos rois a [*sic*] tombé sous tes coups[40].

Un homme incarne admirablement la paranoïa antijésuitique : l'avocat troyen Grosley, auteur, entre autres, de *Réflexions sur l'attentat commis le 5 janvier contre la vie du roi* et d'une *Lettre d'un patriote*, brochures qui, peu amènes envers les juges de Damiens, ont été saisies et brûlées sur ordre du Parlement. La *Lettre d'un patriote* n'a absolument rien à envier à la littérature conspirationniste de la Révolution. Tout y est : d'abord l'hyperbole, la Compagnie étant dépeinte comme une « conjuration encore plus monstrueuse » que le régicide ; puis les extrapolations abusives à partir de pièces à conviction proches du néant : « Ce qui est effroyable, et qui doit faire trembler les souverains sur leurs trônes [...] c'est que c'est par principe qu'elle [*la Compagnie de Jésus*] a appris aux sujets à tuer leurs rois » ; enfin le télescopage délirant d'idées ou de faits sans rapport entre eux : Damiens « est né à Arras, qui est la Genève des Jésuites »[41]...

En cette même année 1757, toujours aussi obsédé par ses fantasmes antijésuitiques, Grosley fait paraître une nouvelle brochure décrivant les tentatives, jusqu'ici infructueuses, de la Compagnie de Jésus pour s'implanter dans sa patrie troyenne. Son titre ? *Mémoires pour servir à l'histoire des RR. PP. Jésuites.*

Barruel, ce papivore, ne pouvait passer à côté de ce livre au ton et au contenu féroces contre son ordre. Entendait-il, avec son propre titre, procéder à un retour à l'envoyeur teinté d'ironie ? Cela paraîtrait étonnant tant le Barruel des *Mémoires* semble dénué de la moindre once de second degré. Il est beaucoup plus plausible qu'il se soit inspiré, pour son titre, d'un ouvrage paru quelques mois après l'attentat de Damiens et dont le contenu était, cette fois, remarquablement proche de ses vues. Cet ouvrage est le *Nouveau mémoire pour servir à l'histoire des Cacouacs* de l'avocat et publiciste ministériel Jacob-Nicolas Moreau.

Les jésuites n'ont pas été les seuls à avoir été accusés d'avoir guidé le bras de Damiens. Dès le lendemain de l'attentat, l'autorité ecclésiastique, probablement pour faire diversion, mit en accusation les philosophes. L'archevêque de Paris, Christophe de Beaumont, publia un mandement fustigeant les « erreurs du temps », les « scandales dans tous les états et dans tous les esprits et [...] l'introduction dans les écrits et dans les esprits d'une multitude de principes qui portaient les sujets à la désobéissance et à la rébellion contre les souverains[42] ». Pas de doute : la secte des philosophistes venait d'être placée sur une sellette diablement inconfortable.

L'affaire Damiens a en réalité confirmé chez bon nombre d'observateurs attachés à la religion les craintes qu'ils nourrissaient déjà. Dès 1750, l'Assemblée du clergé reprochait à Louis XV une excessive complaisance envers les esprits forts : « Une affreuse philosophie s'est répandue comme un venin mortel et a séché la racine de la foi dans presque tous les cœurs : le scandale de l'impiété, enhardie par le nombre et la qualité de ses partisans, ne garde plus de mesure ; des écrits pleins de blasphèmes se multiplient tous les jours [...]. Sire, vous devez aujourd'hui à la religion une protection plus éclatante que jamais, parce qu'elle n'a jamais été aussi vivement attaquée[43]. »

Si Louis, ou plutôt la marquise de Pompadour et le directeur de la librairie Malesherbes ont alors fait la sourde oreille, il n'en va plus de même après le funeste 5 janvier de l'an de grâce 1757. Dès le printemps, le tour de vis de la censure est spectaculaire. Toute personne ayant publié ou vendu un ouvrage dangereux est passible de peines allant jusqu'à la mort. Les mauvaises idées, les mauvais livres sont dans le collimateur du pouvoir, celui-ci reprenant les mêmes formules que Christophe de Beaumont pour dénoncer « la licence effrénée des écrits qui se répandent dans le royaume et qui tendent à attaquer la religion, à émouvoir les esprits, à donner atteinte à l'autorité[44] ».

Celle-ci a-t-elle été prise de panique ? Même si la philosophie commence à prendre un peu de place dans les rayonnages des libraires, ces écrits restent cependant minoritaires et, qui plus est, se montrent souvent respectueux envers le trône et l'autel. Stratégie de diversion ?

Comme le suggère le mandement de l'archevêque de Paris, tout indique que la hiérarchie ecclésiastique s'employa à convaincre l'autorité de trouver un bouc émissaire détournant les regards de la Compagnie de Jésus. Cette stratégie de diversion devient encore plus manifeste à la fin de l'année quand, après la nouvelle du désastre militaire de Rossbach (5 novembre 1757), commencent à gonfler les « mauvais propos » attaquant le roi et son proche entourage. C'est dans ce climat délétère que paraît le *Nouveau mémoire pour servir à l'histoire des Cacouacs*.

Moreau s'est inspiré d'un petit texte publié en octobre dans le *Mercure de France* et qui décrivait un peuple imaginaire portant le nom de Cacouacs. Derrière cette expression ridicule, qui évoque le célèbre chant des grenouilles dans le ballet bouffon *Platée* de Jean-Philippe Rameau*, l'on reconnaîtra ceux qui, depuis plusieurs mois, se trouvent sous les feux croisés de l'autorité laïque et religieuse. Moreau, qui, à cette époque, sert le ministère en rédigeant des feuilles de propagande de guerre, est devenu un publiciste chevronné. Non sans habileté, il reprend à son compte une des armes favorites des philosophes : l'usage de l'humour pour confondre l'adversaire. Le *Nouveau mémoire* se donne en effet à lire comme un conte antiphilosophique divertissant. Il relate les pérégrinations du narrateur au pays des Cacouacs, un peuple qui, sous des dehors bon enfant, est en réalité très dangereux. D'entrée de jeu sont mis en exergue la fourberie et le charlatanisme de cette nation étrange : « les Cacouacs ne sont point des sauvages. Ils ont beaucoup d'esprit, de la politesse, des connaissances, des arts. Ils possèdent même dans un degré supérieur celui des enchantements ». Vient aussitôt, et formulée avec une ironie grinçante, l'accusation d'irréligion de cette nation : « Nouvelle preuve et très évidente que ces Cacouacs ne sont point des sauvages car les Hurons même croient un [*sic*] Dieu et en conviennent bonnement[45]. »

Ces individus sont d'autant plus néfastes qu'ils n'ont pas non plus de patrie : « ils sont persuadés que l'on doit embrasser la vertu du pays où l'on est né, par la même raison qu'il est honnête de se servir des étoffes qui s'y fabriquent et qu'il est nécessaire de s'y nourrir des fruits qui y croissent. Ils croient donc que tout homme sensé doit examiner avec soin ce qui est bien sous le degré du méridien où il vit, et s'il ne s'accommode pas de ce

---

* Rappelons que *Platée* (1745) a été, après *Les Indes galantes*, le plus grand succès de Jean-Philippe Rameau. L'expression, si elle a été choisie pour faire rire, a cependant un sens. « Cacouac » est dérivé du grec *kakos*, méchant.

genre de bien, passer sous un autre degré, plutôt que de violer les usages reçus[46] ».

Les premiers doutes sur l'issue d'une guerre menée jusqu'ici tambour battant expliquent le surgissement de ce nouvel avatar du parti de l'étranger. Hier, comme le faisait le marquis d'Argenson, l'on dénonçait les ministres vendus à l'Angleterre, ou, comme le propageait la rumeur, l'on redoutait les manœuvres des protestants soutenus par la Perfide Albion. Au terme d'une année des plus singulières, l'autorité et ses publicistes clouent au pilori les hommes de lettres anglophiles et, plus largement, les « prussiomanes » qui n'ont d'yeux que pour Frédéric II, roi philosophe et roi de guerre, dont la conduite héroïque à Rossbach ternit l'image, déjà très négative, d'un Louis XV se prélassant à Versailles dans les bras de ses maîtresses[47].

Le moment le plus saisissant du récit est la description de l'état mental du narrateur lorsque celui-ci, après avoir été endoctriné par les Cacouacs, s'est transformé en un être privé de toute humanité. Voici ce que produit le venin philosophique sur une âme préalablement bonne et généreuse : « Je ne craindrai point d'avouer que tant que dura mon ivresse magique, je ne pensai ni à mes parents, ni à mes amis, ni à mes anciens concitoyens. Absolument indifférent sur les liens qui m'avaient autrefois attaché à la patrie, je n'en connaissais plus d'autres pour moi que l'univers entier. Je me croyais bonnement destiné à l'éclaircir, à le conduire, à le réformer ; j'avais totalement oublié tous mes devoirs particuliers, et je n'envisageais plus que ce devoir général[48]. »

Ces Cacouacs montrent une parenté certaine avec les Jacobins de Barruel. Dès 1757, la thèse d'un embrigadement produisant des effets délétères sur l'ordre politique, social et religieux est avancée. Et le public, manifestement, applaudit. Moreau, qui n'a jamais eu le triomphe modeste, se fait fort de rappeler dans ses *Souvenirs* le succès de son opuscule : « Il eut le plus grand retentissement, produisit une vraie révolution dans la république des lettres[49]. » Notre publiciste a raison sur le fond. Le *Nouveau mémoire* a sonné l'heure de l'offensive contre la « secte » impie et apatride.

Le bûcher des philosophistes

Dans les mois qui suivent la parution du conte, l'étau se resserre sur les « philosophistes ». En 1759, la révocation du privilège de l'*Encyclopédie* après une décennie de semi-tolérance révèle au grand jour la césure qui s'est opérée dans l'espace public entre une autorité aux abois et des écrivains suspectés d'attenter à l'ordre en place. Au même moment, la république des lettres est devenue un champ de bataille presque aussi animé et meurtrier que ceux de la guerre d'Allemagne.

La phobie d'une épidémie de mal-pensance est devenue obsédante. L'infatigable Moreau repart à l'attaque avec son *Moniteur français*. Lancé en 1760, ce périodique met solennellement en garde ses lecteurs contre la « maladie épidémique et contagieuse [...] venue d'Angleterre » nommée « esprit philosophique », cause essentielle des « misérables écrits » qui, en France, « ont posé des principes d'anarchie[50] ».

L'année 1760 est à marquer d'une pierre noire pour ces prétendus agitateurs. Le 2 mai 1760, à la Comédie-Française, devant une salle pleine à craquer et partagée en deux camps prêts à s'écharper physiquement, a lieu la première d'une pièce de Charles Palissot de Montenoy. Son titre ? En toute simplicité *Les Philosophes*. Ouverte trois ans plus tôt, la chasse au Cacouac a atteint son moment paroxystique.

Né en 1730 à Nancy, protégé par Choiseul et par le roi Stanislas, le jeune Palissot, à ses débuts littéraires, n'a rien d'un antiphilosophe. Et, du reste, toute sa vie durant, il vouera une admiration sincère envers Voltaire et Montesquieu. C'est un peu par hasard que sa carrière d'homme de lettres s'est orientée vers le camp hostile aux Lumières. En 1755, dans sa comédie *Le Cercle*, pour plaire à Stanislas, qui n'aimait pas Rousseau, il dépeint le Genevois sous les traits d'un personnage ridicule. En dépit de la réaction de Rousseau qui, bon prince, assure qu'il n'en veut pas à l'auteur de la comédie, celui-ci a endossé ses couleurs. Les encyclopédistes regardent dorénavant Palissot comme un adversaire. Les antiphilosophes, pour leur part, se félicitent de l'arrivée d'une nouvelle recrue dont la plume paraît prometteuse.

La pièce jouée au printemps 1760 confirme pleinement leurs espoirs. Bien qu'elle manque singulièrement d'originalité, puisqu'elle est un démarquage des *Précieuses ridicules*, des *Femmes savantes* et du *Tartuffe* de Molière ainsi que du *Méchant* de Gresset[51], l'intrigue a cependant tout pour exciter le public. L'action se situe à Paris, chez Cydalise, femme savante un peu sotte égarée au siècle de la raison. Subitement entichée de philosophie, elle accueille avec moult largesses la crème des novateurs, qui, derrière leurs masques de penseurs, ne sont que d'infâmes pique-assiette, tels le pédant et fourbe Valère et l'odieux Dortidius, au patronyme clair comme de l'eau de roche pour le spectateur de 1760. Si Voltaire est épargné et Rousseau gentiment égratigné dans une scène cocasse où l'on voit le valet Crispin marcher à quatre pattes en dévorant une laitue, c'est le cercle des encyclopédistes qui est principalement visé, et, au premier chef, ce Dortidius-Diderot qui trône avec suffisance dans le salon de Cydalise en proférant des énormités plus scandaleuses les unes que les autres. Tandis qu'aux quatre coins du globe des combats furieux ensanglantent les champs de bataille, l'on découvre un bien triste sire, qui, de son misérable Aventin philosophique, avoue ne pas s'occuper

> [...] des rois, de leurs querelles [...]
> Je m'embarrasse peu du pays que j'habite ;
> Le Véritable sage est un cosmopolite [...]
> Le sage vit chez lui dans une paix profonde [...]
> Il est son seul monarque et son législateur ;
> Rien ne peut altérer le bonheur de son être :
> C'est aux grands à calmer les troubles qu'ils font naître[52].

Les charlatans qui entourent la crédule Cydalise ne sont pas seulement ces monstres de nombrilisme qui, à les croire, vivraient sans se soucier de leurs semblables. Quoi qu'en dise Dortidius, ces singletons de « monarques » et de « législateurs » ne souhaitent sûrement pas borner leur règne et leurs lois à leur seule et unique personne. Ils sont monstrueusement assoiffés de pouvoir. C'est au despotisme intellectuel, et, partant, politique, qu'ils aspirent.

En ce mois de mai 1760, le spectateur du Théâtre-Français est en train de découvrir la vraie nature de ce que d'aucuns osent présenter comme une quête pure et innocente de la vérité. Le philosophe Valère l'avoue sans fard : lui et ses compères ont en réalité saisi la nature profonde de l'opinion, qu'ils manipulent avec une remarquable aisance grâce à la troupe de folliculaires placée sous leurs ordres : « Nous avons tant de gens qui pour nous se dévouent / Tant de petits auteurs qui par orgueil nous louent[53]. »

S'il advenait, comme on le murmure, qu'un auteur dramatique – on devine de qui il s'agit –, projette de les ridiculiser sur scène dans une comédie, leur réponse serait fulgurante. Le spectateur apprend dans tous ses détails l'emprise intellectuelle que la « secte » exerce d'ores et déjà sur lui :

> Jusque-là diffamons et l'auteur et l'ouvrage ;
> Armons la main des sots pour nous venger de lui ;
> Portons des coups plus sûrs en nous servant d'autrui.
> Ne peut-on pas gagner des acteurs, des actrices ?
> Nous aurons un parti jusque dans les coulisses.
> Il faut de la cabale exciter les rumeurs,
> Nous montrer, même en loge, aux yeux des spectateurs.
> Je connais le public, nous n'avons qu'à paraître :
> Il nous craint[54].

Cette scène est le morceau de bravoure de la pièce. L'on appréciera la mise en abyme en forme de miroir que nous propose Palissot à travers l'insupportable Valère. Le moins que l'on puisse dire est que ce miroir s'avère très perturbant pour le public, dont le philosophe a beau jeu de railler la veulerie lamentable : « Il nous craint. »

Sans s'en être aperçue, une large partie de la salle qui assiste à la comédie des *Philosophes* s'est déjà soumise, pieds et poings liés, aux directives abjectes de la « secte ». Son dressage philosophique a commencé.

Et le jacobinisme vit le jour

Faisons un bond dans le temps d'une quinzaine d'années et retrouvons Charles Palissot en décembre 1776. Le chasseur de Cacouacs a repris son fusil[55]. Palissot vient d'être nommé codirecteur d'une nouvelle gazette, *Le Journal français*. Son collègue est un personnage qui s'est fait connaître d'une façon plutôt explosive dans le monde des lettres. Surnommé affectueusement par son ennemi Voltaire le « crapaud du Parnasse[56] », Jean Marie Bernard Clément est un des antiphilosophes les plus volcaniques de son temps. D'entrée de jeu, il est clair que le tandem éditorial se trouve très mal assorti. Aux côtés de ce défenseur fougueux de la foi, Palissot, qui voue en catimini une admiration sincère pour le vieillard de Ferney, peut passer pour un crypto-philosophiste. Pour des raisons qui nous échappent, cet assemblage bancal a été celui qu'a voulu l'autorité. Comme pour la conception de la pièce des *Philosophes*, patronnée par Choiseul et son ancienne maîtresse, la princesse de Robecq, la fondation de la nouvelle gazette n'a en effet rien de spontané : « Vous savez sans doute que M. Palissot et moi avons été chargés par l'administration de travailler au *Journal français* », révèle Clément[57].

Lancé en janvier 1777, *Le Journal français, par Messieurs Palissot et Clément*, dont le titre joue de la célébrité de ses directeurs pour attirer le chaland, aura une durée de vie plutôt courte. Son dernier numéro date du mois d'avril 1778. Les divergences de vues entre le louvoyant Palissot et « l'inclément Clément », pour reprendre une autre saillie de Voltaire, ont très certainement dérouté le public. Est-ce à dire qu'au regard de cet échec l'antiphilosophisme qui battait son plein au temps de la comédie des *Philosophes* a été un feu de paille ? Certainement pas. Écoutons d'abord Clément, qui assure, en des termes alarmistes qui annoncent le Barruel du *Journal ecclésiastique*, que tout, à Paris, ou presque, serait sous la coupe d'« une certaine coterie ». À le suivre, celle-ci « tient les trois quarts et demi de cette grande ville plongée dans le luxe et dans la débauche la plus effrénée du cœur et de l'esprit[58] ». Nous sommes au début du règne de Louis XVI. Comme le montre, du reste, le conte des *Mannequins*, l'idée d'une secte exerçant une emprise tyrannique a pris de la consistance depuis les *Cacouacs*. Veut-on une autre preuve ? Le remarquable succès d'un *best-seller* aujourd'hui oublié : la *Confidence philosophique* de Jacob Vernes.

Dans sa livraison du 15 juillet 1777, *Le Journal français* ne tarit pas d'éloges sur cette œuvre qui vient d'être rééditée : « [...] les matières que l'auteur y traite sont d'une bien plus grande importance que les opinions ridicules de quelques casuistes relâchés. C'est à la fois le christianisme, la religion naturelle* et les plus précieuses vérités de la morale qu'il entreprend de défendre, de manière à jeter sur la nouvelle philosophie le ridicule le plus accablant[59] ».

L'écrivain qui provoque l'enthousiasme de l'équipe éditoriale du *Journal français* n'est pas catholique mais calviniste. Né en 1728 à Genève, le pasteur Jacob Vernes est une figure notable de la vie littéraire, religieuse mais aussi politique de la république genevoise[60]. Contrairement à ce que pourrait laisser croire son livre, Vernes n'est pas un antiphilosophe forcené. À l'instar de son compatriote Mallet du Pan, il a d'abord entretenu des relations cordiales avec Voltaire, lequel appréciait sa compagnie[61]. La raison qui a conduit ce ministre protestant à sortir les armes contre la secte ? Les progrès de la philosophie matérialiste. Avec la sortie en 1770 du *Système de la nature* du baron d'Holbach, l'athéisme pur semble en passe de supplanter dans les cercles éclairés un déisme, qui, déjà, paraissait bien sulfureux. Il faut de toute urgence répliquer.

Mais avec quelles armes ? Celles de l'apologétique traditionnelle ? Correspondant de Vernes, le théologien catholique Nicolas Sylvestre Bergier a bien vu dans quelle impasse se trouve cette littérature pleine de bonnes intentions mais dont les effets sur l'opinion sont pour ainsi dire nuls : « Les gens sensés voient avec douleur que les ouvrages de réfutation, bons en eux-mêmes, sont écrits d'un style languissant, monotone, tandis que, dans ceux qui tendent à la corruption de nos mœurs, on trouve une éloquence, une force que l'on souhaiterait trouver dans les réfutations[62]. »

Ce qui est défaillant, c'est la forme. Le public boude les sermons. Mais fait également défaut le cadre dans lequel les réfutations pourront s'exprimer avec le plus d'aisance et de force persuasive. Pourquoi pas, alors, le roman, dont la vogue n'a fait

---

* Cette référence à la « religion naturelle » indiquerait que l'auteur de cet article serait le crypto-voltairien Palissot plutôt que le très orthodoxe Clément.

que grandir au cours du siècle ? Jacob-Nicolas Moreau fit naguère un conte assez plaisant, et ce conte, manifestement, eut une certaine portée. En émettant son opinion sur la qualité de la littérature apologétique, Bergier prêchait en réalité un convaincu. Sa lettre à Vernes avait en effet pour objet de féliciter celui qui venait de rendre publique sa machine de guerre contre les apôtres de la raison : la *Confidence philosophique*.

Derrière ce titre énigmatique se cache une œuvre au contenu décoiffant. Ce roman épistolaire nous met en scène la carrière effroyable d'un roué de première classe, dont la dépravation morale a été le produit direct des préceptes philosophiques. Jeune homme à l'âme, au cœur et à l'esprit purs, Torman a quitté sa Suisse natale pour se former au commerce dans la ville d'Amsterdam. Arrivé en Hollande, il tombe aussitôt sous la coupe d'un des adeptes locaux de la nouvelle philosophie. Converti au matérialisme et au libertinage par ce fripon, Torman se lance avec fureur et cynisme dans une vie de plaisirs. Ayant déserté la demeure du négociant qui l'a surpris, lui et son compagnon de débauche, en pleine action avec deux partenaires du sexe opposé, le voici arrivé en Angleterre. Il y apprend la mort de son père, qui s'est éteint de chagrin après avoir découvert ses frasques. Grâce à la philosophie qui lui a appris à garder la tête froide en toutes circonstances, il montre un scandaleux détachement devant cet événement au fond insignifiant : « Douce Philosophie ! C'est à tes sages maximes que je dois la jouissance des plaisirs vrais et l'exemption des chagrins factices ! [...] Est-ce ma faute si mon père n'a pas eu l'organisation requise pour admettre des principes aussi lumineux qu'utiles au genre humain[63] ? »

Torman est accueilli à Londres par les Hébert, un couple très pieux et très uni. L'infâme personnage, qui est devenu un coureur de jupons insatiable, entreprend sur-le-champ de séduire Mme Hébert en détruisant chez elle les préjugés qui obscurcissaient ses vues sur la religion, la société et, tout particulièrement, sur le mariage. Les pages que Vernes accorde à la conversion, ou plutôt à la dépravation intellectuelle et morale de l'Anglaise, montrent qu'il a non seulement lu des ouvrages très présentables comme les *Entretiens sur la pluralité des mondes* de Fontenelle, mais aussi des écrits moins propres sur eux, comme le roman pornographique *Thérèse philosophe* attribué à Boyer d'Argens, qui retrace une initiation aux idées nouvelles et au sexe dont on retrouve clairement la trace, sans toutefois, pudeur oblige, ses scènes lestes, dans la fiction du pasteur genevois.

On s'en serait douté : le roué est parvenu à ses fins. Devenue son adepte fanatique, pourrie par le venin qui lui a été instillé, Mme Hébert partage désormais avec ivresse la couche du philosophe libertin. Ce dernier a alors un second mort sur la conscience, ou plutôt sur l'inconscience. En voyage d'affaires à Naples pendant que son épouse et Torman, en qui il avait toute confiance, devisaient de philosophie tout en se livrant à diverses activités de gymnastique, M. Hébert reçoit une lettre de Londres l'informant de la révolution dans sa maisonnée : « c'était là, constate avec dédain l'odieux séducteur, ce qui avait causé la mort de cet imbécile »[64].

Les morts se succèdent. L'épouse de l'« imbécile » ne tarde pas en effet à le suivre dans la tombe. Enceinte des œuvres de Torman et ayant, sur ses conseils toujours aussi vénéneux, résolu de confier son rejeton aux Enfants-Trouvés, Mme Hébert ne pourra mettre à exécution ce triste projet. Punie par la Providence, elle meurt des suites d'une fausse couche. Un instant troublé par cette perte, notre antihéros parvient néanmoins à se ressaisir. Ses chères Lumières, qui offrent une réponse à tout, ont vraiment du bon : « Ce n'est qu'à force de me bien répéter que je n'ai agi que très philosophiquement dans toute cette affaire que je suis venu à bout d'étouffer je ne sais quel sentiment importun, qui ressemblait à ce que le vulgaire appelle un remords[65]. »

Ces péripéties, qui sont conduites d'une manière alerte, servent d'écrin au moment fort de l'ouvrage : la onzième lettre, où, soudain, l'histoire des tribulations de Torman cède la place à la révélation de l'horrible projet de ceux qui, comme ce roué, se cachent sous le masque des défenseurs de la vérité.

Très vite consolé de la perte de sa maîtresse, Torman s'interroge sur une réalité qui le tourmente en permanence : « Comment arrive-t-il que le christianisme se soutienne encore, malgré les coups que lui portent, depuis le commencement du siècle, tant d'écrivains distingués par les talents les plus rares ? » En d'autres termes, comment s'y prendre pour « couler à fond le christianisme et [...] établir l'empire de la philosophie d'un bout du monde à l'autre[66] » ? Torman se met à la tâche Voici quel a été le fruit de son labeur.

Notre triste bonhomme a saisi la raison de l'extraordinaire résistance du christianisme : « il faut d'abord s'en prendre à ce que nous ne formons pas une société régulière, qui procède méthodiquement dans ses opérations. Pour réussir dans de vastes projets, l'ordre est une nécessité absolue ».

Ce qui suit est capital pour mon propos. En quelques lignes, Vernes-Torman nous décrit une armée de l'ombre qui n'est pas sans préfigurer celle qui hantera les nuits des complotistes de l'époque révolutionnaire. Un quart de siècle avant les *Mémoires* de Barruel, notre pasteur genevois est ni plus ni moins en train d'inventer le mythe du jacobinisme :

> Je voudrais donc [...] que nous formassions dans chaque ville une société régulière – que nous ne prissions pour chefs que ceux qui se seraient distingués par des coups très adroitement portés au christianisme – que ses chefs ne permissent de parler en public, ou d'écrire contre la religion qu'à ceux qui auraient fait connaître, dans un ou deux examens, leurs talents et le genre de services qu'ils sont le plus en état de rendre – que les chefs s'assemblassent, au moins une fois par semaine, afin d'aviser à ce qu'il y aurait à faire pour le bien de la confrérie – qu'il y eût une correspondance réglée entre les chefs des différentes villes sur tout ce qui intéresserait la généralité[67].

Densité du maillage de la « société regulière », correspondance permanente entre les succursales de la maison mère, action concertée et simultanée pour frapper les coups décisifs, sélection des meilleurs agents par de sévères « examens » : nul doute n'est permis. Nous sommes, dès 1771, date de la sortie de la première édition de la *Confidence philosophique*, dans l'univers des complotistes de la Révolution.

Et ce n'est pas fini. À l'instar d'un Barruel, qui n'aura de cesse de souligner l'organisation hors pair ayant permis l'investissement de l'espace public par les conspirateurs philosophico-maçonno-illuministes, Vernes-Torman se montre catégorique : « il est un art pour détruire comme il en est un pour élever[68] ». Le plan de subversion, pour être couronné de succès, devra être conduit par des agents qui, investis chacun d'une fonction précise, auront pour mission d'infiltrer et de noyauter l'espace public. Ces agents seront aux ordres de quatre « classes » de chefs. La première sera celle des « Rieurs », qui, pour déstabiliser les défenseurs du christianisme, tourneront tout en plaisanterie. La seconde sera celle des « Plaisants », qui, pour « égayer la conversation », séduiront le public par des bons mots, voire par des « anecdotes ecclésiastiques un peu gaillardes ». La troisième sera celle des « Questionneurs », dont la tâche consistera à « dérouter les champions de l'Évangile en les accablant de questions sans leur donner le temps d'y répondre ». La quatrième et dernière classe, enfin, sera celle des « Raisonneurs », classe qui rassemblera la crème de la crème des philosophes : « cet office, le plus relevé de tous, comme étant le plus difficile, ne serait confié qu'après des examens très sévères[69] ».

Pour l'heure, assure Vernes-Torman, le plan de subversion ne vise que la destruction du christianisme. Mais, précise-t-il aussitôt, ce n'est qu'une mise en bouche. Fondant son analyse sur deux ouvrages du baron d'Holbach, l'*Essai sur les préjugés* et le *Système de la nature*, qui, à le suivre, condamneraient toute forme de gouvernement, notre libertin se mue soudain en redoutable anarchiste : « L'Église, une fois renversée de fond en comble (car il ne faut rien faire à demi), nos regards philosophiques se tourneront sur l'État. Mais, en attendant, je le répète, ménageons un peu plus, dans nos écrits, les rois et leurs ministres[70]. »

Le livre a reçu un accueil enthousiaste : quatre éditions en langue française se sont succédé de 1771 à 1788, auxquelles il faut ajouter trois éditions en allemand, deux en anglais et une en néerlandais[71]. L'on mesurera le chemin parcouru en une décennie par l'antiphilosophie militante. En 1760, Palissot provoquait un choc dans l'opinion en dépeignant les philosophes comme des parasites sans morale contrôlant à leur profit l'espace public. Il n'était pas allé jusqu'à les accuser d'avoir mis sur pied une organisation visant à abattre la religion et toute forme de gouvernement. En 1771, c'est fait. Le complotisme qui connaîtra ses riches heures pendant la Révolution est né.

Qu'en ont pensé les lecteurs ? Il est, hélas, impossible d'imaginer la réaction d'un Français fidèle à sa religion et à son roi face à ce tombereau d'horreurs. Y a-t-il cru ? Ou plutôt, pouvait-il y croire ? C'est probable, car l'espèce de roman noir avant la lettre que nous a proposé Jacob Vernes se voit rejoint, et donc, pourquoi pas, confirmé, par d'autres récits tout aussi inquiétants.

Les saturnales de l'anarchie

En 1777, paraît sous la plume de Louis Athanase, abbé de Crillon, un récit qui vise le même adversaire que celui auquel s'est attaqué Jacob Vernes. « Il sera facile de voir que mon livre n'est pas un roman[72] », assure, d'entrée de jeu, l'auteur. Il faudrait cependant être singulièrement naïf pour croire à l'authenticité de ces *Mémoires philosophiques du baron de ***, chambellan de Sa Majesté l'Impératrice Reine.* Ce qui nous est donné à feuilleter est bel et bien un roman. Selon *Le Journal français*, le livre de Vernes aurait inspiré celui de Crillon[73]. S'il est loin d'égaler en qualité la *Confidence philosophique*, il n'en reste pas moins plaisant à lire, et c'est ce qui explique l'accueil très favorable qui lui a été réservé. Enthousiaste, *L'Année littéraire* recommande chaudement un livre qui associe avec bonheur l'édification et le divertissement, et dans lequel, « à quelques fictions près, nécessaires pour lier l'action, tout [...] est historique[74] ».

Le rédacteur de l'article y inclut-il ce qui, sans l'ombre d'un doute, constitue le morceau de bravoure de l'ouvrage, la scène dépeinte sous l'appellation sinistre de « saturnales philosophiques » ? Si tel est le cas, la feuille fondée par feu Élie Fréron aura bien mérité de la patrie des conspirationnistes. Plus encore qu'avec la *Confidence philosophique*, la fiction de l'abbé de Crillon nous fait entrer dans un univers ténébreux qui préfigure celui des théoriciens du complot des années 1790. La genèse du gothique révolutionnaire, sur lequel j'aurai l'occasion de revenir au prochain chapitre, est amorcée.

Les *Mémoires philosophiques du baron de **** nous mettent en présence d'un jeune baron viennois venu à Paris pour y approfondir sa connaissance de la philosophie qu'il a commencé à étudier en Autriche. Arrivé à La Mecque de la pensée moderne, il découvre avec étonnement qu'une large partie des sujets de Louis XVI adhère aux idées nouvelles. C'est du moins ce que lui assure son interlocuteur, membre éminent de la secte : « Jamais nous n'avons été si puissants ; notre crédit en France est prodigieux[75]. » Candide à sa manière, ballotté en permanence entre deux personnages aux positions antagonistes, notre héros ne sait à quel saint, ou à quel diable, se vouer. S'il jouit de la protection vigilante d'un vrai sage, brave homme ami de la religion et attaché à l'ordre politique et social et qui devient en quelque sorte son ange gardien, le jeune Viennois ne cesse également d'être sollicité par un tout autre individu : « Je trouvais qu'il parlait à merveille mais je ne savais ce qu'il disait[76] », se souvient notre héros lorsqu'il évoque le jour où il fit la connaissance de ce beau parleur.

Ce bavard impénitent est en réalité un des principaux chefs des philosophes. Flatté par tant d'égards à son endroit, le gentilhomme autrichien accepte de bon cœur d'être pris sous son aile protectrice. Ayant flairé une proie facile à duper, notre coquin s'emploie à embrigader le jeune naïf. Afin de l'éblouir, il l'invite à « une convocation extraordinaire [...] Nous appelons ces sortes d'assemblées les saturnales philosophiques. On s'y rend avec empressement. On y dîne gaiement, mais, les affaires une fois entamées, la sagesse préside aux délibérations [...]. Vous jouirez de ce grand spectacle [...]. Je vous annonce que vous serez enchanté de votre journée et qu'elle fera même dans votre vie une époque remarquable. Je vous quitte ; trouvez-vous chez moi vers les onze heures au plus tard[77] ».

L'on aura remarqué que la description de ces saturnales possède des traits communs avec l'image que le public se fait de la franc-maçonnerie. Comme dans les loges, on y délibère dignement et on y festoie joyeusement. Crillon ne fait jamais référence aux frères. Mais il n'est pas exclu qu'il ait pioché quelques détails dans le rituel maçonnique pour donner un peu d'exotisme et de mystère aux pages lugubres qu'il consacre à ce qu'il convient d'appeler par son nom : une conspiration contre les trônes et contre la religion.

D'entrée de jeu, Crillon happe son lecteur en le plongeant dans l'univers mystérieux des aventures crépusculaires : « [...] je volai chez mon philosophe ; il m'attendait avec quelque impatience ; nous montâmes en carrosse et nous nous rendîmes à l'assemblée de nos sages. [...] je renvoyai mes gens avec ordre de ne ramener mon carrosse que bien avant dans la nuit. Nous fûmes conduits dans une maison isolée, située dans un quartier tranquille ; les portes étaient ouvertes ; nous entrâmes dans la cour[78] ».

Le jeune baron et son mentor montent dans une grande salle où les attendent « une douzaine de personnes qui étaient assemblées » et où les rejoignent « sept ou huit personnages [...]. C'étaient les principaux chefs de la philosophie[79] ». Tout ce beau monde participe à un banquet au cours duquel le jeune héros manque de défaillir, étourdi par le « bourdonnement continuel » de convives ressemblant à « des essaims de guêpes acharnées au combat »[80]. Ce n'est qu'une fois que les estomacs ont été rassasiés que s'ouvrent les saturnales : « Les philosophes se levèrent et marchèrent gravement deux à deux vers la salle d'assemblée. Cette singulière fête se célébrait à la lueur des flambeaux ; si ce n'est qu'elle fut égayée par les étranges choses que j'y vis et que j'entendis, je n'imagine rien de plus lugubre [...]. Toute l'assemblée assise formait un grand cercle ; le président, habillé en sacrificateur, était au milieu dans une place un peu plus élevée ; les autres étaient revêtus du manteau de philosophe[81]. »

Comme chez Vernes, l'esprit philosophique est étroitement associé à la perversion des mœurs. L'on apprend en effet que les *best-sellers* de la secte ne sont pas ceux qu'on croit. Une quarantaine d'écrits contre la religion imprimés sur ordre des « Profondes Puissances » n'ont pas trouvé acheteur. Par contre, « dix-sept autres ouvrages, qui surpassent la force de l'Arétin, ont presque réparé la perte [...], puisque les frais payés, il est rentré dans la caisse un bénéfice de quarante mille livres[82] ». Loin de faire la grimace, le « secrétaire perpétuel de la compagnie » se livre à un vif plaidoyer en faveur de cette littérature libertine : « On ne saurait [...] donner trop d'éloges à de pareils auteurs. Ils ont été plus utiles aux progrès de la philosophie que nos meilleurs métaphysiciens. L'art de ces grands écrivains est d'adoucir nos mœurs qui sont un peu farouches. Ils préparent les esprits à recevoir plus facilement les lumières de la philosophie[83]. »

Tous les moyens sont bons pour saper les bases de la religion. Les « Profondes Puissances » stipendient aussi la bohème littéraire : « Le trésorier se lève et dit : "Deux jeunes auteurs de la plus grande espérance, connus par la véhémence de leur style et par leurs courageuses imprécations contre la loi des chrétiens, sont dans l'indigence la plus extrême. Ils appellent à leur secours cette illustre compagnie." Le président prononça ces mots : "Trésorier, vous donnerez vingt-cinq louis à chacun de ces écrivains pour exciter leur émulation et pour qu'ils puissent désormais blasphémer à leur aise[84]." »

Quelques jours après cette première réunion secrète, c'est avec encore plus de liberté que les interlocuteurs du jeune baron, désormais membre à part entière de la société des philosophes, s'expriment devant lui : « Vous verrez au grand jour tous les ressorts qui meuvent cette république dont la moindre ambition ne peut être que de renverser tôt ou tard les trônes et les autels[85]. »

Toujours comme dans le roman de Vernes, Crillon insiste sur le réseau qui est en train de se tisser et qui prépare l'avènement d'un monde sans prêtres et sans rois. Le gentilhomme autrichien y a trouvé toute sa place. S'il a été si promptement recruté, c'est qu'il manquait aux « Profondes Puissances » un agent pour « établir entre Paris et Vienne la plus utile correspondance[86] ». Devant l'objection du jeune homme, qui rappelle que Marie-Thérèse, sa reine, étant très pieuse, la philosophie n'aurait pas droit de cité chez les Habsbourg, son mentor ne peut que sourire : « Eh ! vraiment, je le sais bien ! C'est que votre impératrice n'est pas philosophe ; mais par les moyens que nous vous communiquerons, les générations de vos princes pourront le devenir un jour[87]. » Manifestement, Crillon semble ignorer que Joseph II, empereur et corégent aux côtés de sa mère depuis 1765, de plus en plus influent à mesure que Marie-Thérèse vieillit, a versé de longue date dans l'*Aufklärung*, de même que son frère Léopold... Mais redonnons la parole à notre grand philosophe. Ce qu'il révèle au baron autrichien est en effet de la plus haute importance. « Telle est la nature de notre gouvernement. Nous paraissons d'abord des citoyens isolés, mais dans peu nous sommes rois, et tout se meut à notre volonté[88]. »

Initié désormais aux arcanes les plus secrètes des « Profondes Puissances », le baron peut être mis au fait des statuts de la société philosophique. Composés de treize articles, ils sont d'une limpidité cristalline. C'est bien dans une société aux visées ni plus ni moins révolutionnaires qu'a été admis le héros. Lisons pour nous en convaincre le treizième article dont on trouvera des échos chez Barruel :

> Philosophes, écoutez ; entendez le secret de vos constitutions. Emparez-vous de toutes les académies littéraires. Leurs temples doivent un jour devenir vos écoles, c'est là qu'il faut marcher ; cherchez-y vos couronnes. Ne précipitez rien, cachez vos vues : c'est dans une profonde dissimulation que cette gloire est réservée. Ne confiez l'exécution de cette haute entreprise, à laquelle vos destinées sont attachées, qu'à des hommes froids qui, le compas à la main, et calculant sans cesse les moments et les circonstances, hâteront par leur prudence et leurs délais le triomphe de la philosophie. Parvenu à ce degré de pouvoir, croyez que vous êtes bien près de la grande révolution. Alors, répandez la lumière et parlez au peuple[89].

Nous sommes en 1777 et il est plus qu'improbable que Crillon, pris soudainement par une espèce de grâce extralucide, ait pu entrevoir la *tabula rasa* de 1789. Lors de la discussion sur les affaires du temps qui précéda la saturnale, l'assemblée des philosophes aborda un moment les affaires d'Amérique. À nul moment, l'incidence de la révolution américaine sur l'Europe n'a été envisagée, l'assemblée se contentant de constater que les Anglais « furent blâmés de vouloir être républicains en Europe et despotes en Amérique[90] ». Cette lacune sur la portée universelle des textes fondateurs de 1776 n'a absolument rien d'étonnant. L'univers intellectuel dans lequel se meut l'auteur des *Mémoires philosophiques du baron de* *** reste celui de la culture politique d'Ancien Régime et ses repères ne peuvent que lui faire envisager une espèce de redite de la première révolution anglaise ou de la furie la plus extrémiste de l'époque de la réforme protestante. Certes, les philosophes qu'il nous présente sont d'horribles anarchistes. Il n'en reste pas moins que ces « Profondes Puissances », hormis leur acharnement contre l'Église et les têtes couronnées, n'ont absolument aucun programme. Comme dans la *Confidence philosophique*, nous avons affaire à une engeance dont les potentialités exclusivement destructrices ne pourront séduire indéfiniment le public. Car il va de soi qu'un *happy ending* attend le lecteur. Assurément, le même *happy ending* attend le monde victime de l'imposture philosophique. Il faudra attendre 1789 pour que ces romans de la conspiration des esprits forts prennent, à la lumière de la Révolution, l'allure de remarquables prophéties auprès des âmes en quête d'explications alternatives.

Chapitre 7

« Il fallait donc appeler l'enfer à son secours »

Le 16 mai 1858, tandis qu'il travaille à des *Considérations sur la Révolution* appelées à rester inachevées*, Alexis de Tocqueville avoue son découragement. Lui qui a passé tant d'années à examiner 1789 sous toutes ses coutures, n'a finalement guère avancé. La Révolution porte en elle un « objet inconnu » :

> Il y a, écrit-il à son ami Louis de Kergorlay, [...] dans cette maladie de la Révolution française quelque chose de particulier que je sens sans pouvoir le bien décrire, ni en analyser les causes. C'est un virus d'une espèce nouvelle et inconnue. Il y a eu des révolutions violentes dans le monde ; mais le caractère immodéré, violent, radical, désespéré, audacieux, presque fou et pourtant puissant et efficace de ces révolutionnaires-ci n'a pas de précédents, ce me semble, dans les grandes agitations sociales des siècles passés. [...] Indépendamment de tout ce qui s'explique dans la Révolution française, il y a quelque chose dans son esprit et dans ses actes d'inexpliqué. Je sens où est l'objet inconnu, mais j'ai beau faire, je ne puis lever le voile qui le couvre[1].

De gigantesques points d'interrogation hantent les pages que Tocqueville a pu écrire avant de mourir. Cette énigme qui le taraude, il la voit surgir dans les « dix ou quinze » années qui précèdent 1789. « L'esprit humain se livrait dans toute l'Europe à des mouvements irréguliers, incohérents et bizarres comme cela ne s'était jamais vu depuis des siècles : symptômes d'une maladie nouvelle et extraordinaire qui eût singulièrement effrayé les contemporains s'ils avaient pu les comprendre[2]. »

---

* Miné par la tuberculose, Tocqueville meurt le 16 avril 1859 à Cannes.

L'incohérence et la bizarrerie de ces années tiennent à la coexistence de deux mouvements de fond de prime abord contradictoires. La première est l'affirmation de l'esprit philosophique et de l'idée de progrès. La propension à philosopher et à dogmatiser a « saisi d'une façon si étrange presque tous les habitants de notre continent », ce qui les a portés à éprouver une « sorte d'horreur de son temps et de son pays ». Tout ceci ne pouvait qu'attiser leur désir de « détruire ce qui avait duré si longtemps[3] ».

Détruire, mais au profit de quoi ? Personne ne le savait car, on l'a assez dit, personne ne pouvait l'imaginer. Et, du reste, ce nouveau monde reposerait-il sur des bases plus rationnelles que l'ancien ? On pouvait en douter. Stimulée par la raison raisonnante et la rigueur scientifique qui « discréditaient le merveilleux », et c'est le second trait de cette époque défiant les règles élémentaires de la logique, la frénésie novatrice faisait en effet bon ménage avec un attrait puissant pour « l'invisible » se nourrissant d'« imaginations mystiques ».

D'un côté, l'univers mathématique postnewtonien, de l'autre, celui des esprits et des fluides invisibles de Swedenborg et de Mesmer. Deux mondes qu'on découvre fort souvent chez une seule et même personne. Et, de cette rencontre de contraires qui n'en sont pas, surgit le caractère éminemment insolite de l'esprit révolutionnaire : « Dans ce moment-là, point d'enthousiasme qui ne pût se faire suivre, point de rêveur qui ne se fît écouter, ni d'imposteur qui ne se fît croire. Et rien ne montre mieux l'agitation troublée où était alors l'esprit humain, courant çà et là comme un voyageur pressé qui ne trouve pas sa voie, et qui, parfois, au lieu d'avancer, revient tout à coup précipitamment sur ses pas[4]. »

En nous mettant en présence d'inquiétants hommes-mannequins à la cour de Louis XVI, d'un monstre de dépravation tout à sa fureur destructrice ou de saturnales démoniaques organisées en plein cœur de Paris, les pages qui précèdent ont commencé à révéler le double visage du siècle. Au fil des ans, cette figure de Janus a pris des couleurs de plus en plus marquées. Tout en considérant avec confiance un avenir modelé par les progrès du siècle le plus éclairé de l'Histoire, les contemporains n'en étaient pas moins tributaires d'un univers et d'un imaginaire dont nous connaissons fort bien la traduction dans la littérature et les beaux-arts, mais qui n'a pas été évalué à sa juste mesure dans ses rapports à la culture politique[5]. Cet ultime chapitre est dédié à cette donnée centrale de l'esprit complotiste des temps révolutionnaires.

Illuminisme spectral

Si l'on fait confiance aux manuels d'histoire littéraire, la France aurait dû attendre 1820 avec les *Méditations*, voire 1827 avec la préface de *Cromwell* pour que s'épanouisse enfin l'incarnation nationale du romantisme européen. Les dernières décennies de l'Ancien Régime auraient bien vécu un moment « préromantique[6] », moment incarné, entre autres, par Rousseau et Bernardin de Saint-Pierre. Mais ce moment n'aurait pas survécu à l'ouragan de la Révolution et de l'Empire.

Ce qui, pourtant, a résisté contre vents et marées puis n'a cessé de se renforcer au fil des vicissitudes de l'épisode révolutionnaire n'est autre qu'un courant bien plus échevelé que ledit « préromantisme », un courant dont l'esthétique emmenée avec fougue par l'ange du bizarre traduit une espèce de révolte inconsciente contre les certitudes du temps. Plus d'un témoin a réalisé qu'il se passait quelque chose de très particulier dans les coulisses de la république des lettres, et, plus largement, dans les tréfonds des âmes.

Le fait saute aux yeux dès qu'on a ouvert le premier ouvrage à avoir abordé en profondeur l'illuminisme venu d'Allemagne. Ce livre s'avère doublement important pour notre affaire. Outre le fait qu'il analyse avec beaucoup de lucidité la mutation intellectuelle et mentale en action en Europe, tout indique également qu'en braquant les regards vers l'illuminisme germanique il a pesé de tout son poids dans l'itinéraire conspirationniste de l'abbé Barruel. Cet ouvrage est l'*Essai sur la secte des illuminés* du marquis de Luchet.

Rien ne paraissait prédisposer ces deux hommes à se retrouver sur le même navire. Voltairien jusqu'au bout des ongles, auteur d'une des premières biographies de son maître à penser et d'une *Histoire de l'Orléanais* qui fit scandale à sa sortie pour son impiété, ami du pornographe Andréa de Nerciat et admis dans la franc-maçonnerie allemande, Jean-Pierre de La Roche du Maine, marquis de Luchet, se mouvait dans un tout autre monde que celui de l'ancien jésuite. Un point commun cependant : Luchet a vécu, comme Barruel, en Allemagne. En 1776, grâce à l'appui de Voltaire, il fut introduit auprès du landgrave de Hesse-Cassel, qui en fit le directeur de sa bibliothèque, de son théâtre français et de son musée. En 1785, après la mort de son protecteur, il passa au service du prince Henri de Prusse. Revenu en France, il adhéra immédiatement à la Révolution[7].

Quelques mois plus tôt, était sorti des presses son *Essai* qui s'interrogeait sur un phénomène qui n'avait cessé de le tourmenter pendant son séjour dans le Saint-Empire, un pays dont « le caractère national se prête davantage aux idées mystiques » que le sien[8]. Aussi alarmiste que Vernes ou que Crillon, Luchet craint que le monde ne soit à la veille d'un cataclysme sans précédent depuis les invasions qui balayèrent l'Empire romain. La catastrophe qu'annonce ce prophète de malheur n'a cependant aucun rapport avec celle que redoutent les antiphilosophes. Ce qui menace le monde n'est autre qu'une monstrueuse régression intellectuelle qui, en ramenant l'humanité à l'obscurantisme, s'accompagnerait d'un effondrement de l'édifice politique et social au profit d'un petit groupe de sectaires : les illuminés.

Luchet n'a pas de mots trop doux pour s'extasier devant les progrès de son temps : « Chaque année enfante une découverte ou ressuscite une idée perdue ; l'esprit humain se dégage des préjugés », se félicite-t-il à la manière d'un Turgot ou d'un Condorcet[9]. Mais, presque aussitôt, ce beau décor azuré se noircit à l'approche d'inquiétants nuages. Car, loin de devoir luire pour l'éternité, les lumières du siècle sont menacées d'extinction, et à brève échéance. S'est en effet élevée « une secte qui attente à ce bel ordre et travaille lentement à détruire l'ouvrage de dix siècles pour rendre la terre aux préjugés, aux visionnaires, aux nécromanciens[10] ». Et le lecteur de découvrir le tableau saisissant d'une société rongée de l'intérieur par le travail de sape des ennemis de la raison :

> Or, la secte des illuminés tend par essence à détruire les germes de ces connaissances et à les faire tout à fait disparaître d'un pays ; elle ne peut supporter le jour de la raison ; les plus épaisses ténèbres peuvent seules assurer ses projets. Que deviendrait aux yeux des savants, et bientôt dans l'opinion publique, une société où il est

question de spectres, où tout est l'inspiration d'une puissance cachée, en vertu de laquelle les hommes ne sont plus que des machines mues par d'invisibles ressorts[11] ?

La protection de certains princes, comme le successeur du « vieux Fritz », Frédéric-Guillaume II de Prusse, qui croit aux esprits et qui s'entoure de personnes entichées de magnétisme et de somnambulisme[12], est pour beaucoup dans les progrès de cet illuminisme spectral, antithèse presque parfaite du rationalisme de Weishaupt. Car, on l'aura compris, ce que Luchet voue aux gémonies n'est pas le philosophisme du professeur d'Ingolstadt[13] mais le courant mystique, occultiste et magique qui s'est propagé dans les cercles influents du Saint-Empire et dans des loges qui, jusqu'alors, paraissaient exemplaires dans leur adhésion à l'*Aufklärung*. Et Luchet de s'adresser mélodramatiquement à ses lecteurs :

> Peuples séduits, ou qui pouvez l'être, apprenez qu'il existe une conjuration en faveur du despotisme contre la liberté, de l'incapacité contre le talent, du vice contre la vertu, de l'ignorance contre la lumière ! Il s'est formé au sein des plus épaisses ténèbres, une société d'êtres nouveaux qui se connaissent sans s'être vus, qui s'entendent sans s'être expliqués, qui se servent sans amitié. Cette société a le but de gouverner le monde, de s'approprier l'autorité des souverains, d'usurper leur place en ne leur laissant que le stérile honneur de porter la couronne[14].

Tout en se situant aux antipodes idéologiques du marquis de Luchet, Barruel n'a pu qu'être intrigué par son *Essai*. L'infiltration des loges et le plan de domination mondiale que dévoile l'auteur confirment ses propres soupçons, ses propres hypothèses. Quant à la crainte d'un retour intellectuel et donc moral aux temps obscurs dont l'humanité a si péniblement réussi à s'extraire, la prophétie alarmiste de Luchet doit être replacée dans le contexte intellectuel et mental qui fut son berceau.

« Les torches du fanatisme »

> Aurait-on prévu que la fin déshonorée de ce siècle serait témoin encore des fruits honteux de la crédulité ; que le flambeau de la philosophie pâlirait devant les torches du fanatisme ; que la patrie des Fontenelle, des Montesquieu, des Voltaire, des Diderot, des Helvétius, des D'Alembert, accueillerait un S***** [*Swedenborg*], un W**** [*Willermoz*], un Cagliostro, un Lavater [...] et vingt autres théosophes dont les noms devraient avoir le sort de leurs talents, c'est-à-dire demeurer à jamais inconnus[15] ?

Quand on a cru comme Luchet aux progrès irrésistibles de la raison, le spectacle que donne l'Europe depuis quelques décennies a en effet de quoi rendre fou. Tous ces efforts pour en arriver là ! Il va de soi que la description pessimiste que nous livre l'auteur de l'*Essai sur la secte des illuminés* mérite d'être ramenée à sa juste réalité. Que Luchet se rassure : ses chères Lumières ne se sont jamais aussi bien portées. Mais, et c'est là qu'il n'a tout de même pas tort, le « flambeau » de la philosophie n'est plus seul à éclairer les esprits du temps. À ses côtés, et à plus d'une reprise chez une seule et même personne, brûlent aussi les « torches » de ce que notre marquis appelle le « fanatisme ».

Ce que Luchet s'obstine à ne pas comprendre, c'est que le siècle dit de la raison, de ses commencements à son épilogue, a constamment été frappé du sceau de la dualité. Les « torches du fanatisme » qu'il exècre se sont naturellement et spontanément allumées. C'est ce qu'a bien vu Sainte-Beuve qui, en 1854, dans une de ses *Causeries du lundi*, soulignait l'originalité profonde d'une époque « où l'incrédulité, l'athéisme [...] se promenaient en plein soleil et où le sentiment religieux et divin, ainsi refoulé dans l'ombre, allait se prendre à des sortilèges ou à des fantômes[16] ». À mesure que s'est affirmé l'esprit scientifique et sceptique, plus d'un contemporain s'est mis à regarder avec un intérêt grandissant une tradition qui était, elle aussi, en pleine mutation.

En 1968, un jeune universitaire américain du nom de Robert Darnton faisait paraître ce qui, avec le recul, se présente comme un des plus grands livres d'histoire culturelle sur la fin de l'Ancien Régime : *Mesmerism and the End of the Enlightenment in France*[17].

L'auteur y interroge la vague d'occultisme et le goût pour la parascience que révèle l'engouement pour les thèses du docteur Mesmer sur le « magnétisme animal ».

Depuis 1773, Franz Anton Mesmer dirige à Vienne une « clinique magnétique » mettant en application ses théories originales. Il existerait non pas un mais deux magnétismes : le magnétisme minéral mais aussi le « magnétisme animal », les êtres vivants étant soumis à un fluide venu des corps célestes. Ce fluide, nous dit Mesmer, « se manifeste particulièrement dans le corps humain », qui possède « des propriétés analogues à celui de l'aimant ; on y distingue des pôles également divers et opposés[18] ». Mesmer en est venu à conclure que beaucoup de troubles ont pour origine un désordre de ces pôles magnétiques. Pour guérir ses malades, il a mis au point un baquet rempli de limaille de fer et planté de baguettes métalliques. En massant les parties malades à l'aide de cordes attachées au baquet et chargées de magnétisme, l'on provoque des réactions qui peuvent aller jusqu'aux convulsions. Une fois la séance achevée, le désordre intérieur a cédé la place à l'« harmonie ».

Déjà réputé dans toute l'Europe, Mesmer arrive à Paris en février 1778. Aussitôt, les malades se pressent autour de son baquet. Les premières guérisons décuplent en un instant la notoriété du thaumaturge. Mesmer est devenu la personnalité dont parle le Tout-Paris. Pas toujours en bien néanmoins. Le docteur viennois subit les rebuffades de l'Académie des sciences, qui accueille ses théories avec force grimaces. Mais, les guérisons se multipliant, l'unité de la communauté scientifique commence à se lézarder. Voici que Charles Deslon, régent de la Faculté de médecine et premier médecin du comte d'Artois, se convertit à la cause magnétique. Dès lors, la polémique enfle. Apeurés par la publicité produite par ce ralliement prestigieux, les antimesméristes se déchaînent dans des pamphlets véhéments. Les mesméristes répliquent par le même canal. Stimulée par la polémique, la renommée de Mesmer ne fait que croître. Deux disciples du thaumaturge, le banquier strasbourgeois Guillaume Kornmann et l'avocat Nicolas Bergasse, fondent la Société de l'harmonie universelle destinée à promouvoir les découvertes du médecin autrichien. Les questions bassement matérielles commencent alors à faire bon ménage avec les fluides invisibles. Le mesmérisme a en effet donné naissance à une entreprise commerciale qui connaît un grand succès. Bientôt la maison mère de Paris ouvre des succursales dans la plupart des grandes villes du royaume.

En quoi cet épisode nous concerne-t-il ? D'abord par sa dimension exceptionnelle. L'on a affaire à un phénomène qui, non seulement, déchaîne les passions, mais qui a pris également, comme le montrent les nombreuses filiales de la Société de l'harmonie universelle, toute sa place à l'échelle nationale. Certes, répondra-t-on, mais que tirer de cette pseudo-science ? Il faut, dit Darnton, rendre à Mesmer « la place qui lui revient, quelque part à côté de Turgot, Franklin et Cagliostro dans le panthéon des hommes les plus renommés de cette époque[19] ».

Voilà des paroles qui ont dû hérisser le poil de plus d'un lecteur. A-t-on le droit de placer des bonimenteurs de foire aux côtés des figures éminentes des Lumières ? Oui, et même cent fois oui. Et tout simplement parce qu'en refusant de choisir entre l'inventeur du paratonnerre et le théoricien du magnétisme animal, nous agissons comme le faisaient bon nombre de Français.

Ce n'est pas parce que l'avenir a montré la fausseté des thèses de Mesmer que ses idées doivent être reléguées au magasin des curiosités. Ce n'est pas parce que la postérité a retenu le nom de Franklin qu'il nous faut ignorer certains de ses contemporains qui, comme Cagliostro, étaient aussi renommés que lui. Dans notre appréhension du siècle des Lumières, il faut bannir tout tri arbitraire et prendre au sérieux ce que pensaient les contemporains.

Un des sujets qui captivent le plus les Français des années 1780, du moins jusqu'en 1787, date à laquelle la crise politique l'emporte sur le reste de l'actualité, est la science. En apparence, cet engouement devrait aller de concert avec le rationalisme. Les choses sont en réalité bien plus complexes. Depuis des décennies, avec la découverte de la loi de la gravitation universelle, avec les recherches sur l'électricité, avec, plus récemment, l'exploit incroyable des frères Montgolfier, la science a montré de manière indubitable que le monde était régi par des forces invisibles. Les théories de Mesmer, qui, elles aussi, font état d'un fluide impalpable, n'ont, de ce fait, absolument rien d'extravagant.

Revenons à Luchet. Son inquiétude devant la vague d'occultisme, pour fondée qu'elle apparaisse, n'en livre pas moins une interprétation biaisée de l'attitude de ses contemporains. Comme l'a montré Auguste Viatte dans sa thèse magistrale sur *Les Sources occultes du romantisme*[20], l'on commettrait une grave erreur en regardant avec hauteur le courant illuministe incarné en France par Joachim Martinès de Pasqually, Jean-Baptiste Willermoz et Louis-Claude de Saint-Martin, en Suisse par le père de la physiognomonie, Johann Kaspar Lavater et, en Suède, par le visionnaire Emanuel Swedenborg. Beaucoup de Français de la fin du XVIIIe siècle concilient sans mal leur enthousiasme pour les découvertes scientifiques et leur passion pour ce que l'on appelle aujourd'hui les sciences occultes.

Les ultimes années de l'Ancien Régime nous font entendre une extraordinaire polyphonie. Trois attitudes face à la science et au surnaturel paraissent voguer de conserve : le courant scientifique peu ou prou matérialiste, qui estime que la science aura le dernier mot sur la magie, le courant syncrétiste, qui considère que sciences naturelles et surnaturelles peuvent et doivent faire bon ménage, et, enfin, le courant ésotériste-spiritualiste, qui place la magie au-dessus de la science[21]. « Torches du fanatisme » ? La réalité, on l'observe, s'avère bien plus complexe que les cris d'orfraie poussés par le pauvre Luchet. Et cette réalité est plus que jamais vivante une fois la Révolution amorcée. Car le conspirationnisme baigne dans la même atmosphère que celle qui enveloppait les admirateurs de Mesmer et de Cagliostro. J'en veux pour preuve les faits que je vais à présent rapporter.

Flux aériens et espions magnétiques : l'étrange cas de James Tilly Matthews

Plus d'une théorie du complot donne l'impression d'avoir été élaborée par un esprit en train de chavirer dans la folie. Les actions quotidiennes de ces personnages démentent cependant toute apparence d'aliénation. Il en va autrement de l'homme dont il sera ici question, qui finit sa vie à l'asile après s'être évertué à mettre en garde ses contemporains contre une conspiration qui dépassait de très loin toutes celles que j'ai décrites.

Cet homme s'appelle James Tilly Matthews. Âgé de 22 ans, natif du pays de Galles et « marchand de thé en gros » à Londres[22],

Matthews accompagne en décembre 1792 son compatriote David Williams pour un court séjour en France. Williams est de longue date une figure importante de l'*Enlightenment* gallois. Connu pour ses combats en faveur de la tolérance et de la réforme parlementaire, il a accueilli avec enthousiasme la Révolution. Proche de Brissot et de plusieurs Girondins, il arrive à Paris tandis que l'Histoire est en train de connaître un coup d'accélérateur spectaculaire. Son compagnon James Matthews, qui, dit Williams, l'a suivi en France pour « voir et comprendre les événements de l'époque[23] », noue alors ses premiers liens avec les cercles révolutionnaires.

Revenu à Londres en janvier 1793, le jeune homme est reçu par le Premier ministre en personne, ce qui paraît suggérer une mission officieuse qui lui aurait été confiée[24]. Matthews repart à Paris à la mi-mars. À cette date, les hostilités ont éclaté entre la France et l'Angleterre. Dès son arrivée, Matthews montre une activité fébrile. Reçu par le ministre des Affaires étrangères Lebrun-Tondu, il parvient à le persuader de lui confier une démarche auprès du cabinet de Londres. L'affaire prend aussitôt un tour rocambolesque. Sur les conseils de Matthews, Lebrun – mais ce dernier est-il dupe ? – rédige une lettre destinée au ministère britannique et qu'il adresse à un certain John Salter, modeste sacristain de la paroisse de Poplar, dans la banlieue londonienne. Salter doit se mettre en contact avec le secrétaire d'État au Foreign Office, lord Grenville. Dans quel but ? Tout bonnement pour que celui-ci entame des pourparlers en vue d'arrêter la guerre ! « Cette affaire, observe fort justement David Williams dans ses Mémoires, me fit soupçonner pour la première fois que Matthews avait la tête détraquée[25]. » Les faits ultérieurs ont hélas largement confirmé ces premières craintes.

La journée révolutionnaire du 2 juin 1793, qui aboutit à la mise en arrestation des Girondins, est une catastrophe pour Matthews. En raison de ses liens avec Brissot, Lebrun et leurs amis, il est devenu suspect. Matthews aura beau clamer son innocence[26], rien n'y fera. Il ne sera libéré qu'en mars 1796[27].

Juste avant sa libération, il est l'objet d'un rapport qui conclut : « C'est certainement un espion, ou alors c'est un fou dangereux[28]. » Matthews, en tout cas, n'est pas décidé à demeurer silencieux. Du fond de sa cellule, il a eu tout loisir de réfléchir sur les faits qui se sont enchaînés depuis le début de la Révolution. Ce qu'il a découvert est si effroyable qu'il se doit de le dévoiler rapidement aux autorités.

Le 16 septembre 1796, il adresse une longue lettre à un des hommes de confiance de George III, Charles Jenkinson, comte de Liverpool. D'entrée de jeu, Matthews jette un lourd regard inquisiteur sur le monde politique britannique, dont certains de ses membres auraient tout fait en 1793 pour saboter sa mission : « J'ai été informé [...] qu'il y avait des hommes déloyaux en Angleterre, en liaison avec les Monstres* de France, dont les Intrigues s'étaient même multipliées pour contrecarrer chacun de mes efforts[29]. »

Quels efforts ? Matthews assure qu'il avait un plan pour sauver Marie-Antoinette et ses enfants. À Londres, on lui promettait « les pleins pouvoirs pour agir ». Or, comme par hasard, c'est à ce moment précis qu'il fut arrêté et, dit-il, menacé d'être guillotiné. Au fil des pages, le délire de persécution monte en puissance. On se souvient des faux documents de Lille qui avaient été forgés dans le but d'accabler l'Angleterre. Ces lettres, affirme Matthews, dévoilaient « des complots centrés sur moi ». Dans quel but ? Celui de contrecarrer les efforts qu'il déployait au même moment pour « rétablir la paix ». C'est aussi vers cette époque que le jeune homme aurait été mis en rapport avec une « bande abominable » de conspirateurs : « une offre de Dix millions de Livres Tournois me fut faite pour me joindre à un projet destiné à fomenter l'Insurrection en Grande-Bretagne [...]. Je refusai, et bien évidemment, je devins l'objet de la vengeance de tous les ennemis invétérés de la Grandeur britannique[30] ».

Lord Liverpool n'a pas répondu à cette missive. Le 6 décembre 1796, meurtri par ce silence, Matthews lui adresse une nouvelle lettre. C'en est fini du ton obséquieux. Dès les premières lignes, il fonce bille en tête :

> Je déclare que votre honneur est, dans tous les sens du terme, le plus diabolique des traîtres – Après une longue vie de réelle iniquité politique [...] vous vous êtes fait l'orfèvre des Plans de

---

* J'ai maintenu l'usage pour le moins fantaisiste que fait Matthews des majuscules, et qui ne fait que s'accuser au fil de ses écrits.

> Trahison basés sur une intrigue de la plus haute envergure qui non seulement ont mis depuis longtemps votre pays au pied de ses plus acharnés ennemis, ceux qui ont assassiné la France [...] vous avez aspiré à la mort de votre bienfaiteur [*George III*] pour tirer encore des avantages de ceux qui, par une telle vilénie, pouvaient par cet Acte Meurtrier Généralisé gravir les marches du trône[31].

En l'espace de quelques semaines, comme le suggèrent aussi bien le fond que la forme de ce document, l'état mental de Matthews semble s'être considérablement détérioré. En interprétant le mutisme de Liverpool comme la preuve de sa participation pleine et entière à l'« Acte Meurtrier Généralisé », Matthews, comme tous les complotistes que l'on a rencontrés précédemment, nous offre une élucidation imparable des événements qui se sont déroulés depuis son arrivée en France en 1793. C'est Liverpool qui « a neutralisé tous mes efforts pour sauver Louis Seize ». C'est Liverpool qui a « effectivement participé au meurtre de ce malheureux monarque ». C'est Liverpool et ses amis qui provoquèrent les insurrections du 31 mai et du 2 juin 1793 liquidant la Gironde. C'est Liverpool qui, raflant au passage les « bijoux de ces [...] victimes », est responsable du « Meurtre de la malheureuse Marie-Antoinette, de la Princesse Élisabeth et de Louis Dix-Sept ». La chute de Toulon ? L'œuvre de Liverpool, *of course*. La conquête de la Hollande par les Français ? Ses moindres détails avaient été préparés dans les « Plans secrets » du comte de Liverpool[32]. Et Matthews d'achever son interminable logorrhée en mettant au défi l'immonde personnage : « Je me déclare être en guerre ouverte contre vous, Monsieur le Comte, et avec tous vos partenaires ou vos Apôtres dans la fourberie et la Trahison. Vous pouvez réussir en faisant accroire au Monde que je suis fou mais je persévérerai jusqu'à convaincre vous et le Monde que je suis tout à fait le contraire. J'espère, Monsieur le Comte, que bientôt le Pays tranchera impartialement entre nous[33]. »

De toute évidence, Matthews, qui évoque son état mental, a déjà dû être accusé de démence. Ne croyons pas cependant que ce qu'il avance soit uniquement le fruit d'une cervelle en liquéfaction. Comme pour tout complot imaginaire, le roman échevelé de notre Gallois repose sur quelques éléments tangibles. La prétendue conspiration de lord Liverpool prend en effet sa source dans un autre complot imaginaire : celui du double cabinet. Cette croyance nous fait remonter aux années 1760 quand, après l'avènement de George III, de nombreux observateurs, intrigués par la manière de gouverner du nouveau roi en nette rupture avec celle de ses prédécesseurs, incriminèrent des « mauvais conseillers ». Naquit alors le mythe d'un cabinet secret doublant le cabinet en place. Maîtresse exclusive de la politique, l'équipe ministérielle de l'ombre aurait été dirigée par lord Bute, l'ancien favori du roi. Remarquablement analysée par l'historien Ian Christie[34], cette croyance eut la vie longue. Au cours de l'époque révolutionnaire, comme le révèlent certaines confidences de membres de l'opposition, elle reste toujours bien vivante. Bute, qui n'est alors plus de ce monde, a simplement été remplacé à la tête du cabinet secret par Charles Jenkinson, comte de Liverpool[35], ce même Liverpool sur lequel Matthews tombe à bras raccourcis. Il est frappant de constater que, dans sa longue lettre accusatrice, Matthews, à plusieurs reprises, incrimine ce qu'il appelle « le Cabinet Secret à la Cour de Saint-James », dont Liverpool est « la force motrice ». Regardé à l'aune de cette croyance, le cas de James Tilly Matthews perd un peu de sa singularité. Notre dénonciateur de complots se présente comme le dernier avatar, avatar certes terriblement hirsute, de la paranoïa d'une classe politique, qui, de 1760 à l'époque révolutionnaire, ne cessa de scruter avec angoisse les événements à l'aide d'une grille de lecture ostensiblement conspirationniste.

Le pauvre homme est désormais bien engagé sur le chemin de la démence. Peu de temps après avoir envoyé sa seconde lettre à Liverpool, Matthews met sa menace à exécution. En janvier 1797, s'agitant comme un beau diable dans la galerie des visiteurs, il interrompt les travaux de la Chambre des communes en lançant une bordée d'injures à l'endroit des députés et des ministres. Arrêté et conduit devant le Conseil privé, Matthews est déclaré fou et envoyé le 28 janvier 1797 au Bethlem Royal Hospital. Un an plus tard, il est placé dans le pavillon des incurables[36]. Matthews ne retrouvera jamais la vie normale. Il mourra interné le 10 janvier 1815.

Pendant son séjour à l'asile, Matthews a porté à sa plénitude et sa folie et sa théorie du complot. La piste exclusive de lord Liverpool est désormais largement dépassée. Le 24 mars 1804, notre homme met la dernière main à un document qui commence par ces mots : « James, Grand Souverain par Excellence, Absolu, Unique, Suprême Autorité, Sacré de Tous, Grand Souverain par Excellence régnant sur Tous, grand Propriétaire de Tout, Empereur Suprême, Autorité par Excellence, etc.[37] ». Ce qui suit, on l'aura compris, est effroyablement illisible. Outre l'usage devenu obsessionnel des majuscules, la plume du « Grand Souverain par Excellence » se complaît en phrases interminables ponctuées à la diable. Il faut beaucoup de patience et de volonté pour ne pas jeter aux orties cet exposé du complot ourdi, non plus par le conseiller de George III, mais par « L'horrible bande de 13 ou 14 Monstres Hommes et Femmes », complot préparé à l'aide d'effroyables machines : les « Métiers à Tisser les flux aériens[38] ».

La logorrhée de Matthews a, heureusement pour nous, fait l'objet d'un patient décryptage par John Haslam, l'apothicaire du Bethlem Hospital, qui étudia ce cas d'aliénation et en fit un livre, *Figures de la folie*, paru en 1810. L'on y découvre, et avec saisissement, tous les tenants et les aboutissants du complot inlassablement dénoncé par l'« Empereur Suprême ». Un complot, chose étrange, qui n'est pas sans parenté avec celui des mannequins dévoilé par le comte de Provence.

Matthews se plaint d'être en permanence harcelé par « une bande de scélérats » installée à Londres et qui le martyrise physiquement et psychiquement au moyen d'une machine à tisser les flux aériens qu'il décrit avec un grand luxe de détails. En nous présentant cette mécanique fantastique et la triste équipe qui la fait fonctionner, notre aliéné nous fait pénétrer dans une frénésie romanesque qui aurait fait pâlir de jalousie les meilleurs représentants contemporains de la *gothic novel*.

Le chef de la bande est un dénommé Bill, surnommé « le Roi ». C'est un redoutable expert dans le maniement de la machine. C'est ce « Bill le Roi » qui, grâce à son instrument, et « au moyen d'imprégnations magnétiques », a guidé en 1800 la main de James Hadfield, lequel, armé d'un pistolet, tira sur George III lors d'une représentation théâtrale à Drury Lane. À ses côtés, l'on trouve « Jack le maître d'école », qui est « le sténographe de la bande », ainsi qu'un être repoussant, sir Archy : « certains, dans la bande, disent que Sir Archy est une femme déguisée en homme ; et chaque fois que M. Matthews s'est essayé, en le questionnant, à le prouver, Sir Archy a répondu d'une manière si bizarre et grossière que je n'ose reproduire sa réponse[39] ».

On trouve aussi « l'Intermédiaire » qui, dit-on, a fabriqué la machine à tisser les flux aériens. « L'Intermédiaire », qui est le principal persécuteur de Matthews, adore s'exprimer de manière sibylline : « après ses attaques [*contre Matthews*], il note généralement que M. M. [*Matthews*] est le talisman ; alors Sir Archy rétorque en ricanant "oui, c'est le talisman" ».

Aux côtés de ces hommes, plusieurs femmes : l'inquiétante Augusta, tout d'abord, dont l'objectif « est de mettre les femmes sous son influence par ses paroles cérébrales ». Charlotte, ensuite, « brunette et rougeaude », qui « ressemble à une Française » et qui subit les sévices des hommes de la bande. Elle « reste constamment dans l'appartement avec Sir Archy, [...] ils la laissent presque nue et la nourrissent à peine ». Enfin, « une dame assez extraordinaire complète cette bande démoniaque. Elle ne semble pas avoir de prénom, et la bande l'appelle la *Femme aux gants* car elle porte en permanence des mitaines de coton [...]. La femme aux gants est remarquable par son habileté à manipuler la machine. Elle sort fréquemment. [...] On ne l'a jamais vue parler à quiconque »[40].

Suit une liste exhaustive des tourments que ce gang inflige non seulement à Matthews, mais aussi à nombre de ses contemporains. Parmi ces supplices, retenons la « fabrication de pensée », extraordinaire vampirisme des temps modernes, qu'Haslam, sur les descriptions de Matthews, résume de la manière suivante : « pendant que l'un des scélérats suce le cerveau de la personne assaillie pour en extraire les sentiments qui s'y trouvent, un autre membre de la bande [...] imposera dans l'esprit assailli une série d'idées fort différentes[41] ».

Tout se passe comme si les découvertes sur l'énergie électrique, les progrès des techniques dans l'industrie textile, au premier chef dans les métiers à tisser, ainsi que l'engouement universel pour le mesmérisme avaient insensiblement conduit Matthews à une interprétation de la politique mondiale laissant loin derrière elle les fantasmes les plus hallucinés d'un Barruel ou d'un Montjoie. Matthews communique en effet avec ses persécuteurs par un système de transmission de pensée dont la mise au point doit beaucoup aux recherches récentes sur les fluides invisibles de l'électricité et du magnétisme animal, cette télépathie « résultant de l'imprégnation des deux parties par le fluide magnétique, qui se raréfie au fur et à mesure des va-et-vient et dont le pouvoir s'accroît grâce à l'action de la machine électrique[42] ».

L'hôte de l'hôpital de Bethlem est loin d'être la seule personne à avoir été soumise à l'influence de ces monstres. La réalité que nous décrit Matthews est mille fois plus effrayante que celle qu'ont dévoilée les complotistes français. Toute personne dotée d'un solide caractère était en effet en mesure de résister à l'influence perverse de l'illuminisme. Il n'en va pas de même avec la conspiration magnétique. C'est d'ores et déjà une large part de la société britannique qui est « imprégnée ». Irrémédiablement « imprégnée ». Voici comment s'y prennent les bandes de magnétiseurs qui écument Londres et les autres villes du royaume :

> Si l'objet à assaillir se trouve assis dans un café, l'adepte pneumaticien lui tourne autour, engage parfois la conversation et, au cours de cet échange, actionnant la valve, laisse échapper le fluide magnétique volatile que la personne désignée pour être assaillie respire. Si grande est l'attraction entre le corps humain et ce fluide que l'individu s'en imprègne tout à coup et devient aussi envoûté [...] que la mouche sans défense empêtrée dans le linceul de l'araignée[43].

Une fois « imprégnée », la victime est totalement sous l'emprise des espions magnétiques, qui en ont fait leur esclave. Et c'est ainsi que la politique britannique, depuis de nombreuses années, est en réalité décidée en France :

> Quand un secrétaire d'État à la Guerre est à l'église, au théâtre ou assis à son bureau, réfléchissant sur tel ou tel sujet, l'expert magnétiseur introduira brutalement dans son esprit le souci de l'échange de prisonniers. Le secrétaire d'État se demandera peut-être comment il en vient à se préoccuper de cette affaire qui n'avait aucun rapport avec ses réflexions en cours ; il ressassera cependant cette idée dans sa tête et conclura que c'est sur la base de ce principe que devrait s'engager la négociation. L'expert magnétiseur, grâce à sa surveillance et à la récupération de cette réflexion par l'inspiration des idées, aura ainsi connaissance de son avis et informera immédiatement le ministre français des sentiments du secrétaire d'État britannique[44].

Munis de leurs machines à tisser les fluides aériens, les myriades d'espions magnétiques qui se sont égaillés dans les îles Britanniques ont acquis un ascendant total sur le ministère. Même Pitt, qu'on disait « capable de résister au fluide magnétique [...] se faisait manipuler comme une marionnette par les experts magnétiseurs ». Plus horrible encore : lorsqu'un de leurs esclaves a cessé d'être d'une quelconque utilité, ces misérables n'hésitent pas un seul instant : « il devait être *mis hors circuit*, un terme qu'ils employaient quand ils tuaient quelqu'un ». La mort prématurée de Pitt à l'âge de quarante-six ans est la preuve ultime et décisive de l'efficacité des agents magnétiques aux ordres de la subversion révolutionnaire : « En vérité, se souvient Matthews, ils m'ont souvent bel et bien dit [...] *"Nous avons événementissé ça, il doit être tué là"* [...] je n'ai pas pris autant de peine avec la plume, l'encre et le papier que je ne l'avais fait pour exposer les affirmations des assassins concernant *la mise hors circuit* de M. Pitt, qu'ils finirent par réussir effectivement[45]. »

De la parole frénétique...

Le complotisme, c'est aussi un style. Un style immédiatement repérable. La frénésie verbale qu'on a découverte dans les harangues de la Convention ou dans les imprécations de nos conspirationnistes en chambre n'a pas attendu 1793 ni même 1789 pour se manifester. Portons-nous au printemps 1782 pour un premier contact.

La France s'est alors prise de passion pour le relèvement de sa marine de guerre, atteinte par la défaite navale des Saintes (12 avril 1782). Sitôt connu en France, cet épisode tardif de la guerre d'Indépendance américaine est en train de produire un remarquable élan patriotique. À Paris, Caron de Beaumarchais a lancé une souscription visant à reconstruire les vaisseaux détruits ou capturés par les Britanniques. En un instant, les Français sont au rendez-vous. Pas pour longtemps cependant. Alors que les dons venant de particuliers de tous rangs commencent à affluer dans les caisses du dramaturge, Vergennes met un terme brutal à l'opération. Comme ce fut le cas un an plus tôt avec la politique de Necker dont, on s'en souvient, le ministre de Louis XVI redoutait les effets sur la monarchie, Vergennes se refuse à cautionner une initiative mettant clairement en exergue une nation de citoyens agissant en toute liberté.

Frustrés de ne pouvoir prendre part à la restauration de la marine, les Français réagissent par écrit en adressant au ministre des lettres exprimant leur sourde colère devant cette décision incompréhensible[46]. Une voix se distingue par sa véhémence, celle de l'auteur anonyme d'une brochure au fond et à la forme volcaniques : *L'À-propos du moment.* Son style incandescent a beaucoup plu à un critique du temps, séduit par son « effervescence bouillante ». L'auteur, observe-t-il, « n'écrit point mal : il y a du nerf et du feu dans sa composition »[47].

Donnant toute latitude aux images sanglantes, incendiaires et crépusculaires, la plume anonyme redouble d'attaques contre le « fantôme d'épouvante », contre les « colonnes de la tyrannie »[48] et les « sangsues publiques » qui grouillent au cœur du « système de cannibales[49] » de la Ferme générale. La frénésie verbale atteint son premier paroxysme quand *L'À-propos* évoque, en des termes propres à hérisser les cheveux de ses lecteurs, les horreurs qui se seraient abattues sur la France après le renvoi de Necker :

> Aussitôt, le monstre horrible renaît de sa cendre mal étouffée, reprend son importance et sa venimeuse haleine empoisonne nos récoltes et nos champs. La disette succède dans nos provinces à l'abondance. Une épidémie affreuse se joint à la famine. Les revers nous accablent en se multipliant. Le découragement, la défiance et la terreur précèdent partout la présence de l'hydre à mille têtes. L'intrigue et la cabale triomphent et reprennent avec lui leur active et funeste influence. Et... je m'arrête ; mon cœur saigne en traçant le tableau lugubre et trop vrai de nos calamités[50]...

Et ce n'est qu'un hors-d'œuvre. Car, au fil des pages, le propos prend un tour de plus en plus halluciné. Du pamphlet politique aux arguments certes vigoureux, mais encore bien charpentés, l'on passe insensiblement à une prose ressemblant aux romans noirs que j'évoquerai bientôt :

> Je perds haleine en suivant l'immense étendue et le nombre des branches de cet arbre monstrueux dont les racines sont vermoulues, le cœur pourri et gangrené, le corps bouffi et regorgeant de sève,

> d'or et de sang, et la tête aride et couronnée de ces nombreuses familles d'insectes malfaisants qui viennent y déposer leur proie ; de cet arbre enfin, parasite et vénéneux, dont l'ombre épaisse couvre le royaume d'une nuit lugubre, orageuse, et corrompt toutes les productions [...]. Nos maux sont à un excès qu'on dissimule en vain. [...] le seul antidote convenable, et trop bien indiqué par la nature et la complication du mal, est la destruction absolue de l'idole fantastique, de ce sphinx dont le souffle est le principe de mort du corps national. Ses autels ont fumé trop longtemps de sacrifices sanglants[51].

Que se passe-t-il au royaume de Louis XVI ? La parole pamphlétaire pouvait se montrer virulente, mais rarement l'a-t-on vue, du moins depuis la fin de l'époque baroque, se complaire à ce point dans la fantasmagorie et le macabre. Propos d'un original ? Que nenni. *L'À-propos du moment* n'est en rien une exception qui confirmerait la règle. Examinons les prises de position des admirateurs de Mesmer, contemporaines de cette brochure. C'est la même frénésie, ce sont les mêmes figures échevelées qui s'échappent de ces écrits nés de la controverse sur le magnétisme animal.

Apolitique à ses débuts, le mouvement mesmériste s'est progressivement immiscé dans le débat public et, ce faisant, s'est mis à produire une pensée éminemment subversive. Le pouvoir exercé par les instances scientifiques officielles se trouve en effet sur la sellette. Pour ses partisans, Mesmer a été victime d'une terrible injustice de la part de ces hommes qui, à l'Académie des sciences ou à la Faculté de médecine, prétendent détenir la vérité. Dès 1781, la radicalisation du discours est en marche. L'avocat Bergasse répond aux outrages dont a été victime son idole par un pamphlet qui révèle une tendance nettement affirmée au complotisme. Le pouvoir participerait en effet à une odieuse conspiration obscurantiste visant à préserver les misérables privilèges du « corps politique » des médecins[52]. Comme celui de *L'À-propos du moment*, c'est un monde hideux que nous donne à voir Bergasse, un monde dans lequel l'autorité, loin de promouvoir la connaissance, serait de mèche avec les diafoirus les plus obtus pour maintenir intacts des « préjugés » barrant la route aux progrès de la science.

Nombre de mesméristes s'identifient au martyr de la science qu'est devenu le médecin viennois. Écrivain prolixe, auteur de théories scientifiques extravagantes, Jean-Louis Carra a vu ses ouvrages ou tomber dans l'indifférence générale, ou être repoussés avec dédain par les autorités scientifiques. Il a lu avec douleur le jugement sans appel de l'astronome et académicien Jérôme Lalande, qui a écrit que ses théories étaient « des absurdités et les rêveries d'un imbécile[53] ». Blessé au plus profond de son amour-propre, marginalisé dans le monde des lettres et de la science, Carra est bien lancé sur la route du radicalisme. Un radicalisme non seulement politique mais aussi verbal : « Excepté quelques hommes privilégiés de la nature et de la raison, les autres ne sont pas faits pour me comprendre », déclame-t-il du haut de sa tour d'ivoire. L'homme voue une haine féroce envers tous ceux qui occupent les bonnes places, qu'elles soient à l'Académie, ou, plus largement, au sommet de la société. Carra abomine de tout son être la noblesse et les monarques. Ce faisant, sa plume pénètre dans les mêmes contrées fantasmagoriques que celle de l'auteur de *L'À-propos du moment*. Les grands de ce monde sont en vérité « des crocodiles monstrueux vomissant des flammes de tous côtés : leurs yeux sont rouges de sang ; ils tuent de leur seul regard[54] ».

Ces diatribes démentes n'ont rien d'anecdotique. La querelle scientifique a servi de catalyseur à la cristallisation d'un radicalisme fruste, sans nuances, d'une violence et d'une invention verbales prodigieuses. Le style des tribuns de la Convention est en gestation. « Il ne faut comparer à aucune éloquence l'éloquence révolutionnaire, écrivait Charles Nodier, c'est un langage de contagion dont la rhétorique n'a pas le secret[55]. » C'est très juste. À condition de préciser que la contagion verbale n'a pas attendu les lendemains du 5 mai 1789 pour se propager.

Les prises de position d'un autre mesmériste, un mesmériste appelé bientôt à un rôle de premier plan, sont encore plus stupéfiantes. Dans sa croisade contre le complot ourdi par l'Académie des sciences, Brissot épouse avec exaltation la vague d'occultisme qui déferle sur la France. Et Jacques Pierre d'appeler Jean-Jacques à la rescousse. Pas n'importe quel Jean-Jacques néanmoins. C'est un Rousseau illuministe, en contact avec les forces obscures de l'univers, que nous donne en exemple le futur chef de file des Girondins : « Lisez ses dialogues avec lui-même, s'exclame Brissot en parlant avec émotion de son maître à penser, ils semblent écrits dans un autre monde. L'auteur qui n'existe que dans celui-ci, qui n'en a jamais franchi les limites, n'en écrirait pas deux phrases[56]. »

Grâce à la littérature, cet « autre monde » est en train d'ouvrir ses portes à qui veut bien y entrer.

... *au conspirationnisme sépulcral*

1797, année de la sortie des premiers tomes des *Mémoires pour servir à l'histoire du jacobinisme,* est aussi celle qui vit les premiers bataillons d'une force d'invasion venue de Grande-Bretagne débarquer en France. Il ne s'agit pas de l'armée des *Redcoats,* qui devra attendre jusqu'en 1813 pour fouler notre sol. La *British Invasion* dont il est ici question est nettement plus pacifique. Elle est littéraire. La France est en train de découvrir la *gothic novel.*

Le lecteur non anglophone désireux de connaître ce courant alors en pleine floraison en Angleterre n'avait jusqu'ici pour pitance que quelques ouvrages, comme le roman de Clara Reeve, *Le Vieux Baron anglais, ou les Revenants vengés,* paru en 1787 dans sa traduction française. Le vent tourne après Thermidor. En 1794, telle une hirondelle annonçant le printemps des souterrains lugubres et des spectres exhalant l'odeur fétide des cimetières, Ann Radcliffe fait une première apparition sur les devantures des librairies avec la version française de sa *Romance of the Forest.* Puis, en l'espace de quelques mois, c'est le déferlement : en 1797, le public a droit à une dizaine de « romans terrifiants » traduits de l'anglais. Se distinguent les ouvrages de la très prolixe Radcliffe, *Les Mystères d'Udolphe,* paru quelques années plus tôt en Angleterre, et *L'Italien, ou le Confessionnal des pénitents noirs,* qui vient juste de sortir à Londres et qui est promptement traduit par deux éditeurs concurrents. Cette guerre des libraires est un signe : il y a une forte demande.

Il faut dire que le lecteur est fort bien servi. En cette même année 1797, il se voit offrir ce qui, aux côtés de *Melmoth* de Charles Robert Maturin (1820), restera l'œuvre la plus marquante du roman gothique : *Le Moine* de Matthew Gregory Lewis. Jusqu'au début du Consulat, l'engouement pour les romans terrifiants venus d'Albion ne faiblira pas[57]. Les Français auront tout loisir de dévorer des livres aux titres aussi hirsutes que *La Caverne de la mort*, *Le Château d'Albert, ou le Squelette ambulant*, *Les Mystères de la tour noire* ou encore *Le Fratricide, ou les Mystères du château de Dusseldorf*. La *Gothic Story*, expression inventée par la romancière Clara Reeve[58], s'est imposée dans la France révolutionnaire et consulaire[59].

Ce courant littéraire a eu deux pères fondateurs. Le premier n'est autre qu'Edmund Burke. En 1757, avant qu'il ne se lance dans la carrière politique, Burke a publié un essai esthétique de haute volée, *Recherche philosophique sur l'origine de nos idées du sublime ou du beau*, dans lequel il avance les premiers pions d'une manière romantique d'appréhender l'art, en insistant sur le rôle joué par le sentiment de terreur dans la production du sublime :

> Aucune passion ne dépouille aussi efficacement l'esprit de tous ses pouvoirs d'agir et de raisonner que la peur ; car, étant l'appréhension de la douleur ou de la mort, elle agit d'une manière qui ressemble à la douleur véritable. C'est pourquoi tout ce qui est terrible pour la vue est également sublime [...]. Lorsque nous connaissons toute l'étendue d'un danger, lorsque nous pouvons y habituer nos yeux, une grande part de l'appréhension s'évanouit. On s'en convaincra en songeant combien la nuit augmente notre frayeur dans tous les cas de danger, et combien les images de fantômes et de gobelins, que personne ne peut se représenter clairement, impressionnent ceux qui ajoutent foi aux contes populaires[60].

Cette esthétique nouvelle, on le notera en passant, est sans doute une des clés explicatives de la position ultérieure de Burke vis-à-vis de la Révolution. Sept années séparent le traité de Burke du premier roman « gothique », *Le Château d'Otrante*, dû à la plume du dilettante Horace Walpole. Son contenu a tout pour désarçonner le public. Plongé dans l'atmosphère de l'Italie du Sud médiévale, le lecteur voit se succéder des scènes ahurissantes : un casque de taille gigantesque tombé du ciel, des statues qui s'animent soudainement ou qui se mettent à saigner, un squelette qui erre dans les sombres couloirs du château...

Un genre est né, et d'une manière plutôt fracassante. Il faudra néanmoins attendre 1796 avec *Le Moine* de Lewis pour que cette littérature de l'horreur, « promontoire de néant surplombant l'horizon humain », pour reprendre la belle formule d'Annie Lebrun[61], trouve dans le récit de la descente aux enfers du capucin Ambrosio son premier chef-d'œuvre.

Une critique parue dans la *Décade philosophique* en a bien senti la force : « L'auteur semble avoir eu pour but d'effrayer, comme Shakespeare, par des moyens surnaturels, par des songes, des sortilèges, des communications entre les vivants et les morts, entre les hommes et les êtres fantastiques. Tout cela est très impossible, très absurde, et tout cela produit cependant de l'effet ; ces contes font frémir et intéressent fortement. On hausse ensuite les épaules de pitié, mais c'est seulement quand on a quitté le livre[62]. »

L'engouement pour le roman noir possède aussi des racines nationales. La France a en effet eu ses francs-tireurs comme l'abbé Prévost, qui, tôt dans le siècle, osa s'aventurer dans les souterrains pour dialoguer avec les spectres, ou encore Baculard d'Arnaud, créateur, selon ses propres dires, du « genre sombre ». Les années 1770, qui correspondent aux premiers feux du gothique anglais, voient paraître en France des œuvres qui ne lui feraient pas déshonneur. En 1777, contemporain des *Mémoires philosophiques du baron de ****, dont on a pu apprécier au précédent chapitre la description sinistre des saturnales de la subversion, sort des presses un ouvrage de Joseph Marie Loaisel de Tréogate, les *Soirées de mélancolie*, dont *Le Journal français*, totalement imperméable à ce type d'écrits, dit pis que pendre : « Nos jeunes auteurs ne s'exercent plus que sur des sujets lugubres ou champêtres : ils nous présentent sans cesse des poignards, des tombeaux, des spectres, ou ils nous transportent sur des rives fleuries, habitées par des bergers dont les modèles n'existèrent jamais[63]. » Si l'on laisse de côté l'incompréhension d'une vieille barbe pétrie de classicisme devant une nouveauté qui la met mal à l'aise, le constat du journaliste – très certainement Clément – mérite un arrêt. En confrontant le rose bonbon des bergeries avec l'anthracite des sépulcres, notre chroniqueur semble avoir entrevu l'avenir.

Loin d'éteindre l'attirance pour le surnaturel et le macabre, la Révolution lui donne, au contraire, un énorme coup de fouet. Cette forme extrême du complotisme était somme toute prévisible, comme l'a bien vu un des critiques de Barruel, Jean-Joseph Dussault : « Quand on est soudainement frappé du spectacle d'un grand désordre social, [...] la tête s'échauffe par l'importance même de l'objet que l'on considère, et plus il est effrayant, plus d'ordinaire on l'environne de fantômes[64]. »

Le roman noir, dans un tel contexte, ne pouvait que prospérer. Lisons ce qu'en pense un écrivain qui possédait quelques atomes crochus avec ce genre importé d'Angleterre et dont l'activité au sein de la section parisienne des Piques l'a plongé au cœur du maelström politique : le ci-devant marquis de Sade :

> Peut-être devrions-nous analyser ici ces romans nouveaux, dont le sortilège et la fantasmagorie composent à peu près tout le mérite, en plaçant à leur tête *Le Moine* [...]. Ce genre [...] devenait le fruit indispensable des secousses révolutionnaires dont l'Europe entière se ressentait. Pour qui connaissait tous les malheurs dont les méchants peuvent accabler les hommes, le roman devenait aussi difficile à faire que monotone à lire ; il n'y avait point d'individu qui n'eût plus éprouvé d'infortunes en quatre ou cinq ans que n'en pouvait peindre en un siècle le plus fameux romancier de la littérature ; il fallait donc appeler l'enfer à son secours pour [...] trouver dans le pays des chimères ce qu'on savait couramment en ne fouillant que l'histoire de l'homme dans cet âge de fer[65].

« Il fallait donc appeler l'enfer à son secours » : comme personnalité exceptionnelle, et même unique, de la république des lettres et comme figure active de la révolution parisienne, Sade était remarquablement bien placé pour saisir le mystère du basculement esthétique de son temps. L'affirmation de la présence du roman gothique était prévisible car elle était le « fruit indispensable des secousses révolutionnaires ».

Reprenons le compte rendu du *Moine* par *La Décade philosophique*. En constatant que « tout cela est très impossible, très absurde », mais que cette inconcevable intrigue « produit cependant de l'effet », notre journaliste ressemble à ceux qui, au même moment, défaillent à la vue d'un déluge événementiel dont ils ne perçoivent pas le sens. Une fois qu'il aura « quitté le livre », notre journaliste oubliera néanmoins très vite l'émotion qu'il a ressentie. Beaucoup de lecteurs du *Moine*, pour leur part, ne savoureront jamais le soulagement d'être quittes avec les mystérieuses monstruosités de l'actualité. « Tout cela » leur est certes « très impossible, très absurde » mais ce « tout cela », contrairement aux spectres des fictions, se trouve bel et bien présent, là, devant leurs yeux. Perpétuellement présent. Le roman gothique, ou plutôt la vogue du roman gothique de l'extrême fin du XVIIIe siècle, est le miroir, un miroir énorme, un miroir au moins aussi disproportionné que le casque du *Château d'Otrante*, d'une angoisse qui n'a rien d'une fantasmagorie à la Radcliffe : l'angoisse devant le devenir d'une révolution qui n'a eu de cesse de déjouer tous les modèles préexistants, et qui, ce faisant, a torturé en permanence ses spectateurs impuissants. Le roman noir ne peut dès lors être dissocié de la littérature politique dont les horreurs, pour parler comme l'abbé Barruel, « font dresser les cheveux[66] », dont les mêmes horreurs dépassent de très loin tout ce qu'a pu concevoir l'imagination la plus féconde, à l'exception notable de Sade, évidemment hors concours, des romancières et des romanciers du temps.

Appeler l'enfer à son secours. C'est l'acte sacrilège auquel furent réduits nombre de dénicheurs de complots. Et, une fois le prince des ténèbres dans la place, leur discours se mit à revêtir l'apparence du plus grand roman noir de tous les temps.

Satan au Palais-Royal

Nous sommes devant une vaste plaine à proximité de Villeneuve-Saint-Georges. Il est exactement minuit. Un individu dont la mise extérieure trahit son appartenance à la haute aristocratie vient de s'y aventurer sur les conseils d'un homme qui lui a promis de lui « montrer le diable ». Et voici ce qu'il a vu : « Nous partons. Je laisse ma suite ; j'entre dans la plaine : la nuit était profonde. Je dompte l'effroi que m'inspirent les spectres que je rencontre ; j'écoute leurs avis, leurs prophéties ; je promets d'accueillir mon conducteur toutes les fois qu'il reviendra, et je reçois un anneau. "Gardez bien cet anneau", me dit l'ombre infernale. "Tant que vous l'aurez, il sera pour vous un témoignage de votre prospérité et du bonheur de votre carrière[67]." »

L'auteur de ces lignes n'est autre que Louis Philippe Joseph, duc d'Orléans. C'est du moins ce que nous apprend Jean-Louis Soulavie. Notre historien et fabricant de Mémoires apocryphes plus vrais que nature mêle en réalité des rumeurs qui ont circulé sur le prince avec une anecdote portant sur son ancêtre le plus célèbre. Le Régent, qui, dans sa jeunesse, rapporte Saint-Simon, « croyait le diable [*sic*] jusqu'à espérer de le voir et de l'entretenir », aurait en effet passé de nombreuses nuits « à faire des invocations » dans les carrières de Vanves et de Vaugirard[68].

Paru en 1772, *Le Diable amoureux* de Jacques Cazotte semble vouloir faire écho aux aventurettes sataniques, réelles ou imaginaires, de la famille Orléans. Ce délicieux récit, qui nous narre les pièges tendus au héros Don Alvare par la séduisante Biondetta, et qui n'est autre que le diable en personne, n'en reste pas moins un roman dans la veine du siècle qui l'a vu naître : léger à la manière des contes philosophiques ou libertins, suggestif en matière de diablerie sans jamais sombrer dans l'horreur.

Le livre, qui, après *Le Diable boiteux* de Lesage (1707), fait entrer le Malin par la grande porte de la littérature, a connu un vif succès. Son *happy ending* a toutefois déçu certains lecteurs, ce qui a conduit Cazotte à se justifier. La version originale qu'il n'osa pas publier comportait, explique-t-il, une partie qui « présentait des idées noires ». Or, ajoute-t-il, « il n'en faut pas offrir de cette espèce à une nation de qui l'on peut dire que, si le rire est un caractère distinctif de l'homme comme animal, c'est chez elle qu'il est le plus agréablement marqué [...] il faut ménager son beau naturel et lui épargner les convulsions »[69].

En 1791, les « convulsions » que redoutait notre romancier ont effectivement métamorphosé l'esprit d'une nation désormais gagnée par les « idées noires ». Ces « convulsions » ont aussi rendu Cazotte méconnaissable. Lui, naguère si enjoué, en a perdu le rire et le sourire. Car ces « convulsions » n'ont pas une origine humaine. Cazotte est certes convaincu que le duc d'Orléans a pris une part importante à la destruction de l'Ancien Régime. Mais le prince du sang n'est qu'un pantin entre les griffes du prince des ténèbres. Seul Satan est en mesure de conduire un pareil bal. C'est guidé par Satan que « le prince du 5 et 6 octobre » est allé en Angleterre » pour y enrôler une « légion spirituelle mauvaise ». Une autre preuve du caractère démoniaque de Louis Philippe Joseph est sa passion pour l'aérostation : « Nous avons eu preuve que l'invention était une suggestion diabolique[70]. » Plus largement, Cazotte est sûr que « depuis plus de deux cents ans, Satan avait résolu, par la ruine entière de la maison de Bourbon, celle de la religion de la France et de toute l'Europe ; il n'y a point de machine qu'il n'ait mise en œuvre pour cela[71] ».

Qu'importent au fond les conciliabules bassement terrestres des philosophistes, des francs-maçons et autres *Illuminaten*. Dès que l'on a saisi que ces misérables insectes n'étaient que les instruments du démon, tout s'éclaire. Ainsi, le cérémonial abominable des « chevaliers frères initiés de l'Asie » que nous décrit Cadet de Gassicourt dans son *Tombeau de Jacques Molai*, et qui n'aurait pas déparé dans une des pages les plus enfiévrées du *Moine* :

> Représentez-vous ma surprise, quand ayant descendu la moitié de l'escalier, je vis un caveau dans lequel on mit, pendant qu'on faisait une musique de deuil, un cadavre dans un cercueil ; à côté, il y avait un homme tout habillé de blanc, mais tout rempli de sang [...]. À l'entrée du caveau, je vis des monceaux de squelettes d'hommes entassés les uns sur les autres, et l'illumination se fit par des lumières dont la flamme ressemble à l'esprit-de-vin brûlant, ce qui augmenta l'horreur de cet endroit effrayant[72].

Un tel spectacle est la preuve irréfutable de l'emprise du Malin sur ces illuminés pétris de mysticisme, qui, inconscients d'être voués aux flammes de l'enfer, continuent, ces pauvres imbéciles, à se regarder comme de bons chrétiens. Et qu'en est-il des rapports de la secte autrement plus repoussante des *Illuminaten* avec le prince des ténèbres ? Donnons la parole à l'abbé Barruel, qui, quand il le voulait, pouvait merveilleusement écrire. Il y consacre, et de très loin, sa meilleure page :

> Quand cette loi sera remplie, le Vieux de la Montagne, le dernier Spartacus pourra sortir lui-même de son sanctuaire ténébreux et se montrer triomphant au grand jour. Il n'existera plus ni empire ni loi ; l'anathème prononcé sur les nations et sur leur Dieu, sur la société et sur ses lois, aura réduit en cendres nos autels, nos palais et nos villes, nos monuments des arts jusqu'à nos chaumières. Le dernier Spartacus, contemplant ces ruines et s'entourant de ses Illuminés, pourra leur dire : venez et célébrons la mémoire de Weishaupt notre père. Nous avons consommé ses mystères. [...] Il le dira, le dernier Spartacus ; et les démons aussi sortiront des enfers pour contempler cette œuvre du code illuminé, et Satan pourra dire : voilà les hommes devenus ce que je les voulais. Je les chassai

> d'Éden ; Weishaupt les chasse de leurs villes et ne leur laisse plus que les forêts. Je leur appris à offenser leur Dieu ; Weishaupt a su anéantir et l'offense et le Dieu. [...] Je leur laissais leurs riches et leurs pauvres, leur inégalité ; Weishaupt leur ôte à tous le droit de rien avoir ; et, pour les rendre tous égaux, il les fait tous brigands. Je pouvais jalouser le reste de vertus, de bonheur, de grandeur même sous les lois protectrices de leur société, de leur patrie ; Weishaupt maudit leurs lois et leur patrie et ne leur laisse plus que le stupide orgueil, l'ignorance et les mœurs du sauvage errant, vagabond et abruti. En les rendant coupables, je leur laissais encore le repentir et l'espoir du pardon ; Weishaupt a effacé le crime et le remords ; il ne leur laisse plus que leurs forfaits sans crainte et leurs désastres sans espoir[73].

Cette prosopopée satanique dont le souffle puissant aurait estomaqué nos romantiques suggère que la conspiration philosophico-maçonnique se réduit à peu de chose à l'aune du monstrueux fondateur des *Illuminaten*. Plus démoniaque encore que le démon, Adam Weishaupt, second Adam, voué corps et âme au Malin, a parachevé l'œuvre que son maître avait entamée au jardin d'Éden. Le complot dont les *Mémoires* s'acharnèrent à démontrer l'existence n'est terrestre que dans ses apparences, des apparences au fond aussi trompeuses que celles des premiers grades de la franc-maçonnerie. Le complot a été ourdi au plus profond de l'enfer et Weishaupt en a été le prophète.

Un an environ avant la sortie des *Mémoires pour servir à l'histoire du jacobinisme*, a paru une brochure portant un titre plutôt anodin : *Le Secret de l'État, ou le Dernier Cri du vrai patriote*. L'épigraphe, toutefois, ne manque pas d'attirer l'œil. De toute évidence, il ne s'agit pas d'un énième écrit ayant trait aux affaires du temps, que ce soient celles du Directoire ou celles du déroulement de la guerre. Qu'on en juge plutôt :

> Il existe en France, il a existé à la cour, des sorciers, *des hommes et femmes-démons*, hommes et femmes qui communiquent réellement avec les démons par maléfices et sortilèges, ont ensorcelé les têtes, horriblement séduit les premiers de la nation, et causé seuls tous les maux qui l'accablent !
>
> Citoyens, pensez-y[74] !

L'auteur de ces lignes est l'abbé Jean-Baptiste Fiard. Convaincu de longue date de la présence active ici-bas du prince des ténèbres, ce prêtre dijonnais n'a eu de cesse de mettre en garde ses compatriotes. La Révolution ne l'a pas surpris. Mais personne ne l'a cru. Et, toujours en ce moment, personne ne le croit. Il est vrai, comme l'écrira Baudelaire, que la plus belle des ruses du diable est de vous persuader qu'il n'existe pas. Qu'importe. Fiard, qui n'est pas de nature à se décourager, continue imperturbablement d'alerter ses compatriotes. En 1803, c'est un nouvel avertissement qu'il leur adresse dans un livre au titre-choc : *La France trompée par les magiciens et démonolâtres du dix-huitième siècle* :

> Les vrais factieux, les véritables conjurés contre toute société sainte ou profane, il ne faut pas les chercher dans ceux que l'on appelle illuminés, jacobins, arrières-maçons. [...] Si les jacobins, francs-maçons, illuminés ne communiquent pas réellement avec les démons, s'ils ne sont pas initiés à ces damnés mystères, quelque nombreux qu'on les suppose, leur rage est impuissante contre la totalité du genre humain. Mais s'ils sont dans ce commerce, si réellement ils ont fait pacte avec l'enfer, pacte qu'ils transmettent à leur progéniture, et c'est là, en effet, le secret du plus grand nombre d'entre eux, voilà les véritables conjurés, voilà nos bourreaux[75].

Barruel est largement surclassé en audace démonstrative. Les *Mémoires pour servir à l'histoire du jacobinisme* insistaient sur le caractère démoniaque de la Révolution mais jamais leur auteur n'avait osé s'aventurer sur le terrain, qu'il estimait sans doute bien trop mouvant, des sorciers et des adorateurs de Satan. En s'obstinant à expliquer l'inexplicable au moyen exclusif du surnaturel, Jean-Baptiste Fiard a rompu les amarres avec l'univers tangible auquel, bon gré mal gré, la plupart des complotistes qu'on a croisés dans ce livre restaient attachés. Pour parler comme Brissot lorsqu'il faisait de Rousseau un voyant, le complotisme de l'abbé Fiard a « franchi les limites ». Il est passé dans un « autre monde ».

Ce tour d'horizon satanique s'achève par celui qui a apporté une des contributions les plus décisives à l'idéologie contre-révolutionnaire. La thèse de la griffe du diable est au cœur de la pensée de Joseph de Maistre. Parues la même année – encore ce millésime ! – que l'ouvrage de Barruel, ses *Considérations sur la France* ont, on s'en souvient, résolu l'énigme d'un processus révolutionnaire se jouant de tous les obstacles. « *Je n'y comprends rien,* c'est le grand mot du jour », constate notre Savoyard. Oui, certes, il n'y a rien à y comprendre si l'on s'obstine à rester stupidement polarisé sur les faits matériels et sur les acteurs humains. Il n'y a rien à y comprendre si l'on s'obstine à découvrir, derrière des faits qui déconcertent, une quelconque conspiration. Maistre méprise de toute sa hauteur les fables de Barruel, Montjoie ou Cadet de Gassicourt. Et, d'ailleurs, que pèsent les atomes ayant pour nom Weishaupt, Molay ou Orléans au regard de l'Infini ? La Révolution n'est pas la leur. La Révolution a été une « révolution décrétée » par le Tout-Puissant et « la première condition d'une révolution décrétée, c'est que tout ce qui pouvait la prévenir n'existe pas, et que rien ne réussisse à ceux qui veulent l'empêcher[76] ».

Si la catharsis universelle a été voulue par Dieu, son instrument ici-bas n'en est pas moins l'Ennemi du genre humain : « Il y a dans la Révolution française un *caractère satanique* qui la distingue de tout ce qu'on a vu et peut-être de tout ce qu'on verra[77]. » Et c'est parce qu'elle est incomparable que la Révolution révèle clairement sa source démoniaque : « Ce qui distingue la Révolution française et qui en fait un *événement* unique dans l'Histoire, c'est qu'elle est *mauvaise* radicalement ; aucun élément de bien n'y soulage l'œil de l'observateur : c'est le plus haut degré de corruption connu ; c'est la pure impureté[78]. »

Cette « pure impureté », comme l'a relevé Max Milner, est néanmoins génitrice d'une « horreur enthousiaste[79] ». Car une fois le châtiment accompli, une fois le monde sorti de l'interminable épreuve d'un mal qui est « *le schisme de l'être*[80] », l'humanité régénérée vivra une espèce de millénium dans lequel la religion, enfin purgée de toutes ses souillures, atteindra son état de perfection :

> Plus les ténèbres épaissiront, plus la véritable lumière jettera d'éclat au milieu d'elle, *in tenebris lucebit*. L'état extérieur de l'Église deviendra chaque jour plus parfait, parce qu'il n'y aura plus de milieu entre la foi et le néant, de croyance entre la vertu et le crime, entre le bien et le mal, entre le ciel et l'enfer, et déjà nous voyons commencer cette séparation tranchante. Tout est extrême

aujourd'hui ; il n'y a plus de demeure mitoyenne [...] Que le spectacle que nous avons sous les yeux est grand[81] !

Ce qui terrifie est sublime, nous a appris Edmund Burke. Nul doute que le politicien-philosophe britannique, qui semble avoir pressenti l'esprit de la fin du siècle, se serait réjoui de lire ces lignes extatiques.

Les funérailles du complotisme : la prophétie de Cazotte

« Il me semble que c'était hier, et c'était cependant au commencement de 1788[82]. » C'est par ces mots que s'ouvre la scène hantée dont Jean-François de La Harpe aurait été le témoin et qu'il a consignée sur le papier : la prophétie de Jacques Cazotte.

Depuis leur sortie en 1806 dans l'édition posthume de l'œuvre de La Harpe, mort en 1803, ces pages n'ont cessé d'être commentées par les amateurs de mystère. Tandis que le régime impérial est presque parvenu à son apogée, le public a droit à une énième explication rétrospective de l'inexplicable. Point de trace, cette fois, de francs-maçons, d'illuminés ou de sophistes de l'anarchie. Nulle trace, également, de Satan, et ce malgré l'identité du prophète qui lança la mode des diableries littéraires.

Prophétie ? Il faudrait être singulièrement crédule pour prendre pour argent comptant l'anecdote que rapporte La Harpe. La scène se passe, on l'a dit, au début de l'année 1788. Nous sommes chez un confrère académicien de l'auteur, « grand seigneur et homme d'esprit », qui a invité à dîner le gratin de la république des lettres et de la noblesse. Au dessert, le vin aidant, les propos prennent un tour de plus en plus libre. Chamfort fait la lecture de « ses contes impies et libertins ». Puis c'est « un déluge de plaisanteries sur la religion » qui font rire l'assistance à gorge déployée. Progressivement, la conversation prend un tour moins léger :

> On se répand en admiration sur la révolution qu'avait faite Voltaire [...]. Il a donné le ton à son siècle et s'est fait lire dans l'antichambre comme dans le salon. Un des convives nous raconta, en pouffant de rire, que son coiffeur lui avait dit, tout en le poudrant, « Voyez-vous, Monsieur, quoique je ne sois qu'un misérable cara-

bin, je n'ai pas plus de religion qu'un autre ». On conclut que la révolution ne tardera pas à se consommer ; qu'il faut absolument que la superstition et le fanatisme fassent place à la philosophie[83].

En 1788, une « révolution » était bel et bien dans l'ordre des choses. Mais cette modeste « révolution », qui verrait la victoire de la pensée rationnelle sur la superstition, n'était en aucun cas comparable à la *tabula rasa* qui devait bientôt tout emporter sur son passage. Même en 1788, personne, hormis un voyant, ne pouvait imaginer la suite de l'histoire. Or, dans l'assistance, est resté silencieux un homme connu pour ses dons extralucides. Jacques Cazotte s'apprête à parler.

C'est en effet à ce stade du récit que commence la prophétie de l'auteur du *Diable amoureux* : « Il prend la parole et du ton le plus sérieux : "Messieurs, dit-il, soyez satisfaits. Vous verrez tous cette grande et sublime révolution que vous désirez tant. Vous savez que je suis un peu prophète. Je vous le répète, vous la verrez[84]." » D'une révolution cantonnée aux rapports de l'homme à la religion, à la philosophie et à la science, l'on passe soudainement à une révolution-vampire qui se nourrira de la vie de la quasi-totalité des convives présents ce soir-là. Condorcet tout d'abord, à qui Cazotte décrit avec une précision stupéfiante sa mort infâme au fond d'un cachot des suites du poison qu'il aura pris pour se « dérober au bourreau ». Chamfort ensuite : « vous vous couperez les veines de vingt-deux coups de rasoir ». À mesure qu'il avance, le propos s'emballe. C'est un avenir couvert de sang que contemple l'assistance, médusée par les paroles de sa pythie :

Vous, M. de Nicolaï, vous mourrez sur l'échafaud ; vous, M. Bailly, sur l'échafaud ; vous, M. de Malesherbes, sur l'échafaud… — Ah ! Dieu soit béni, dit Roucher. Il paraît que Monsieur n'en veut qu'à l'Académie ; il vient d'en faire une terrible exécution ; et moi, grâce au ciel… — Vous ! Vous mourrez aussi sur l'échafaud. […] — Pour ça, dit alors Mme la duchesse de Gramont, nous sommes bien heureuses, nous autres femmes, de n'être pour rien dans les révolutions […]. — Votre sexe, Mesdames, ne vous en défendra pas cette fois […] vous serez traitées tout comme les hommes sans aucune différence quelconque […]. Vous, Madame la duchesse, vous serez conduite à l'échafaud, vous et beaucoup d'autres dames avec vous, dans la charrette du bourreau, et les

> mains liées derrière le dos. — Ah ! j'espère que dans ce cas-là, j'aurai du moins un carrosse drapé de noir. — Non, Madame. De plus grandes dames que vous iront comme vous en charrette, et les mains liés comme vous. — De plus grandes dames ! Quoi ! Les princesses du sang ? — De plus grandes dames encore... Ici un mouvement très sensible dans toute la compagnie et la figure du maître se rembrunit : on commençait à trouver que la plaisanterie était forte. Mme de Gramont [...] se contenta de dire du ton le plus léger : « vous verrez qu'il ne me laissera seulement pas un confesseur ». — Non, Madame, vous n'en aurez pas, ni vous, ni personne. Le dernier supplicié qui en aura un par grâce, sera... Il s'arrêta un moment. — Eh bien ! Quel est donc l'heureux mortel qui aura cette prérogative ? — C'est la seule qui lui restera ; et ce sera le roi de France[85].

En 1788, le voltairien Jean-François de La Harpe était connu pour son profond scepticisme religieux. Interrogeant Cazotte sur ce que cette révolution lui réservera, il se voit offrir par son oracle un avenir encore moins crédible que les flots de sang qui viennent d'être déversés sur l'assistance : « Vous y serez pour un miracle tout au moins aussi extraordinaire : vous serez alors chrétien[86]. » La mise en scène du dîner prophétique par un écrivain qui, au contact de la Révolution, a bel et bien retrouvé la foi, possède une finalité apologétique. L'avenir qui, en 1788, restait inimaginable, était en réalité tout tracé. La Harpe, chrétien ? La Providence en a voulu ainsi.

Même s'il a renié son ancien mentor, La Harpe a retenu une leçon de Voltaire. Pour instruire efficacement, rien ne vaut un cadre plaisant. Sa « facétie lugubre[87] » se donne en effet à lire comme une vulgarisation des idées de Joseph de Maistre. En donnant beaucoup de vie à son message, il s'adresse à un public bien plus large que celui que pouvaient atteindre les très subtiles *Considérations sur la France*. Ce qu'entend prouver sa scène comico-tragique est que l'aristocratie, tant sociale que littéraire, courait vers le précipice dans l'insouciance la plus totale. C'est cette double aristocratie, bien aidée, il est vrai, par la main de Dieu, qui provoqua une réaction en chaîne incontrôlable. La faute à qui ? Arrêtons donc de croire aux prétendues conspirations qui n'ont jamais eu la moindre parcelle d'existence ! La Harpe a fermé le ban.

Il n'est absolument pas fortuit que cet écrit ait vu le jour en 1806. Sous le régime consulaire et à présent impérial, la France semble avoir retrouvé sa stabilité antérieure à 1789. Avec la perspective d'un empire fort à l'extérieur comme à l'intérieur, la page tourmentée de la main cachée est en train d'être tournée. À quoi bon s'évertuer à expliquer ce qui, au fond, ne fut qu'une longue parenthèse ? Au contact d'une actualité rassurante, ce qui, hier encore, était regardé comme inexplicable, a perdu de son aura mystérieuse. La parenthèse est définitivement refermée en 1810, avec l'adoption du nouveau Code pénal, dont toute une section est consacrée aux « crimes contre la sûreté intérieure de l'État ». Le complot est en train de s'extraire du terreau fantasmagorique dans lequel il a prospéré depuis 1789 pour entrer dans celui, grisâtre et prosaïque, des tribunaux et des manuels de droit[88]. La page de la main cachée a été tournée.

Enfin, presque tournée...

Ciel de traîne

« Si vous vous bornez à dire que la Révolution est arrivée parce qu'elle devait arriver, tous les docteurs et les beaux esprits vous riront au nez ; mais vous en aurez plus dit en deux mots qu'eux dans leurs nomenclatures et leurs définitions, et votre livre aura le premier des mérites, celui d'être très court[89]. »

L'auteur de ces lignes, où perce un profond agacement devant la littérature du complot, nous est désormais familier : il s'agit de Jacques Mallet du Pan. Une fois n'est pas coutume, cet observateur, d'ordinaire plutôt sagace, fait fausse route. Le livre de la Révolution ne pouvait se réduire à quelques feuillets. Le livre des complots ourdis pour la déclencher encore moins. Et les livres qui, passé l'épisode révolutionnaire et impérial, se sont ensuite nourris de l'hallucination conspirationniste, n'en étaient guère plus capables.

La tempête de la main cachée a beau être passée, le ciel de traîne qui lui a succédé charrie toujours avec lui quelques vestiges de la passion qui s'était emparée des esprits. Bien que mort en 1806, Pitt continue d'être considéré avec effroi, comme le montre l'*Essai comparatif* de Martin Guillaume Gilibert de Merlhiac qui, en 1816, reprend avec une véhémence qui ne s'est guère émoussée la thèse d'un Pitt vengeur de son père[90]. Un moment assoupie, la croyance en la conspiration des francs-maçons et des *Illuminaten* reprend, elle aussi, des couleurs[91]. Paru sous le titre évocateur *Des jacobins depuis 1789 jusqu'à ce jour, ou État de l'Europe en janvier 1822* et portant en épigraphe les mots de saint Luc – « Regardez en haut et levez la tête parce que la chute est proche » –, l'ouvrage de Vincent Lombard de Langres se présente comme une actualisation des *Mémoires* de Barruel. Plus que jamais à l'œuvre dans l'Europe postnapoléonienne, les Jacobins, toujours aussi coriaces et déterminés, sont en train de réaliser le plan rêvé par Weishaupt. Devant le spectacle des troubles et des révolutions qui se succèdent partout en Europe, « le calcul des probabilités est [...] plus que jamais en faveur des Jacobins illuminés [...] à ce compte, nous n'en avons pas pour dix ans[92] ». Les révolutions de 1830 en France et en Belgique donnent un nouvel élan à ce conspirationnisme. En 1838, le père capucin Eugène met en garde les Français contre le travail de sape des protestants et des francs-maçons dont il perçoit les effets dans la dépravation des mœurs, le mépris pour la religion et l'agitation politique permanente dans le pays[93].

Les temps ont pourtant changé. C'est maintenant dans le domaine de la pure fiction que l'interprétation souterraine de la Révolution s'exprime avec le plus d'éclat et de talent. Enfants de la génération gothique des années 1790-1800, les romantiques se sont saisis d'un flambeau qui avait tout pour les séduire. Les écrits des complotistes, je l'ai assez dit, sont déjà un roman, et, du reste, certains de ces écrits, comme le livre de Crillon, le sont au sens plein du terme. Les femmes et hommes de lettres de la monarchie de Juillet se sont emparés de ce brouillon romanesque pour le transfigurer, lui donner toute cette chair, ce corps, cette âme, ici pure, là damnée, qui faisait souvent défaut à la littérature des années 1790.

S'il est un écrivain de la génération romantique qui était prédestiné à déambuler dans la brume crépusculaire des temps révolutionnaires, c'est Gérard de Nerval. Ses *Illuminés*, cette galerie de portraits qui fait se succéder les figures de Cazotte, de Cagliostro ou de l'étonnant Quintus Aucler, constituent une éclatante réhabilitation de ceux que l'écrivain regarde comme des « excentriques de la philosophie[94] ». Comme chez George Sand, dont je reparlerai bientôt, le propos mêle les considérations ésotériques à des aspirations politico-sociales inspirées du saint-simonisme et du fouriérisme. À l'instar d'un autre romantique de tout premier plan, Charles Nodier, qui admirait le « don particulier » qu'avait Cazotte « pour voir les choses sous leur aspect fantastique[95] », Nerval, qui voue une admiration pour cet être hors du commun, donne du crédit à ses facultés de seconde vue. Et Gérard de relever dans un récit publié par Cazotte trente ans avant la Terreur, le poème d'*Ollivier*, la saisissante présence de têtes tranchées roulant sur le sol :

> N'est-il pas singulier de rencontrer dans un poème héroï-comique de la jeunesse de l'auteur, cette sanglante rêverie de têtes coupées, de membres séparés du corps, étrange association d'idées qui réunit des courtisans, des guerriers, des femmes, des petits-maîtres, dissertant et plaisantant sur des détails de supplice comme le feront plus tard à la Conciergerie ces seigneurs, ces femmes, ces poètes, contemporains de Cazotte, dans le cercle desquels il viendra à son tour apporter sa tête, en tâchant de sourire et de plaisanter comme les autres des fantaisies de cette fée sanglante, qu'il n'avait pas prévu devoir s'appeler un jour la Révolution[96] !

Dans l'œuvre prolixe de l'auteur des *Trois Mousquetaires*, la Révolution est le prétexte à de régulières incursions dans le monde du fantastique. Comme envoûté par le spectacle de la Terreur, Dumas nous a laissé plusieurs nouvelles saisissantes, comme *Le Soufflet de Charlotte Corday*. Il nous a offert aussi un beau roman, *La Femme au collier de velours*. Saisissantes, ces œuvres le sont en raison de la fascination morbide de l'auteur pour les têtes coupées et de l'omniprésence de celle qui fut la plus grande vedette des festivités de l'an II, l'incomparable Madame Guillotine.

Dumas n'a jamais renié l'esthétique gothique qui l'avait imprégné dans sa jeunesse. Dans son cycle des *Mémoires d'un médecin* ayant pour cadre la Révolution, et, tout particulièrement, dans le premier roman de ce cycle, *Joseph Balsamo*, l'écrivain effectue la synthèse improbable de l'abbé Barruel et de Maturin, l'auteur de *Melmoth*. Inspiré très librement de la vie du comte de Cagliostro, le livre nous plonge dans l'univers parallèle de la conspiration illuministe appelée à balayer la monarchie et la religion. Un univers parallèle qui, par la magie de la fiction, devient plus véridique que le monde réel. Le ton est donné dès les premières pages quand Balsamo, alias Cagliostro, fait son apparition dans une réunion illuministe se tenant au mont Tonnerre. Tout l'attirail lugubre de la littérature gothique est convoqué pour happer le lecteur : des silhouettes spectrales apparaissent on ne sait trop comment dans « une salle circulaire vide, tendue de noir et éclairée par trois lampes verdâtres[97] ». Tout l'imaginaire complotiste s'y trouve également concentré, comme le révèlent les propos de celui que les spectres conjurés ont reconnu comme leur chef, le grand cophte Joseph Balsamo :

> Je veux que vous, qui tremblez au nom de la tour de Londres ; vous, au nom des cachots de l'Inquisition ; moi, au nom de cette Bastille que je vais affronter, je veux que nous riions de pitié en foulant du pied les ruines de ces effrayantes prisons, sur lesquelles danseront vos femmes et vos enfants. Eh bien ! tout cela ne peut se faire qu'après la mort, non pas du monarque, mais de la monarchie, après le mépris des pouvoirs religieux, après l'oubli complet de toute infériorité sociale, après l'extinction enfin des castes aristocratiques et la division des biens seigneuriaux. Je demande vingt ans pour détruire le vieux monde et reconstruire un monde nouveau, vingt ans c'est-à-dire vingt secondes de l'éternité [...][98].

C'est également au cœur de la conspiration illuministe que nous entraîne George Sand dans son splendide roman *La Comtesse de Rudolstadt* mettant en scène la secte des « Invisibles » qui n'est autre que celle de Weishaupt. Loin d'être vouée aux flammes de l'enfer, comme le voulaient Barruel et ses épigones, son activité est au contraire louée par une romancière pleinement acquise aux théories politiques et sociales de son temps. La conspiration des « Invisibles » s'inscrit dans la longue durée des combats pour la vérité et pour la liberté, et au premier chef, religieuse, menés depuis la naissance du christianisme : « Te voilà donc accueillie dans le nouveau temple », apprend l'héroïne Consuelo qui vient d'être admise au sein de la secte des Invisibles, « mais ce temple est encore une forteresse qui tient depuis des siècles pour la liberté sans pouvoir la conquérir. La guerre est autour de nous. Nous voulons être des libérateurs, nous ne sommes encore que des combattants. [...] nous sommes les héritiers des Johannites d'autrefois, les continuateurs ignorés, mystérieux et persévérants de Wyclif, de Jean Huss et de Luther ; nous voulons, comme ils le voulaient, affranchir le genre humain ; mais, comme eux, nous ne sommes pas libres nous-mêmes, et, comme eux, nous marchons peut-être au supplice[99] ».

Passé le midi du siècle, le ciel de traîne s'effiloche. Disparaissant les uns après les autres, les romantiques entrent dans l'histoire littéraire. À leur place, arrive une nouvelle génération qui, formée au scalpel frigide du naturalisme, n'a que faire des conciliabules spectraux et des prophètes de l'apocalypse.

Le ciel de traîne s'effiloche mais sans laisser place à l'azur ni à la lumière. De nouveaux nuages, annonciateurs d'une nouvelle tempête, ont déjà fait leur apparition dans le lointain.

Un nouveau complotisme est en gestation. Ce nouveau complotisme, de jour en jour plus vigoureux et de jour en jour plus menaçant, a retrouvé certaines de ses marques de l'époque révolutionnaire. Plus que jamais, il aime se nourrir de l'antiphilosophisme et puiser dans le réservoir de l'antimaçonnisme. Encore et toujours, il n'a de cesse de s'abreuver goulûment à la source intarissable de l'anglophobie.

Ce nouveau complotisme a cependant ajouté une nouvelle couleur à sa palette. La plus sinistre de toutes. Le complotisme de l'époque révolutionnaire était déjà fort capable de tuer. Un siècle plus tard, ces potentialités meurtrières font maintenant pâle figure au regard du nouvel avatar qui vient de naître. Avec l'adjonction de l'antijudaïsme à la vieille théorie du complot, le carburant appelé à alimenter la démence collective des temps à venir a été fabriqué.

CONCLUSION

L'éternel retour

En mai 1940, Bernard Faÿ était un homme comblé.

Né en 1893, brillant élève au lycée Condorcet, Faÿ entama des études de lettres classiques à la Sorbonne puis fut reçu en 1914 à l'agrégation. Réformé en raison de la poliomyélite qui l'avait frappé pendant son enfance, il s'engagea dès la déclaration de guerre dans la Croix-Rouge aux armées. Ambulancier sur le front, Faÿ reçut la croix de guerre à Verdun. La paix revenue, il entama une trajectoire académique et mondaine en tout point exceptionnelle. Pendant la guerre, le jeune Faÿ avait fait la connaissance du comte Étienne de Beaumont, fondateur de la section d'ambulances aux armées dans laquelle il servait. C'est par Beaumont, mécène flamboyant et figure incontournable du Tout-Paris, que Faÿ fut introduit dans les cercles aristocratiques du faubourg Saint-Germain et ceux des avant-gardes littéraires et artistiques composés des Cocteau, Gide, Crevel, Radiguet, Picasso, Picabia, Braque, Milhaud, Poulenc et autres Satie qu'il se mit à fréquenter. Marcel Proust, alors parvenu au soir de sa vie, le recevait chez lui, rue Hamelin. Parallèlement à sa participation au chant du cygne d'un monde dans lequel la capitale française tenait encore le flambeau universel de la culture, Faÿ, comme s'il avait compris que l'avenir s'écrirait bientôt sur l'autre rive de l'Atlantique, n'oubliait pas de nourrir son carnet de relations américaines. En 1919, il partit étudier à Harvard. Un an plus tard, il en sortait diplômé d'un *Master of Arts*.

Le magnétisme exercé par l'Amérique a bouleversé ses projets universitaires. L'agrégé de lettres s'est transformé en américaniste. Après son séjour à Harvard, le sujet de sa thèse, qui portait initialement sur les relations littéraires franco-américaines entre 1775 et 1850, a été revu de fond en comble. Pour parler comme Antoine Compagnon, qui lui a consacré un essai biographique, le littéraire s'est « installé dans le territoire des historiens[1] ». En janvier 1925, Faÿ soutenait en Sorbonne sa thèse principale* consacrée à « L'esprit révolutionnaire en France et aux États-Unis à la fin du XVIIIe siècle ». Publiée la même année, elle reçut le prix Thérouanne de l'Académie française.

Une carrière prometteuse s'est ouverte. Une carrière qui dépasse largement les frontières de l'Hexagone. D'entrée de jeu, elle a résolument pris une physionomie atlantique. Invité dans les plus prestigieuses universités américaines, Faÿ y multiplie les conférences et publie dans la langue de Faulkner une quantité impressionnante d'articles, de monographies et de biographies. La France, qui ne veut pas être en reste, réserve au jeune loup une consécration météorique. Après avoir été chargé de cours à l'université de Clermont-Ferrand, puis d'y avoir enseigné comme professeur, Bernard Faÿ se voit ouvrir en 1932, à l'âge de 39 ans, les portes du Collège de France. Élu à la chaire de civilisation américaine qui vient d'être créée, le jeune professeur, dans ses cours et ses séminaires, initie les étudiants à la guerre d'Indépendance d'Amérique et à ses protagonistes français comme La Fayette ou Vergennes. C'est également après son élection au Collège de France qu'apparaît dans ses recherches un thème qui ne cessera de l'obséder jusqu'à la fin de sa vie : la franc-maçonnerie. En 1935, il y consacre un livre salué par la critique, *La Franc-Maçonnerie et la Révolution intellectuelle du XVIIIe siècle*. Alors que la décennie avance et que les bruits de bottes se font de plus en plus audibles au-delà du Rhin, Faÿ est devenu une figure importante du Paris académique et mondain. L'avenir paraît vouloir éternellement lui sourire. Et pourtant…

* De 1808, date de la création par Napoléon de l'Université française, jusqu'à la réforme de l'enseignement supérieur de 1968, l'obtention du doctorat ès lettres était conditionnée à la soutenance de deux thèses, la thèse principale et la thèse complémentaire. Au début du XXe siècle, cette dernière, rédigée désormais en français (au siècle précédent, elle devait l'être en latin), portait sur un point spécifique de la thématique développée dans la thèse principale. Pour les anciens combattants comme Faÿ, dispensés de cette recherche supplémentaire, elle revêtait la forme d'une bibliographie critique.

En août 1944, Bernard Faÿ était un homme fini.

Le 19 de ce mois, alors que la bataille pour la libération de Paris venait de s'engager, il est arrêté dans son bureau de la rue de Richelieu par les FFI. Deux ans plus tard, en décembre 1946, il est condamné par la cour de justice de la Seine aux travaux forcés à perpétuité*, à la confiscation de ses biens et à la dégradation nationale pour son activité pendant les quatre années de l'Occupation[2].

Sa chute s'est amorcée dès les lendemains de la débâcle. Nommé en août 1940 administrateur de la Bibliothèque nationale en remplacement de Julien Cain, qui venait d'être limogé par le gouvernement de Vichy, Faÿ entama sans états d'âme une nouvelle vie. L'universitaire américanophile qui frayait avec les avant-gardes des Années folles est devenu un rouage important de la collaboration[3] et de la Révolution nationale. C'est au cours des années 1930 que l'homme, qu'on aurait pu croire adhérer au libéralisme de l'intelligentsia nord-américaine, commença à se rapprocher des milieux gravitant autour de l'Action française, comme le Cercle Fustel de Coulanges. Considéré à l'aune de ses idées de plus en plus marquées à droite, de sa profonde admiration pour Charles Maurras et de ses prises de position publiques en faveur du franquisme, son ralliement en 1940 au maréchal Pétain n'est pas une grande surprise.

Ce qui, en revanche, ne laisse d'intriguer, est l'antimaçonnisme sans nuance qu'il manifeste dès son entrée en fonction à la tête de la Bibliothèque nationale. Certes, sa thèse ainsi que les biographies qu'il a consacrées à Benjamin Franklin et à George Washington et, naturellement, son livre sur *La Franc-Maçonnerie et la Révolution intellectuelle du XVIIIe siècle*, n'ont jamais laissé longtemps en jachère la question des rapports de la maçonnerie avec les révolutions de la liberté. Mais jamais l'auteur ne s'était départi d'une extrême prudence dans son approche du sujet[4]. En d'autres termes, l'on chercherait en vain, dans la production académique et grand public de Bernard Faÿ antérieure à 1940, la plus infime

* Interné à l'île de Ré, il parvient à s'évader en 1951 et se réfugie en Suisse. Gracié en 1959 par le président René Coty, il retourne en France et écrit une dizaine d'ouvrages portant la plupart sur l'histoire du XVIIIe siècle, et tous hantés par le rôle de la franc-maçonnerie dans l'épisode révolutionnaire. Il meurt en 1978.

trace de complotisme antimaçonnique. Le nouveau Barruel n'était pas encore né.

Le moins que l'on puisse dire est que la naissance fut rapide et dévastatrice. Contrairement à son devancier, le nouveau Barruel n'était pas destiné à vivre dans la quiétude d'un cabinet de travail. Le Barruel qui voit le jour pendant l'été 1940 est un homme d'action. Passé au service de la politique antimaçonnique de Vichy, notre Barruel de la Révolution nationale entame aussitôt une vigoureuse croisade contre la maçonnerie. Signe de l'importance qu'attachent le Maréchal et son entourage à cette affaire, l'une des toutes premières mesures prises par le gouvernement de Vichy, le 13 août 1940, a été de dissoudre les « sociétés secrètes », terme faussement vague qui ne trompe personne sur la cible visée[5]. Faÿ a pour ainsi dire carte blanche. Et il s'attelle à sa tâche avec une célérité incroyable, en centralisant et inventoriant les archives maçonniques saisies dans la zone occupée puis dans la zone libre. Un an plus tard, le 11 août 1941, Faÿ est, comme le souligne Compagnon, le principal inspirateur du décret interdisant aux anciens maçons l'exercice d'une fonction publique, « alignant leur statut sur celui des Juifs et instituant contre eux la délation d'État[6] ».

Car la liste des anciens frères est aussitôt révélée dans le *Journal officiel* puis dans la presse. En novembre 1941, dans un numéro des *Documents maçonniques,* périodique destiné à informer le public, preuves à l'appui (les fameux papiers saisis), de la dangerosité de la société qui a été abattue, Faÿ présente à ses lecteurs les raisons qui l'ont porté à rendre publique la liste des 18 000 francs-maçons que ses services ont dressée. C'est l'historien spécialiste du XVIIIe siècle qui s'exprime. Et, ce faisant, le temps présent s'efface pour nous porter jusqu'à l'époque de Barruel. Et même mieux : c'est Barruel qui paraît maintenant tenir la plume et non plus le professeur au Collège de France :

> Ces listes démontrent les ramifications extraordinaires, profondes, souterraines, de ces sectes. La plupart de ces noms sont obscurs ; la plupart de ces agents étaient secrets, doublement, puisque leur qualité maçonnique était inconnue de leurs compatriotes, et puisque leurs personnalités mêmes semblaient furtives, impuissantes. Ils ne devenaient dangereux que par leur assemblage ; ils

> étaient d'autant plus dangereux qu'ils étaient plus obscurs. La puissance de la maçonnerie aujourd'hui est analogue à celle des maçons du XVIIIe siècle, à celle des maçons de l'époque révolutionnaire, à celle des Jacobins. La force des Jacobins, entre 1792 et 1797 [*sic*], ce n'était point leurs chefs, mais le réseau serré, intangible et mystérieux de leurs militants qui étranglaient Paris dans un nœud coulant. Depuis dix ans, on a multiplié les études sur Robespierre sans rien démontrer que son incommensurable médiocrité et son extraordinaire puissance, contrastantes. C'est que Robespierre était soutenu par ses comités jacobins. Quand, au début de Thermidor an II, les comités cessèrent d'avoir confiance en lui, il s'écroula sans pouvoir même se défendre[7].

Rien ne manque à l'appel : le jacobinisme héritier direct de la franc-maçonnerie ; ses agents innombrables et insaisissables ; ses sbires animés par une force motrice invisible et qui les manipule comme des automates ; mais aussi cette conception de l'Histoire qui se refuse à regarder avec sérieux les figures éminentes du passé, dussent-elles être qualifiées d'Incorruptible : oui, tout paraît être sorti en droiture des *Mémoires pour servir à l'histoire du jacobinisme*. L'on retiendra la formule choc destinée à alerter le public : « La puissance de la maçonnerie aujourd'hui est analogue à celle des maçons du XVIIIe siècle. » L'on ne sait que trop bien ce que furent, un siècle et demi plus tôt, les potentialités destructrices de cette « puissance ». Contrairement à Barruel, qui n'avait d'autre ressource devant le forfait accompli que de se lamenter sur l'horrible conspiration que personne n'avait su prévenir, Faÿ, complotiste moderne, complotiste scientifique, méthodique et administratif, ose affirmer que lui et son gouvernement ont peut-être épargné à la France un cataclysme bien plus épouvantable que la défaite de 1940. C'est en lettres capitales et en caractères gras que les *Documents maçonniques* claironnent la nouvelle :

> LES LISTES QUE NOUS PUBLIONS EN AOÛT 1941 SONT POUR LA FRANCE D'AUJOURD'HUI CE QU'EÛT ÉTÉ, EN AOÛT-SEPTEMBRE 1790, LA PUBLICATION DE LA LISTE DES COMITÉS JACOBINS. CETTE PUBLICATION AURAIT SANS DOUTE SAUVÉ DES MILLIERS DE VIES HUMAINES, LE SANG LE PLUS PUR DE LA FRANCE, ET ÉPARGNÉ AU PAYS UN SPASME DONT AUJOURD'HUI ENCORE NOUS SOMMES LES VICTIMES[8].

Il n'y aura pas de nouveau 14 juillet. Il n'y aura pas de nouveau 10 août. Il n'y aura pas de nouveaux massacres de Septembre. Il n'y aura pas de clergé martyrisé. Il n'y aura pas de nouvelle Terreur, de nouvelle Vendée, de nouvelle « Ville-sans-Nom », de nouvelle « Ville-Affranchie », de nouvelle dictature du Salut public. Les conspirateurs de l'ombre ont tous été démasqués et il suffit aux Français d'ouvrir le journal pour connaître leur identité. Grâce, notamment, à la sagacité du professeur au Collège de France spécialiste de la pensée révolutionnaire du XVIIIe siècle, les leçons du passé ont été entendues à Vichy.

Quel passé ? Il ne s'agit certainement pas de celui que les livres d'histoire d'avant 1940, ces livres d'histoire républicains façonnés par les adeptes de la secte au compas, s'évertuaient à présenter comme le passé authentique. Il s'agit du vrai passé, de cette réalité qu'ont entrevue les quelques Français clairvoyants de l'époque de la révolution – une révolution sans majuscule –, les Montjoie, les Royou, les Ferrand, les Barruel, les Le Franc. C'est grâce à ces leçons du passé qu'a pu être lancée et conduite avec succès l'offensive contre l'hydre maçonnique du XXe siècle. Les avertissements de Barruel, en somme, n'ont pas été vains. Ses héritiers ont accompli la besogne que lui et ses contemporains n'avaient pu réaliser. Si la France de l'époque révolutionnaire vécut un calvaire permanent, la France de la Révolution nationale pouvait, quant à elle, dormir sur ses deux oreilles.

Comment devient-on complotiste[9] ? En 1789 comme en 1940, et comme, plus récemment, en 2001 ou en 2020, années où, à la suite d'un événement inattendu et dramatique, fleurirent et fleurissent toujours les théories du complot les plus chimériques, resurgit la même et éternelle énigme. Pour exceptionnel qu'elle apparaisse de par sa dimension proprement suicidaire, celle d'un homme qui souille sa notoriété publique et intellectuelle en se précipitant tête baissée dans l'abîme de l'antimaçonnisme, la conduite de Faÿ est loin d'être une exception. Contrairement à une idée reçue qui a la vie dure, les adeptes de la main cachée, hier comme aujourd'hui, ne sont dans leur majorité ni des imbéciles, ni des fous. On vient de le constater, « le cas Bernard Faÿ », pour reprendre le titre de l'essai de Compagnon, fait étrangement écho à l'itinéraire et à la démarche de l'abbé Barruel. À l'instar du prestigieux universitaire, l'auteur des *Mémoires pour servir à l'histoire du jacobinisme* était un homme d'une indéniable valeur intellectuelle. Et Barruel n'éprouvait, semble-t-il, que peu d'attirance pour les élucidations *underground* avant son exil en Angleterre. C'est avec soudaineté que fit jour le nouvel Augustin Barruel. C'est d'une manière encore plus prompte que le nouveau Bernard Faÿ montra au monde son visage métamorphosé. Quelles voies ces hommes sensés et intelligents ont-ils empruntées pour se trouver un jour face au miroir qu'ils osèrent traverser ? Quelles sont donc ces sirènes qui les ont envoûtés ? Et quelles sont celles qui, aujourd'hui, et, parions-le, demain, après-demain et après-après-demain, charmeront d'autres Barruel, d'autres Faÿ, d'autres Montjoie ? La tâche de l'historien est d'éclairer le passé. Elle s'arrête à cet objectif. L'on aura beau montrer la fausseté de ces croyances, l'on aura beau dépeindre l'univers en folie dans lequel se mouvaient ces hallucinés de la main cachée, rien n'y fera. Le complotisme a une longue histoire derrière lui. Il a un riche avenir devant lui.

Notes

INTRODUCTION

Une leçon en enfer

1. L'esquisse *Voltaire Instructing the Infant Jacobinism* a ensuite donné lieu à une gravure publiée dans l'*Anti-Jacobin Review*. Bien que la version finale ne soit pas dépourvue d'intérêt, sa puissance n'égale pas celle de l'esquisse. Voir Richard Godfrey, *James Gillray. The Art of Caricature*, Londres, Tate Publishing, 2001, p. 107.

2. Georges Lefebvre, *La Grande Peur de 1789*, suivi de *Les Foules révolutionnaires*, Paris, Armand Colin, 1988, nlle éd., p. 79-155.

3. Albert Mathiez, « Fabre d'Églantine inventeur de la Conspiration de l'étranger », *Études robespierristes*, II, *La Conspiration de l'étranger*, Paris, Armand Colin, 1918, p. 1-38.

4. Pour une approche qui est loin d'être exhaustive mais qui possède le mérite de mettre en lumière certaines facettes de ces complots et de ce complotisme, on lira avec profit l'ouvrage dirigé par Peter R. Campbell, Thomas E. Kaiser et Marissa Linton, *Conspiracy in the French Revolution*, Manchester, Manchester University Press, 2007.

5. Voir Jacques Bernet, « Le mythe du complot janséniste sous la Révolution française », dans F. Monier, dir., *Complots et conspirations en France du* XVIII*e au* XX*e siècle*, Valenciennes, Presses universitaires de Valenciennes, 2003, p. 15-28 et Monique Cottret, *Histoire du jansénisme*, Paris, Perrin, 2016, p. 245 et suiv. ; sur les liens entre le jansénisme et l'œuvre des Constituants, voir Edmond Préclin, *Les Jansénistes du* XVIII*e siècle et la Constitution civile du clergé. Le développement du richerisme, sa propagation dans le bas clergé, 1713-1791*, Paris, J. Gamber, 1929, et, plus récemment, Catherine Maire, *De la cause de Dieu à la cause de la Nation. Le jansénisme au* XVIII*e siècle*, Paris, Gallimard, 1998, p. 552 et suiv., ainsi que Dale Van Kley, *Les Origines religieuses de la Révolution française, 1560-1791*, Paris, Seuil, 2002, notamment p. 517 et suiv.

6. Voir les travaux de Thomas E. Kaiser, « Who's afraid of Marie-Antoinette ? Diplomacy, Austrophobia and the Queen », *French History*, 14, 2000, p. 241-271 ; « From the Austrian Committee to the Foreign Plot : Marie-Antoinette, Austrophobia and the Terror », *French Historical Studies*, 26, 2003, p. 579-617, « La

fin du renversement des alliances : la France, l'Autriche et la déclaration de guerre du 20 avril 1792 », *Annales historiques de la Révolution française*, 351, 2008, p. 77-98. Voir, enfin, l'excellent essai d'Annie Duprat, *Marie-Antoinette, une reine brisée*, Paris, Perrin, 2006.

7. Daniel Arasse, *La guillotine et l'imaginaire de la Terreur*, Paris, Flammarion, coll. « Champs », 1987.

PREMIÈRE PARTIE
LE ROMAN VÉRIDIQUE DE LA RÉVOLUTION

1. Galart de Montjoie, *Histoire de la conjuration de Louis-Philippe-Joseph d'Orléans, Premier prince du sang, duc d'Orléans, de Chartres, de Nemours, de Montpensier et d'Étampes, comte de Beaujolais, de Vermandois et de Soissons, surnommé ÉGALITÉ. Par l'Auteur de l'Histoire de la conjuration de Maximilien Robespierre*. Paris, 1796 (3 vols), I, p. V-VI.

2. Raymond Aron attribue cette formule à Edgar Faure. Elle a ensuite été reprise par Jean-Noël Jeanneney pour le titre de son ouvrage consacré aux stéréotypes nationaux (Jean-Noël Jeanneney, dir., *Une idée fausse est un fait vrai. Les stéréotypes nationaux en Europe*, Paris, Odile Jacob, 2000).

3. Nicolas Charles (ou Chaales) Des Étangs, *La Franc-Maçonnerie justifiée de toutes les calomnies répandues contre elle, ou Réfutation du livre de l'abbé Barruel contre les francs-maçons*, in *Œuvres maçonniques de N. C. des Etangs*, Paris, A. Berlandier, 1848, p. 274.

Chapitre premier
Philosophisme tentaculaire

1. Jean-Xavier Bureaux de Pusy (1750-1806), député de la noblesse de Vesoul. Un des 47 nobles libéraux qui rejoignent le tiers état dès le 25 juin 1789. Voir sa notice dans l'ouvrage publié sous la direction d'Edna Hindie Lemay (*Dictionnaire des Constituants*, 1789-1791, Oxford, Voltaire Foundation, 1991, 2 vols).

2. Jean-François Le Deist de Botidoux (1762-1823), député du tiers état de Ploërmel (Bretagne).

3. Les Monarchiens, qui siègent à la droite de l'assemblée.

4. Gislain-Louis Bouteville-Dumetz (1746-1821), député du tiers état de Péronne.

5. Jérôme Mavidal, Émile Laurent, dir., *Archives parlementaires de 1787 à 1860. Première série, 1787 à 1799* [après : *Archives parlementaires*] tome XXVI, *Du 12 mai au 5 juin 1791*, Paris, Dupont, 1887, p. 650-651.

6. Le chef de file des Monarchiens prit une part active, avec son collègue Clermont-Tonnerre, à la rédaction de l'adresse à l'Assemblée nationale. Le style indique d'ailleurs clairement que Raynal s'est fait aider par des plumes plus douées que lui. Dans ses Mémoires, Malouet assure que la majeure partie

de l'adresse a été écrite par lui-même et Clermont Tonnerre, dont les lignes étaient « d'une mesure parfaite et très éloquemment écrite[s] ». Raynal « y mêla quelques-unes de ses phrases roides et sèches » (Pierre Victor Malouet, *Mémoires*, Paris, Plon, 1874, II, p. 133). Voir aussi Robert Griffiths, *Le Centre perdu. Malouet et les « monarchiens » dans la Révolution française*, Grenoble, Presses universitaires de Grenoble, 1988, p. 102.

7. Thomas Paine, *Les Droits de l'Homme. Première partie* (1791), éd. Cl. Mouchard, Paris, Belin, 1987, p. 125.

8. *Ibid.*

9. C'est ce qu'assure Malouet. Raynal « était impatient d'essayer son crédit, de soulager ses remords et de courir quelques risques en expiation de ses anciennes erreurs » (Malouet, *Mémoires, op. cit.*, II, p. 132).

10. *Archives parlementaires, op. cit.*, XXVI, p. 653-654.

11. Malouet, *Mémoires, op. cit.*, II, p. 135.

12. *Ibid.*

13. La lettre de Raynal a été largement commentée dans la presse du temps. Sur ce point, voir Hans-Jürgen Lüsebrink, « Secrets dévoilés et rumeurs confirmées. Les réactions à l'*Adresse à l'Assemblée nationale* de Raynal en 1791 et les révélations contemporaines autour de l'édition de l'*Histoire des deux Indes* », dans Antonella Alimento et Gianluigi Goggi, dir., *Autour de l'abbé Raynal : genèse et enjeux politiques de l'*Histoire des deux Indes, Ferney-Voltaire, Centre international d'étude du XVIIIe siècle, 2018, p. 191-202.

14. *Archives parlementaires, op. cit.*, XXVI, p. 662 : Deuxième annexe à la séance de l'Assemblée nationale du mardi 31 mai 1791, au matin : « Réflexions importantes sur l'adresse présentée à l'Assemblée nationale, le 31 mai 1791, par Guillaume-Thomas Raynal, par M. de Sinéty, député à l'Assemblée nationale ».

15. *Ibid.*, p. 663.

16. *Ibid.*

17. *Ibid.*

18. *Ibid.*

19. Sur la carrière et les positions politiques de Sinéty, voir E. H. Lemay, *Dictionnaire des Constituants, op. cit.*, II, p. 867-868.

20. *Œuvres de Maximilien Robespierre*, X, *Discours (5e partie) 27 juillet 1793-27 juillet 1794*, éd., M. Bouloiseau et A. Soboul, Paris, PUF, 1967, p. 443.

21. *Ibid., p.* 455.

22. *Ibid.*

23. *Ibid.*

24. *Ibid.*, p. 455-456.

25. *Ibid.*, p. 456.

26. *Ibid., p.* 452.

27. *Ibid., p.* 454.

28. Cité par Élisabeth et Robert Badinter, *Condorcet. Un intellectuel en politique*, Paris, Fayard, 1988, p. 422 (discours de Robespierre au club des Jacobins, 27 avril 1792).

29. *Œuvres de Maximilien Robespierre*, X, *Discours (5e partie)*, *op. cit.*, p. 455.

30. *Ibid.*
31. *Ibid.*, p. 453.
32. Jean-Claude Bonnet, *Naissance du Panthéon. Essai sur le culte des grands hommes*, Paris, Fayard, 1998, p. 263-272.
33. Voltaire est mort le 30 mai 1778 et c'est ce jour que « les honneurs de la sépulture [*lui*] ont été refusés », rappelle Gossin dans son rapport (*Archives parlementaires, op. cit.*, tome XXVI, Paris, Dupont, 1887, p. 610).
34. Pierre-François Gossin (1754-1794), député de Bar-le-Duc.
35. Ce n'est que le 19 juillet 1791 que le nom de Panthéon est adopté par la Constituante.
36. *Archives parlementaires, op. cit.*, XXVI, p. 610.
37. Michel Louis Étienne Regnaud (1761-1819), député de Saint-Jean-d'Angély.
38. *Archives parlementaires, op. cit.*, XXVI, p. 610.
39. Louis Pierre Joseph Prugnon (1745-1828) député de Nancy.
40. *Archives parlementaires, op. cit.*, XXVI, p. 611.
41. Jean-Baptiste Charles Chabroud (1750-1816), député du Dauphiné.
42. *Archives parlementaires, op. cit.*, XXVI, p. 611-612.
43. Sur la célébrité de Rousseau à la fin de l'Ancien Régime, voir l'étude d'Antoine Lilti, *Figures publiques. L'invention de la célébrité (1750-1850)*, Paris, Fayard, 2014, p. 153-219. Sur le rayonnement du rousseauisme, voir l'œuvre de Roger Barny, *Prélude idéologique à la Révolution française, Le rousseauisme avant 1789*, Besançon, Annales littéraires de l'université de Besançon, Paris, Les Belles Lettres, 1985 ; *L'Éclatement révolutionnaire du rousseauisme*, Besançon, Annales littéraires de l'université de Besançon, Paris, Les Belles Lettres, 1988 ; *Le Triomphe du droit naturel : la constitution de la doctrine révolutionnaire des droits de l'homme (1787-1789)*, Besançon, Annales littéraires de l'université de Franche-Comté, Paris, Les Belles Lettres, 1997.
44. Ange-Marie, chevalier d'Eymar du Binosc (1747-1803), député de la noblesse de Forcalquier.
45. *Archives parlementaires, op. cit.*, XXI, Paris, Dupont, 1885, p. 128 (en annexe de la séance du 29 novembre 1790 : *Motion relative à Rousseau* rédigée par Eymar).
46. Sur Royou, voir les excellentes pages de Jean-Paul Bertaud, *Les Amis du roi. Journaux et journalistes royalistes en France de 1789 à 1792*, Paris, Perrin, 1984, p. 17-22.
47. *L'Ami du roi, des Français, de l'ordre, et surtout de la vérité. Par les continuateurs de Fréron*, 1er septembre 1790, p. 4.
48. *Ibid.*, *p.* 2.
49. *Ibid.*, p. 3.
50. *Ibid.*, 5 février 1791, p. 2.
51. Jacob-Nicolas Moreau, *Mes souvenirs*, éd. C. Hermelin, Paris, Plon, 1901, II, p. 329.
52. *Ibid.*
53. *Ibid.*, p. 368.
54. *Ibid.*, p. 375-376.

55. *Ibid.*, p. 486.
56. *Ibid.*, p. 406-407.
57. Antoine François Claude Ferrand, *Les Conspirateurs démasqués. Par l'auteur de* Nullité et despotisme, Turin, 1790, p. 40.
58. *Ibid.*, p. 23-24.
59. *Ibid.*, p. 22
60. *Ibid.*, p. 23.
61. Gabriel Sénac de Meilhan, *Des principes et des causes de la révolution en France*, Londres et Paris, Duchesne, 1790, p. 14-16.
62. *Ibid.*, p. 18.
63. *Ibid.* , p. 37-39.
64. *Ibid.*, p. 39.
65. Du 22 octobre 1776 au 19 mai 1781, du 25 août 1788 au 11 juillet 1789, du 16 juillet 1789 au 3 septembre 1790.
66. Sénac de Meilhan, *Des principes…*, *op. cit.*, p. 46-47.
67. *Ibid.*, p. 56.
68. *Ibid.*, p. 67.
69. *Ibid.*, p. 87.
70. *Ibid.*, p. 108.
71. *Ibid.*, p. 40.
72. *Ibid.*, *p.* 56.
73. J.-N. Moreau, *Mes souvenirs*, *op. cit.*, II, p. 329.
74. Ferrand, *Les Conspirateurs démasqués*, *op. cit.*, p. 37-38 : La Fayette « avait des liaisons secrètes avec le ministre Rabaut ; il avait fait à diverses époques trois voyages à Nîmes pour conférer avec ce chef des protestants et préparer la révolution qu'ils projetaient tous les deux ».
75. Edmond Dziembowski, *Le Siècle des révolutions, 1660-1789*, Paris, Perrin, 2019, p. 380-383.
76. Sur le protestantisme au XVIIIe siècle, voir les travaux de Céline Borello, notamment, *La République en chaire protestante (XVIIIe-XIXe siècles)*, Rennes, Presses universitaires de Rennes, 2017.
77. Galart de Montjoie, *L'Ami du roi, des Français, de l'ordre, et surtout de la vérité.* Supplément : *Histoire de la révolution de France et de l'assemblée nationale*, Crapart, 1791, p. 7.
78. *Ibid.*, p. 8.
79. *Ibid.*
80. *Ibid.*, p. 10.
81. Philip Benedikt, « La population réformée française de 1600 à 1685 », *Annales. Économie, Société, Civilisations*, 1987, 42-6, p. 1455.
82. Galart de Montjoie, *L'Ami du Roi.* Supplément : *Histoire de la révolution de France*, *op. cit.*, p. 10.
83. François Nicolas Sourdat, *Les Véritables Auteurs de la révolution de France de 1789*, Neufchâtel, 1797, p. 5.
84. *Ibid.*, p. 7.
85. *Ibid.*, p. 432.

86. *Ibid.*, p. 448.
87. Voir l'analyse de Pierre-Yves Beaurepaire, « *Les Véritables Auteurs de la Révolution française de 1789 démasqués.* Discours de persécution et crimes d'indifférenciation chez F. N. Sourdat de Troyes », *Dix-Huitième Siècle*, n° 32, 2000, p. 403-421.

Chapitre 2
Illuminations ténébreuses

1. Vergniaud redoutait que « la Révolution, comme Saturne, dévorant successivement tous ses enfants, n'engendrât enfin le despotisme ». Voir Anne de Mathan : « Des pierres pour Saturne. Une relecture des Mémoires des Girondins », *Annales historiques de la Révolution française*, 373, 2013, p. 165.
2. L'ouvrage de référence sur Mounier reste l'étude de Jean Egret, *La Révolution des Notables. Mounier et les Monarchiens. 1789*, Paris, Armand Colin, 1989, nlle éd.
3. Jean-Joseph Mounier, *De l'influence attribuée aux Philosophes, aux Francs-maçons et aux Illuminés sur la Révolution de France*, Tübingen, J. G. Cotta, 1801, p. 6-7.
4. Condorcet, *Vie de Voltaire* (1789), in *Œuvres complètes de Voltaire*, Paris, Garnier, 1883, I, p. 189.
5. Condorcet, *Esquisse d'un tableau historique des progrès de l'esprit humain* (1795), Paris, Garnier Flammarion, 1988, p. 231.
6. *Ibid.*, p. 80.
7. *Ibid.*, p. 226-227 et 235. Cette description de l'action des philosophes est proche du passage de la *Vie de Voltaire* qui décrit la stratégie d'écriture voltairienne (Condorcet, *Vie de Voltaire, op. cit., p.* 202).
8. Michel Riquet, *Augustin de Barruel. Un jésuite face aux Jacobins francs-maçons, 1741-1820*, Paris, Beauchesne, 1989, p. 9.
9. *Ibid.*, p. 26.
10. Augustin Barruel, *Le Patriote véridique, ou Discours sur les vraies causes de la révolution actuelle*, Paris, Crapart, 1789, p. 37 et suiv. : « Sur l'influence du sacerdoce sur les progrès de la corruption des mœurs et du philosophisme ; sur la nécessité et les moyens de réformer en France les abus du clergé ».
11. *Ibid.*, p. 5.
12. *Ibid.*, p. 20-21.
13. Augustin Barruel, *Développement du serment exigé des prêtres en fonction par l'Assemblée nationale. Extrait du Journal ecclésiastique, n° de décembre* (daté en fin d'ouvrage du 28 novembre 1790), p. 1 et p. 9-10.
14. Riquet, *Augustin de Barruel, op. cit.*, p. 72.
15. Comme pour beaucoup d'écrivains du temps, le nom de cet homme de lettres ne cesse de varier dans nos sources (Laurence Coudart, « Farmain de Rozoi », *in* J. Sgard, dir., *Dictionnaire des Journalistes*, Oxford, Voltaire Foundation, 1999, I, p. 384-386). Plus largement, voir la thèse de Laurence Coudart consacrée à cet important journaliste royaliste (*La Gazette de Paris.*

Un journal royaliste pendant la Révolution française (1789-1792), Paris, L'Harmattan, 1995).

16. Cité par Jean-Paul Bertaud, *Les Amis du roi, op. cit.*, p. 69-70.

17. Barruel y fera référence dans ses *Mémoires*. S'il estime Le Franc, un « homme assurément très vertueux, très véridique », il n'en reste pas moins critique sur sa méthode : « cet auteur a négligé de nous apprendre où il avait puisé ses connaissances sur les grades maçonniques » et la qualité de ses informations : « Je vois d'ailleurs qu'il n'était pas assez instruit sur l'origine même de la maçonnerie » (Augustin Barruel, *Mémoires pour servir à l'histoire du jacobinisme*, Hambourg, Fauche, 1798, II, p. 298).

18. Jacques Lemaire, *Les Origines françaises de l'antimaçonnisme (1744-1797)*, Bruxelles, Éditions de l'Université de Bruxelles, « Études sur le XVIIIe siècle », volume hors-série 2, 1985, p. 85.

19. François Le Franc, *Le Voile levé pour les curieux ou le Secret de la Révolution de France révélée à l'aide de la franc-maçonnerie*, Paris, Crapart, 1792, nlle éd., p. 41.

20. François Le Franc, *Conjuration contre la religion catholique et les souverains, dont le projet, conçu en France, doit s'exécuter dans le monde entier. Ouvrage utile à tous les Français*, Paris, Lepetit, Crapart et Dufresne, 1792, p. 139-140.

21. Riquet, *Augustin de Barruel, op. cit.*, p. 72.

22. En particulier lorsque Burke fait l'éloge du « caractère national » britannique, d'une « résistance obstinée à l'innovation », ce qui l'amène à brosser ce tableau contrasté avec la France : « Nous ne sommes pas encore [...] transformés, à force de subtilités, en sauvages. Nous ne sommes ni les catéchumènes de Rousseau ni les disciples de Voltaire ; et Helvétius n'a guère pénétré chez nous » (Edmund Burke, *Réflexions sur la révolution de France*, éd. Ph Raynaud, Paris, Hachette, coll. « Pluriel », 1989, p. 108-109).

23. *Ibid.*, p. 196.

24. Barruel, *Mémoires, op. cit.*, I, p. V-VI.

25. Claude Mazauric : « Jacobins, jacobinisme », *in* A. Soboul, dir., *Dictionnaire historique de la Révolution française*, Paris, PUF, 2005, nlle éd., p. 586-590. Voir aussi Michel Vovelle, *Les Jacobins. De Robespierre à Chevènement*, Paris, La Découverte, 2001, p. 42-43.

26. François Furet, « Jacobinisme », *in* F. Furet et M. Ozouf, dir., *Dictionnaire critique de la Révolution française*, Paris, Flammarion, 1988, p. 754-756.

27. Barruel, *Mémoires, op. cit.*, I, p. XX.

28. *Ibid.*, I, p. XXIII.

29. *Ibid.*, I, p. X-XI.

30. *Ibid.*, I, p. XIII-XIV.

31. *Ibid.*, I, p. XXI.

32. Cité par Amos Hofman, « Opinion, illusion and the illusion of opinion : Barruel's theory of conspiracy », *Eighteenth-Century Studies*, 1993, vol. 27, n° 1, p. 29.

33. Barruel, *Mémoires, op. cit*, I, p. 1-2.

34. *Ibid.*, I, p. 53-54.

35. *Ibid.*, I, p. 150.
36. *Ibid.*
37. Daniel Mornet, *Les Origines intellectuelles de la Révolution française*, Paris, Armand Colin, 1933, p. 69 et suiv.
38. Michel Vovelle, *Piété baroque et déchristianisation en Provence au XVIIIe siècle*, Paris, Plon, 1973 ; Pierre Chaunu, Madeleine Foisil et Françoise de Noirfontaine, *Le Basculement religieux de Paris au XVIIIe siècle*, Paris, Fayard, 1999.
39. J.-J. Mounier, *De l'influence attribuée aux Philosophes, op. cit.*, p. 58-59.
40. Barruel, *Mémoires, op. cit.*, I, p. 263
41. *Ibid.*
42. *Ibid.*, I, p. 278.
43. *Ibid.*, I, p. 283-284.
44. *Ibid.*, I, p. 30.
45. *Ibid.*, I, p. 30-31.
46. *Ibid.*, II, p. 133.
47. *Ibid.*, II, p. 134-137.
48. *Ibid.*, II, p. 139-140.
49. Liévin Bonaventure Proyart, *Louis XVI détrôné avant d'être roi ou Tableau des causes nécessaires de la Révolution française et de l'ébranlement de tous les trônes*, Hambourg, 1800.
50. Barruel, *Mémoires, op. cit.*, II, p. 185.
51. Ran Halévi, *Les Loges maçonniques dans la France d'Ancien Régime. Aux origines de la sociabilité démocratique*, Paris, Armand Colin, École des hautes études en sciences sociales, 1984, p. 10.
52. Barruel, *Mémoires, op. cit.*, II, p. 271-273.
53. *Ibid.*, II, p. 275.
54. *Ibid.*, II, p. 278-279.
55. J. Lemaire, *Les Origines françaises de l'antimaçonnisme, op. cit.*, p. 20.
56. *Ibid.*
57. Barruel, *Mémoires, op. cit.*, II, p. 280-282.
58. *Ibid.*, II, p. 286-288. Soucieux de ménager la nation qui l'a accueilli, l'abbé se montre formel sur les loges anglaises, composées de « très bons citoyens » dont « le bon sens » leur a fait rejeter « l'explication jacobine de l'égalité et de la liberté » (*ibid.*).
59. *Ibid.*, II, p. 289.
60. Pierre Chevallier, *Histoire de la Franc-Maçonnerie française*, I, *La Maçonnerie : l'école de l'Égalité (1725-1799)*, Paris, Fayard, 1974, p. 94.
61. Barruel, *Mémoires, op. cit.*, II, p. 312.
62. *Ibid.*, II, p. 313-314.
63. *Ibid.*, II, p. 318.
64. *Ibid.*, II, p. 318-320.
65. Le Franc, *Le Voile levé, op. cit.*, p. 96.
66. Voir la biographie de Jean Flahaut, *Charles-Louis Cadet de Gassicourt (1769-1821), bâtard royal, pharmacien de l'Empereur*, Paris, Teissèdre, 2001. Sur l'antimaçonnisme de Cadet, p. 353-362.

67. Cadet de Gassicourt, *Le Tombeau de Jacques Molai, ou Histoire secrète et abrégée des initiés, anciens et modernes, des Templiers, Francs-maçons, Illuminés, etc. Et recherches sur leur influence dans la Révolution française, suivie de la clef des loges*, Paris, Dessenne, an V, p. 5.

68. Voir J. Lemaire, *Les Origines françaises de l'antimaçonnisme*, *op. cit.*, p. 74 et J. Flahaut, *Charles-Louis Cadet de Gassicourt*, *op. cit.*, p. 353 et 358.

69. Cadet de Gassicourt, *Le Tombeau de Jacques Molai*, *op. cit.*, p. 5.

70. Barruel, *Mémoires*, *op. cit.*, II, p. 374.

71. Galart de Montjoie, *Histoire de la conjuration de Louis-Philippe-Joseph d'Orléans*, *op. cit.*, I, p. 58.

72. Barruel, *Mémoires*, *op. cit.*, II, p. 480-481.

73. Sur l'adoption de ce patronyme révolutionnaire par le ci-devant prince du sang, voir Évelyne Lever, *Philippe Égalité*, Paris, Fayard, 1996, p. 446-448.

74. Cité par Pierre-Yves Beaurepaire, *L'Europe des francs-maçons*, XVIIIe-XXIe *siècles*, Paris, Belin, 2018, p. 307.

75. *Marie-Antoinette, Joseph II und Leopold II. Ihr Briefwechsel* (éd. A. von Arneth), Leipzig, Köhler, 1866, p. 136, Marie-Antoinette à Léopold II, 17 août 1790.

76. Voir Ernst Wangermann, *From Joseph II to the Jacobin Trials. Government Policy and Public Opinion in the Habsburg Dominions in the Period of the French Revolution*, Oxford, Oxford University Press, 1959, p. 89-90.

77. *Ibid.*, p. 125-126.

78. Barruel, *Mémoires*, *op. cit.*, II, p. 346.

79. P.-Y. Beaurepaire, *L'Europe des francs-maçons*, *op. cit.*, p. 251.

80. René Le Forestier, *Les Illuminés de Bavière et la Franc-Maçonnerie allemande*, Paris, Hachette, 1914, p. 687.

81. *Ibid.*, III, p. 1.

82. *Ibid.*, III, p. 7-8.

83. *Ibid.*, III, p. 10.

84. « La nouvelle société fut fondée le 1er mai 1776. Tous les membres dont elle se composait purent tenir dans la chambre où Weishaupt les réunit ce jour mémorable. Ils étaient au nombre de cinq. » (R. Le Forestier, *Les Illuminés de Bavière*, *op. cit.*, p. 30).

85. Barruel, *Mémoires*, *op. cit.*, III, p. 13.

86. *Ibid.*, IV, p. 65.

87. *Ibid.* IV, p. 123.

88. Sur les années fastes de la société des *Illuminaten*, voir R. Le Forestier, *Les Illuminés de Bavière*, *op. cit.*, p. 389-429.

89. Barruel, *Mémoires*, *op. cit.*, IV, p. 151-152.

90. *Ibid.*, IV, p. 156.

91. *Ibid.*, V, p. 58-59.

92. *Ibid.*, V, p. 62.

93. *Ibid.*, V, p. 59-60.

94. *Ibid.*, V, p. 61.

95. *Ibid.*, V, p. 175.

96. *Ibid.*, V, p. 185-186.
97. *Ibid.*, V, p. 315-316.

Chapitre 3
Made in England

1. Jean-Antoine Lebrun-Tossa, *La Folie de Georges, ou l'Ouverture du Parlement d'Angleterre, comédie en trois actes et en prose. Représentée pour la première fois au Théâtre de la Cité, le 4 pluviôse, l'an II de la République* [23 janvier 1794], Paris, Barba, an II, p. 32-33 (Acte II, scène 5).

2. Cité par Alfred Cobban, « British Secret Service in France, 1784-1792 », *English Historical Review*, 1954, vol. 59, n° 271, p. 226.

3. *Ibid.*, p. 227.

4. Cité par Paul Vaucher, éd., *Recueil des Instructions aux ambassadeurs et ministres de France*, XXV-2, *Angleterre*, 3, Paris, éd. du CNRS, 1965, p. 559 (instructions du 13 octobre 1789).

5. Leeds à Dorset, 3 juin 1789, *in* A. Cobban, « British Secret Service », *op. cit.*, p. 231.

6. *Courrier national. Séances du vendredi 24 au soir et du samedi 25 juillet*, p. 4-5.

7. *Archives parlementaires, op. cit.*, VIII, p. 287 (séance du 27 juillet 1789).

8. *Ibid.*, p. 288.

9. *Ibid.*, p. 287.

10. Cité par A. Cobban, « British Secret Service », *op. cit.*, p. 226, Montmorin à La Luzerne, 3 août 1789.

11. L'expression est de Pierre Joseph François Luneau de Boisjermain (*L'Esprit de M. Pitt, ou Vues politiques de ce ministre depuis qu'il est entré dans le conseil du roi d'Angleterre*, Paris, 1795, p. VI).

12. John Ehrman, *The Younger Pitt*, II, *The Reluctant Transition*, Londres, Constable, 1983, p. 42-46.

13. *Le Livre des Rois du Nouveau Testament, ou Correspondance du lord *** avec M. Pitt, ministre de la Grande Bretagne sur l'ouragan politique de la France*, décembre 1789, première lettre de milord ***, p. 1.

14. *Ibid.*, p. 4.

15. *Ibid.*, p. 2-3.

16. *Ibid.*, p. 3.

17. *Ibid.*, seconde lettre de milord ***, p. 2.

18. *Archives parlementaires, op. cit.*, VIII, p. 88 (séance du 12 juin 1789).

19. Sur l'épisode de la révolution de Genève et les liens des proscrits avec l'Angleterre, voir E. Dziembowski, *Le Siècle des révolutions, op. cit.*, p. 440 et suiv., et l'étude approfondie de Richard Whatmore, *Against War and Empire. Geneva, Britain and France in the Eighteenth Century*, New Haven, Londres, Yale University Press, 2012.

20. Voir Joseph Bénétruy, *L'Atelier de Mirabeau. Quatre proscrits genevois dans la tourmente révolutionnaire*, Paris, Picard, 1962.

21. Voir Jeremy Black, *British Foreign Policy in an Age of Revolution, 1783-1793*, Cambridge, Cambridge University Press, p. 225-256.

22. Miles est proche du radical londonien Horne Tooke. Sur sa mission en France, voir Albert Mathiez, *La Révolution et les Étrangers : cosmopolitisme et défense nationale*, Paris, La Renaissance du Livre, 1918, p. 99 ; A. Cobban, « British Secret Service », *op. cit.*, p. 255-256 ; J. Black, British Foreign Policy, *op. cit.*, p. 349-355.

23. *Grande trahison de M. Pitt, ministre d'Angleterre, envers la nation françoise, et sa punition exemplaire, avec le départ de la flotte angloise pour s'emparer des isles françoises*, 1790, p. 5-6.

24. *Ibid.*, p. 6.

25. *Marie Antoinette, Joseph II und Leopold II, op. cit.*, p. 153, Mercy Argenteau à Marie-Antoinette, 29 mars 1791.

26. Henriette Campan, *Mémoires de Madame Campan. Première femme de chambre de Marie-Antoinette*, Paris, Mercure de France, 1988, p. 379-380.

27. Archives du ministère des Affaires étrangères [après A. E.]., correspondance politique [après : C. P.], Angleterre, supplément, 29, fol. 239v, Talleyrand à De Lessart, Londres, 2 mars 1792.

28. *Ibid.*, 585, fol. 82v-83r, mémoire anonyme daté de juin 1792.

29. Voir Edmond Dziembowski, *Les Pitt. L'Angleterre face à la France, 1708-1806*, Paris, Perrin, 2006, p. 395 et suiv.

30. A. E., C. P., Angleterre, 584, fol. 20r, Maret à Lebrun, Londres, 2 décembre 1792.

31. *Ibid.*, 583, fols. 236r-237r, Noël à Lebrun-Tondu, Londres, 14 novembre 1792.

32. *Ibid.*, 584, fol. 226v, Rapport de Lebrun-Tondu à la Convention nationale, 19 décembre 1792.

33. Sur celle-ci, voir Edmond Dziembowski, *Un nouveau patriotisme français, 1750-1770. La France face à la puissance anglaise à l'époque de la guerre de Sept Ans*, Oxford, Voltaire Foundation, 1998, p. 59-110 et, du même auteur, *La Guerre de Sept Ans, 1756-1763*, Paris, Perrin et ministère de la Défense, 2015, p. 67-73.

34. Cité par Norman Hampson, *The Perfidy of Albion. French Perceptions of England during the French Revolution*, Londres, Macmillan, 1988, p. 117 (discours de Fabre d'Églantine du 3 août 1793). Sur le déferlement de haine antianglaise de 1793, voir le remarquable exposé de l'historien britannique (*ibid., p.* 103 et suiv.).

35. Il assure que tout est prêt pour « exterminer cette race rebelle ». Le comble de l'ignominie est atteint lorsqu'il compare les forfaits de Louis XIV à l'action de la Convention : « Louvois fut accusé dans l'Histoire d'avoir incendié le Palatinat, et Louvois devait être accusé : il travaillait pour le despotisme, il saccageait pour des tyrans. Le Palatinat de la République, c'est la Vendée, et la liberté, qui, cette fois, dirigera le burin de l'Histoire, louera votre courageuse résolution. » (*Gazette nationale, ou le Moniteur universel*, n° 221, vendredi 9 août 1793, séance de la Convention du mercredi 7 août 1793).

36. *Ibid.*
37. *Ibid.*
38. *Ibid.*
39. E. Dziembowski, *La Guerre de Sept Ans*, *op. cit.*, p. 64-67.
40. Hampson, *The Perfidy of Albion*, *op. cit.*, p. 110-111.
41. *Gazette nationale, ou le Moniteur universel*, n° 215, samedi 3 août 1793.
42. Hampson, *The Perfidy of Albion*, *op. cit.*, p. 113-114.
43. *Procès de J. P. Brissot et complices, ex-députés à la Convention nationale*, Paris, nivôse, l'an II de la République française, p. 18.
44. *Ibid.*, p. 21 et 90-91.
45. Camille Desmoulins, *Le Vieux Cordelier*, n° 1, Quintidi Frimaire, 2e Décade, l'an II de la République, une et indivisible (5 décembre 1793), p. 4.
46. Jean Jaurès, *Histoire socialiste de la Révolution française*, Paris, Éditions sociales, 1972, V, p. 621.
47. Camille Desmoulins, *Fragment de l'histoire secrète de la Révolution, sur la faction d'Orléans, le comité anglo-prussien et les six premiers mois de la République*, Paris, De l'imprimerie patriotique et républicaine, 1793, p. 5.
48. *Ibid.*, p. 4-5.
49. J. Jaurès, *Histoire socialiste*, *op. cit.*, V, p. 624.
50. C. Desmoulins, *Fragment de l'histoire secrète...*, *op. cit.*, *p.* 5-8.
51. *Ibid.*, p. 8.
52. Maximilien Robespierre, « Rapport sur la situation politique de la République », 27 brumaire an II (17 novembre 1793), *Œuvres de Maximilien Robespierre*, X, *op. cit.*, p. 168.
53. *Ibid.*, p. 169.
54. *Ibid.*, p 171.
55. C. Desmoulins, *Le Vieux Cordelier*, *op. cit.*, n° 1, p. 1.
56. *Ibid.*, n° 2, Décadi, 20 Frimaire, an II (10 décembre 1793), p. 14.
57. *Ibid.*, p. 13.
58. *Ibid.*, n° 3, Quintidi, Frimaire, 3e décade, an II (15 décembre 1793), p. 40.
59. *Ibid.*, p. 41.
60. C. Desmoulins, *Fragment de l'histoire secrète...*, *op. cit.*, p. 6.
61. Cité par A. Cobban, « British Secret Service », *op. cit.*, p. 230, Leeds à lord Robert Fitzgerald, secrétaire de l'ambassade d'Angleterre en France, 31 juillet 1789.
62. *Le Livre des Rois du Nouveau Testament*, *op. cit.*, p. 2-3, p. 7.
63. Voir E. Dziembowski, *Les Pitt*, *op. cit.*, p. 251 et suiv.
64. Antoine François de Bertrand de Molleville, *Mémoires particuliers pour servir à l'histoire de la fin du règne de Louis XVI*, Paris, Michaud, 1816, I, p. 233.
65. H. Campan, *Mémoires*, *op. cit.* II, p. 190-191.
66. A. E., C. P., Angleterre, supplément, 28, fol. 154 r : lettre de l'abbé Soulavie datée du 3 mai 1782.
67. Marc Marie, marquis de Bombelles, *Journal du marquis de Bombelles*, éd. J. Grassion et F. Durif, Genève, Droz, 1978, I, p. 272-273, 16 octobre 1783.

68. Louis Portiez, dit Portiez de l'Oise, *Influence du gouvernement anglais sur la Révolution française démontrée par les discussions du Parlement d'Angleterre, les négociations du ministère britannique et les démarches de ses agents auprès des puissances étrangères*, Paris, an XII (1803), p. VII-IX.

69. L'ouvrage mentionne l'expédition de Quiberon de juin-juillet 1795 (*Lettre de Pitt aux Jacobins noirs, interceptée et publiée par un membre du parti de l'Opposition, dans laquelle Pitt déclare que depuis le commencement de la Révolution française, les Jacobins ont toujours été ses agents*, s.l.n.d., p 8).

70. *La Tactique du cabinet de St James dévoilée, ou soliloques de M. Pitt, avec un commentaire non moins curieux sur le texte, précédés d'un précis rapide du ministère de ce* grand homme *et suivis de quelques autres pièces propres à jeter un plus grand jour sur la tactique du cabinet britannique et les causes secrètes de la déclaration de guerre par S. M. Georges III, roi de la Grande-Bretagne*, Londres et Paris, 1804, p. 14-15.

71. *Ibid.*, p. 86.

72. *Ibid.*, p. 20.

73. *Ibid.*, p. 101.

74. Galart de Montjoie, *Histoire de la conjuration de Louis-Philippe-Joseph d'Orléans*, *op. cit.*, I, p. 159.

75. *Ibid.*, I, p. 64.

76. *Ibid.*, I, p. 66.

77. *Ibid.*, I, p. 74-75.

78. *Ibid.*, I, p. 75.

79. *Ibid.*, I, p. 162-163.

80. *Ibid.*, I, p. 159.

81. *Ibid.*, I, p. 160.

82. *Ibid.*, III, p. 26-27.

83. *Ibid.*, III, p. 20.

84. *Ibid.*, III, p. 19.

85. Alfred de Boislisle, *Introduction des* Mémoires authentiques du maréchal de Richelieu (1725-1757), Paris, Société de l'Histoire de France, 1918, p. V.

86. Arnaud de Maurepas, « Les méthodes documentaires d'un historien méconnu : l'abbé Soulavie », *Revue d'histoire moderne et contemporaine*, XXXVIII, n° 4, octobre-décembre 1991, p. 629.

87. A. de Boislisle, *Mémoires authentiques*, *op. cit.*, p. LII.

88. A. de Maurepas, « Les méthodes documentaires », *op. cit.*, p. 646-648.

89. Jean-Louis Soulavie, *Mémoires historiques et politiques du règne de Louis XVI, depuis son mariage jusqu'à sa mort*, Paris, Treuttel et Würtz, an X (1801), V, p. 179-180.

90. *Ibid.*, V, p. 190-191.

91. *Ibid.*, IV, p. 365.

92. *Ibid.*, VI, p. 16.

93. *Ibid.*, VI, p. 19.

94. *Ibid.*, VI, p. 20.

95. *Ibid.*, V, p. 379.

96. *Ibid.*, V, p. 365.

97. *Ibid.*, I, p. VIII-IX.

98. Albin Mazon, *Histoire de Soulavie (naturaliste, diplomate, historien)*, Paris, Fischbacher, 1893, p. 91.

99. Louis Portiez, dit Portiez de l'Oise, *Influence du gouvernement anglais sur la Révolution française, op. cit., p.* XI.

100. *Ibid.*, p. VIII.

101. *The Parliamentary History of England from the Earliest Period, to the Year 1803* [après : *P. H.*], Londres, Hansard, 1817, XXX, col. 1403 (discours de Lansdowne à la Chambre des lords, 17 février 1794) : « I remember a speech of the late lord Chatham to me when I was a young man. He asked me, on my return from France, about the situation of that country, and he made use of these words, "When I was myself at Dijon, I saw an order stuck up on the part of the king ; turning the corner of the street, I saw another order on the part of the parliament, forbidding the execution of the king's order. From that moment I was sure that the French government could not last." »

102. L. Portiez, *Influence du gouvernement anglais, op. cit.*, page de titre.

103. Voir, par exemple, *P. H.*, XXX, col. 364 : « If we were at war because France was a monster whose hand was against all nations, it must be *bellum internecinum*, a war of extermination », discours de Charles James Fox du 12 février 1793.

104. L. Portiez, *Influence du gouvernement anglais, op. cit.*, p. XI.

105. *Ibid.*, p. XI-XII.

SECONDE PARTIE
COMPLOTS IMAGINAIRES ET IMAGINAIRE POLITIQUE

1. Barruel, *Mémoires op. cit.*, I, p. 79-80.

2. André Morellet, *Mémoires de l'abbé Morellet, de l'Académie française*, Paris, Mercure de France, 2000, p. 44.

3. Voir Robert Darnton, *Gens de lettres, gens du livre*, Paris, Odile Jacob, 1992, p. 47 : ces Mémoires « offrent la description la plus nette d'une réussite littéraire exemplaire ».

4. Morellet, *Mémoires, op. cit.*, p. 58.

5. *Ibid.*, p. 64.

6. *Ibid.*, p. 70.

7. *Ibid.*, p. 74.

8. *Ibid.*, p. 261 : lettre de lord Shelburne à Morellet du 23 mars 1783.

9. D'Alembert aurait prononcé ces mots en 1777 à l'occasion de l'élection de Millot à l'Académie française. Rien n'indique qu'ils soient authentiques. Voir, sur ce sujet, Laurie Carrez, *L'Abbé Claude François Xavier Millot. Un prêtre qui n'en avait que l'habit ?*, Mémoire de master recherche en histoire moderne sous

la direction d'Edmond Dziembowski, Besançon, Université de Franche-Comté, 2019, p. 1.

10. Morellet, *Mémoires, op. cit.*, p. 309.

11. Darnton, *Gens de lettres, gens du livre, op. cit.*, p. 62-63.

12. Morellet, *Mémoires, op. cit.*, p. 342.

13. *Ibid.*, p. 350.

14. Pour plus de détails sur l'attitude de Morellet face à la Révolution, on lira ses Mémoires ainsi que l'étude que Robert Darnton lui a consacrée, « Un philosophe face à la Terreur » (*Gens de lettres, gens du livre, op. cit.*, p. 139-150).

15. Morellet, *Mémoires, op. cit.*, p. 51.

16. *Ibid.*, p. 302.

17. *Ibid.*, p. 314.

18. *Ibid.*, p. 315-316.

19. *Ibid.*, p. 324.

20. Richard Hofstadter, *Le Style paranoïaque. Théories du complot et droite radicale en Amérique*, Paris, François Bourin, 2012, p. 43-50.

21. Jean Delumeau, *La Peur en Occident (XIVe-XVIIIe siècles). Une cité assiégée*, Paris, Hachette, coll. « Pluriel », 1982.

22. Marc Bloch, « Réflexions d'un historien sur les fausses nouvelles de la guerre », article paru en 1921 dans la *Revue de synthèse historique* et repris dans *L'Histoire, la Guerre, la Résistance*, éd. A. Becker et É. Bloch, Paris, Gallimard, coll. « Quarto », 2006, p. 298-299.

Chapitre 4
Et si c'était vrai ?

1. Louis Legrand, *Sénac de Meilhan et l'Intendance du Hainaut et du Cambrésis sous Louis XVI*, Valenciennes, Giard, 1868, p. 45.

2. Sénac de Meilhan, *Des principes et des causes, op. cit.*, p. 21.

3. Augustin Barruel, *Abrégé des Mémoires pour servir à l'histoire du jacobinisme*, Londres, Le Boussonnier & Co, 1798.

4. Riquet, *Augustin de Barruel, op. cit.*, p. 124-125.

5. *Ibid.*, p. 124.

6. *Ibid.*, p. 126.

7. Cité par Soulavie, *Mémoires historiques, op. cit.*, IV, p 149 et 157-158.

8. E. Dziembowski, *La Guerre de Sept Ans, op. cit.*, p. 475 et suiv.

9. Voltaire, *Questions sur l'Encyclopédie*, éd. N. Cronk, C. Mervaud, G. Pink, Paris, Robert Laffont, 2019, p. 1383 : article « Opinion ».

10. Cité par Henri Grange, *Les Idées de Necker*, Paris, Klincksieck, 1974, p. 360.

11. *Ibid.*

12. Alexis de Tocqueville, *L'Ancien Régime et la Révolution*, in *Œuvres*, III, éd. F. Furet et F. Mélonio, Paris, Gallimard, Bibliothèque de la Pléiade, 2004, p. 170.

13. *Le Journal français, par Messieurs Palissot et Clément*, III, n° 21 (15 novembre 1777), p. 203.

14. Chateaubriand, *Voyage en Amérique*, in *Œuvres romanesques et voyages*, I, Paris, Gallimard, Bibliothèque de la Pléiade, 1969, p. 872.

15. Mallet du Pan, *Mercure britannique*, VIII, 10 décembre 1798, p. 538.

16. *Ibid.*, p. 345.

17. *Ibid.*, p. 350.

18. *Ibid.*, p. 355.

19. *Ibid.*

20. Guillaume Thomas Raynal, *Histoire philosophique et politique des établissements et du commerce des Européens dans les deux Indes*, Genève, Pellet, 1780, IX, p. 248-254.

21. Roland Mortier, « Les héritiers des "philosophes" devant l'expérience révolutionnaire », *Dix-huitième Siècle*, 6, 1974, p. 45-57.

22. Mallet du Pan, *Mercure britannique, op. cit.*, XIV, 10 mars 1799, p. 367-368.

23. Timothy Tackett, *Par la volonté du peuple. Comment les députés de 1789 sont devenus révolutionnaires*, Paris, Albin Michel, 1997.

24. Mounier, *De l'influence attribuée aux Philosophes, op. cit.*, p. 118-120.

25. Mallet du Pan, *Mercure britannique, op. cit.*, XIV, 10 mars 1799, p. 346-347.

26. *Ibid.*, p. 347.

27. *Ibid.*, p. 359.

28. *Ibid.*, p. 346.

29. Robert Darnton, *Bohème littéraire et révolution. Le monde des livres au XVIIIe siècle*, Paris, Gallimard-Seuil, coll « Hautes études », 1983, p. 30-31.

30. *Ibid.*, p. 32.

31. Un passionnant tour d'horizon des critiques de l'œuvre de Robert Darnton nous est fourni dans l'ouvrage publié sous la direction de Haydn T. Mason, *The Darnton Debate. Books and Revolution in the Eighteenth Century*, Oxford, Voltaire Foundation, 1998.

32. Gérard Gayot, *La Franc-Maçonnerie française. Textes et pratiques (XVIIIe-XIXe siècles)*, Paris, Gallimard coll. « Archives », 1981, p. 32.

33. M. Vovelle, *Les Jacobins, op. cit.*, p. 40.

34. Halévi, *Les Loges maçonniques, op. cit.*, p. 48.

35. Gayot, *La Franc-Maçonnerie française, op. cit., p.* 49.

36. Mornet, *Les Origines intellectuelles, op. cit.*, p. 379.

37. Lettre de Joseph de Maistre au baron Vignet des Étoles (avril 1793) citée par J. Lemaire, *Les Origines françaises de l'antimaçonnisme, op. cit.*, p. 102-103.

38. Mornet, *Les Origines intellectuelles, op. cit.*, p. 375.

39. *Ibid.*, p. 384.

40. Augustin Cochin, *La Révolution et la Libre-Pensée*, in *La Machine révolutionnaire. Œuvres*, Paris, Tallandier, 2018, p. 228.

41. Cochin, *Les Sociétés de pensée et la Démocratie moderne*, in *La Machine révolutionnaire, op. cit.*, p. 72.

42. *Ibid.*, p. 92.

43. François Furet, « Augustin Cochin : la théorie du jacobinisme », *Penser la Révolution française*, Paris, Gallimard, 1983, p. 223.

44. *Ibid.*, p. 239.

45. Mornet, *Les Origines intellectuelles*, *op. cit.*, p. 384.

46. E. Dziembowski, *Un nouveau patriotisme*, *op. cit.*, p. 315 et suiv.

47. Morellet, *Mémoires*, *op. cit.*, p. 316.

48. Voir Edmond Dziembowski, « Les enjeux politiques du patriotisme français pendant la guerre d'Amérique : les dons de vaisseaux de 1782 », *in* B. Cottret, *Du patriotisme aux nationalismes (1700-1848). France, Grande-Bretagne, Amérique du Nord*, Paris, Créaphis, 2002, p. 43-73.

49. *Gazette nationale, ou le Moniteur universel*, n° 353, mardi 18 décembre 1792 (séance de la Convention du dimanche 16 décembre 1792).

50. Olivier Dard, *La Synarchie. Le mythe du complot permanent*, Paris, Perrin, 2012, coll. « Tempus ».

51. E. Lever, *Philippe Égalité*, *op. cit.*, p. 338.

52. *Ibid.*, p. 352-353.

53. Étienne Dumont, *Souvenirs sur Mirabeau et sur les deux premières assemblées législatives*, éd. J. L. Duval, Paris, Gosselin, 1832, p. 179.

54. Selon Évelyne Lever, Brissot aurait conseillé au prince de lire les Mémoires du cardinal de Retz (Lever, *Philippe Égalité*, *op. cit.*, p. 324).

55. Dominique Joseph Garat, *De la conspiration d'Orléans. Écrit en 1797*, éd. F. Barrière, Paris, Didot, 1862, coll. « Bibliothèque des Mémoires relatifs à l'histoire de France pendant le 18e siècle », XXV, p. 431.

56. R. Le Forestier, *Les Illuminés de Bavière*, *op. cit.*, p. 29.

57. P.-Y. Beaurepaire, *L'Europe des francs-maçons*, *op. cit.*, p. 261-263.

58. *Ibid.*, p. 264-265.

59. J.-J. Mounier, *De l'influence attribuée aux Philosophes*, *op. cit.*, p. 222-223.

60. P.-Y. Beaurepaire, *L'Europe des francs-maçons*, *op. cit.*, p. 288-289.

61. *Ibid.*, p. 25-26.

62. *Ibid.*, p. 26.

63. Barruel, *Mémoires*, *op. cit.*, V, p. 10.

64. *Ibid.*, p. 22.

65. « Souvenirs du P. Grivel sur les PP. Barruel et Feller », *Le Contemporain, revue catholique*, 1878, II, p. 49-70.

66. *Ibid.*, p. 58.

67. *Ibid.*, p. 58-59.

68. *Ibid.*, p. 60-61.

69. L'on notera l'incohérence d'un texte qui, après avoir dénoncé le noyautage du Sacré Collège par les Juifs, fait dire à Pie VII que telle est bien la réalité, comme si le pape se montrait totalement résigné face au plus monstrueux des complots contre le christianisme !

70. *Le Contemporain*, *op. cit.*, 1878, II, p. 62.

71. Émile Poulat, Jean-Pierre Laurant, *L'Antimaçonnisme catholique.* Les Francs-Maçons *par Mgr de Ségur*, Paris, Berg International, 1994.

72. L'expression est de Pierre-André Taguieff. Voir son essai *La Foire aux Illuminés. Ésotérisme, théorie du complot, extrémisme*, Paris, Mille et Une Nuits, 2005, p. 140 et suiv.

73. *Ibid.*, p. 141.

74. L'on doit s'interroger sur le long délai de publication du document, dont on n'a absolument aucune trace avant 1878 et dont l'original reste toujours à retrouver. Ne subsistent, comme l'a révélé Pierre-Yves Beaurepaire dans son étude récente sur le mythe des Illuminati, que deux copies, manifestement de la main de Barruel, de la prétendue lettre de Simonini (Pierre-Yves Beaurepaire, *Les Illuminati. De la société secrète aux théories du complot*, Paris, Tallandier, 2022, p. 215-221 et 317-321). Il n'est pas fortuit que cette copie ait été rendue publique alors que la France connaissait une vive poussée antijudaïque et une nouvelle phobie antimaçonnique.

75. Germaine de Staël, *Considérations sur la Révolution française*, Paris, Tallandier, 1983, p. 206.

76. *Ibid.*, p. 524.

77. *Ibid.*, p. 513.

78. *Ibid.*, p. 207.

79. Adolphe Thiers, *Histoire de la Révolution française*, Paris, Lecointe et Durey, 1823, I, p. 246.

80. Olivier Blanc, *Les Hommes de Londres. Histoire secrète de la Terreur*, Paris, Albin Michel, 1989.

81. Cité par Hampson, *The Perfidy of Albion*, *op. cit.*, p. 129.

82. Voir Cobban, « British Secret Service », *op. cit.*, et Elizabeth Sparrow, *Secret Service. British Agents in France 1792-1815*, Woodbridge, Boydell Press, 1999, p. 3-28.

83. *Ibid.*, p. 129-130.

84. Sur la politique de Pitt à partir de la guerre et son attitude face à la France, voir E. Dziembowski, *Les Pitt*, *op. cit.*, p. 406-432, et Jennifer Mori, *William Pitt and the French Revolution, 1785-1795*, Edimbourg, Keele University Press, 1997, p. 143 et suiv.

85. Hampson, *The Perfidy of Albion*, *op. cit.*, p. 152, Sparrow, *Secret Service*, *op. cit.*, p. 39 et suiv.

86. « Il y avait deux façons de terminer la Révolution. On pouvait l'*arrêter*, c'est-à-dire la trahir. Cette première hypothèse est généralement retenue par les adversaires du régime consulaire. On pouvait aussi, en revanche, tenter de la canaliser, de lui donner un cours plus calme et mieux maîtrisé. C'est ce que tenta le Consulat. Il fut une continuation de la Révolution [...] » (Thierry Lentz, *Le Grand Consulat, 1799-1804*, Paris, Fayard, 1999, p. 113).

87. Malouet, *Mémoires*, *op. cit.*, I, p. 292-293.

88. Voir le récit qu'en fait Patrice Gueniffey (*Bonaparte, 1769-1802*, Paris, Gallimard, 2014, p. 471-488).

89. Voir les observations de Jacques Godechot dans son chapitre intitulé « Le gouvernement par les coups d'État » (*La Grande Nation. L'expansion révolutionnaire de la France dans le monde de 1789 à 1799*, Paris, Aubier Montaigne, 1983, p. 357-375).

90. Cité par Jacques Godechot, *La Pensée révolutionnaire en France et en Europe, 1780-1799*, Paris, Armand Colin, 1964, p. 273.
91. *Ibid.*, p. 272.

Chapitre 5
Expliquer l'inexplicable

1. J.-N. Moreau, *Mes souvenirs, op. cit.*, II, p. 555.
2. *Ibid.*, p. 560.
3. *Ibid.*
4. Joseph de Maistre, *Considérations sur la France*, éd. J.-L. Darcel, Genève, Slatkine, 1980, p. 63.
5. Bertrand Capmartin de Chaupy, *Philosophie des Lettres qui auroit pu tout sauver. Misosophie voltairienne qui n'a pu que tout perdre*, « À Paris. En la double année des Événemens que nos glorieux pères n'auroient jamais pu prévoir, et que nos neveux, s'ils redeviennent de bons François, ne pourront point croire, C'est-à-dire, en 1789 et 1790 », p. V-VI.
6. *Ibid.*, p. XIV.
7. *Ibid.*, p. XVIII.
8. *Ibid.*, p. VI.
9. Mallet du Pan, *Mercure britannique, op. cit.*, VIII, 10 décembre 1798, p. 541-542.
10. Simon Nicolas Henri Linguet, *La France plus qu'Angloise, ou comparaison entre la Procédure entamée à Paris le 25 septembre 1788 contre les Ministres du Roi de France et le Procès intenté à Londres en 1640 au Comte de Strafford, principal Ministre de Charles premier, Roi d'Angleterre, avec des Réflexions sur le danger imminent dont les entreprises de la Robe menacent la Nation et les Particuliers*, Bruxelles, 1788, p. 25-26.
11. *Ibid.*, p. 25.
12. Camille Desmoulins, *Fragment de l'histoire secrète de la Révolution, op. cit.*, p. 5-6.
13. François Timoléon de Choisy, *Mémoires pour servir à l'histoire de Louis XIV par feu M. l'abbé de Choisy, de l'Académie française*, Utrecht, Wan-de-Vater, 1727, I, p. 56-57 : « Richelieu, né pour commander aux autres hommes, ami généreux, cruel ennemi, avait sur la même table son bréviaire et Machiavel. Il contribua par son argent et par ses conseils au soulèvement de Portugal ; il fomenta la guerre civile d'Angleterre, moins par politique d'État, que par animosité particulière [...] je [*le*] prouve [...] par une lettre du cardinal au comte d'Estrades, ambassadeur de France en Angleterre en 1637, où [...] il ajoute ces mots : "*On connaîtra bientôt qu'on ne doit pas me mépriser*" ; et, en effet, dans ce temps-là, commencèrent les troubles d'Écosse, qui, peu à peu, conduisirent le roi d'Angleterre sur l'échafaud ». Il est frappant de constater que Choisy, en extrapolant à partir d'une citation qu'il est possible d'interpréter de multiples manières, procède exactement comme le feront les complotistes de l'époque révolutionnaire.

14. Jacques Pierre Brissot, *Correspondance et papiers*, éd. Cl. Perroud, Paris, Picard, 1912, p. 154 et 159 : « Observations à M. du Crest sur les moyens à prendre pour réussir dans le projet, et sur les difficultés qui s'y rencontreront » (août 1787).

15. Steven L. Kaplan, *Le Complot de famine : histoire d'une rumeur au XVIIIe siècle*, Paris, Armand Colin, 1982, p. 53.

16. Sur ce moment crucial où tout bascule, voir Dziembowski, *Le Siècle des révolutions, op. cit.*, p. 491-508.

17. Michel Vovelle, « La représentation populaire de la monarchie », *in* K. M. Baker, dir., *The French Revolution and the Creation of Modern Political Culture*, I, *The Political Culture of the Old Regime*, Oxford, Pergamon Press, 1987, p. 77-86.

18. S. L. Kaplan, *Le Complot de famine, op. cit.*, p. 52.

19. Annie Duprat, *Les Rois de papier. La caricature de Henri III à Louis XIII*, Paris, Belin, 2002, p. 179.

20. Georges Lefebvre, *La Grande Peur de 1789, op. cit.*, p. 232.

21. Hippolyte Taine, *Les Origines de la France contemporaine*, Paris, Robert Laffont, coll. « Bouquins », 1986, I, p. 347.

22. Cité par Lefebvre, *La Grande Peur, op. cit.*, p. 86.

23. *Ibid.*, p. 82.

24. *Ibid.*, p. 83.

25. *Ibid.*, p. 87.

26. Timothy Tackett a nuancé cette thèse. Si la hantise du prétendu complot aristocratique est omniprésente dans la capitale, il n'en va pas de même en province et surtout dans les campagnes. Il faudra attendre encore quelques mois pour que la France entière soit atteinte. (Timothy Tackett, « La Grande Peur et le complot aristocratique sous la Révolution française », *Annales historiques de la Révolution française*, 335, janvier-mars 2004, p. 1-16).

27. Lefebvre, *La Grande Peur, op. cit.*, p. 86.

28. Commandant l'armée du Midi, Anne Pierre de Montesquiou occupe sans coup férir la Savoie en septembre 1792. Accusé d'avoir négocié avec les autorités de Genève alors qu'il avait ordre d'envahir la république, Montesquiou se réfugie en Suisse en novembre 1792.

29. Dominique-Joseph Garat, *Mémoires*, Paris, Poulet-Malassis, 1862, p. 94-96.

30. Né à Noyon, Lebrun est en réalité français. Celui qui, au printemps 1793, est ministre des Affaires étrangères de la République, a cependant vécu une dizaine d'années à Liège. Il fut l'une des figures marquantes de la révolution qui a touché la principauté entre 1789 et 1791.

31. Garat, *Mémoires, op. cit.*, p. 97-100.

32. Mathiez, *La Conspiration de l'étranger, op. cit.*, p. 3-73. Voir aussi l'étude de Sophie Wahnich et Marc Bélissa, « Les crimes des Anglais : trahir le droit », *Annales historiques de la Révolution française*, n° 300, 1995, p. 233-248.

33. Haim Burstin, *Révolutionnaires. Pour une anthropologie politique de la Révolution française*, Paris, Vendémiaire, 2013, p. 139.

34. François René de Chateaubriand, *Mémoires d'outre-tombe*, livre 5, chapitre 14, Paris, Livre de Poche-Classiques Garnier, 1989-1998, I, p. 302.

35. Andrew Marvell, *An Account of the Growth of Popery and Arbitrary Government in England*, Amsterdam, 1677, p. 3.

36. Dziembowski, *Le Siècle des révolutions*, *op. cit.*, p. 59.

37. *Ibid.*, p. 69.

38. Sur les relations complexes d'amour et de haine entre les deux nations, il faut lire le remarquable ouvrage de Robert et Isabelle Tombs, *That Sweet Enemy. The French and the British from the Sun King to the Present*, Londres, Heinemann, 2006 (pour l'époque révolutionnaire et impériale : p. 192-305).

39. Voir notamment l'étude de William Goodwin, *The Friends of Liberty. The English Democratic Movement in the Age of the French Revolution*, Cambridge, Mass., Harvard University Press, 1979.

40. *The Anti-Jacobin Review and Magazine or, Monthly Political and Literary Censor*, I, juillet-septembre 1798, nlle éd., 1799, p. 1-2.

41. Edmond Dziembowski, *Les Pitt*, *op. cit.*, *p.* 471.

42. *Ibid.*, p. 446.

43. *Ibid.*, p. 439-444.

44. Ernst Wangermann, *From Joseph II to the Jacobin Trials*, *op. cit.*, p. 133.

45. Voir notamment les pamphlets de Jean Henri Maubert de Gouvest, *Le Pitt*, Amsterdam, 1758, *L'Anti-Pitt*, Amsterdam, 1758 et *L'Esprit de la Présente Guerre*, 1758.

46. « Bilan de la politique de William Pitt par Vivant de Mésagues (octobre 1763) », *in* Dziembowski, *Un nouveau patriotisme*, *op. cit.*, p. 504.

47. Dziembowski, *Les Pitt*, *op. cit.*, p. 22-23.

48. Propos rapportés par le président Hénault dans ses *Mémoires* (Paris, Dentu, 1855, p. 280).

49. « Tout fait voir dans Pitt un grand éloignement pour les mesures hostiles, un désir de fonder l'existence de son crédit sur la faveur populaire et le besoin de se rapprocher de nous. Par l'effet d'une complication bizarre, nous sommes devenus d'utiles auxiliaires pour ce ministre qu'on jugerait mal si, parce qu'il est aristocrate français, on refusait de le croire démocrate anglais tandis que les amis de notre cause [*Fox et ses amis*] sont véritablement aristocrates pour l'Angleterre » (A.E., C.P., Angleterre, 583, fols. 346v-347r, Hugues Maret à Lebrun, Londres, 29 novembre 1792).

50. C'est l'opinion de François Herman, un proche du comte de Provence, qui note que Pitt « s'est constamment opposé à la reconnaissance du Roi [*Louis XVIII*] ». La raison de ce refus ? « Mais pour reconnaître le Roi et jeter sur cette nouvelle République toute la haine toute l'exécration qu'elle mérite, il fallait condamner hautement les principes révolutionnaires et démocratiques d'après lesquels elle est fondée. Or ces principes sont les principes de M. Pitt ; il les a soutenus avec violence dans les premiers jours de sa vie politique ; il garde toujours du goût pour eux, et veut surtout se ménager une porte de derrière pour pouvoir y revenir. M. Pitt n'a que 34 ou 35 ans. Le Roi d'Angleterre en a 60 ; M. Pitt est sûr de n'être pas le ministre de son successeur ; il ne veut pas

renoncer, en cas d'événement, à jouer le rôle de chef de l'opposition, opposition qui l'ayant à sa tête serait à coup sûr encore plus virulente, plus démocratique que celle de M. Fox » (A. E., M. D., France, 661 (fonds Bourbons 14), fol. 265v-266r, mémoire probablement rédigé en 1795).

51. Louis Dubroca, *Mémoires pour servir à l'histoire des attentats du gouvernement anglais contre toutes les puissances de l'Europe, et particulièrement contre la France, depuis le commencement de la Révolution jusqu'à ce jour*, Paris, chez Dubroca Libraire, an XI, 1803, p. 6.

52. Robespierre, *Œuvres*, *op. cit.*, X, p. 169 (discours du 27 brumaire an II, 17 novembre 1793).

53. *La Tactique du cabinet de St James dévoilée*, *op. cit.*, p. 101.

54. *Lettre de Pitt aux Jacobins noirs*, *op. cit.*, p. 7.

55. Portiez, *Influence du gouvernement anglais*, *op. cit.*, p. XI.

56. *Ibid.*, p. 82.

57. *Ibid.*, p. 83.

58. *Ibid.*, p. 515-516.

59. *Ibid.*, p. XIII.

60. *Ibid.*, p. 4.

61. *Ibid.*, p. 9-10.

62. *Ibid.*, p. 10.

63. Pierre Charles Lecomte, *L'Esprit du gouvernement anglais, ou son système politique et celui des puissances de l'Europe, pendant deux siècles, ouvrage impartial, utile à tous les Européens*, Paris, [1806], p. 260-261.

64. Sur cette question, voir l'étude détaillée de Paul S. Fritz, *The English Ministers and Jacobitism between the Rebellions of 1715 and 1745*, Toronto, University of Toronto Press, 1975.

Chapitre 6
Les romans avant le Grand Roman

1. Les huit premiers volumes ont été écrits par Duport du Tertre. Après sa mort en 1759, la fin de l'ouvrage a été confiée à l'historiographe de la maison de Bourbon, Joseph-Louis Ripault-Desormeaux.

2. François Joachim Duport du Tertre, *Histoire des conjurations, conspirations et révolutions célèbres, tant anciennes que modernes. Dédiée à S. A. S. Monseigneur le duc d'Orléans, premier prince du sang*, Paris, Duchesne, 1754, I, p. V-VI.

3. L'*Histoire des conjurations* a été un beau succès de librairie. Alors qu'elle n'est pas encore achevée, une nouvelle édition des premiers tomes paraît en 1757 ; une réédition de l'ensemble sort ensuite en 1762-1763.

4. « Les Adieux de Louis XIV », *Recueil Clairambault-Maurepas. Chansonnier historique du XVIII*[e] *siècle*, éd. É. Raunié, Paris, Quantin, 1879, I, p. 18.

5. Sur la légende noire du Régent et de la Régence, voir l'ouvrage dirigé par Denis Reynaud et Chantal Thomas, *Le Régent. Entre fable et histoire*, Paris, CNRS, 2003.

6. Louis de Rouvroy, duc de Saint-Simon, *Mémoires*, Paris, Tallandier, 1980, VI, p. 490-492.

7. Cité par Alexandre Dupilet, *Le Cardinal Dubois. Le génie politique de la Régence*, Paris, Tallandier, 2015, p. 278-279.

8. Jean Meyer, J. S. Bromley, « La seconde guerre de Cent Ans », *in* F. Bédarida, F. Crouzet, D. Johnson, dir., *De Guillaume le Conquérant au Marché commun. Dix siècles d'histoire franco-britannique*, Paris, Albin Michel, 1979, p. 155-189 ; François Crouzet, « The Second Hundred Years War : some reflections », *French History*, X, 4, 1996, p. 432-450.

9. Voir Jean-Pierre Bois, *La Paix. Histoire politique et militaire*, Paris, Perrin, 2012, p. 362 et suiv.

10. Cité par Guy Chaussinand-Nogaret, *Le Cardinal Dubois, 1656-1723, ou une certaine idée de l'Europe*, Paris, Perrin, 2000, p. 232. Voir l'intégralité de ce discours aux pages 229-234.

11. Cité par Dom Henri Leclercq, *Histoire de la Régence pendant la minorité de Louis XV*, Paris, Champion, 1922, I, p. 321, lettre de Torcy au cardinal Gualterio, 4 mars 1720.

12. La nomination en juillet 1720 de Dubois au prestigieux archevêché de Cambrai, qui faisait de lui un prince d'Empire, a en effet été voulue par George Ier, Stanhope et l'ambassadeur de l'empereur, Pentenrieder. Mais, comme l'a montré Guy Chaussinand-Nogaret, Dubois n'était pas pour autant vendu à ces deux puissances (Chaussinand-Nogaret, *Le Cardinal Dubois, op. cit.*, p. 112-115).

13. Saint-Simon, *Mémoires, op. cit.*, VIII, p. 395.

14. *Ibid.*, IX, p. 914.

15. René-Louis, marquis d'Argenson, *Journal et mémoires*, Paris, 1859-1867, V, p. 345-346 (en date du 3 janvier 1749).

16. *Ibid.*, p. 346.

17. *Ibid.*

18. Le marquis d'Argenson n'est pas le dernier à en être marqué. Il a composé une tragédie à la manière de Shakespeare consacrée à l'infortune du fils du Prétendant. Sur ce sujet, voir Anne Dobigny, « *La Prison du prince Charles-Édouard, Tragédie anglaise à l'imitation de Shakespeare*, un plaidoyer du marquis d'Argenson pour la légitimité », *in* I. Galleron, dir., *Théâtre et politique. Les alternatives de l'engagement*, Rennes, Presses universitaires de Rennes, 2012, p. 75-88.

19. Argenson, *Journal et mémoires, op. cit.*, V, p. 346-347.

20. *Ibid.*, VI, p. 464 (en date du 3 septembre 1751).

21. E. Dziembowski, *Le Siècle des révolutions, op. cit.*, p. 202-204 et 227-229.

22. Argenson, *Journal et mémoires, op. cit.*, VI, p. 464.

23. E. Dziembowski, *Un nouveau patriotisme, op. cit.*, p. 82.

24. *Mémoires et lettres de François-Joachim de Pierre, cardinal de Bernis (1715-1758)*, éd. F. Masson, Paris, Ollendorff, 1903, II, p. 203, l'abbé de Bernis au comte de Stainville, 7 avril 1758.

25. A. E., C. P., Angleterre, 422, fol. 30 r-v, lettre de Londres du 28 janvier 1746.

26. Cité par Edmond Hugues, « Un épisode de l'histoire du protestantisme au XVIIIe siècle », *Bulletin de la Société de l'histoire du protestantisme français*, n° 26, 1877, p. 298, rapport de Jean-Daniel Herrenschwand du 30 avril 1757.

27. Il faut attendre 1758 et les premières victoires en Amérique, pour que le sort de la guerre commence à pencher en faveur des Britanniques.

28. E. Dziembowski, *La Guerre de Sept Ans*, *op. cit.*, p. 303-306.

29. Edmond Barbier, *Chronique de la Régence et du règne de Louis XV*, Paris, Charpentier, 1857, VI, p. 584-585, fin septembre 1757. Voir aussi l'excellente étude de David Bien sur l'affaire Calas, notamment le chapitre intitulé « Les fondements de l'anti-protestantisme » (David D. Bien, *L'Affaire Calas. Hérésie, persécution, tolérance à Toulouse au 18e siècle*, Toulouse, Éché, 1987, p. 45-77).

30. A. E., C. P., Angleterre, suppl., 28, fol. 152r-154r, lettre de l'abbé Soulavie du 3 mai 1782.

31. J.-L. Soulavie, *Mémoires historiques et politiques*, *op. cit.*, III, p. 107.

32. *Ibid.*

33. *Les Mannequins. Conte ou histoire, comme l'on voudra*, s.l.n.d., p. 4.

34. *Ibid.*, p. 7.

35. *Ibid.*, p. 7-8.

36. *Ibid.*, p. 8-9.

37. *Ibid.*, p. 9-10

38. *Ibid.*, p. 15.

39. *Ibid.*, p. 18-19.

40. Cité *in* Pierre Rétat, dir., *L'Attentat de Damiens. Discours sur l'événement au XVIIIe siècle*, Paris, CNRS, 1979, p. 270-271.

41. *Ibid.*, p. 274.

42. Cité par Dieter Gembicki, *Histoire et politique à la fin de l'Ancien Régime. Jacob-Nicolas Moreau, 1717-1803*, Paris, Nizet, 1979, p. 71.

43. Cité par Marcel Marion, *Machault d'Arnouville. Étude sur l'histoire du contrôle général des Finances de 1749 à 1754*, Genève, Mégariotis Reprints, 1978 (1e éd. 1891), p. 257 (remontrances du clergé du 10 septembre 1750).

44. Cité *in* P. Rétat, dir., *L'Attentat de Damiens*, *op. cit.*, p. 161.

45. Jacob-Nicolas Moreau, *Nouveau mémoire pour servir à l'histoire des Cacouacs*, Amsterdam, 1757, p. 3-5.

46. *Ibid.*, p. 11-12.

47. Sur cette « prussiomanie », voir E. Dziembowski, *La Guerre de Sept Ans*, *op. cit.*, p. 447 et suiv.

48. J.-N. Moreau, *Nouveau mémoire*, *op. cit.*, p. 71.

49. J.-N. Moreau, *Mes souvenirs*, *op. cit.*, I, p. 54.

50. Gabriel-François Coyer, Jacob-Nicolas Moreau, *Écrits sur le patriotisme, l'esprit public et la propagande au milieu du XVIIIe siècle*, éd. E. Dziembowski, La Rochelle, Rumeur des Âges, 1997, p. 60-61.

51. Voir l'analyse qu'en fait Jacques Truchet, *Théâtre du XVIIIe siècle*, Paris, Gallimard, Bibliothèque de la Pléiade, 1974, II, p. 1384.

52. Charles Palissot de Montenoy, *Les Philosophes*, acte III, scène 4, in *Théâtre du XVIIIe siècle*, *op. cit.*, II, p. 190-191.

53. *Ibid.*, p. 192.

54. *Ibid.*, p. 194.

55. Pour Jacques Truchet, l'antiphilosophisme de Palissot n'est qu'un « antiphilosophisme de commande » (J. Truchet, *Théâtre du* XVIIIe *siècle, op. cit.*, II, p. 1388).

56. Jean-Noël Pascal, « Clément, Jean-Marie-Bernard (1742-1812) », *in* D. Masseau, dir., *Dictionnaire des anti-Lumières et des antiphilosophes (France, 1715-1815)*, Paris, Champion, 2017, I, p. 351.

57. Bibliothèque de Genève, Ms. fr. 300, fol. 194v, Jean Marie Bernard Clément à Jacob Vernes, Paris, 29 décembre 1776.

58. *Ibid.*, fol. 194r-v.

59. *Le Journal français, par Messieurs Palissot et Clément*, II, n° 13 (15 juillet 1777), p. 219.

60. On le verra, lors de l'éphémère révolution de 1782, aux côtés des « représentants » démocrates (E. Dziembowski, *Le Siècle des révolutions, op. cit.*, p. 446).

61. Jean Gaberel, *Voltaire et les Genevois*, Paris et Genève, J. Cherbuliez, 1857, p. 156 et suiv.

62. Bibliothèque de Genève, Ms. fr. 300, fol. 177, Nicolas Sylvestre Bergier à Jacob Vernes, Lyon, 1er octobre 1771.

63. Jacob Vernes, *Confidence philosophique*, Londres (Genève), 1788, I, p. 30-31.

64. *Ibid.*, II, p. 30.

65. *Ibid.*, II, p. 51.

66. *Ibid.*, II, p. 52.

67. *Ibid.*, II, p. 53-56.

68. *Ibid.*, II, p. 54.

69. *Ibid.*, II, p. 56-59.

70. *Ibid.*, II, p. 119-120.

71. J. Gaberel, *Voltaire et les Genevois, op. cit., p.* 162. L'auteur dénombre cinq éditions en français. Mes recherches n'en ont trouvé que quatre.

72. Louis Athanase Des Balbes de Berton de Crillon, *Mémoires philosophiques du baron de ***, chambellan de Sa Majesté l'Impératrice Reine*, Vienne, 1778, I, p. VI.

73. *Le Journal français, op. cit.*, II, n° 16 (30 août 1777), p. 356 : « Il paraît que l'ouvrage de M. Vernes a fait naître ces *Mémoires* ».

74. Cité par Étienne Dubois, *La Politisation de la sphère littéraire*. L'Année littéraire *1776-1786*, mémoire de maîtrise sous la direction d'Edmond Dziembowski, Université de Franche-Comté, Besançon, 2004, p. 52-53.

75. Crillon, *Mémoires philosophiques du baron de ***, op. cit.*, I, p. 56.

76. *Ibid.*, I, p. 5.

77. *Ibid.*, I, p. 56-57.

78. *Ibid.*, I, p. 59-60.

79. *Ibid.*, I, p. 61-62.

80. *Ibid.*, I, p. 65.

81. *Ibid.*, I, p. 67-70.
82. *Ibid.*, I, p. 74-75.
83. *Ibid.*, I, p. 75.
84. *Ibid.*, I, p. 76.
85. *Ibid.*, I, p. 99.
86. *Ibid.*, I, p. 100.
87. *Ibid.*, I, p. 101.
88. *Ibid.*, I, p. 102.
89. *Ibid.*, I, p. 125-126.
90. *Ibid.*, I, p. 63.

Chapitre 7
« Il fallait donc appeler l'enfer à son secours »

1. Cité par François Furet et Françoise Mélonio, *in* Tocqueville, *Œuvres*, III, *op. cit.*, p. 1125-1126 (lettre de Tocqueville à Louis de Kergorlay, 16 mai 1858).

2. Tocqueville, *Considérations sur la Révolution*, in *Œuvres*, III, *op. cit.*, p. 459.

3. *Ibid.*, p. 461.

4. *Ibid.*, p. 464.

5. Signalons une exception notable : l'étude très suggestive de Michel Biard sur l'imaginaire infernal pendant la Révolution française (Michel Biard, *La Révolution hantée. Enfers fantasmés et Révolution française*, Paris, Vendémiaire, 2017). Plus largement, voir également l'essai de Philippe Muray, *Le XIXe Siècle à travers les âges* (Paris, Gallimard, coll. « Tel », 1999, nlle éd).

6. Voir Paul Viallaneix, dir., *Le Préromantisme : hypothèque ou hypothèse ?*, Actes du colloque de Clermont-Ferrand, 29-30 juin 1972, Paris, Klincksieck, 1975. Voir notamment le rapport de P. Viallaneix, p. 11-24.

7. J. Lemaire, *Les Origines françaises de l'antimaçonnisme*, *op. cit.*, p. 71 ; Ann Thomson, « Luchet », *in* J. Sgard, dir., *Dictionnaire des journalistes*, *op. cit.*, II, p. 661-662.

8. Jean-Pierre de La Roche du Maine, marquis de Luchet, *Essai sur la secte des Illuminés*, Paris, 1789, p. 18.

9. *Ibid.*, p. 84.

10. *Ibid.*, p. 85.

11. *Ibid.*, p. 64.

12. Sur la réaction occultiste en Prusse après la mort de Frédéric II en 1786, voir l'étude classique d'Henri Brunschwig, *Société et romantisme en Prusse au XVIIIe siècle*, Paris, Flammarion, 1973, nlle éd, p. 261-269.

13. C'est ce que soutient Jacques Lemaire, qui estime que la cible de Luchet est la secte des *Illuminaten* (J. Lemaire, *Les Origines françaises de l'antimaçonnisme*, *op. cit.*, p. 71-72), ce que dément la lecture de l'ouvrage. C'est l'illuminisme mystique, voire magique, qui est visé et non l'illuminisme rationaliste.

14. Luchet, *Essai sur la secte des illuminés, op. cit., p.* 35-36.
15. *Ibid.*, p. 2-3.
16. Charles-Augustin Sainte-Beuve, *Causeries du lundi*, Paris, Garnier frères, s.d., X, p. 244 (lundi du 19 juin 1854 consacré à « Saint-Martin, le philosophe inconnu »).
17. Traduit en français sous le titre *La Fin des Lumières. Le mesmérisme et la Révolution*, Paris, Perrin, coll. « Pour l'Histoire », 1984.
18. *Ibid.*, p. 185 : extrait du *Mémoire sur la découverte du magnétisme animal* (Genève, 1779) de Franz Anton Mesmer.
19. *Ibid.*, p. 12.
20. Voir l'étude fondamentale d'Auguste Viatte, *Les Sources occultes du romantisme. Illuminisme-théosophie, 1770-1820*, Paris, Champion, 1928, 2 vol. Voir également l'étude d'Antoine Faivre, *L'Ésotérisme au* XVIIIe *siècle* (Paris, Seghers, 1973) et l'étude récente de Paul Kléber Monod, *Solomon's Secret Arts. The Occult in the Age of Enlightenment* (New Haven, Londres, Yale University Press, 2013).
21. R. Darnton, *La Fin des Lumières, op. cit.*, p. 43-44.
22. C'est ce qu'affirme David Williams dans son autobiographie relatant ses tribulations en France. Voir John Haslam, Roy Porter, David Williams, *Politiquement fou : James Tilly Matthews*, Paris, E. P. E. L., 1996, p. 142.
23. *Ibid.*
24. A. E., C. P., Angleterre, 586, fol. 76r, lettre originale de Pitt à James Matthews Esq., Downing Street, 8 janvier 1793. Pitt invite Matthews à lui rendre visite le lendemain entre onze heures et midi.
25. David Williams, « La "mission" de Matthews en 1793 », *in* J. Haslam, R. Porter, D. Williams, *Politiquement fou, op. cit.*, p. 143.
26. A. E., C. P., Angleterre, 588, fol. 25r-28v, James Matthews au ministre Deforgues, Paris, 5 octobre 1793, 14 vendémiaire an II : Matthews clame son innocence et affirme qu'il s'est ruiné « pour la réussite du grand projet que j'avais formé en faveur de ce pays » (fol. 25r). Voir aussi, dans le même volume, fol. 39r-40v (autre lettre du même au même, 18 vendémiaire an II) ; fol. 62r-63r (autre lettre du même au même, 1er brumaire an II) ; fol. 65r-69r (autre lettre du même au même, 5 brumaire an II).
27. J. Haslam, R. Porter, D. Williams, *Politiquement fou, op. cit.*, p. 84-85 et p. 146-150.
28. *Ibid.*, p. 150.
29. *Ibid.*, p. 86. Lettre de James Tilly Matthews au comte de Liverpool du 12 septembre 1796.
30. *Ibid.*, p. 86-87.
31. *Ibid.*, p. 89-90. Lettre de James Tilly Matthews au comte de Liverpool du 6 décembre 1796.
32. *Ibid.*, p. 90-92.
33. *Ibid.*, p. 93.
34. Ian R. Christie, *Myth and Reality in Late-Eighteenth-Century British Politics and Other Papers*, Londres Macmillan, 1970, p. 9-54.

35. En 1780, les Whigs sont toujours persuadés que, derrière le ministère, se cache un deuxième cabinet qui manipule le gouvernement (voir Frank O'Gorman, *The Rise of Party in England. The Rockingham Whigs 1760-82*, Londres, Allen & Unwin, 1975, p. 405-406). Aux archives diplomatiques, se trouve une note sur l'Angleterre datant de septembre 1800 qui prétend que, depuis Bute, soit depuis près de quarante ans, ce gouvernement de l'ombre n'aurait jamais cessé d'exister. Dirigé en 1800 par lord Liverpool, ce cabinet aurait une emprise totale sur les décisions du gouvernement. Ces informations proviennent du rival de Pitt, Charles-James Fox (A. E., M. D., Angleterre, 53, fol. 282r, « Notes sur la composition du gouvernement actuel d'Angleterre et les moyens de le forcer à la paix », 7 vendémiaire an IX, 24 septembre 1800).

36. J. Haslam, R. Porter, D. Williams, *Politiquement fou*, *op. cit.*, p. 94.

37. *Ibid.*, p. 68.

38. *Ibid.*, p. 74-75.

39. *Ibid.*, p. 27-28.

40. *Ibid.*, p. 28-30.

41. *Ibid.*, p. 33.

42. *Ibid.*, p. 34.

43. *Ibid.*, p. 42.

44. *Ibid.*, p. 43.

45. *Ibid.*, p. 49-50.

46. Voir Edmond Dziembowski, « Les enjeux politiques du patriotisme français », *op. cit.*, p. 43-73.

47. *Mémoires secrets pour servir à l'histoire de la République des Lettres en France, depuis MDCCLXII jusqu'à nos jours*, Londres, John Adamson, 1783, XXI, p. 18-21. *L'À-propos du moment* aurait été publié le 11 juillet 1782 (*ibid.*, p. 18).

48. *L'À-propos du moment*, s.l.n.d., p. 10.

49. *Ibid.*, p. 29-30.

50. *Ibid.*, p. 18.

51. *Ibid.*, p. 35-37.

52. Darnton, *La Fin des Lumières*, *op. cit.*, p. 88-89.

53. *Ibid.*, p. 104.

54. *Ibid.*

55. Charles Nodier, *Portraits de la Révolution et de l'Empire*, Paris, Tallandier, 1988, I, p. 180.

56. Cité par Darnton, *La Fin des Lumières*, *op. cit.*, p. 101.

57. Auteur d'une thèse de doctorat consacrée au roman gothique anglais et à son influence en France, Alice M. Killen discerne, « dans les fortunes du roman "terrifiant" en France, trois étapes différentes : une première vogue qui dure de 1797 à 1802 ou 1803 environ ; une période de déclin entre 1803 à [*sic*] 1816, et enfin une seconde vogue [...] qui persiste [...] pendant toute l'époque romantique » (Alice M. Killen, *Le Roman « terrifiant » ou roman « noir » de Walpole à Anne Radcliffe et son influence sur la littérature française jusqu'en 1840*, Paris, G. Crès et Cie, 1916, p. 126).

58. Elle figure dans le titre complet de son roman *The Old English Baron : a Gothic Story* paru en 1778 et traduit en français en 1787 avec un titre ayant gommé toute référence au « gothique ».

59. Voir la « Bibliographie du roman "gothique" anglais en traduction française, 1767-1827 » que nous fournit Maurice Lévy dans sa thèse *Le Roman « gothique » anglais, 1764-1824*, Paris, Albin Michel, nlle éd., 1995, p. 719-733.

60. Edmund Burke, *Recherche philosophique sur l'origine de nos idées du sublime et du beau*, Paris, Vrin, 1990, p. 98-99.

61. Annie Lebrun, *Les Châteaux de la subversion*, Paris, Pauvert et Garnier, 1982, p. 53.

62. Cité par A. M. Killen, *Le Roman « terrifiant » ou roman « noir », op. cit.*, p. 116-117.

63. *Le Journal français, op. cit.*, III, n° 17 (17 septembre 1777), p. 36.

64. Jean-Joseph Dussault, « Notice sur la vie et les ouvrages d'Augustin de Barruel, par M. Dussault, auteur des *Annales littéraires et bibliothécaires de S*[te] *Geneviève* », *in* A. Barruel, *Les Helviennes, ou Lettres provinciales philosophiques*, Paris, De Méquignon et Boiste, 1823, I, p. XV.

65. D. A. F. de Sade, *Idée sur les romans*, éd. O. Uzanne, Paris, E. Rouveyre, 1878, p. 31-33.

66. Barruel, *Mémoires, op. cit.*, V, p. 54.

67. J.-L. Soulavie, *Mémoires historiques et politiques, op. cit.*, VI, p. 60-61.

68. Saint-Simon, *Mémoires, op. cit.*, VI, p. 500.

69. Jacques Cazotte, *Le Diable amoureux*, in *Romanciers du* XVIIIe *siècle*, II, éd. Étiemble, Paris, Gallimard, Bibliothèque de La Pléiade, 1965, p. 378.

70. *Correspondance mystique de Jacques Cazotte. Édition critique*, éd. G. Décote, Paris, Klincksieck, 1982, p. 159-160 : lettre de Cazotte à Pouteau, 15 octobre 1791.

71. *Ibid.*, p. 209 : lettre de Cazotte à Pouteau de juin 1792.

72. Cadet de Gassicourt, *Le Tombeau de Jacques Molai, op. cit.*, p. 190-191.

73. Barruel, *Mémoires, op. cit.*, III, p. 297-298.

74. Jean-Baptiste Fiard, *Le Secret de l'État, ou le Dernier Cri du vrai patriote*, s.l., an IV, 1796, page de titre.

75. Jean-Baptiste Fiard, *La France trompée par les magiciens et démonolâtres du dix-huitième siècle, fait démontré par des faits*, Paris, Grégoire, Thouvenin, 1803, p. 187-189.

76. J. de Maistre, *Considérations sur la France, op. cit., p.* 65.

77. *Ibid.*, p. 109.

78. *Ibid.*, p. 103-104.

79. Max Milner, *Le Diable dans la littérature française. De Cazotte à Baudelaire 1772-1861*, Paris, Corti, 2007, p. 131.

80. J. de Maistre, *Considérations sur la France, op. cit., p.* 103.

81. Cité par M. Milner, *Le Diable dans la littérature française, op. cit.*, p. 131.

82. Jean-François de La Harpe, *Œuvres choisies et posthumes de M. de La Harpe, de l'Académie française*, Paris, Migneret, 1806, I, p. LXII.

83. *Ibid.*, p. LXII-LXIII.

84. *Ibid.*, p. LXIV.
85. *Ibid.*, p. LXV-LXVII.
86. *Ibid.*, p. LXVI.
87. *Ibid.*, p. LXVII.
88. Sur la définition du complot dans le Code pénal de 1810, voir les remarques de Frédéric Monier dans son ouvrage *Le Complot dans la République. Stratégies du secret de Boulanger à la Cagoule*, Paris, La Découverte, 1998, p. 14-15.
89. Mallet du Pan, *Mercure britannique*, *op. cit.*, VIII, 10 décembre 1798, p. 540.
90. Martin-Guillaume Gilibert de Merlhiac, *Essai comparatif entre le cardinal-duc de Richelieu, Premier ministre de Louis XIII, roi de France, et M. William Pitt, Premier ministre de George III, roi de Grande-Bretagne*, Paris, 1816, voir notamment, p. 69.
91. Voir John Morris Roberts, *The Mythology of the Secret Societies*, Londres, Watkins, 2008, nlle éd., p. 314 et suiv.
92. Vincent Lombard de Langres, *Des jacobins depuis 1789 jusqu'à ce jour, ou état de l'Europe en janvier 1822*, Paris, Les marchands de nouveautés, 1822, p. 5-6.
93. *Événements instructifs et observations catholiques sur les protestants et les francs-maçons, du R. P. Eugène, prêtre capucin espagnol du roy. de Valence, fondateur des couvents de capucins de Gemnos, Marseille, Aix-en-Provence. Mis à jour par un ami de la religion*, Besançon, Lambert, 1838.
94. Gérard de Nerval, *Les Illuminés*, *Œuvres complètes*, II, éd. J. Guillaume et C. Pichois, Paris, Gallimard, Bibliothèque de la Pléiade, 1984, p. 885.
95. *Ibid.*, p. 1092.
96. *Ibid.*, p. 1099.
97. Alexandre Dumas, *Joseph Balsamo, Le Collier de la reine. Mémoires d'un médecin*, Paris, Gallimard, coll. « Quarto », 2012, p. 36.
98. *Ibid.*, p. 48.
99. George Sand, *Consuelo, La Comtesse de Rudolstadt*, II, Paris, Gallimard, coll. « Folio », 2004, p. 364.

CONCLUSION
L'éternel retour

1. Antoine Compagnon, *Le Cas Bernard Faÿ. Du Collège de France à l'indignité nationale*, Paris, Gallimard, 2009, p. 53.
2. Ces éléments biographiques nous ont été fournis par l'ouvrage d'Antoine Compagnon. Sur les interrogations que suscite la trajectoire intellectuelle de Bernard Faÿ, voir aussi les remarques pénétrantes de Jean-Marie Goulemot, *L'Amour des bibliothèques*, Paris, Seuil, 2006, p. 152 et suiv.
3. Comme lui-même le recommandait à ses subordonnés dans ses notes de service, l'administrateur de la Bibliothèque nationale appliqua les mesures antisémites et antimaçonniques du gouvernement de Vichy « avec la dernière rigueur »

(ce sont ses mots). Ses relations avec les Allemands sont tout aussi éloquentes. Faÿ, observe Compagnon, « semble avoir eu pour habitude de devancer les exigences de l'occupant » (A. Compagnon, *Le Cas Bernard Faÿ*, *op. cit.*, p. 94-95).

4. J.-M. Goulemot, *L'Amour des bibliothèques*, *op. cit.*, p. 160 : « L'hypothèse d'un projet subversif, chère à Barruel et à ses continuateurs, n'est pas ici évoquée ».

5. Antoine Compagnon, montre de manière convaincante que cette décision était intimement liée à la nomination de Faÿ à la tête de la Bibliothèque nationale (A. Compagnon, *Le Cas Bernard Faÿ*, *op. cit.*, p. 101-103).

6. *Ibid.*, p. 106.

7. Bernard Faÿ, « La documentation maçonnique », *Documents maçonniques*, n° 2, novembre 1941, p. 5.

8. *Ibid.*

9. Voir les observations de Jean-Marie Goulemot sur l'obsession antimaçonnique dans laquelle a sombré Bernard Faÿ. Goulemot a raison d'incriminer l'effondrement de 1940, choc similaire à celui de 1789 (Goulemot, *L'Amour des bibliothèques*, *op. cit.*, p. 167). Il convient aussi de lire l'ouvrage sous forme de Mémoires qu'a laissé Bernard Faÿ, où s'exprime une manière d'envisager les faits en tout point barruellienne : « Tous, et le peuple lui-même, se laissèrent duper par une force obscure, et manœuvrer du dehors par l'"opinion publique", qu'ils ne surent ni satisfaire, ni servir, ni braver et qui finit par les rouler tous ensemble, pêle-mêle, dans son fleuve de fange sanglante » (Bernard Faÿ, *La Guerre des trois fous. Hitler-Staline-Roosevelt*, Paris, Librairie académique Perrin, 1969, p. 132).

Bibliographie

Sources

Les Actes des Apôtres, 1789-1792.

L'Ami du roi, des Français, de l'ordre, et surtout de la vérité. Par les continuateurs de Fréron, 1790-1792.

L'Angleterre instruisant la France, ou Tableau historique et politique du règne de Charles Ier et de Charles II, Londres et Paris, 1793.

L'Année littéraire, 1754-1791.

The Anti-Jacobin Review and Magazine or, Monthly Political and Literary Censor, 1798-1821.

L'À-propos du moment, s.l.n.d. [1782].

Archives parlementaires de 1787 à 1860. Recueil complet des débats législatifs et politiques des Chambres françaises. Première série, 1787-1799, éd. J. Mavidal, E. Laurent et E. Clavel, Paris, Dupont, puis CNRS, 1867-1990, 97 vol.

ARGENSON René-Louis de Voyer de Paulmy, marquis d', *Journal et mémoires*, Paris, Renouard, 1859-1867, 9 vol.

BACHAUMONT Louis Petit de, *et alii*, *Mémoires secrets pour servir à l'histoire de la République des Lettres en France, depuis MDCCLXII jusqu'à nos jours*, Londres, John Adamson, 1777-1789, 36 vol.

BARBIER Edmond, *Chronique de la Régence et du règne de Louis XV*, Paris, Charpentier, 1857, 8 vol.

BARRUEL Augustin, *Abrégé des Mémoires pour servir à l'histoire du jacobinisme*, Londres, Le Boussonnier & Co, 1798.

—, *Développement du serment exigé des prêtres en fonction par l'Assemblée nationale. Extrait du* Journal ecclésiastique, *n° de décembre* (28 novembre 1790).

—, *Les Helviennes, ou Lettres provinciales philosophiques*, Amsterdam, Paris, 1781-1788, 5 vol.

—, *Mémoires pour servir à l'histoire du jacobinisme*, Hambourg, Fauche, 1797-1798, 5 vol.

—, *Le Patriote véridique, ou Discours sur les vraies causes de la révolution actuelle*, Paris, Crapart, 1789.

BERNIS François-Joachim de Pierre de, *Mémoires et lettres de François-Joachim de Pierre, cardinal de Bernis (1715-1758)*, éd. F. Masson, Paris, Ollendorff, 1903, 2 vol.

BERTRAND DE MOLLEVILLE Antoine François, *Mémoires particuliers pour servir à l'histoire de la fin du règne de Louis XVI*, Paris, Michaud, 1816, 2 vol.

BESENVAL Pierre-Victor, baron de, *Mémoires*, Paris, Mercure de France, 1987.

BOMBELLES Marc Marie, marquis de, *Journal du marquis de Bombelles*, Genève, Droz, 1978-2013, 7 vol.

BONNEVILLE Nicolas de, *Les Jésuites chassés de la maçonnerie et leur poignard brisé par les maçons*, Londres, 1788.

BRISSOT DE WARVILLE Jacques Pierre, *Correspondance et papiers*, éd. Cl. Perroud, Paris, Picard, 1912.

—, *Mémoires*, éd. Cl. Perroud, Paris, Picard, 1912, 3 vol.

British Diplomatic Instructions, 1689-1789, vol. VII, *France*, Part IV, *1745-1789*, éd. L. G. Wickham Legg, Londres, Royal Historical Society, 1934, Camden third series, vol. XLIX.

BROWNING Oscar (éd.), *Despatches from Paris, 1784-1790*, Londres, Offices of the Society, 1909-1910, 2 vol.

BURKE Edmund, *The Correspondence of Edmund Burke*, éd. T. W. Copeland *et alii*, Cambridge, Cambridge University Press, 1958-1978, 10 vol.

—, *Recherche philosophique sur l'origine de nos idées du Sublime et du Beau* (1757), Paris, Vrin, 1990.

—, *Réflexions sur la révolution de France*, éd. P. Raynaud, A. Fierro et G. Liébert, Paris, Hachette, 1989.

BURNET Gilbert, *Histoire de mon temps*, Paris, Béchet, 1824, 4 vol.

CADET DE GASSICOURT Charles Louis, *Le Tombeau de Jacques Molai, ou Histoire secrète et abrégée des initiés, anciens et modernes, des Templiers, Francs-maçons, Illuminés, etc. Et recherches sur leur influence dans la Révolution française, suivie de la clef des loges*, Paris, Dessenne, an V.

CAMPAN Henriette, *Mémoires de Madame Campan. Première femme de chambre de Marie-Antoinette*, Paris, Mercure de France, 1988.

CAPMARTIN DE CHAUPY Bertrand, *Philosophie des Lettres qui auroit pu tout sauver. Misosophie voltairienne qui n'a pu que tout perdre*, À Paris. En la double année des Événemens que nos glorieux pères n'auroient jamais pu prévoir, et que nos neveux, s'ils redeviennent de bons François, ne pourront point croire, C'est-à-dire, en 1789 et 1790.

Causes et agens des révolutions de France, s.l.n.d.

CAZOTTE Jacques, *Correspondance mystique de Jacques Cazotte. Édition critique*, éd. G. Décote, Paris, Klincksieck, 1982.

CHASSAIGNON Jean-Marie, *Les Nudités, ou les Crimes du peuple*, Paris, 1792.

CHATEAUBRIAND François René de, *Essai sur les Révolutions. Génie du Christianisme*, éd. M. Regard, Paris, Gallimard, Bibliothèque de la Pléiade, 1978.

—, *Mémoires d'outre-tombe*, Paris, Livre de Poche-Classiques Garnier, 1989-1998, 2 vol.

—, *Œuvres romanesques et voyages*, éd. M. Regard, Paris, Gallimard, Bibliothèque de la Pléiade, 1969, 2 vol.

CHOISY François Timoléon de, *Mémoires pour servir à l'histoire de Louis XIV par feu M. l'abbé de Choisy, de l'Académie française*, Utrecht, Wan-de-Vater, 1727, 2 vol.

COBBETT William (éd.), *The Parliamentary History of England from the Earliest Period, to the Year 1803*, Londres, Hansard, 1806-1820, 36 vol.

CONDORCET Jean Antoine Nicolas Caritat, marquis de, *Esquisse d'un tableau historique des progrès de l'esprit humain, suivi de Fragment sur l'Atlantide*, Paris, Flammarion, 1988.

—, *Vie de Voltaire* (1789), in *Œuvres complètes de Voltaire*, Paris, Garnier, 1883.

Les Conspirations d'Angleterre, ou l'Histoire des troubles suscités dans ce Royaume depuis l'an 1600 jusques à l'an 1679 inclusivement, Cologne, Le Blanc, 1680.

Le Contemporain, revue catholique, année 1878.

Courrier national, 1789.

CRILLON Louis Athanase Des Balbes de Berton de, *Mémoires philosophiques du baron de ***, chambellan de Sa Majesté l'Impératrice Reine*, Vienne, 1778, 2 vol.

Crimes des Anglais dévoilés à l'Europe entière, s.l.n.d.

DELISLE DE SALES Jean-Baptiste Claude Izouard, dit, *Tableau historique des règnes de Georges II et de Georges III, rois d'Angleterre*, Paris, an XI, 1802.

DERCHÉ Jean-Joseph, *Mémoire historique et politique touchant la conduite du ministère de la Grande-Bretagne à l'égard de la France*, s.l.n.d.

DES ÉTANGS, Nicolas Charles (ou Chaales), *La Franc-Maçonnerie justifiée de toutes les calomnies répandues contre elle, ou Réfutation du livre de l'abbé Barruel contre les francs-maçons, Œuvres maçonniques de N. C. des Étangs*, Paris, A. Berlandier, 1848.

DESMOULINS Camille, *Fragment de l'histoire secrète de la Révolution, sur la faction d'Orléans, le comité anglo-prussien et les six premiers mois de la République*, Paris, De l'imprimerie patriotique et républicaine, 1793.

—, *Le Vieux Cordelier*, 1793-1794.

DIDEROT Denis, *Œuvres complètes*, éd. J. Assézat et M. Tourneux, Paris, Garnier, 1875-1877, 20 vol.

DUBROCA Louis, *Mémoires pour servir à l'histoire des attentats du gouvernement anglais contre toutes les puissances de l'Europe, et particulièrement contre la France, depuis le commencement de la Révolution jusqu'à ce jour*, Paris, chez Dubroca Libraire, an XI, 1803.

DUFFY Michael (éd.), *The English Satirical Print, 1600-1832*, Cambridge, Chadwyck-Healey, 1986, 7 vol.

DUMAS Alexandre, *Joseph Balsamo, Le Collier de la reine. Mémoires d'un médecin*, Paris, Gallimard, coll. « Quarto », 2012.

—, *Le Meneur de loups et autres récits fantastiques*, Paris, Omnibus, 2002.

DUMONT Étienne, *Souvenirs sur Mirabeau et sur les deux premières assemblées législatives*, Paris, Gosselin, 1832.

DUPORT DU TERTRE François-Joachim, RIPAULT-DESORMEAUX Joseph-Louis, *Histoire des conjurations, conspirations et révolutions célèbres, tant anciennes que modernes. Dédiée à S. A. S. Monseigneur le duc d'Orléans, premier prince du sang*, Paris, Duchesne, 1754-1760, 10 vol.

DUQUESNOY Adrien, *Un révolutionnaire malgré lui. Journal, mai-octobre 1789*, éd. G. Mazeau, Paris, Mercure de France, 2016.

Événements instructifs et observations catholiques sur les protestants et les francs-maçons, du R. P. Eugène, prêtre capucin espagnol du roy. de Valence, fondateur des couvents de capucins de Gemnos, Marseille, Aix-en-Provence. Mis à jour par un ami de la religion, Besançon, Lambert, 1838.

FERRAND Antoine François Claude, *Les Conspirateurs démasqués. Par l'auteur de Nullité et Despotisme*, Turin, 1790.

FIARD Jean-Baptiste, *La France trompée par les magiciens et démonolâtres du dix-huitième siècle, fait démontré par des faits*, Paris, Grégoire, Thouvenin, 1803.

—, *Lettres magiques ou lettres sur le diable*, en France, 1791.

—, *Lettres philosophiques sur la magie*, Paris, Grégoire, Thouvenin, an XI, 1803, nlle éd.

—, *Le Mystère des magnétiseurs et des somnambules dévoilé aux âmes droites et vertueuses par un homme du monde*, Paris, Legrand, 1815.

—, *Le Secret de l'État, ou le Dernier Cri du vrai patriote*, s.l., an IV, 1796.

FOUGERET DE MONBRON Louis-Charles, *Préservatif contre l'anglomanie*, Minorque, 1757.

GALART DE MONTJOIE Félix Louis Christophe Ventre de La Touloubre, dit, *Histoire de la conjuration de Louis-Philippe-Joseph d'Orléans, surnommé Égalité*, Paris, 1796, 3 vol.

—, *Histoire de la conjuration de Maximilien Robespierre*, Paris, Les marchands de nouveautés, 1795.

—, *Histoire de la Révolution de France depuis la présentation au parlement de l'impôt territorial et celui du timbre, jusqu'à la conversion des états-généraux en assemblée nationale*, Paris, Perronneau, 1797, 2 vol.

GARAT Dominique-Joseph, *De la conspiration d'Orléans* (1797), *Mémoires relatifs à l'histoire de France*, éd. F. Barrière, XXV, Paris, 1862.

—, *Mémoires*, Paris, Poulet-Malassis, 1862.

Gazette, 1631-1661, puis *Gazette de France*, 1761-1792.

Gazette nationale, ou le Moniteur universel, 1789-1799.

GÉRARD Philippe-Louis, *Le Comte de Valmont, ou les Égaremens de la raison*, Paris, Moutard, 1775-1778, nlle éd., 5 vol.

GILIBERT DE MERLHIAC Martin Guillaume, *Essai comparatif entre le cardinal-duc de Richelieu, Premier ministre de Louis XIII, roi de France, et M. William Pitt, Premier ministre de George II, roi de Grande-Bretagne*, Paris, 1816.

GODECHOT Jacques (éd.), *La Pensée révolutionnaire en France et en Europe, 1780-1799*, Paris, A. Colin, 1964.

Grande trahison de M. Pitt, ministre d'Angleterre, envers la nation françoise, et sa punition exemplaire, avec le départ de la flotte angloise pour s'emparer des isles françoises, 1790.

GROSLEY Pierre-Jean, *Mémoires pour server à l'histoire des RR. PP. Jésuites*, 1767.

HASLAM John, PORTER Roy, WILLIAMS David, *Politiquement fou : James Tilly Matthews*, Paris, E. P. E. L., 1996.

HORNE D. B., RANSOME Mary (éd.), *English Historical Documents, 1714-1783*, Londres, Eyre & Spottiswoode, 1957.

JABINEAU Henri, *La Vraie Conspiration dévoilée*, 1790.

Journal encyclopédique, 1756-1793.

Le Journal français, par Messieurs Palissot et Clément, 1777-1778.

Journal général de France, 1785-1792

LA HARPE Jean-François de, *Œuvres choisies et posthumes de M. de La Harpe, de l'Académie française*, Paris, Migneret, 1806, 4 vol.

LA TOCNAYE Jacques Louis de Bougrenet de, *Les Causes de la révolution de France et les Efforts de la noblesse pour en arrêter les progrès*, Édimbourg, 1797.

LEBRUN-TOSSA Jean-Antoine, *La Folie de Georges, ou l'Ouverture du Parlement d'Angleterre, comédie en trois actes et en prose. Représentée pour la première fois au Théâtre de la Cité, le 4 pluviôse, l'an II de la République* [23 janvier 1794], Paris, Barba, an II.

LECOMTE Pierre Charles, *L'Esprit du gouvernement anglais, ou son système politique et celui des puissances de l'Europe, pendant deux siècles, ouvrage impartial, utile à tous les Européens*, Paris, [1806].

—, *Mémorial, ou Journal historique, impartial et anecdotique de la Révolution de France*, Paris, Duponcet, 1801-1803, 3 vol.

LE FRANC François, *Conjuration contre la religion catholique et les souverains, dont le projet, conçu en France, doit s'exécuter dans le monde entier. Ouvrage utile à tous les Français*, Paris, Lepetit, Crapart et Dufresne, 1792.

—, *Le Voile levé pour les curieux ou le Secret de la Révolution de France révélée à l'aide de la franc-maçonnerie*, Paris, Crapart, 1792, nlle éd.

LE SUEUR Jacques (pseudonyme d'Alexandre Louis Bertrand ROBINEAU), *Les Masques arrachés, histoire secrète des révolutions et contre-révolutions du Brabant et de Liège, contenant les vies privées de Vander Noot, Van Eupen, le Cardinal de Malines, la Pineau, l'évêque d'Anvers, Madame Cognau, et autres personnages fameux*, Amsterdam, 1791, 2 vol.

Lettre de Pitt aux Jacobins noirs, interceptée et publiée par un membre du parti de l'Opposition, dans laquelle Pitt déclare que depuis le commencement de la Révolution française, les Jacobins ont toujours été ses agents, s.l.n.d.

Lettre d'un Français à M. Pitt, ou Examen du systême suivi par le gouvernement britannique envers la France durant les dernières années de la monarchie et depuis l'établissement de la République, Paris, Duport, an VI (1797) suivi d'une *Seconde lettre d'un Français à M. Pitt*, an VI, 1798.

LINGUET Simon Nicolas Henri, *La France plus qu'Angloise, ou comparaison entre la Procédure entamée à Paris le 25 septembre 1788 contre les Ministres du Roi de France et le Procès intenté à Londres en 1640 au Comte de Strafford, principal Ministre de Charles premier, Roi d'Angleterre, avec des Réflexions sur le danger imminent dont les entreprises de la Robe menacent la Nation et les Particuliers*, Bruxelles, 1788.

*Le Livre des Rois du Nouveau Testament, ou correspondance du lord *** avec M. Pitt, ministre de la Grande Bretagne sur l'ouragan politique de la France*, décembre 1789.

LOMBARD DE LANGRES Vincent, *Des jacobins depuis 1789 jusqu'à ce jour, ou état de l'Europe en janvier 1822*, Paris, Les marchands de nouveautés, 1822.

LOUIS XVI, roi de France, VERGENNES Charles Gravier, comte de, *Louis XVI and the comte de Vergennes. Correspondence, 1774-1787*, éd. J. Hardman et M. Price, Oxford, Voltaire Foundation, 1998.

LUCHET Jean-Pierre de La Roche du Maine, marquis de, *Essai sur la secte des Illuminés*, Paris, 1789.

LUNEAU DE BOISJERMAIN Pierre Joseph François, *L'Esprit de M. Pitt, ou Vues politiques de ce ministre depuis qu'il est entré dans le conseil du roi d'Angleterre*, Paris, 1795.

MAISTRE Joseph de, *Considérations sur la France*, éd. J.-L. Darcel, Genève, Slatkine, 1980.

—, *Correspondance*, éd. M. Caron, Paris, Les Belles Lettres, 2017.

MALLET DU PAN Jacques, *Annales politiques, civiles et littéraires. Ouvrage périodique pour faire suite aux Annales de M. Linguet*, 1781-1783, 6 vol.

—, *Considérations sur la nature de la révolution de France et sur les causes qui en prolongent la durée*, Londres, Bruxelles, Flon, 1793.

—, *Mercure britannique*, 1798-1799.

MALOUET Pierre-Victor, *Mémoires*, Paris, Plon, 1874, 2 vol.

Les Mannequins. Conte ou histoire, comme l'on voudra, s.l.n.d.

MARIE-ANTOINETTE, reine de France, *Correspondance de Marie-Antoinette (1770-1793)*, éd. Éveline Lever, Paris, Tallandier, 2005.

—, *Marie-Antoinette, Joseph II und Leopold II. Ihr Briefwechsel*, éd. A. von Arneth, Leipzig, Köhler, 1866.

MERCIER Louis-Sébastien, *L'An 2440. Rêve s'il en fut jamais*, éd. C. Cave et C. Mercandier-Colard, Paris, La Découverte, 1999.

—, *De Jean-Jacques Rousseau considéré comme l'un des premiers auteurs de la Révolution*, éd. R. Trousson, Paris, Champion, 2010.

MERCY-ARGENTEAU Florimond, comte de, *Correspondance secrète du comte de Mercy-Argenteau avec l'Empereur Joseph II et le prince de Kaunitz*, éd., A. d'Arneth et J. Flammermont, Paris, Imprimerie nationale, 1889-1891, 2 vol.

MORANDE Charles Théveneau de, *Le Gazetier cuirassé, ou Anecdotes scandaleuses de la cour de France*, Imprimé à cent lieues de la Bastille à l'enseigne de la liberté, 1771.

MOREAU Jacob-Nicolas, *Écrits sur le patriotisme, l'esprit public et la propagande au milieu du XVIIIe siècle*, éd. E. Dziembowski, La Rochelle, Rumeur des Âges, 1997.

—, *Nouveau mémoire pour servir à l'histoire des Cacouacs*, Amsterdam, 1757.

—, *Mes Souvenirs*, éd. C. Hermelin, Paris, Plon, 1898-1901, 2 vol.

MORELLET André, *Lettres d'André Morellet*, éd. D. Medlin, J.-C. David, P. Leclerc, Oxford, Voltaire Foundation, 1991, 2 vols.

—, *Mémoires de l'abbé Morellet, de l'Académie française*, éd. Jean-Pierre Guicciardi, Paris, Mercure de France, 2000, nlle éd.

MOUFFLE D'ANGERVILLE Barthélemy François Joseph, *Vie privée de Louis XV, ou Principaux événements, particularités et anecdotes de son règne*, Londres, J. P. Lyton, 1781.

MOUNIER Jean-Joseph, *De l'influence attribuée aux Philosophes, aux Francs-Maçons et aux Illuminés sur la révolution de France*, Tübingen, J. G. Cotta, 1801.

—, *Recherches sur les causes qui ont empêché les Français de devenir libres et sur les moyens qui leur restent pour acquérir la liberté*, Genève, Paris, 1792, 2 vol.

NERVAL, Gérard de, *Œuvres complètes*, éd. J. Guillaume et C. Pichois, Paris, Gallimard, Bibliothèque de la Pléiade, 1984-1993, 3 vol.

NODIER Charles, *Portraits de la Révolution et de l'Empire*, Paris, Tallandier, 1988, 2 vol.

PAINE Thomas, *Les Droits de l'Homme*, éd. Cl. Mouchard, Paris, Belin, 1987.

PIDANSAT DE MAIROBERT Mathieu-François, *Anecdotes sur Mme la Ctesse du Barri*, s.l., 1776.

PIRON Alexis, *Un vieillard à ses compatriotes. Héroïde*, 1760.

De la politique et de la tyrannie de l'Angleterre, Namur, Lafontaine, s.d.

PORTIEZ Louis, *Influence du gouvernement anglais sur la Révolution française démontrée par les discussions du Parlement d'Angleterre, les négociations du ministère britannique et les démarches de ses agents auprès des puissances étrangères*, Paris, an XII (1803).

PRADT Dominique Frédéric Dufour, baron de, *Éclaircissemens historiques et impartiaux sur les causes secrettes et les effets publics de la révolution de 1789*, s.l., 1790.

Procès de J. P. Brissot et complices, ex-députés à la Convention nationale, Paris, nivôse, l'an II de la République française.

PROYART Liévin Bonaventure, *Louis XVI détrôné avant d'être roi ou tableau des causes nécessaires de la Révolution française et de l'ébranlement de tous les trônes*, Hambourg, 1800.

RAYNAL Guillaume-Thomas *et alii*, *Histoire philosophique et politique des établissements et du commerce des Européens dans les deux Indes*, Genève, Pellet, 1780, 10 vol.

Recueil Clairambault-Maurepas. Chansonnier historique du XVIIIe siècle, éd. É. Raunié, Paris, Quantin, 1879-1884, 10 vol.

REGNAULT Élias, *Histoire criminelle du gouvernement anglais, depuis les premiers massacres de l'Irlande jusqu'à l'empoisonnement des Chinois*, Tournai, Massart et Janssens, 1843.

ROBESPIERRE Maximilien, *Œuvres*, Paris, Leroux, Alcan, PUF, 1910-1967, 10 vol.

ROBISON John, *Preuves de conspirations contre toutes les religions et tous les gouvernements de l'Europe ourdies dans les assemblées secrètes des Illuminés, des Francs-Maçons et des sociétés de lecture recueillies de bons auteurs*, Londres, Cadell et Davies, Édimbourg, Vernor & Hood & Creech, 1798.

Romanciers du XVIIIe siècle, éd. Étiemble, Paris, Gallimard, Bibliothèque de La Pléiade, 1960-1965, 2 vol.

ROUSSEAU Jean-Jacques, *Œuvres complètes*, Paris, Gallimard, Bibliothèque de la Pléiade, 1959-1995, 5 vol.

SADE Donatien Alphonse François de, *Idée sur les romans*, éd. O. Uzanne, Paris, E. Rouveyre, 1878.

SAIGE Guillaume-Joseph, *Catéchisme du citoyen, ou éléments du droit public français par demandes et réponses*, nlle éd, 1788.

SAINT-SIMON Louis de Rouvroy, duc de, *Mémoires*, Paris, Tallandier, 1980, 10 vol.

SALLE, Jean-Baptiste, *Charlotte Corday, Tragédie*, éd. G. Moreau-Chaslon, Paris, Miard, 1864.

—, *L'Entrée de Danton aux enfers, poème inédit*, éd. G. Moreau-Chaslon, Paris, Miard, 1865.

SAND George, *Consuelo, La Comtesse de Rudolstadt*, II, Paris, Gallimard, coll. « Folio », 2004, 2 vol.

SÉNAC DE MEILHAN Gabriel, *Des principes et des causes de la révolution en France*, Londres, Paris, Duchesne, 1790.

SOULAVIE Jean-Louis, *Mémoires historiques et politiques du règne de Louis XVI*, Paris, Treuttel et Würtz, 1801, 6 vol.

SOURDAT François Nicolas, *Les Véritables Auteurs de la révolution de France de 1789*, Neufchâtel, 1797.

STAËL Germaine de, *Considérations sur la Révolution française*, Paris, Tallandier, 1983.

La Tactique du cabinet de St James dévoilée, ou Soliloques de M. Pitt, avec un commentaire non moins curieux sur le texte, précédés d'un précis rapide du ministère de ce grand homme *et suivis de quelques autres pièces propres à jeter un plus grand jour sur la tactique du cabinet britannique et les causes secrètes de la déclaration de guerre par S. M. Georges III, roi de la Grande-Bretagne*, Londres et Paris, 1804.

Théâtre du XVIIIe *siècle*, éd. J. Truchet, Paris, Gallimard, Bibliothèque de la Pléiade, 1972-1974, 2 vol.

TURBAT Pierre, *Vie secrette et politique de Brissot*, Paris, an II.

TURGOT Anne Robert Jacques, *Œuvres de Turgot et documents le concernant*, éd. G. Schelle, Paris, Alcan, 1913-1923, 5 vol.

VALLIER François-Charles, comte Du Saussay, *Le Citoyen, poème*, Nancy, 1759.

VAUCHER Paul (éd.), *Recueil des Instructions données aux ambassadeurs et ministres de France depuis les traités de Westphalie jusqu'à la révolution française*, XXV, *Angleterre*, T. 3, Paris, CNRS, 1965.

VERNES Jacob, *Confidence philosophique*, Londres (Genève), 1788, nlle éd., 2 vol.

Études

ACOMB Frances, *Anglophobia in France, 1763-1789. An Essay in the History of Constitutionalism and Nationalism*, Durham, Duke University Press, 1950.

—, *Mallet du Pan (1749-1800). A career in political journalism*, Durham, Duke University Press, 1973.

AGULHON Maurice, *Pénitents et francs-maçons dans l'ancienne Provence*, Paris, Fayard, 1984, nlle éd.

ALIMENTO Antonella, GOGGI Gianluigi (dir.), *Autour de l'abbé Raynal : genèse et enjeux politiques de l'*Histoire des deux Indes, Ferney-Voltaire, Centre international d'étude du XVIIIe siècle, 2018.

ARASSE Daniel, *La Guillotine et l'Imaginaire de la Terreur*, Paris, Flammarion, coll. « Champs », 1987.

BADINTER Élisabeth et Robert, *Condorcet. Un intellectuel en politique*, Paris, Fayard, 1988.

BAKER Keith Michael, *Inventing the French Revolution. Essays on French Political Culture in the Eighteenth Century*, Cambridge, Cambridge University Press, 1990.

— (dir.), *The Political Culture of the Old Regime*, Oxford, Pergamon Press, 1987.

BALDENSPERGER Fernand, *Le Mouvement des idées dans l'émigration française (1789-1815)*, Paris, Plon, 1924, 2 vol.

BARNY Roger, *L'Éclatement révolutionnaire du rousseauisme*, Besançon, Annales littéraires de l'université de Besançon, Paris, Les Belles Lettres, 1988.

—, *Prélude idéologique à la Révolution française. Le rousseauisme avant 1789*, Besançon, Annales littéraires de l'université de Besançon, Paris, Belles Lettres, 1985.

—, *Le Triomphe du droit naturel : la constitution de la doctrine révolutionnaire des droits de l'homme (1787-1789)*, Besançon, Annales littéraires de l'université de Franche-Comté, Paris, Les Belles Lettres, 1997.

BEAUREPAIRE Pierre-Yves, *L'Europe des francs-maçons, XVIIIe-XXIe siècles*, Paris, Belin, 2018.

—, *Les Illuminati. De la société secrète aux théories du complot*, Paris, Tallandier, 2022.

—, *La République universelle des francs-maçons. De Newton à Metternich*, Rennes, Ouest-France, 1999.

BEIK Paul H., *The French Revolution Seen from the Right. Social Theories in Motion, 1789-1799*, Philadelphie, Transactions of the American Philosophical Society, vol 46, part I, 1956.

BERTAUD Jean-Paul, *Les Amis du roi. Journaux et journalistes royalistes en France de 1789 à 1792*, Paris, Perrin, 1984.

BIARD Michel, *La Révolution hantée. Enfers fantasmés et Révolution française*, Paris, Vendémiaire, 2017.

BIEN David D., *L'Affaire Calas. Hérésie, persécution, tolérance à Toulouse au 18e siècle*, Toulouse, Éché, 1987.

BLACK Jeremy, *British Foreign Policy in an Age of Revolutions, 1783-1793*, Cambridge, Cambridge University Press, 1994.

—, *Natural and Necessary Enemies. Anglo-French Relations in the Eighteenth Century*, Athens, The University of Georgia Press, 1986.

BLANC Olivier, *Les Espions de la Révolution et de l'Empire*, Paris, Perrin, 1995.

—, *Les Hommes de Londres. Histoire secrète de la Terreur*, Paris, Albin Michel, 1989.

BLOCH Marc, *L'Histoire, la Guerre, la Résistance*, éd. A. Becker et É. Bloch, Paris, Gallimard, coll. « Quarto », 2006.

BONN Gérard, *La Révolution française et Camille Desmoulins*, Paris, Glyphe, 2012.

BONNET Jean-Claude, *Naissance du Panthéon. Essai sur le culte des grands hommes*, Fayard, 1998.

BOURSEILLER Christophe, *Le Complotisme, anatomie d'une religion*, Paris, Cerf, 2022.

BREDIN Jean-Denis, *Sieyès. La clé de la Révolution française*, Paris, de Fallois, 1988.

BRUNSCHWIG Henri, *Société et romantisme en Prusse au XVIIIe siècle*, Paris, Flammarion, 1973, nlle éd.

BURNAND Léonard, *Les Pamphlets contre Necker. Médias et imaginaire politique au XVIIIe siècle*, Paris, Garnier, 2009.

BURROWS Simon, *Blackmail, Scandal and Revolution. London's French* Libellistes, *1758-92*, Manchester, New York, Manchester University Press, 2006.

—, *A King's Ransom. The Life of Charles Théveneau de Morande, Blackmailer, Scandalmonger and Master-Spy*, Londres, Continuum, 2010.

BURSTIN Haim, *Révolutionnaires. Pour une anthropologie politique de la Révolution française*, Paris, Vendémiaire, 2013.

CAMPBELL Peter R. (dir.), *The Origins of the French Revolution*, Londres, Macmillan, 2006.

—, KAISER Thomas E., LINTON Marissa (dir.), *Conspiracy in the French Revolution*, Manchester, Manchester University Press, 2007.

CHARTIER Roger, *Les Origines culturelles de la Révolution française*, Paris, Seuil, 1990.

CHAUNU Pierre, FOISIL Madeleine, NOIRFONTAINE Françoise de, *Le Basculement religieux de Paris au XVIIIe siècle*, Paris, Fayard, 1999.

CHAUSSINAND-NOGARET Guy, *Le Cardinal Dubois, 1656-1723, ou une certaine idée de l'Europe*, Paris, Perrin, 2000.

CHEVALLIER Pierre, *Histoire de la Franc-Maçonnerie française*, I, *La Maçonnerie : l'école de l'Égalité (1725-1799)*, Paris, Fayard, 1974.

CHONAVEY Sébastien, *Dis, c'est quoi les théories du complot ?*, Waterloo, Renaissance du Livre, 2019.

CHRISTIE Ian R., *Myth and Reality in Late-Eighteenth-Century British Politics and Other Papers*, Londres, Macmillan, 1970.

—, *Stress and Stability in Late Eighteenth Century Britain. Reflections on the British Avoidance of Revolution*, Oxford, Clarendon Press, 1984.

COCHIN Augustin, *La Machine révolutionnaire. Œuvres*, Paris, Tallandier, 2018.

COHN Norman, *Histoire d'un mythe. La « Conspiration » juive et les* Protocoles des Sages de Sion, Paris, Gallimard, 1967.

—, *Les Fanatiques de l'apocalypse. Courants millénaristes révolutionnaires du XIe au XVIe siècle*, Bruxelles, Aden, 2011, nlle éd.

COMPAGNON Antoine, *Le Cas Bernard Faÿ. Du Collège de France à l'indignité nationale*, Paris, Gallimard, 2009.

CORBIÈRE Alexis, *Jacobins ! Les inventeurs de la République*, Paris, Perrin, 2019.

COTTRET Bernard (dir.), *Du patriotisme aux nationalismes (1700-1848), France, Grande-Bretagne, Amérique du Nord*, Paris, Créaphis, 2002.

COTTRET Monique, *La Bastille à prendre. Histoire et mythe de la forteresse royale*, Paris, PUF, 1986.

—, *Choiseul. L'obsession du pouvoir*, Paris, Tallandier, 2018.

—, *Culture et politique dans la France des Lumières (1715-1792)*, Paris, Armand Colin, 2002.

COUDART Laurence, *La Gazette de Paris. Un journal royaliste pendant la Révolution française (1789-1792)*, Paris, L'Harmattan, 1995.

DANBLON Emmanuelle, NICOLAS Loïc (dir.), *Les Rhétoriques de la conspiration. Historiciser l'imaginaire du complot*, Paris, CNRS, 2010.

DARD Olivier, *La Synarchie. Le mythe du complot permanent*, Paris, Perrin, 2012, coll. « Tempus ».

DARNTON Robert, *Bohème littéraire et révolution. Le monde du livre au XVIIIe siècle*, Paris, Gallimard, Seuil, 1983.

—, *Le Diable dans un bénitier. L'art de la calomnie en France, 1650-1800*, Paris, Gallimard, 2010.

—, *Édition et sédition. L'univers de la littérature clandestine au XVIIIe siècle*, Paris, Gallimard, 1991.

—, *La Fin des Lumières. Le mesmérisme et la Révolution*, Paris, Perrin, 1984.

—, *Gens de lettres, gens du livre*, Paris, Odile Jacob, 1992.

DÉCOTE Georges, *L'Itinéraire de Jacques Cazotte (1719-1792). De la fiction littéraire au mysticisme politique*, Genève, Droz, 1984.

DELON Michel (dir.), *Dictionnaire européen des Lumières*, Paris, PUF, 1997.

DELUMEAU Jean, *Une histoire du paradis*, II, *Mille ans de bonheur*, Paris, Fayard, 2002.

—, *La Peur en Occident (XIVe-XVIIIe siècle). Une cité assiégée*, Paris, Hachette, coll. « Pluriel », 1982.

DERMENGHEM Émile, *Joseph de Maistre mystique. Ses rapports avec le martinisme, l'illuminisme et la franc-maçonnerie, l'influence des doctrines mystiques et occultes sur sa pensée religieuse*, Paris, La Colombe, 1946.

DIESBACH Ghislain de, *Histoire de l'émigration 1789-1815*, Paris, Perrin, coll. « Tempus », 2007.

DOYLE William, *Des origines de la Révolution française*, Paris, Calmann-Lévy, 1988.

—, *The Oxford History of the French Revolution*, Oxford, Oxford University Press, 2018, nlle éd.

DUPILET Alexandre, *Le Cardinal Dubois. Le génie politique de la Régence*, Paris, Tallandier, 2015.

—, *La Régence absolue. Philippe d'Orléans et la polysynodie (1715-1718)*, Seyssel, Champ Vallon, 2011.

DUPRAT Annie, *Marie-Antoinette. Une reine brisée*, Paris, Perrin, 2006.

—, *Les Rois de papier. La caricature de Henri III à Louis XVI*, Paris, Belin, 2002.

DZIEMBOWSKI Edmond, *La Guerre de Sept Ans, 1756-1763*, Paris, Perrin, ministère de la Défense, 2015.

—, *Un nouveau patriotisme français, 1750-1770. La France face à la puissance anglaise à l'époque de la guerre de Sept Ans*, Oxford, Voltaire Foundation, 1998.

—, *Les Pitt. L'Angleterre face à la France 1708-1806*, Paris, Perrin, 2006.

—, *Le Siècle des révolutions, 1660-1789*, Paris, Perrin, 2019.

—, THOMSON Ann, BURROWS Simon (dir.), *Cultural Transfers : France and Britain in the Long Eighteenth Century*, Oxford, Voltaire Foundation, 2010.

EGRET Jean, *La Pré-Révolution française (1787-1788)*, Paris, PUF, 1962.

—, *La Révolution des Notables. Mounier et les Monarchiens 1789*, Paris, Armand Colin, 1989.

EHRMAN John, *The Younger Pitt*, Londres, Constable, 1984-1996, 3 vol.

FABRE Pierre Antoine, MAIRE Catherine (dir.), *Les Antijésuites. Discours, figures et lieux de l'antijésuitisme à l'époque moderne*, Rennes, Presses universitaires de Rennes, 2010.

FAIVRE Antoine, *L'Ésotérisme au XVIIIe siècle en France et en Allemagne*, Paris, la Table d'Émeraude, 1973.

FAŸ Bernard, *La Franc-Maçonnerie et la Révolution intellectuelle du XVIIIe siècle*, Paris, La Librairie française, 1961, nlle éd.

FÉLIX Joël, *Louis XVI et Marie-Antoinette. Un couple en politique*, Paris, Payot, 2006.

FLAHAUT Jean, *Charles-Louis Cadet de Gassicourt (1769-1821), bâtard royal, pharmacien de l'Empereur*, Paris, Teissèdre, 2001.

FURET François, *Penser la Révolution française*, Paris, Gallimard, 1983.

—, OZOUF Mona (dir.), *Dictionnaire critique de la Révolution française*, Paris, Flammarion, 1988.

—, OZOUF Mona (dir.), *Terminer la Révolution. Mounier et Barnave dans la Révolution française*, Grenoble, Presses universitaires de Grenoble, 1990.

—, OZOUF Mona (dir.), *The Transformation of Political Culture 1789-1848*, Oxford, Pergamon Press, 1989.

—, RICHET Denis, *La Révolution française*, Paris, Hachette, 1999, nlle éd.

GABEREL Jean, *Voltaire et les Genevois*, Paris et Genève, J. Cherbuliez, 1857.

GAUCHET Marcel, *Robespierre. L'homme qui nous divise le plus*, Paris, Gallimard, 2018.

GAYOT Gérard, *La Franc-Maçonnerie française. Textes et pratiques (XVIII*e*-XIX*e* siècles)*, Paris, Gallimard, coll. « Archives », 1981.

GEMBICKI Dieter, *Histoire et politique à la fin de l'Ancien Régime. Jacob-Nicolas Moreau (1717-1803)*, Paris, Nizet, 1979.

GODECHOT Jacques, *Le Comte d'Antraigues. Un espion dans l'Europe des émigrés*, Paris, Fayard, 1986.

—, *La Contre-Révolution. Doctrine et action, 1789-1804*, Paris, PUF, 1984.

—, *La Grande Nation. L'expansion révolutionnaire de la France dans le monde de 1789 à 1799*, Paris, Aubier Montaigne, 1983.

GODFREY Richard, *James Gillray. The Art of Caricature*, Londres, Tate Publishing, 2001.

GOODWIN Albert, *The Friends of Liberty. The English Democratic Movement in the Age of the French Revolution*, Cambridge, MA, Harvard University Press, 1979.

GOULEMOT Jean-Marie, *L'Amour des bibliothèques*, Paris, Seuil, 2006.

—, *Le Règne de l'histoire. Discours historiques et révolutions, XVII*e*-XVIII*e* siècle*, Paris, Albin Michel, 1996.

GRANGE Henri, *Les Idées de Necker*, Paris, Klincksieck, 1974.

GRIFFITHS Robert, *Le Centre perdu. Malouet et les « monarchiens » dans la Révolution française*, Grenoble, Presses universitaires de Grenoble, 1988.

GROSCLAUDE Pierre, *Malesherbes. Témoin et interprète de son temps*, Paris, Fischbacher, 1961, 2 vol.

GUENIFFEY Patrice, *Bonaparte, 1769-1802*, Paris, Gallimard, 2014.

—, *La Politique de la Terreur. Essai sur la violence révolutionnaire, 1789-1794*, Gallimard, coll. « Tel », 2000.

HALÉVI Ran, *Les Loges maçonniques dans la France d'Ancien Régime. Aux origines de la sociabilité démocratique*, Paris, Armand Colin, École des hautes études en sciences sociales, 1984.

HAMPSON Norman, *Maximilien Robespierre*, Paris, Montalba, 1974.

—, *The Perfidy of Albion. French Perceptions of England during the French Revolution*, Londres, Macmillan, 1988.

—, *Will and Circumstance. Montesquieu, Rousseau and the French Revolution*, Norman, University of Oklahoma Press, 1983.

HARDMAN John, *French Politics 1774-1789. From the Accession of Louis XVI to the Fall of the Bastille*, Londres, Longman, 1995.

—, *Louis XVI*, New Haven, Londres, Yale University Press, 1993.

HAZARD Paul, *La Crise de la conscience européenne, 1680-1715*, Paris, Fayard, 1961, nlle éd.

—, *La Pensée européenne au XVIIIe siècle. De Montesquieu à Lessing*, Paris, Fayard, 1963, nlle éd.

HERVOUËT Blandine, *Jacob-Nicolas Moreau, le dernier des légistes. Une défense de la constitution monarchique au siècle des Lumières*, Paris, LGDJ, 2009.

HOFSTADTER Richard, *Le Style paranoïaque. Théories du complot et droite radicale en Amérique*, Paris, François Bourin, 2012.

ISRAEL Jonathan, *Radical Enlightenment. Philosophy and the Making of Modernity 1650-1750*, Oxford, Oxford University Press, 2002.

—, *Revolutionary Ideas. An Intellectual History of the French Revolution from the Rights of Man to Robespierre*, Princeton, Princeton University Press, 2015.

JACOB Margaret C., *The Radical Enlightenment. Pantheists, Freemasons and Republicans*, Lafayette, Cornerstone, 2006, nlle éd.

JARRETT Derek, *The Begetters of Revolution. England's involvement with France, 1759-1789*, Londres, Longman, 1973.

—, *The Three Faces of Revolution. Paris, London and New York in 1789*, Londres, George Philip, 1989.

JAUME Lucien, *Le Discours jacobin et la Démocratie*, Paris, Fayard, 1989.

—, *Échec au libéralisme. Les Jacobins et l'État*, Paris, Kimé, 1990.

JAURÈS Jean, *Histoire socialiste de la Révolution française*, Paris, Éditions sociales, 1972, 7 vol.

JEANNENEY Jean-Noël (dir.), *Une idée fausse est un fait vrai. Les stéréotypes nationaux en Europe*, Paris, Odile Jacob, 2000.

JOURDAN Annie, *La Révolution, une exception française ?*, Paris, Flammarion, 2004.

KAPLAN Steven L., *Le Complot de famine : histoire d'une rumeur au XVIIIe siècle*, Paris, Armand Colin, 1982.

KENYON John, *The Popish Plot*, Londres, Pelican, 1974.

KILLEN Alice M., *Le Roman « terrifiant » ou roman « noir » de Walpole à Anne Radcliffe et son influence sur la littérature française jusqu'en 1840*, Paris, G. Crès et Cie, 1916.

KREIS Emmanuel, *Les Puissances de l'ombre. La théorie du complot dans les textes*, Paris, CNRS, coll « Biblis », 2012.

LABOURDETTE Jean-François, *Vergennes, ministre principal de Louis XVI*, Paris, Desjonquères, 1990.

LEBRUN Annie, *Les Châteaux de la subversion*, Paris, Pauvert et Garnier, 1982.

LECLERCQ Dom Henri, *Histoire de la Régence pendant la minorité de Louis XV*, Paris, Champion, 1922, 2 vol.

LEFEBVRE Georges, *La Grande Peur de 1789*, suivi de *Les Foules révolutionnaires*, Paris Armand Colin, 1988, nlle éd.

LE FORESTIER René, *La Franc-Maçonnerie templière et occultiste aux XVIIIe et XIXe siècles*, Paris, La Table d'émeraude, 1987.

—, *Les Illuminés de Bavière et la Franc-Maçonnerie allemande*, Paris, Hachette, 1914.

LEMAIRE Jacques, *Les Origines françaises de l'antimaçonnisme (1744-1797)*, Bruxelles, Éditions de l'université de Bruxelles, « Études sur le XVIIIe siècle », volume hors-série 2, 1985.

LEMAY Edna Hindie (dir.), *Dictionnaire des Constituants*, 1789-1791, Oxford, Voltaire Foundation, 1991, 2 vols.

LENTZ Thierry, *Le Grand Consulat, 1799-1804*, Paris, Fayard, 1999.

LEUWERS Hervé, *Camille et Lucile Desmoulins. Un rêve de république*, Paris, Fayard, 2018.

—, *Robespierre*, Paris, Fayard, 2014.

LEVER Éveline, *Louis XVI*, Paris, Fayard, 1985.

—, *Philippe Égalité*, Paris, Fayard, 1996.

LÉVY Maurice, *Le Roman « gothique » anglais, 1764-1824*, Paris, Albin Michel, nlle éd., 1995.

LILTI Antoine, *Figures publiques. L'invention de la célébrité (1750-1850)*, Paris, Fayard, 2014.

LOCK Frederick Peter, *Edmund Burke*, Oxford, Clarendon Press, 1998-2006, 2 vol.

LUCAS Colin (dir.), *The Political Culture of the French Revolution*, Oxford, Pergamon Press, 1988.

MARTIN Jean-Clément (dir.), *Dictionnaire de la Contre-Révolution*, Paris, Perrin, 2011.

—, *Nouvelle histoire de la Revolution française*, Paris, Perrin, 2012.

—, *Violence et Révolution. Essai sur la naissance d'un mythe national*, Paris, Le Seuil, 2006.

MASON Haydn (dir.), *The Darnton Debate. Books and Revolution in the Eighteenth Century*, Oxford, Voltaire Foundation, 1998.
MASSEAU Didier (dir.), *Dictionnaire des anti-Lumières et des antiphilosophes (France, 1715-1815)*, Paris, Champion, 2017, 2 vol.
—, *Les Ennemis des philosophes. L'antiphilosophie au temps des Lumières*, Paris, Albin Michel, 2000.
MATHIEZ Albert, *Études robespierristes*, II, *La Conspiration de l'étranger*, Paris, Armand Colin, 1918.
—, *La Révolution et les Étrangers : cosmopolitisme et défense nationale*, Paris, La Renaissance du livre, 1918.
MAZON Albin, *Histoire de Soulavie (naturaliste, diplomate, historien)*, Paris, Fischbacher, 1893.
MILNER Max, *Le Diable dans la littérature française. De Cazotte à Baudelaire 1772-1861*, Paris, Corti, 2007, nlle éd.
MINOIS Georges, *Histoire de l'avenir, des Prophètes à la prospective*, Paris, Fayard, 1996.
MITCHELL Leslie G., *Charles James Fox*, Londres, Penguin, 1997, nlle éd.
MONIER Frédéric, *Le Complot dans la République. Stratégies du secret de Boulanger à la Cagoule*, Paris, La Découverte, 1998.
— (dir.), *Complots et conspirations en France du XVIIIe au XXe siècle*, Valenciennes, Presses universitaires de Valenciennes, 2003.
MONOD Paul Kléber, *Solomon's Secret Arts. The Occult in the Age of Enlightenment*, New Haven, Londres, Yale University Press, 2013.
MORI Jennifer, *William Pitt and The French Revolution 1785-1795*, Édimbourg, Keele University Press, 1997.
MORNET Daniel, *Les Origines intellectuelles de la Révolution française, 1715-1787*, Paris, Armand Colin, 1933.
MURAY Philippe, *Le XIXe siècle à travers les âges*, Paris, Gallimard, coll. « Tel », 1999, nlle éd.
MURRAY William James, *The Right-Wing Press in the French Revolution: 1789-92*, Londres, Boydell Press, 1986.
O'GORMAN Frank, *The Rise of Party in England. The Rockingham Whigs 1760-82*, Londres, Allen & Unwin, 1975.
PALMER Robert Roswell, *The Age of the Democratic Revolution. A Political History of Europe and America 1760-1800*, Princeton, Princeton University Press, 1959-1964, 2 vol.
—, *1789. Les révolutions de la liberté et de l'égalité*, Paris, Calmann-Lévy, 1968.
PETITFILS Jean-Christian, *Louis XV*, Paris, Perrin, 2014.
—, *Louis XVI*, Paris, Perrin, 2005.
POLIAKOV Léon, *Histoire de l'antisémitisme*, III, *De Voltaire à Wagner*, Paris, Calmann-Lévy, 1968.

POMEAU René, *Voltaire en son temps*, Paris, Fayard, 1995, 2 vol.
PORTER Roy, *Enlightenment. Britain and the Creation of the Modern World*, Londres, Allen Lane, 2000.
POULAT Émile, LAURANT Jean-Pierre, *L'Antimaçonnisme catholique.* Les Francs-Maçons *par Mgr de Ségur*, Paris, Berg International, 1994.
PRICE Munro, *Preserving the Monarchy. The Comte de Vergennes, 1774-1787*, Cambridge, Cambridge University Press, 1995.
RAYNAUD Philippe, *Trois révolutions de la liberté. Angleterre, Amérique, France*, Paris, PUF, 2009.
RÉTAT Pierre (dir.), *L'Attentat de Damiens. Discours sur l'événement au XVIIIe siècle*, Paris, CNRS, 1979.
REYNAUD Denis, THOMAS Chantal (dir.), *Le Régent. Entre fable et histoire*, Paris, CNRS, 2003.
RIQUET Michel, *Augustin de Barruel. Un jésuite face aux Jacobins francs-maçons, 1741-1820*, Paris, Beauchesne, 1989.
RIVIALE Philippe, *La Révolution française et les « complots imaginaires »*, Paris, L'Harmattan, 2017.
ROBERTS John Morris, *The Mythology of the Secret Societies*, Londres, Watkins, 2008, nlle éd.
ROBIQUET Paul, *Théveneau de Morande. Étude sur le XVIIIe siècle*, Paris, Quantin, 1882.
SACK James J., *From Jacobite to Conservative. Reaction and Orthodoxy in Britain, c. 1760-1832*, Cambridge, Cambridge University Press, 1993.
SAINT VICTOR Jacques de, *La Première Contre-Révolution 1789-1791*, Paris, PUF, 2010.
—, *Les Racines de la liberté. Le débat français oublié, 1689-1789*, Paris, Perrin, 2007.
SCHAMA Simon, *Citizens. A Chronicle of the French Revolution*, Londres, Penguin, 1989.
SGARD Jean (dir.), *Dictionnaire des journalistes 1600-1789*, Oxford, Voltaire Foundation, 1999, 2 vol.
— (dir.), *Dictionnaire des journaux 1600-1789*, Paris, Universitas, 1991, 2 vol.
SHAW Edward Pease, *Jacques Cazotte (1719-1792)*, Cambridge, Mass., Harvard University Press, 1942.
SOBOUL Albert (dir.), *Dictionnaire historique de la Révolution française*, Paris, PUF, 2005, nlle éd.
SOREL Albert, *L'Europe et la Révolution française*, Paris, Plon, Nourrit et Cie, 1885-1904, 8 vol.
SPARROW Elizabeth, *Secret Service. British Agents in France 1792-1815*, Woodbridge, Boydell Press, 1999.

STAROBINSKI Jean, *1789. Les emblèmes de la raison*, Paris, Flammarion, 1973.
TACKETT Timothy, *Par la volonté du peuple. Comment les députés de 1789 sont devenus révolutionnaires*, Paris, Albin Michel, 1997.
TAGUIEFF Pierre-André, *La Foire aux Illuminés. Ésotérisme, théorie du complot, extrémisme*, Paris, Mille et Une Nuits, 2005.
—, *L'Imaginaire du complot mondial. Aspects d'un mythe moderne*, Paris, Mille et Une Nuits, 2006.
—, *Les Protocoles des Sages de Sion. Faux et usages d'un faux*, Paris, Fayard, 2004.
—, *Le Sens du progrès. Une approche historique et philosophique*, Paris, Flammarion, 2004.
—, *Les Théories du complot*, Paris, PUF, coll. « Que sais-je ? », 2021.
TAINE Hippolyte, *Les Origines de la France contemporaine*, Paris, Robert Laffont, coll. « Bouquins », 1986, 2 vol.
THOMAS Chantal, *La Reine scélérate. Marie-Antoinette dans les pamphlets*, Paris, Seuil, 1989.
TOCQUEVILLE Alexis de, *Œuvres*, Paris, Gallimard, Bibliothèque de la Pléiade, 1991-2004, 3 vol.
TOMBS Robert et Isabelle, *That Sweet Enemy. The French and the British from the Sun King to the Present*, Londres, Heinemann, 2006.
VAN KLEY Dale, *Les Origines religieuses de la Révolution française 1560-1791*, Paris, Seuil, 2002.
VIALLANEIX Paul (dir.), *Le Préromantisme : hypothèque ou hypothèse ?*, Actes du colloque de Clermont-Ferrand, 29-30 juin 1972, Paris, Klincksieck, 1975.
VIATTE Auguste, *Les Sources occultes du romantisme. Illuminisme-théosophie, 1770-1820*, Paris, Champion, 1928, 2 vol.
VINCENT Bernard, *Louis XVI*, Paris, Gallimard, 2006.
—, *Thomas Paine, ou la Religion de la liberté*, Paris, Aubier, 1987.
VOVELLE Michel, *Les Jacobins : de Robespierre à Chevènement*, Paris, La Découverte, 2001, nlle éd.
—, *La Mentalité révolutionnaire : société et mentalités sous la Révolution française*, Paris, Éditions sociales, 1985.
—, *Piété baroque et déchristianisation en Provence au XVIIIe siècle*, Paris, Plon, 1973.
WANGERMANN Ernst, *From Joseph II to the Jacobin Trials. Government Policy and Public Opinion in the Habsburg Dominions in the Period of the French Revolution*, Oxford, Oxford University Press, 1959.
WEBER Eugen, *Apocalypses et millénarismes. Prophéties, cultes et croyances millénaristes à travers les âges*, Paris, Fayard, 1999.

WHATMORE Richard, *Against War and Empire. Geneva, Britain and France in the Eighteenth Century*, New Haven, Londres, Yale University Press, 2012.

WOODBRIDGE John D., *Revolt in Pre-Revolutionary France. The Prince de Conti's Conspiracy against Louis XV, 1755-1757*, Baltimore, Johns Hopkins University Press, 1995.

ZAMOYSKI Adam, *Holy Madness. Romantics, Patriots and Revolutionaries 1776-1871*, Londres, Weidenfeld & Nicolson, 1999.

—, *Phantom Terror. The Threat of Revolution and the Repression of Liberty 1789-1848*, Londres, William Collins, 2014.

Index

Table

Pour en savoir plus
sur les Éditions Perrin
vous pouvez consulter notre site Internet

www.editions-perrin.fr

lisez!

et nous suivre sur les réseaux sociaux

Editions Perrin

@EditionsPerrin

@editionsperrin

Pour plus d'information :

#lisez! engagé

www.lisez.com

Imprimé sur du papier issu de forêts gérées durablement.

CET OUVRAGE A ÉTÉ ACHEVÉ D'IMPRIMER SUR ROTO-PAGE
PAR L'IMPRIMERIE FLOCH À MAYENNE EN FÉVRIER 2023
N° d'impression : 101925
Imprimé en France